Florilegium Tironis Graecum: Simple Passages for Greek Unseen Translation Chosen with a View to Their Literary Interest

Ronald Montagu Burrows, William Charles Flamstead Walters

Florilegium
Tironis Graecum

Simple Passages for
Greek Unseen Translation chosen with
a view to their Literary Interest

By

Ronald M. Burrows, 1867–

Professor of Greek in University College, Cardiff

AND

W. C. Flamstead Walters

Professor of Classical Literature in King's College, London

London
Macmillan and Co., Limited
New York: The Macmillan Company
1904

GLASGOW: PRINTED AT THE UNIVERSITY PRESS
BY ROBERT MACLEHOSE AND CO. LTD.

PREFACE

Can passages be chosen for Unseen Translation from Greek that are at once simple and beautiful? The question leads to another. How can the average boy and the average pass-man be given some idea of the greatness of Greek literature? The set books he reads

ERRATUM.

P. 206, No. 318, line 11, *for* τοῦ (κλίνης) *read* τῆς (κλίνης).

we had to adopt a bold policy. The great things of literature could only be presented in this form at some cost: difficulties, irregularities, all that was not normal and straightforward, had to be avoided. We have, therefore, wherever necessary, omitted lines and phrases; we have occasionally adopted the *facillima lectio* without regard to the weight of evidence; in a few cases (for having frankly accepted the principle, we have but rarely had resort to it in practice) we have preferred making some slight simplification or modification in an important piece to omitting it altogether.

These are drastic measures : we are fully alive to it. We believe that the object to be attained is worth the sacrifice, and we ask those who are inclined to criticise, whether, in point of fact, the interesting side of Classics has not too often been exclusively reserved for candidates for scholarships and advanced honours. Attention has been concentrated on the irregular ; what is simple and normal has been hurried over. Not enough effort has been made to widen the range of the average boy's or man's reading, or to call forth his taste and appreciation. It is not his fault if he has little conception of what Greek literature means. The short set books chosen for him are probably from the great writers ;[1] but when his progress in the language is to be tested, as it should constantly be tested, by Unseen Translation, there is little to be found for him but insipid "Aesop" and second-rate Arrian, which are not only remote in style from what he is reading in class, but fill him with a just contempt for a literature that is so barren. Nothing should be set as an Unseen which is not valuable enough—for its style, or its subject-matter, or both—to be learnt by heart. This is the principle we have tried to apply.

It is interesting to note that an experiment on similar lines to ours has been made by Professor Sonnenschein in arranging the Degree courses of the University of Birmingham. The student reads part of an author as

---

[1] It will be clear from what we have said that we do not suggest that our volume of selections should be used as a substitute for set books, but rather as auxiliary to them. For a valuable discussion on the possible dangers which exclusive attention to Unseens may produce, see the *Proceedings of the Classical Association for Scotland*, pp. 55, 56-63, 66-69, 95-96, 105-112. Our dangers, however, in England at any rate, are at present mainly on the other side.

a set book, but is expected to be acquainted with the subject-matter of the whole.[1] It is significant, too, that the dominant note struck at the first general meeting of the Classical Association of England and Wales, was a widely expressed hope that greater stress would be laid on the literary side of classical teaching.

The authors we have chosen are the great staple authors—those who are most widely read, and yet exist in such bulk that they can only be read by the beginner in part. Pindar and Aristotle we have regretfully rejected, as outside the beginner's range; the fragments that survive of Sappho's poems ought to be studied together as a set book, not broken up into still smaller pieces. Only one writer to whom the tradition has not been generous has been included. Aeschines deserves at least some notice as a necessary corollary to Demosthenes.

Our aim throughout has been to choose characteristic passages, so that they may be used to illustrate a simple course of literary lectures on the author. In the case of Homer it has been possible to do still more, and it will be seen that in practically all its essentials the story is told in the selections. The same has been to a large extent possible with the dramatists: the selections are meant to illustrate, not only the poetry, but the plot, of a play. If it is desired to make the piece easier, a summary of the plot can be given to the class before they begin translating; a variation is to get the class to work out the plot from the selections.

We have thought it wiser to print no headings or lists of rarer words, but to leave it entirely to the teacher whether to give such help or not. The book can thus

[1] See *The Classical Review*, October, 1901, p. 337.

be used for various standards of attainment. Though we have adapted it for 'tirones,' those who are trying Unseens actually for the first time will probably need some help, either from dictionaries—a commoner practice in Germany than with us—or from the teacher. On the other hand, the book contains enough matter and variety of style to cover several years' work, and after the first year no help should be needed. Dialect we have not altered: our passages from Homer and Herodotus are meant to be used only when these authors are already being studied as set books. For the spelling of our text of Herodotus we have made use of H. W. Smyth's "Ionic Dialect."

The authors follow each other in historical order, except in so far as it has not been thought worth while to break the continuity of the dramatists by laying stress on the priority of Herodotus to Aristophanes. Within the limits of each author, too, so far as is possible, the same method has been followed; in some cases— that of Sophocles, for instance, or Plato—the data for determining exact sequence do not always exist, and we have had to rest on probabilities.

The *Rhesus* we have printed as the first of Euripides' extant tragedies: it is either that, or an archaistic work of the fourth century, and the evidence for rejecting it does not seem to us adequate. The selections from the *Cyclops* and the *Alcestis*, though early plays, are printed by themselves at the end of all the tragedies: it is in this way that the true significance of the Satyric play in the evolution of the drama can best be appreciated.

The Respublica Atheniensium we have not taken out of its place in the body of Xenophon's works, but have marked what we believe to be its early date by the use of the conventional literary spelling of the Fifth Century. We have adopted the same device for the beginning of the Hellenica, where Xenophon is not only continuing the narrative of Thucydides, but is attempting to imitate his manner.

The verse selections have been primarily made by Professor Burrows, the prose by Professor Walters, but both editors are responsible for the general plan and composition of the book.

Homer : Iliad

1. ὣς ἔφατ᾽, ἔδεισεν δ᾽ ὁ γέρων καὶ ἐπείθετο μύθῳ,
βῆ δ᾽ ἀκέων παρὰ θῖνα πολυφλοίσβοιο θαλάσσης·
πολλὰ δ᾽ ἔπειτ᾽ ἀπάνευθε κιὼν ἠρᾶθ᾽ ὁ γεραιὸς
Ἀπόλλωνι ἄνακτι, τὸν ἠΰκομος τέκε Λητώ·
"κλῦθί μευ, ἀργυρότοξ᾽, ὃς Χρύσην ἀμφιβέβηκας
Κίλλαν τε ζαθέην, Τενέδοιό τε ἶφι ἀνάσσεις,
Σμινθεῦ. εἴ ποτέ τοι χαρίεντ᾽ ἐπὶ νηὸν ἔρεψα,
ἢ εἰ δή ποτέ τοι κατὰ πίονα μηρί᾽ ἔκηα
ταύρων ἠδ᾽ αἰγῶν, τόδε μοι κρήηνον ἐέλδωρ·
τείσειαν Δαναοὶ ἐμὰ δάκρυα σοῖσι βέλεσσιν."

ὣς ἔφατ᾽ εὐχόμενος, τοῦ δ᾽ ἔκλυε Φοῖβος Ἀπόλλων,
βῆ δὲ κατ᾽ Οὐλύμποιο καρήνων χωόμενος κῆρ,
τόξ᾽ ὤμοισιν ἔχων ἀμφηρεφέα τε φαρέτρην.
ἔκλαγξαν δ᾽ ἄρ᾽ ὀϊστοὶ ἐπ᾽ ὤμων χωομένοιο,
αὐτοῦ κινηθέντος· ὁ δ᾽ ἤιε νυκτὶ ἐοικώς.
ἕζετ᾽ ἔπειτ᾽ ἀπάνευθε νεῶν, μετὰ δ᾽ ἰὸν ἕηκε·
δεινὴ δὲ κλαγγὴ γένετ᾽ ἀργυρέοιο βιοῖο.   I. 33.

2. τὸν δ᾽ ἄρ᾽ ὑποβλήδην ἠμείβετο δῖος Ἀχιλλεύς·
"ἦ γάρ κεν δειλός τε καὶ οὐτιδανὸς καλεοίμην,
εἰ δὴ σοὶ πᾶν ἔργον ὑπείξομαι, ὅττι κεν εἴπῃς.
ἄλλοισιν δὴ ταῦτ᾽ ἐπιτέλλεο· μὴ γὰρ ἔμοιγε
σήμαιν᾽· οὐ γὰρ ἔγωγ᾽ ἔτι σοὶ πείσεσθαι ὀΐω.
ἄλλο δέ τοι ἐρέω, σὺ δ᾽ ἐνὶ φρεσὶ βάλλεο σῇσι.
χερσὶ μὲν οὔ τοι ἔγωγε μαχήσομαι εἵνεκα κούρης,
οὔτε σοὶ οὔτε τῳ ἄλλῳ, ἐπεί μ᾽ ἀφέλεσθέ γε δόντες·
τῶν δ᾽ ἄλλων ἅ μοι ἔστι θοῇ παρὰ νηὶ μελαίνῃ,
τῶν οὐκ ἄν τι φέροις ἀνελὼν ἀέκοντος ἐμεῖο.
εἰ δ᾽ ἄγε μὴν πείρησαι, ἵνα γνώωσι καὶ οἵδε·
αἶψά τοι αἷμα κελαινὸν ἐρωήσει περὶ δουρί."   id. 292.

A   I   E

Homer

3.   ὣς ἔφατ', οὐδ' ἀπίθησεν ἄναξ ἀνδρῶν Ἀγαμέμνων·
αὐτίκα κηρύκεσσι λιγυφθόγγοισι κέλευσε
κηρύσσειν πόλεμόνδε κάρη κομόωντας Ἀχαιούς.
οἱ μὲν ἐκήρυσσον, τοὶ δ' ἠγείροντο μάλ' ὦκα.
τοῖσι δ' ἄφαρ πόλεμος γλυκίων γένετ' ἠὲ νέεσθαι
ἐν νηυσὶ γλαφυρῇσι φίλην ἐς πατρίδα γαῖαν.

ἠΰτε πῦρ ἀΐδηλον ἐπιφλέγει ἄσπετον ὕλην
οὔρεος ἐν κορυφῇς, ἕκαθεν δέ τε φαίνεται αὐγή,
ὣς τῶν ἐρχομένων ἀπὸ χαλκοῦ θεσπεσίοιο
αἴγλη παμφανόωσα δι' αἰθέρος οὐρανὸν ἷκε.

τοὺς δ, ὥς τ' αἰπόλια πλατέ' αἰγῶν αἰπόλοι ἄνδρες
ῥεῖα διακρίνωσιν, ἐπεί κε νομῷ μιγέωσιν,
ὣς τοὺς ἡγεμόνες διεκόσμεον ἔνθα καὶ ἔνθα
ὑσμίνηνδ' ἰέναι, μετὰ δὲ κρείων Ἀγαμέμνων,
ὄμματα καὶ κεφαλὴν ἴκελος Διὶ τερπικεραύνῳ,
Ἄρεϊ δὲ ζώνην, στέρνον δὲ Ποσειδάωνι.
ἠΰτε βοῦς ἀγέληφι μέγ' ἔξοχος ἔπλετο πάντων
ταῦρος· ὁ γάρ τε βόεσσι μεταπρέπει ἀγρομένῃσι·
τοῖον ἄρ' Ἀτρεΐδην θῆκε Ζεὺς ἤματι κείνῳ,
ἐκπρεπέ' ἐν πολλοῖσι καὶ ἔξοχον ἡρώεσσιν.

ἔσπετε νῦν μοι, Μοῦσαι Ὀλύμπια δώματ' ἔχουσαι,—
ὑμεῖς γὰρ θεαί ἐστε, πάρεστέ τε, ἴστε τε πάντα,
ἡμεῖς δὲ κλέος οἶον ἀκούομεν, οὐδέ τι ἴδμεν—
οἵ τινες ἡγεμόνες Δαναῶν καὶ κοίρανοι ἦσαν.
πληθὺν δ' οὐκ ἂν ἐγὼ μυθήσομαι οὐδ' ὀνομήνω,
οὐδ' εἴ μοι δέκα μὲν γλῶσσαι δέκα δὲ στόματ' εἶεν,
φωνὴ δ' ἄρρηκτος, χάλκεον δέ μοι ἦτορ ἐνείη,
εἰ μὴ Ὀλυμπιάδες Μοῦσαι, Διὸς αἰγιόχοιο
θυγατέρες, μνησαίαθ' ὅσοι ὑπὸ Ἴλιον ἦλθον.
ἀρχοὺς αὖ νηῶν ἐρέω νῆάς τε προπάσας.

                                                          II. 441.

4.　ὣς ἔφαθ', Ἕκτωρ δ' αὖτ' ἐχάρη μέγα μῦθον ἀκούσας,
καί ῥ' ἐς μέσσον ἰὼν Τρώων ἀνέεργε φάλαγγας.
αὐτὰρ ὁ μακρὸν ἄϋσεν ἄναξ ἀνδρῶν Ἀγαμέμνων·
"ἴσχεσθ', Ἀργεῖοι, μὴ βάλλετε, κοῦροι Ἀχαιῶν·
στεῦται γάρ τι ἔπος ἐρέειν κορυθαίολος Ἕκτωρ.

ὣς ἔφαθ', οἱ δ' ἔσχοντο μάχης ἄνεῴ τ' ἐγένοντο
ἐσσυμένως. Ἕκτωρ δὲ μετ' ἀμφοτέροισιν ἔειπε·
"κέκλυτέ μευ, Τρῶες καὶ ἐϋκνήμιδες Ἀχαιοί,
μῦθον Ἀλεξάνδροιο, τοῦ εἵνεκα νεῖκος ὄρωρεν.
ἄλλους μὲν κέλεται Τρῶας καὶ πάντας Ἀχαιοὺς
τεύχεα κάλ' ἀποθέσθαι ἐπὶ χθονὶ πουλυβοτείρῃ,
αὐτὸν δ' ἐν μέσσῳ καὶ ἀρηίφιλον Μενέλαον
οἴους ἀμφ' Ἑλένῃ καὶ κτήμασι πᾶσι μάχεσθαι.
ὁππότερος δέ κε νικήσῃ κρείσσων τε γένηται,
κτήμαθ' ἑλὼν εὖ πάντα γυναῖκά τε οἴκαδ' ἀγέσθω·
οἱ δ' ἄλλοι φιλότητα καὶ ὅρκια πιστὰ τάμωμεν." III. 76.

5.　Ἶρις δ' αὖθ' Ἑλένῃ λευκωλένῳ ἄγγελος ἦλθε·
τὴν δ' εὗρ' ἐν μεγάρῳ· ἡ δὲ μέγαν ἱστὸν ὕφαινεν.
ἀγχοῦ δ' ἱσταμένη προσέφη πόδας ὠκέα Ἶρις·
"δεῦρ' ἴθι, νύμφα φίλη, ἵνα θέσκελα ἔργα ἴδηαι
Τρώων θ' ἱπποδάμων καὶ Ἀχαιῶν χαλκοχιτώνων·
οἳ πρὶν ἐπ' ἀλλήλοισι φέρον πολύδακρυν Ἄρηα
ἐν πεδίῳ, ὀλοοῖο λιλαιόμενοι πολέμοιο,
οἳ δὴ νῦν ἕαται σιγῇ—πόλεμος δὲ πέπαυται—
ἀσπίσι κεκλιμένοι, παρὰ δ' ἔγχεα μακρὰ πέπηγεν.
αὐτὰρ Ἀλέξανδρος καὶ ἀρηίφιλος Μενέλαος
μακρῇς ἐγχείῃσι μαχήσονται περὶ σεῖο·
τῷ δέ κε νικήσαντι φίλη κεκλήσῃ ἄκοιτις."

ὣς εἰποῦσα θεὰ γλυκὺν ἵμερον ἔμβαλε θυμῷ
ἀνδρός τε προτέροιο καὶ ἄστεος ἠδὲ τοκήων·
αὐτίκα δ' ἀργεννῇσι καλυψαμένη ὀθόνῃσιν
ὡρμᾶτ' ἐκ θαλάμοιο, τέρεν κατὰ δάκρυ χέουσα. id. 121.

3

Homer

6.   ἔνθ' οὐκ ἂν βρίζοντα ἴδοις Ἀγαμέμνονα δῖον,
οὐδὲ καταπτώσσοντ', οὐδ' οὐκ ἐθέλοντα μάχεσθαι,
ἀλλὰ μάλα σπεύδοντα μάχην ἐς κυδιάνειραν.
ἵππους μὲν γὰρ ἔασε καὶ ἅρματα ποικίλα χαλκῷ·
καὶ τοὺς μὲν θεράπων ἀπάνευθ' ἔχε φυσιόωντας
Εὐρυμέδων, υἱὸς Πτολεμαίου Πειραΐδαο,
τῷ μάλα πόλλ' ἐπέτελλε παρισχέμεν, ὁππότε κέν μιν
γυῖα λάβῃ κάματος, πολέας διὰ κοιρανέοντα·
αὐτὰρ ὁ πεζὸς ἐὼν ἐπεπωλεῖτο στίχας ἀνδρῶν.
καί ῥ' οὓς μὲν σπεύδοντας ἴδοι Δαναῶν ταχυπώλων,
τοὺς μάλα θαρσύνεσκε παριστάμενος ἐπέεσσιν·
"Ἀργεῖοι, μή πώ τι μεθίετε θούριδος ἀλκῆς·
οὐ γὰρ ἐπὶ ψευδέσσι πατὴρ Ζεὺς ἔσσετ' ἀρωγός,
ἀλλ' οἵ περ πρότεροι ὑπὲρ ὅρκια δηλήσαντο,
τῶν ἤτοι αὐτῶν τέρενα χρόα γῦπες ἔδονται,
ἡμεῖς αὖτ' ἀλόχους τε φίλας καὶ νήπια τέκνα
ἄξομεν ἐν νήεσσιν, ἐπὴν πτολίεθρον ἕλωμεν."

                                           IV. 223.

7.   ὣς ἔφατ' εὐχόμενος· τοῦ δ' ἔκλυε Παλλὰς Ἀθήνη,
γυῖα δ' ἔθηκεν ἐλαφρά, πόδας καὶ χεῖρας ὕπερθεν·
ἀγχοῦ δ' ἱσταμένη ἔπεα πτερόεντα προσηύδα·
"θαρσῶν νῦν, Διόμηδες, ἐπὶ Τρώεσσι μάχεσθαι·
ἐν γάρ τοι στήθεσσι μένος πατρώιον ἧκα
ἄτρομον, οἷον ἔχεσκε σακέσπαλος ἱππότα Τυδεύς·
ἀχλὺν δ' αὖ τοι ἀπ' ὀφθαλμῶν ἕλον, ἣ πρὶν ἐπῆεν,
ὄφρ' εὖ γιγνώσκῃς ἠμὲν θεὸν ἠδὲ καὶ ἄνδρα.
τῷ νῦν, αἴ κε θεὸς πειρώμενος ἐνθάδ' ἵκηται,
μή τι σύ γ' ἀθανάτοισι θεοῖς ἀντικρὺ μάχεσθαι
τοῖς ἄλλοις· ἀτὰρ εἴ κε Διὸς θυγάτηρ Ἀφροδίτη
ἔλθῃσ' ἐς πόλεμον, τήν γ' οὐτάμεν ὀξέϊ χαλκῷ."
   ἡ μὲν ἄρ' ὣς εἰποῦσ' ἀπέβη γλαυκῶπις Ἀθήνη.

                                           V. 121.

Iliad

8. Αἰνείας δ' ἀπόρουσε σὺν ἀσπίδι δουρί τε μακρῷ,
    δείσας μή πώς οἱ ἐρυσαίατο νεκρὸν Ἀχαιοί.
    ἀμφὶ δ' ἄρ' αὐτῷ βαῖνε λέων ὣς ἀλκὶ πεποιθώς,
    πρόσθε δέ οἱ δόρυ τ' ἔσχε καὶ ἀσπίδα πάντοσ' ἐΐσην,
    τὸν κτάμεναι μεμαὼς ὅς τις τοῦ γ' ἀντίος ἔλθοι,
    σμερδαλέα ἰάχων. ὁ δὲ χερμάδιον λάβε χειρὶ
    Τυδεΐδης, μέγα ἔργον, ὃ οὐ δύο γ' ἄνδρε φέροιεν,
    οἷοι νῦν βροτοί εἰσ'· ὁ δέ μιν ῥέα πάλλε καὶ οἶος.
    καί νύ κεν ἔνθ' ἀπόλοιτο ἄναξ ἀνδρῶν Αἰνείας,
    εἰ μὴ ἄρ' ὀξὺ νόησε Διὸς θυγάτηρ Ἀφροδίτη·
    ἀμφὶ δ' ἑὸν φίλον υἱὸν ἐχεύατο πήχεε λευκώ,
    πρόσθε δέ οἱ πέπλοιο φαεινοῦ πτύγμ' ἐκάλυψεν,
    ἕρκος ἔμεν βελέων, μή τις Δαναῶν ταχυπώλων
    χαλκὸν ἐνὶ στήθεσσι βαλὼν ἐκ θυμὸν ἕλοιτο.   v. 297.

9. ὣς φάτο, γήθησεν δὲ βοὴν ἀγαθὸς Διομήδης.
    ἔγχος μὲν κατέπηξεν ἐπὶ χθονὶ πουλυβοτείρῃ,
    αὐτὰρ ὁ μειλιχίοισι προσηύδα ποιμένα λαῶν·
    "ἦ ῥά νύ μοι ξεῖνος πατρώιός ἐσσι παλαιός·
    Οἰνεὺς γάρ ποτε δῖος ἀμύμονα Βελλεροφόντην
    ξείνισ' ἐνὶ μεγάροισιν ἐείκοσιν ἤματ' ἐρύξας.
    οἱ δὲ καὶ ἀλλήλοισι πόρον ξεινήια καλά·
    Οἰνεὺς μὲν ζωστῆρα δίδου φοίνικι φαεινόν,
    Βελλεροφόντης δὲ χρύσεον δέπας ἀμφικύπελλον,
    καί μιν ἐγὼ κατέλειπον ἰὼν ἐν δώμασ' ἐμοῖσι.
    τῶ νῦν σοὶ μὲν ἐγὼ ξεῖνος φίλος Ἄργεϊ μέσσῳ
    εἰμί, σὺ δ' ἐν Λυκίῃ, ὅτε κεν τῶν δῆμον ἵκωμαι.
    ἔγχεα δ' ἀλλήλων ἀλεώμεθα καὶ δι' ὁμίλου·
    πολλοὶ μὲν γὰρ ἐμοὶ Τρῶες κλειτοί τ' ἐπίκουροι
    κτείνειν, ὅν κε θεός γε πόρῃ καὶ ποσσὶ κιχείω,
    πολλοὶ δ' αὖ σοὶ Ἀχαιοὶ ἐναιρέμεν, ὅν κε δύνηαι.
    τεύχεα δ' ἀλλήλοις ἐπαμείψομεν, ὄφρα καὶ οἵδε
    γνῶσιν ὅτι ξεῖνοι πατρώιοι εὐχόμεθ' εἶναι."   VI. 212.

5

10.   ἦ ῥα γυνὴ ταμίη· ὁ δ' ἀπέσσυτο δώματος Ἕκτωρ
      τὴν αὐτὴν ὁδὸν αὖτις ἐϋκτιμένας κατ' ἀγυιάς.
      εὖτε πύλας ἵκανε διερχόμενος μέγα ἄστυ
      Σκαιάς—τῇ γὰρ ἔμελλε διεξίμεναι πεδίονδε—,
      ἔνθ' ἄλοχος πολύδωρος ἐναντίη ἦλθε θέουσά
      Ἀνδρομάχη, θυγάτηρ μεγαλήτορος Ἠετίωνος.
      ἥ οἱ ἔπειτ' ἤντησ', ἅμα δ' ἀμφίπολος κίεν αὐτῇ
      παῖδ' ἐπὶ κόλπῳ ἔχουσ' ἀταλάφρονα, νήπιον αὔτως,
      Ἑκτορίδην ἀγαπητόν, ἀλίγκιον ἀστέρι καλῷ,
      τόν ῥ' Ἕκτωρ καλέεσκε Σκαμάνδριον, αὐτὰρ οἱ ἄλλοι
      Ἀστυάνακτ'· οἶος γὰρ ἐρύετο Ἴλιον Ἕκτωρ.
      ἤτοι ὁ μὲν μείδησεν ἰδὼν ἐς παῖδα σιωπῇ·
      Ἀνδρομάχη δέ οἱ ἄγχι παρίστατο δάκρυ χέουσα,
      ἔν τ' ἄρα οἱ φῦ χειρί, ἔπος τ' ἔφατ', ἔκ τ' ὀνόμαζε·
      "δαιμόνιε, φθίσει σε τὸ σὸν μένος, οὐδ' ἐλεαίρεις
      παῖδά τε νηπίαχον καὶ ἔμ' ἄμμορον, ἣ τάχα χήρη
      σεῦ ἔσομαι· τάχα γάρ σε κατακτανέουσιν Ἀχαιοὶ
      πάντες ἐφορμηθέντες· ἐμοὶ δέ κε κέρδιον εἴη
      σεῦ ἀφαμαρτούσῃ χθόνα δύμεναι· οὐ γὰρ ἔτ' ἄλλη
      ἔσται θαλπωρή, ἐπεὶ ἂν σύ γε πότμον ἐπίσπῃς,
      ἀλλ' ἄχε'. οὐδέ μοι ἔστι πατὴρ καὶ πότνια μήτηρ.
      ἤτοι γὰρ πατέρ' ἁμὸν ἀπέκτανε δῖος Ἀχιλλεύς,
      ἐκ δὲ πόλιν πέρσεν Κιλίκων εὖ ναιετάουσαν·
      μητέρα δ', ἣ βασίλευεν ὑπὸ Πλάκῳ ὑληέσσῃ,
      τὴν ἐπεὶ ἂρ δεῦρ' ἤγαγ' ἅμ' ἄλλοισι κτεάτεσσιν,
      ἂψ ὅ γε τὴν ἀπέλυσε λαβὼν ἀπερείσι' ἄποινα,
      πατρὸς δ' ἐν μεγάροισι βάλ' Ἄρτεμις ἰοχέαιρα.
      Ἕκτορ, ἀτὰρ σύ μοί ἐσσι πατὴρ καὶ πότνια μήτηρ
      ἠδὲ κασίγνητος, σὺ δέ μοι θαλερὸς παρακοίτης.
      ἀλλ' ἄγε νῦν ἐλέαιρε καὶ αὐτοῦ μίμν' ἐπὶ πύργῳ,
      μὴ παῖδ' ὀρφανικὸν θήῃς χήρην τε γυναῖκα."

                                                VI. 390.

Iliad

11. ὣς εἰπὼν οὗ παιδὸς ὀρέξατο φαίδιμος Ἕκτωρ.
    ἂψ δ' ὁ πάϊς πρὸς κόλπον ἐϋζώνοιο τιθήνης
    ἐκλίνθη ἰάχων, πατρὸς φίλου ὄψιν ἀτυχθείς,
    ταρβήσας χαλκόν τε ἰδὲ λόφον ἱππιοχαίτην,
    δεινὸν ἀπ' ἀκροτάτης κόρυθος νεύοντα νοήσας.
    ἐκ δ' ἐγέλασσε πατήρ τε φίλος καὶ πότνια μήτηρ.
    αὐτίκ' ἀπὸ κρατὸς κόρυθ' εἵλετο φαίδιμος Ἕκτωρ,
    καὶ τὴν μὲν κατέθηκεν ἐπὶ χθονὶ παμφανόωσαν·
    αὐτὰρ ὅ γ' ὃν φίλον υἱὸν ἐπεὶ κύσε πῆλέ τε χερσίν,
    εἶπεν ἐπευξάμενος Διί τ' ἄλλοισίν τε θεοῖσι·
    "Ζεῦ ἄλλοι τε θεοί, δότε δὴ καὶ τόνδε γενέσθαι
    παῖδ' ἐμόν, ὡς καὶ ἐγώ περ, ἀριπρεπέα Τρώεσσιν,
    ὧδε βίην τ' ἀγαθόν, καὶ Ἰλίου ἶφι ἀνάσσειν.
    καί ποτέ τις εἴποι, 'πατρός γ' ὅδε πολλὸν ἀμείνων,'
    ἐκ πολέμου ἀνιόντα· φέροι δ' ἔναρα βροτόεντα
    κτείνας δήιον ἄνδρα, χαρείη δὲ φρένα μήτηρ."
    ὣς εἰπὼν ἀλόχοιο φίλης ἐν χερσὶν ἔθηκε
    παῖδ' ἑόν· ἡ δ' ἄρα μιν κηώδεϊ δέξατο κόλπῳ
    δακρυόεν γελάσασα. πόσις δ' ἐλέησε νοήσας,
    χειρί τέ μιν κατέρεξεν, ἔπος τ' ἔφατ', ἔκ τ' ὀνόμαζε·
    "δαιμονίη, μή μοί τι λίην ἀκαχίζεο θυμῷ·
    οὐ γάρ τίς μ' ὑπὲρ αἶσαν ἀνὴρ Ἄϊδι προϊάψει·
    μοῖραν δ' οὔ τινά φημι πεφυγμένον ἔμμεναι ἀνδρῶν,
    οὐ κακόν, οὐδὲ μὲν ἐσθλόν, ἐπὴν τὰ πρῶτα γένηται.
    ἀλλ' εἰς οἶκον ἰοῦσα τὰ σ' αὐτῆς ἔργα κόμιζε,
    ἱστόν τ' ἠλακάτην τε, καὶ ἀμφιπόλοισι κέλευε
    ἔργον ἐποίχεσθαι. πόλεμος δ' ἄνδρεσσι μελήσει
    πᾶσιν, ἐμοὶ δὲ μάλιστα, τοὶ Ἰλίῳ ἐγγεγάασι."

VI. 466.

Homer

12. ὡς ἄρα φωνήσας κατεδύσετο τεύχεα καλά.
ἔνθα κέ τοι, Μενέλαε, φάνη βιότοιο τελευτὴ
Ἕκτορος ἐν παλάμῃσιν, ἐπεὶ πολὺ φέρτερος ἦεν,
εἰ μὴ ἀναΐξαντες ἕλον βασιλῆες Ἀχαιῶν,
αὐτός τ' Ἀτρεΐδης εὐρυκρείων Ἀγαμέμνων
δεξιτερῆς ἕλε χειρός, ἔπος τ' ἔφατ', ἔκ τ' ὀνόμαζεν.
"ἀφραίνεις, Μενέλαε διοτρεφές, οὐδέ τί σε χρὴ
ταύτης ἀφροσύνης· ἀνὰ δὲ σχέο κηδόμενός περ,
μηδ' ἔθελ' ἐξ ἔριδος σεῦ ἀμείνονι φωτὶ μάχεσθαι,
Ἕκτορι Πριαμίδῃ, τόν τε στυγέουσι καὶ ἄλλοι.
καὶ δ' Ἀχιλεὺς τούτῳ γε μάχῃ ἔνι κυδιανείρῃ
ἔρριγ' ἀντιβολῆσαι, ὅ περ σέο πολλὸν ἀμείνων.
ἀλλὰ σὺ μὲν νῦν ἵζευ ἰὼν μετὰ ἔθνος ἑταίρων,
τούτῳ δὲ πρόμον ἄλλον ἀναστήσουσιν Ἀχαιοί.

VII. 103.

13. τὸν δὲ καὶ Ἀργεῖοι μὲν ἐγήθεον εἰσορόωντες,
Τρῶας δὲ τρόμος αἰνὸς ὑπήλυθε γυῖα ἕκαστον,
Ἕκτορί τ' αὐτῷ θυμὸς ἐνὶ στήθεσσι πάτασσεν·
ἀλλ' οὔ πως ἔτι εἶχεν ὑποτρέσαι οὐδ' ἀναδῦναι
ἂψ λαῶν ἐς ὅμιλον, ἐπεὶ προκαλέσσατο χάρμῃ.
Αἴας δ' ἐγγύθεν ἦλθε φέρων σάκος ἠΰτε πύργον,
χάλκεον ἑπταβόειον, ὅ οἱ Τυχίος κάμε τεύχων,
σκυτοτόμων ὄχ' ἄριστος, Ὕλῃ ἔνι οἰκία ναίων.
τὸ πρόσθε στέρνοιο φέρων Τελαμώνιος Αἴας
στῆ ῥα μάλ' Ἕκτορος ἐγγύς, ἀπειλήσας δὲ προσηύδα·
"Ἕκτορ, νῦν μὲν δὴ σάφα εἴσεαι οἰόθεν οἶος
οἷοι καὶ Δαναοῖσιν ἀριστῆες μετέασι,
καὶ μετ' Ἀχιλλῆα ῥηξήνορα θυμολέοντα.
ἀλλ' ὁ μὲν ἐν νήεσσι κορωνίσι ποντοπόροισι
κεῖτ' ἀπομηνίσας Ἀγαμέμνονι ποιμένι λαῶν·
ἡμεῖς δ' εἰμὲν τοῖοι οἳ ἂν σέθεν ἀντιάσαιμεν,
καὶ πολέες.   ἀλλ' ἄρχε μάχης ἠδὲ πτολέμοιο."

id. 214.

8

Iliad

14. Νέστορα δ' ἐκ χειρῶν φύγον ἡνία σιγαλόεντα·
δεῖσε δ' ὅ γ' ἐν θυμῷ, Διομήδεα δὲ προσέειπε·
"Τυδεΐδη, ἄγε δ' αὖτε φόβονδ' ἔχε μώνυχας ἵππους.
ἦ οὐ γιγνώσκεις ὅ τοι ἐκ Διὸς οὐχ ἕπετ' ἀλκή;"
    τὸν δ' ἡμείβετ' ἔπειτα βοὴν ἀγαθὸς Διομήδης·
"ναὶ δὴ ταῦτά γε πάντα, γέρον, κατὰ μοῖραν ἔειπες·
ἀλλὰ τόδ' αἰνὸν ἄχος κραδίην καὶ θυμὸν ἱκάνει·
Ἕκτωρ γάρ ποτε φήσει ἐνὶ Τρώεσσ' ἀγορεύων,
'Τυδεΐδης ὑπ' ἐμεῖο φοβεύμενος ἵκετο νῆας.'
ὣς ποτ' ἀπειλήσει· τότε μοι χάνοι εὐρεῖα χθών."
    τὸν δ' ἡμείβετ' ἔπειτα Γερήνιος ἱππότα Νέστωρ·
"ὤ μοι, Τυδέος υἱὲ δαΐφρονος, οἷον ἔειπες.
εἴ περ γάρ σ' Ἕκτωρ γε κακὸν καὶ ἀνάλκιδα φήσει,
ἀλλ' οὐ πείσονται Τρῶες καὶ Δαρδανίωνες
καὶ Τρώων ἄλοχοι μεγαθύμων ἀσπιστάων,
τάων ἐν κονίῃσι βάλες θαλεροὺς παρακοίτας."

VIII. 137.

15. οἱ δὲ μέγα φρονέοντες ἀνὰ πτολέμοιο γεφύρας
ἥατο παννύχιοι, πυρὰ δέ σφισι καίετο πολλά.
ὡς δ' ὅτ' ἐν οὐρανῷ ἄστρα φαεινὴν ἀμφὶ σελήνην
φαίνετ' ἀριπρεπέα, ὅτε τ' ἔπλετο νήνεμος αἰθήρ,
ἐκ τ' ἔφανεν πᾶσαι σκοπιαὶ καὶ πρώονες ἄκροι
καὶ νάπαι, οὐρανόθεν δ' ἄρ' ὑπερράγη ἄσπετος αἰθήρ,
πάντα δὲ εἴδεται ἄστρα, γέγηθε δέ τε φρένα ποιμήν·
τόσσα μεσηγὺ νεῶν ἠδὲ Ξάνθοιο ῥοάων
Τρώων καιόντων πυρὰ φαίνετο Ἰλιόθι πρό.
χίλι' ἄρ' ἐν πεδίῳ πυρὰ καίετο, πὰρ δὲ ἑκάστῳ
ἥατο πεντήκοντα σέλᾳ πυρὸς αἰθομένοιο.
ἵπποι δὲ κρῖ λευκὸν ἐρεπτόμενοι καὶ ὀλύρας,
ἑσταότες παρ' ὄχεσφιν, ἐΰθρονον Ἠῶ μίμνον. id. 553.

9

Homer

16.   "τί δὲ δεῖ πολεμιζέμεναι Τρώεσσιν
'Αργείους; τί δὲ λαὸν ἀνήγαγεν ἐνθάδ' ἀγείρας
'Ατρεΐδης; ἦ οὐχ Ἑλένης ἕνεκ' ἠϋκόμοιο;
ἦ μοῦνοι φιλέουσ' ἀλόχους μερόπων ἀνθρώπων
'Ατρεΐδαι; ἐπεὶ ὅς τις ἀνὴρ ἀγαθὸς καὶ ἐχέφρων,
τὴν αὐτοῦ φιλέει καὶ κήδεται, ὡς καὶ ἐγὼ τὴν
ἐκ θυμοῦ φίλεον δουρικτητήν περ ἐοῦσαν.
νῦν δ' ἐπεὶ ἐκ χειρῶν γέρας εἵλετο καί μ' ἀπάτησε,
μή μευ πειράτω εὖ εἰδότος· οὐδέ με πείσει.
ἀλλ', 'Οδυσεῦ, σὺν σοί τε καὶ ἄλλοισιν βασιλεῦσι
φραζέσθω νήεσσιν ἀλεξέμεναι δήιον πῦρ.
ἦ μὲν δὴ μάλα πολλὰ πονήσατο νόσφιν ἐμεῖο,
καὶ δὴ τεῖχος ἔδειμε, καὶ ἤλασε τάφρον ἐπ' αὐτῷ
εὐρεῖαν μεγάλην, ἐν δὲ σκόλοπας κατέπηξεν·
ἀλλ' οὐδ' ὣς δύναται σθένος Ἕκτορος ἀνδροφόνοιο
ἴσχειν. ὄφρα δ' ἐγὼ μετ' Ἀχαιοῖσιν πολέμιζον,
οὐκ ἐθέλεσκε μάχην ἀπὸ τείχεος ὀρνύμεν Ἕκτωρ,
ἀλλ' ὅσον ἐς Σκαιάς τε πύλας καὶ φηγὸν ἵκανεν·
ἔνθα ποτ' οἶον ἔμιμνε, μόγις δέ μευ ἔκφυγεν ὁρμήν.
νῦν δ' ἐπεὶ οὐκ ἐθέλω πολεμιζέμεν Ἕκτορι δίῳ,
αὔριον ἱρὰ Διὶ ῥέξας καὶ πᾶσι θεοῖσι,
νηήσας εὖ νῆας, ἐπὴν ἅλαδε προερύσσω,
ὄψεαι, ἢν ἐθέλῃσθα καὶ αἴ κέν τοι τὰ μεμήλῃ,
ἦρι μάλ' Ἑλλήσποντον ἐπ' ἰχθυόεντα πλεούσας
νῆας ἐμάς, ἐν δ' ἄνδρας ἐρεσσέμεναι μεμαῶτας·
εἰ δέ κεν εὐπλοίην δώῃ κλυτὸς Ἐννοσίγαιος,
ἤματί κε τριτάτῳ Φθίην ἐρίβωλον ἱκοίμην."

IX. 337.

10

17. ἦν δέ τις ἐν Τρώεσσι Δόλων Εὐμήδεος υἱός
κήρυκος θείοιο, πολύχρυσος πολύχαλκος,
ὃς δή τοι εἶδος μὲν ἔην κακός, ἀλλὰ ποδώκης·
αὐτὰρ ὁ μοῦνος ἔην μετὰ πέντε κασιγνήτῃσιν.
ὅς ῥα τότε Τρωσίν τε καὶ Ἕκτορι μῦθον ἔειπεν·
"Ἕκτορ, ἔμ' ὀτρύνει κραδίη καὶ θυμὸς ἀγήνωρ
νηῶν ὠκυπόρων σχεδὸν ἐλθέμεν ἔκ τε πυθέσθαι.
ἀλλ' ἄγε μοι τὸ σκῆπτρον ἀνάσχεο, καί μοι ὄμοσσον
ἦ μὲν τοὺς ἵππους τε καὶ ἅρματα ποικίλα χαλκῷ
δωσέμεν, οἳ φορέουσιν ἀμύμονα Πηλεΐωνα.
τόφρα γὰρ ἐς στρατὸν εἶμι διαμπερές, ὄφρ' ἂν ἵκωμαι
νῆ' Ἀγαμεμνονέην, ὅθι που μέλλουσιν ἄριστοι
βουλὰς βουλεύειν, ἢ φευγέμεν ἠὲ μάχεσθαι."   x. 314.

18. δουρὶ δ' ἐπαΐσσων προσέφη κρατερὸς Διομήδης·
"ἠὲ μέν', ἠέ σε δουρὶ κιχήσομαι, οὐδέ σέ φημι
δηρὸν ἐμῆς ἀπὸ χειρὸς ἀλύξειν αἰπὺν ὄλεθρον."
ἦ ῥα, καὶ ἔγχος ἀφῆκεν, ἑκὼν δ' ἡμάρτανε φωτός.
δεξιτερὸν δ' ὑπὲρ ὦμον ἐΰξου δουρὸς ἀκωκὴ
ἐν γαίῃ ἐπάγη· ὁ δ' ἄρ' ἔστη τάρβησέν τε
χλωρὸς ὑπαὶ δείους· τὼ δ' ἀσθμαίνοντε κιχήτην,
χειρῶν δ' ἁψάσθην· ὁ δὲ δακρύσας ἔπος ηὔδα·
"ζωγρεῖτ', αὐτὰρ ἐγὼν ἐμὲ λύσομαι· ἔστι γὰρ ἔνδον
χαλκός τε χρυσός τε πολύκμητός τε σίδηρος,
τῶν κ' ὔμμιν χαρίσαιτο πατὴρ ἀπερείσι' ἄποινα,
εἴ κεν ἐμὲ ζωὸν πεπύθοιτ' ἐπὶ νηυσὶν Ἀχαιῶν."
τὸν δ' ἀπαμειβόμενος προσέφη πολύμητις Ὀδυσσεύς·
"θάρσει, μηδέ τί τοι θάνατος καταθύμιος ἔστω.
ἀλλ' ἄγε μοι τόδε εἰπὲ καὶ ἀτρεκέως κατάλεξον·
πῇ δὴ οὕτως ἐπὶ νῆας ἀπὸ στρατοῦ ἔρχεαι οἶος
νύκτα δι' ὀρφναίην, ὅτε θ' εὕδουσι βροτοὶ ἄλλοι;"
                                                        id. 369.

19.   ὡς δὲ λέων ἐλάφοιο ταχείης νήπια τέκνα
ῥηιδίως συνέαξε λαβὼν κρατεροῖσιν ὀδοῦσιν,
ἐλθὼν εἰς εὐνήν, ἀπαλόν τέ σφ' ἦτορ ἀπηύρα·
ἡ δ' εἴ πέρ τε τύχῃσι μάλα σχεδόν, οὐ δύναταί σφι
χραισμεῖν· αὐτὴν γάρ μιν ὑπὸ τρόμος αἰνὸς ἱκάνει·
καρπαλίμως δ' ἤιξε διὰ δρυμὰ πυκνὰ καὶ ὕλην
σπεύδουσ', ἱδρώουσα, κραταιοῦ θηρὸς ὑφ' ὁρμῆς·
ὡς ἄρα τοῖς οὔ τις δύνατο χραισμῆσαι ὄλεθρον
Τρώων, ἀλλὰ καὶ αὐτοὶ ὑπ' Ἀργείοισι φέβοντο.

XI. 113.

20.   ὡς οἱ μὲν μάρναντο δέμας πυρὸς αἰθομένοιο·
Νέστορα δ' ἐκ πολέμοιο φέρον Νηλήιαι ἵπποι
ἱδρῶσαι, ἦγον δὲ Μαχάονα ποιμένα λαῶν.
τὸν δὲ ἰδὼν ἐνόησε ποδάρκης δῖος Ἀχιλλεύς·
ἑστήκει γὰρ ἐπὶ πρύμνῃ μεγακήτεϊ νηί,
εἰσορόων πόνον αἰπὺν ἰῶκά τε δακρυόεσσαν.
αἶψα δ' ἑταῖρον ἑὸν Πατροκλῆα προσέειπε,
φθεγξάμενος παρὰ νηός· ὁ δὲ κλισίηθεν ἀκούσας
ἔκμολεν ἶσος Ἄρηι, κακοῦ δ' ἄρα οἱ πέλεν ἀρχή.
τὸν πρότερος προσέειπε Μενοιτίου ἄλκιμος υἱός·
"τίπτε με κικλήσκεις, Ἀχιλεῦ; τί δέ σε χρεὼ ἐμεῖο;"
τὸν δ' ἀπαμειβόμενος προσέφη πόδας ὠκὺς Ἀχιλλεύς·
"δῖε Μενοιτιάδη, τῷ ἐμῷ κεχαρισμένε θυμῷ,
νῦν ὀίω περὶ γούνατ' ἐμὰ στήσεσθαι Ἀχαιοὺς
λισσομένους· χρειὼ γὰρ ἱκάνεται οὐκέτ' ἀνεκτός.
ἀλλ' ἴθι νῦν, Πάτροκλε διίφιλε, Νέστορ' ἔρειο
ὅν τινα τοῦτον ἄγει βεβλημένον ἐκ πολέμοιο.
ἤτοι μὲν τά γ' ὄπισθε Μαχάονι πάντα ἔοικε
τῷ Ἀσκληπιάδῃ, ἀτὰρ οὐκ ἴδον ὄμματα φωτός·
ἵπποι γάρ με παρήιξαν πρόσσω μεμαυῖαι."

id. 596.

21.   τὸν δ' αὖτ' Ἰδομενεὺς Κρητῶν ἀγὸς ἀντίον ηὔδα·
"νηυσὶ μὲν ἐν μέσσῃσιν ἀμύνειν εἰσὶ καὶ ἄλλοι,
Αἴαντές τε δύω Τεῦκρός θ', ὃς ἄριστος Ἀχαιῶν
τοξοσύνῃ, ἀγαθὸς δὲ καὶ ἐν σταδίῃ ὑσμίνῃ·
οἵ μιν ἄδην ἐλόωσι καὶ ἐσσύμενον πολέμοιο,
Ἕκτορα Πριαμίδην, καὶ εἰ μάλα καρτερός ἐστιν.
αἰπύ οἱ ἐσσεῖται, μάλα περ μεμαῶτι μάχεσθαι,
κείνων νικήσαντι μένος καὶ χεῖρας ἀάπτους
νῆας ἐνιπρῆσαι, ὅτε μὴ αὐτός γε Κρονίων
ἐμβάλοι αἰθόμενον δαλὸν νήεσσι θοῇσιν·
ἀνδρὶ δέ κ' οὐκ εἴξειε μέγας Τελαμώνιος Αἴας,
ὃς θνητός τ' εἴη καὶ ἔδοι Δημήτερος ἀκτήν,
χαλκῷ τε ῥηκτὸς μεγάλοισί τε χερμαδίοισιν.
οὐδ' ἂν Ἀχιλλῆι ῥηξήνορι χωρήσειεν
ἔν γ' αὐτοσταδίῃ· ποσὶ δ' οὔ πως ἔστιν ἐρίζειν.
ἀλλὰ σύ γ' ὧδ' ἐπ' ἀριστέρ' ἔχε στρατοῦ, ὄφρα τάχιστα
εἴδομεν ἠέ τῳ εὖχος ὀρέξομεν, ἠέ τις ἡμῖν."

XIII. 311.

22.   τὼ δ' ἀμφὶς φρονέοντε δύω Κρόνου υἷε κραταιὼ
ἀνδράσιν ἡρώεσσιν ἐτεύχετον ἄλγεα λυγρά.
Ζεὺς μὲν ἄρα Τρώεσσι καὶ Ἕκτορι βούλετο νίκην,
κυδαίνων Ἀχιλῆα πόδας ταχύν· οὐδ' ὅ γε πάμπαν
ἤθελε λαὸν ὀλέσθαι Ἀχαιικὸν Ἰλιόθι πρό,
ἀλλὰ Θέτιν κύδαινε καὶ υἱέα καρτερόθυμον.
Ἀργείους δὲ Ποσειδάων ὀρόθυνε μετελθών,
λάθρῃ ὑπεξαναδὺς πολιῆς ἁλός· ἤχθετο γάρ ῥα
Τρωσὶν δαμναμένους, Διὶ δὲ κρατερῶς ἐνεμέσσα.
ἦ μὰν ἀμφοτέροισιν ὁμὸν γένος ἠδ' ἴα πάτρη,
ἀλλὰ Ζεὺς πρότερος γεγόνει καὶ πλείονα ᾔδη.

id. 345.

Homer

23.   τὸν καὶ φωνήσας προσέφη κρείων Ἀγαμέμνων·
"ὦ Νέστορ Νηληιάδη, μέγα κῦδος Ἀχαιῶν,
τίπτε λιπὼν πόλεμον φθισήνορα δεῦρ' ἀφικάνεις;
δείδω μὴ δή μοι τελέσῃ ἔπος ὄβριμος Ἕκτωρ,
ὥς ποτ' ἐπηπείλησεν ἐνὶ Τρώεσσ' ἀγορεύων,
μὴ πρὶν πὰρ νηῶν προτὶ Ἴλιον ἀπονέεσθαι,
πρὶν πυρὶ νῆας ἐνιπρῆσαι, κτεῖναι δὲ καὶ αὐτούς.
κεῖνος τὼς ἀγόρευε· τὰ δὴ νῦν πάντα τελεῖται.
ὦ πόποι, ἦ ῥα καὶ ἄλλοι ἐϋκνήμιδες Ἀχαιοὶ
ἐν θυμῷ βάλλονται ἐμοὶ χόλον, ὥς περ Ἀχιλλεύς,
οὐδ' ἐθέλουσι μάχεσθαι ἐπὶ πρύμνῃσι νέεσσι."

XIV. 41.

24.   ὣς οἱ μὲν παρὰ νηυσὶν ἐρητύοντο μένοντες,
ἀλλήλοισί τε κεκλόμενοι, καὶ πᾶσι θεοῖσι
χεῖρας ἀνίσχοντες μεγάλ' εὐχετόωντο ἕκαστος.
Νέστωρ αὖτε μάλιστα Γερήνιος, οὖρος Ἀχαιῶν,
εὔχετο, χεῖρ' ὀρέγων εἰς οὐρανὸν ἀστερόεντα·
"Ζεῦ πάτερ, εἴ ποτέ τίς τοι ἐν Ἄργεΐ περ πολυπύρῳ
ἢ βοὸς ἢ ὄιος κατὰ πίονα μηρία καίων
εὔχετο νοστῆσαι, σὺ δ' ὑπέσχεο καὶ κατένευσας,
τῶν μνῆσαι, καὶ ἄμυνον, Ὀλύμπιε, νηλεὲς ἦμαρ,
μηδ' οὕτω Τρώεσσιν ἔα δάμνασθαι Ἀχαιούς."
ὣς ἔφατ' εὐχόμενος, μέγα δ' ἔκτυπε μητίετα Ζεύς,
ἀράων ἀΐων Νηληιάδαο γέροντος.
Τρῶες δ' ὡς ἐπύθοντο Διὸς κτύπον αἰγιόχοιο,
μᾶλλον ἐπ' Ἀργείοισι θόρον, μνήσαντο δὲ χάρμης.
οἱ δ', ὥς τε μέγα κῦμα θαλάσσης εὐρυπόροιο
νηὸς ὑπὲρ τοίχων καταβήσεται, ὁππότ' ἐπείγῃ
ἲς ἀνέμου· ἡ γάρ τε μάλιστά γε κύματ' ὀφέλλει·
ὣς Τρῶες μεγάλῃ ἰαχῇ κατὰ τεῖχος ἔβαινον.

XV. 367.

Iliad

25. Ἕκτωρ δ' ὡς εἶδεν Τεύκρου βλαφθέντα βέλεμνα,
Τρωσί τε καὶ Λυκίοισιν ἐκέκλετο μακρὸν ἀΰσας·
"Τρῶες καὶ Λύκιοι καὶ Δάρδανοι ἀγχιμαχηταί,
ἀνέρες ἔστε, φίλοι, μνήσασθε δὲ θούριδος ἀλκῆς
νῆας ἀνὰ γλαφυράς· δὴ γὰρ ἴδον ὀφθαλμοῖσιν
ἀνδρὸς ἀριστῆος Διόθεν βλαφθέντα βέλεμνα.
ῥεῖα δ' ἀρίγνωτος Διὸς ἀνδράσι γίγνεται ἀλκή,
ἠμὲν ὅτοισιν κῦδος ὑπέρτερον ἐγγυαλίξῃ,
ἠδ' ὅτινας μινύθῃ τε καὶ οὐκ ἐθέλησιν ἀμύνειν,
ὡς νῦν Ἀργείων μινύθει μένος, ἄμμι δ' ἀρήγει.
ἀλλὰ μάχεσθ' ἐπὶ νηυσὶν ἀολλέες· ὃς δέ κεν ὑμέων
βλήμενος ἠὲ τυπεὶς θάνατον καὶ πότμον ἐπίσπῃ,
τεθνάτω. οὔ οἱ ἀεικὲς ἀμυνομένῳ περὶ πάτρης
τεθνάμεν· ἀλλ' ἄλοχός τε σόη καὶ παῖδες ὀπίσσω,
καὶ οἶκος καὶ κλῆρος ἀκήρατος, εἴ κεν Ἀχαιοὶ
οἴχωνται σὺν νηυσὶ φίλην ἐς πατρίδα γαῖαν."
  ὣς εἰπὼν ὤτρυνε μένος καὶ θυμὸν ἑκάστου.
Αἴας δ' αὖθ' ἑτέρωθεν ἐκέκλετο οἷς ἑτάροισιν·
"αἰδώς, Ἀργεῖοι. νῦν ἄρκιον ἢ ἀπολέσθαι
ἠὲ σαωθῆναι καὶ ἀπώσασθαι κακὰ νηῶν.
ἦ ἔλπεσθ', ἢν νῆας ἕλῃ κορυθαίολος Ἕκτωρ,
ἐμβαδὸν ἵξεσθαι ἣν πατρίδα γαῖαν ἕκαστος;
ἦ οὐκ ὀτρύνοντος ἀκούετε λαὸν ἅπαντα
Ἕκτορος, ὃς δὴ νῆας ἐνιπρῆσαι μενεαίνει;
οὐ μὰν ἔς γε χορὸν κέλετ' ἐλθέμεν, ἀλλὰ μάχεσθαι.
ἡμῖν δ' οὔ τις τοῦδε νόος καὶ μῆτις ἀμείνων,
ἢ αὐτοσχεδίῃ μεῖξαι χεῖράς τε μένος τε.
βέλτερον ἢ ἀπολέσθαι ἕνα χρόνον ἠὲ βιῶναι,
ἢ δηθὰ στρεύγεσθαι ἐν αἰνῇ δηιοτῆτι
ὧδ' αὔτως παρὰ νηυσὶν ὑπ' ἀνδράσι χειροτέροισι."

xv. 484.

26. τὸν δὲ βαρὺ στενάχων προσέφης, Πατρόκλεες ἱππεῦ·
"ὦ Ἀχιλεῦ Πηλῆος υἱέ, μέγα φέρτατ' Ἀχαιῶν,
μὴ νεμέσα· τοῖον γὰρ ἄχος βεβίηκεν Ἀχαιούς.
οἱ μὲν γὰρ δὴ πάντες, ὅσοι πάρος ἦσαν ἄριστοι
ἐν νηυσὶν κέαται βεβλημένοι οὐτάμενοί τε.
βέβληται μὲν ὁ Τυδεΐδης κρατερὸς Διομήδης,
οὔτασται δ' Ὀδυσεὺς δουρικλυτὸς ἠδ' Ἀγαμέμνων,
βέβληται δὲ καὶ Εὐρύπυλος κατὰ μηρὸν ὀιστῷ.
τοὺς μέν τ' ἰητροὶ πολυφάρμακοι ἀμφιπένονται,
ἕλκε' ἀκειόμενοι· σὺ δ' ἀμήχανος ἔπλευ, Ἀχιλλεῦ.
μὴ ἐμέ γ' οὖν οὗτός γε λάβοι χόλος, ὃν σὺ φυλάσσεις·
νηλεές, οὐκ' ἄρα σοί γε πατὴρ ἦν ἱππότα Πηλεύς,
οὐδὲ Θέτις μήτηρ· γλαυκὴ δέ σε τίκτε θάλασσα
πέτραι τ' ἠλίβατοι, ὅτι τοι νόος ἐστὶν ἀπηνής.
εἰ δέ τινα φρεσὶ σῇσι θεοπροπίην ἀλεείνεις
καί τινά τοι πὰρ Ζηνὸς ἐπέφραδε πότνια μήτηρ,
ἀλλ' ἐμέ περ πρόες ὦχ', ἅμα δ' ἄλλον λαὸν ὄπασσον
Μυρμιδόνων, ἤν πού τι φόως Δαναοῖσι γένωμαι.
δὸς δέ μοι ὤμοιιν τὰ σὰ τεύχεα θωρηχθῆναι,
αἴ κ' ἐμὲ σοὶ ἴσκοντες ἀπόσχωνται πολέμοιο
Τρῶες, ἀναπνεύσωσι δ' ἀρήιοι υἷες Ἀχαιῶν
τειρόμενοι· ὀλίγη δέ τ' ἀνάπνευσις πολέμοιο.
ῥεῖα δέ κ' ἀκμῆτες κεκμηότας ἄνδρας ἀϋτῇ
ὤσαιμεν προτὶ ἄστυ νεῶν ἄπο καὶ κλισιάων."

ὣς φάτο λισσόμενος μέγα νήπιος· ἦ γὰρ ἔμελλεν
οἷ αὐτῷ θάνατόν τε κακὸν καὶ κῆρα λιτέσθαι.

XVI. 20.

27.   Γλαῦκος δ' Ἱππολόχοιο πάϊς, Λυκίων ἀγὸς ἀνδρῶν,
Ἕκτορ' ὑπόδρα ἰδὼν χαλεπῷ ἠνίπαπε μύθῳ·
"Ἕκτορ εἶδος ἄριστε, μάχης ἄρα πολλὸν ἐδεύεο.
φράζεο νῦν ὅππως κε πόλιν καὶ ἄστυ σαώσεις
οἶος σὺν λαοῖσι, τοὶ Ἰλίῳ ἐγγεγάασιν·
οὐ γάρ τις Λυκίων γε μαχησόμενος Δαναοῖσιν
εἶσι περὶ πτόλιος, ἐπεὶ οὐκ ἄρα τις χάρις ἦεν
μάρνασθαι δηΐοισιν ἐπ' ἀνδράσι νωλεμὲς αἰεί.
πῶς κε σὺ χείρονα φῶτα σαώσειας μεθ' ὅμιλον,
σχέτλι', ἐπεὶ Σαρπηδόν' ἅμα ξεῖνον καὶ ἑταῖρον
κάλλιπες Ἀργείοισιν ἕλωρ καὶ κύρμα γενέσθαι,
ὅς τοι πόλλ' ὄφελος γένετο, πτόλεΐ τε καὶ αὐτῷ,
ζωὸς ἐών· νῦν δ' οὔ οἱ ἀλαλκέμεναι κύνας ἔτλης.
εἰ γὰρ νῦν Τρώεσσι μένος πολυθαρσὲς ἐνείη,
ἄτρομον, οἷόν τ' ἄνδρας ἐσέρχεται οἳ περὶ πάτρης
ἀνδράσι δυσμενέεσσι πόνον καὶ δῆριν ἔθεντο,
αἶψά κε Πάτροκλον ἐρυσαίμεθα Ἴλιον εἴσω.
εἰ δ' οὗτος προτὶ ἄστυ μέγα Πριάμοιο ἄνακτος
ἔλθοι τεθνηὼς καί μιν ἐρυσαίμεθα χάρμης,
αἶψά κεν Ἀργεῖοι Σαρπηδόνος ἔντεα καλὰ
λύσειαν, καὶ κ' αὐτὸν ἀγοίμεθα Ἴλιον εἴσω·
τοίου γὰρ θεράπων πέφατ' ἀνέρος, ὃς μέγ' ἄριστος
Ἀργείων παρὰ νηυσὶ καὶ ἀγχέμαχοι θεράποντες.
ἀλλὰ σύ γ' Αἴαντος μεγαλήτορος οὐκ ἐτάλασσας
στήμεναι ἄντα κατ' ὄσσε ἰδὼν δηΐων ἐν αὐτῇ,
οὐδ' ἰθὺς μαχέσασθαι, ἐπεὶ σέο φέρτερός ἐστι."

XVII. 140.

Homer

28.　τοῖσι δὲ μύθων ἦρχε μέγας Τελαμώνιος Αἴας·
　　"ὦ πόποι, ἤδη μέν κε καὶ ὃς μάλα νήπιός ἐστι
　　γνοίη ὅτι Τρώεσσι πατὴρ Ζεὺς αὐτὸς ἀρήγει.
　　τῶν μὲν γὰρ πάντων βέλε' ἅπτεται, ὅς τις ἀφήῃ,
　　ἢ κακὸς ἢ ἀγαθός· Ζεὺς δ' ἔμπης πάντ' ἰθύνει·
　　ἡμῖν δ' αὕτως πᾶσιν ἐτώσια πίπτει ἔραζε.
　　ἀλλ' ἄγετ', αὐτοί περ φραζώμεθα μῆτιν ἀρίστην,
　　ἠμὲν ὅπως τὸν νεκρὸν ἐρύσσομεν, ἠδὲ καὶ αὐτοὶ
　　χάρμα φίλοις ἑτάροισι γενώμεθα νοστήσαντες·
　　εἴη δ' ὅς τις ἑταῖρος ἀπαγγείλειε τάχιστα
　　Πηλείδῃ, ἐπεὶ οὔ μιν ὀΐομαι οὐδὲ πεπύσθαι
　　λυγρῆς ἀγγελίης, ὅτι οἱ φίλος ὤλεθ' ἑταῖρος.
　　ἀλλ' οὔ πῃ δύναμαι ἰδέειν τοιοῦτον Ἀχαιῶν·
　　ἠέρι γὰρ κατέχονται ὁμῶς αὐτοί τε καὶ ἵπποι.
　　Ζεῦ πάτερ, ἀλλὰ σὺ ῥῦσαι ὑπ' ἠέρος υἷας Ἀχαιῶν,
　　ποίησον δ' αἴθρην, δὸς δ' ὀφθαλμοῖσιν ἰδέσθαι·
　　ἐν δὲ φάει καὶ ὄλεσσον, ἐπεί νύ τοι εὔαδεν οὕτως."

XVII. 628.

29.　ἧος ὁ ταῦθ' ὥρμαινε κατὰ φρένα καὶ κατὰ θυμόν,
　　τόφρα οἱ ἐγγύθεν ἦλθεν ἀγαυοῦ Νέστορος υἱὸς
　　δάκρυα θερμὰ χέων, φάτο δ' ἀγγελίην ἀλεγεινήν·
　　"ὤ μοι, Πηλέος υἱὲ δαΐφρονος, ἦ μάλα λυγρῆς
　　πεύσεαι ἀγγελίης, ἣ μὴ ὤφελλε γενέσθαι.
　　κεῖται Πάτροκλος, νέκυος δὲ δὴ ἀμφιμάχονται
　　γυμνοῦ· ἀτὰρ τά γε τεύχε' ἔχει κορυθαίολος Ἕκτωρ."
　　ὣς φάτο, τὸν δ' ἄχεος νεφέλη ἐκάλυψε μέλαινα.
　　ἀμφοτέρῃσι δὲ χερσὶν ἑλὼν κόνιν αἰθαλόεσσαν
　　χεύατο κὰκ κεφαλῆς, χαρίεν δ' ᾔσχυνε πρόσωπον·
　　σμερδαλέον δ' ᾤμωξεν· ἄκουσε δὲ πότνια μήτηρ
　　ἡμένη ἐν βένθεσσιν ἁλὸς παρὰ πατρὶ γέροντι.

XVIII. 15.

30.   αἱ δ' ἅμα πᾶσαι
στήθεα πεπλήγοντο, Θέτις δ' ἐξῆρχε γόοιο·
"κλῦτε, κασίγνηται Νηρηίδες, ὄφρ' ἐὺ πᾶσαι
εἴδετ' ἀκούουσαι ὅσ' ἐμῷ ἔνι κήδεα θυμῷ.
ὤ μοι ἐγὼ δειλή, ὤ μοι δυσαριστοτόκεια,
ἥ τ' ἐπεὶ ἂρ τέκον υἱὸν ἀμύμονά τε κρατερόν τε,
νηυσὶν ἐπιπροέηκα κορωνίσιν Ἴλιον εἴσω
Τρωσὶ μαχησόμενον· τὸν δ' οὐχ ὑποδέξομαι αὖτις
οἴκαδε νοστήσαντα, δόμον Πηλήιον εἴσω.
ὄφρα δέ μοι ζώει καὶ ὁρᾷ φάος ἠελίοιο,
ἄχνυται, οὐδέ τί οἱ δύναμαι χραισμῆσαι ἰοῦσα.
ἀλλ' εἶμ', ὄφρα ἴδωμι φίλον τέκος, ἠδ' ἐπακούσω
ὅττι μιν ἵκετο πένθος ἀπὸ πτολέμοιο μένοντα."
                                            XVIII. 50.

31. Ἡφαίστου δ' ἵκανε δόμον Θέτις ἀργυρόπεζα
ἄφθιτον, ἀστερόεντα, μεταπρεπέ ἀθανάτοισι·
τὴν δὲ ἴδε προμολοῦσα Χάρις λιπαροκρήδεμνος,
ἔν τ' ἄρα οἱ φῦ χειρί, ἔπος τ' ἔφατ', ἔκ τ' ὀνόμαζε·
"τίπτε, Θέτι τανύπεπλε, ἱκάνεις ἡμέτερον δῶ
αἰδοίη τε φίλη τε; πάρος γε μὲν οὔ τι θαμίζεις.
ἀλλ' ἔπεο προτέρω, ἵνα τοι πὰρ ξείνια θείω."
   ὣς ἄρα φωνήσασα πρόσω ἄγε δῖα θεάων.
τὴν μὲν ἔπειτα καθεῖσεν ἐπὶ θρόνου ἀργυροήλου
καλοῦ δαιδαλέου· ὑπὸ δὲ θρῆνυς ποσὶν ἦεν·
κέκλετο δ' Ἥφαιστον κλυτοτέχνην, εἶπέ τε μῦθον·
"Ἥφαιστε, πρόμολ' ὧδε· Θέτις νύ τι σεῖο χατίζει."
τὴν δ' ἠμείβετ' ἔπειτα περικλυτὸς Ἀμφιγυήεις·
"ἦ ῥά νύ μοι δεινή τε καὶ αἰδοίη θεὸς ἔνδον,
ἥ μ' ἐσάωσ', ὅτε μ' ἄλγος ἀφίκετο τῆλε πεσόντα
μητρὸς ἐμῆς ἰότητι κυνώπιδος, ἥ μ' ἐθέλησε
κρύψαι χωλὸν ἐόντα. τότ' ἂν πάθον ἄλγεα θυμῷ,
εἰ μή μ' Εὐρυνόμη τε Θέτις θ' ὑπεδέξατο κόλπῳ,
Εὐρυνόμη, θυγάτηρ ἀψορρόου Ὠκεανοῖο."
                                      id. 369.

Homer

32. ὣς εἰπὼν τὴν μὲν λίπεν αὐτοῦ, βῆ δ' ἐπὶ φύσας·
τὰς δ' ἐς πῦρ ἔτρεψε, κέλευσέ τε ἐργάζεσθαι.

  ποίει δὲ πρώτιστα σάκος μέγα τε στιβαρόν τε
πάντοσε δαιδάλλων, περὶ δ' ἄντυγα βάλλε φαεινὴν
τρίπλακα μαρμαρέην, ἐκ δ' ἀργύρεον τελαμῶνα.
πέντε δ' ἄρ' αὐτοῦ ἔσαν σάκεος πτύχες· αὐτὰρ ἐν αὐτῷ
ποίει δαίδαλα πολλὰ ἰδυίῃσι πραπίδεσσιν.

  ἐν μὲν γαῖαν ἔτευξ', ἐν δ' οὐρανόν, ἐν δὲ θάλασσαν,
ἠέλιόν τ' ἀκάμαντα σελήνην τε πλήθουσαν,
ἐν δὲ τὰ τείρεα πάντα, τά τ' οὐρανὸς ἐστεφάνωται,
Πληιάδας θ' Ὑάδας τε τό τε σθένος Ὠρίωνος
Ἄρκτον θ', ἣν καὶ Ἄμαξαν ἐπίκλησιν καλέουσιν.

  ἐν δὲ δύω ποίησε πόλεις μερόπων ἀνθρώπων
καλάς. ἐν τῇ μέν ῥα γάμοι τ' ἔσαν εἰλαπίναι τε,
νύμφας δ' ἐκ θαλάμων δαΐδων ὕπο λαμπομενάων
ἠγίνεον ἀνὰ ἄστυ, πολὺς δ' ὑμέναιος ὀρώρει·
κοῦροι δ' ὀρχηστῆρες ἐδίνεον, ἐν δ' ἄρα τοῖσιν
αὐλοὶ φόρμιγγές τε βοὴν ἔχον· αἱ δὲ γυναῖκες
ἱστάμεναι θαύμαζον ἐπὶ προθύροισιν ἑκάστη.

XVIII. 468.

33. ἐν δὲ νομὸν ποίησε περικλυτὸς Ἀμφιγυήεις
ἐν καλῇ βήσσῃ μέγαν οἰῶν ἀργεννάων,
σταθμούς τε κλισίας τε κατηρεφέας ἰδὲ σηκούς.

  ἐν δὲ χορὸν ποίκιλλε περικλυτὸς Ἀμφιγυήεις,
τῷ ἴκελον οἷόν ποτ' ἐνὶ Κνωσῷ εὐρείῃ
Δαίδαλος ἤσκησεν καλλιπλοκάμῳ Ἀριάδνῃ.
ἔνθα μὲν ἠίθεοι καὶ παρθένοι ἀλφεσίβοιαι
ὠρχεῦντ', ἀλλήλων ἐπὶ καρπῷ χεῖρας ἔχοντες.
καί ῥ' αἱ μὲν καλὰς στεφάνας ἔχον, οἱ δὲ μαχαίρας
εἶχον χρυσείας ἐξ ἀργυρέων τελαμώνων.
πολλὸς δ' ἱμερόεντα χορὸν περιίσταθ' ὅμιλος
τερπόμενοι· μετὰ δέ σφιν ἐμέλπετο θεῖος ἀοιδός.

id. 587.

Iliad

34. αἴγλη δ᾽ οὐρανὸν ἷκε, γέλασσε δὲ πᾶσα περὶ χθὼν
χαλκοῦ ὑπὸ στεροπῆς· ὑπὸ δὲ κτύπος ὤρνυτο ποσσὶν
ἀνδρῶν· ἐν δὲ μέσοισι κορύσσετο δῖος Ἀχιλλεύς.
τοῦ καὶ ὀδόντων μὲν καναχὴ πέλε, τὼ δέ οἱ ὄσσε
λαμπέσθην ὡς εἴ τε πυρὸς σέλας, ἐν δέ οἱ ἦτορ
δῦν ἄχος ἄτλητον· ὁ δ᾽ ἄρα Τρωσὶν μενεαίνων
δύσετο δῶρα θεοῦ, τά οἱ Ἥφαιστος κάμε τεύχων.
κνημῖδας μὲν πρῶτα περὶ κνήμῃσιν ἔθηκε
καλάς, ἀργυρέοισιν ἐπισφυρίοις ἀραρυίας·
δεύτερον αὖ θώρηκα περὶ στήθεσσιν ἔδυνεν.
ἀμφὶ δ᾽ ἄρ᾽ ὤμοισιν βάλετο ξίφος ἀργυρόηλον
χάλκεον· αὐτὰρ ἔπειτα σάκος μέγα τε στιβαρόν τε
εἵλετο, τοῦ δ᾽ ἀπάνευθε σέλας γένετ᾽ ἠΰτε μήνης.
ὡς δ᾽ ὅτ᾽ ἂν ἐκ πόντοιο σέλας ναύτῃσι φανήῃ
καιομένοιο πυρός· τὸ δὲ καίεται ὑψόθ᾽ ὄρεσφι
σταθμῷ ἐν οἰοπόλῳ· τοὺς δ᾽ οὐκ ἐθέλοντας ἄελλαι
πόντον ἐπ᾽ ἰχθυόεντα φίλων ἀπάνευθε φέρουσιν·
ὣς ἀπ᾽ Ἀχιλλῆος σάκεος σέλας αἰθέρ᾽ ἵκανε
καλοῦ δαιδαλέου.

XIX. 362.

35. αὐτὰρ ὁ διογενὴς δόρυ μὲν λίπεν αὐτοῦ ἐπ᾽ ὄχθῃ
κεκλιμένον μυρίκῃσιν, ὁ δ᾽ ἔσθορε δαίμονι ἶσος,
φάσγανον οἶον ἔχων, κακὰ δὲ φρεσὶ μήδετο ἔργα,
τύπτε δ᾽ ἐπιστροφάδην· τῶν δὲ στόνος ὤρνυτ᾽ ἀεικὴς
ἄορι θεινομένων, ἐρυθαίνετο δ᾽ αἵματι ὕδωρ.
ὡς δ᾽ ὑπὸ δελφῖνος μεγακήτεος ἰχθύες ἄλλοι
φεύγοντες πιμπλᾶσι μυχοὺς λιμένος εὐόρμου,
δειδιότες· μάλα γάρ τε κατεσθίει ὅν κε λάβῃσιν·
ὣς Τρῶες ποταμοῖο κατὰ δεινοῖο ῥέεθρα
πτῶσσον ὑπὸ κρημνούς. ὁ δ᾽ ἐπεὶ κάμε χεῖρας ἐναίρων,
ζωοὺς ἐκ ποταμοῖο δυώδεκα λέξατο κούρους,
ποινὴν Πατρόκλοιο Μενοιτιάδαο θανόντος.

XXI. 17.

36. ὣς ἄρα μιν Πριάμοιο προσηύδα φαίδιμος υἱὸς
λισσόμενος ἐπέεσσιν, ἀμείλικτον δ' ὄπ' ἄκουσε·
"νήπιε, μή μοι ἄποινα πιφαύσκεο, μηδ' ἀγόρευε.
πρὶν μὲν γὰρ Πάτροκλον ἐπισπεῖν αἴσιμον ἦμαρ,
τόφρα τί μοι πεφιδέσθαι ἐνὶ φρεσὶ φίλτερον ἦεν
Τρώων, καὶ πολλοὺς ζωοὺς ἕλον ἠδ' ἐπέρασσα·
νῦν δ' οὐκ ἔσθ' ὅς τις θάνατον φύγῃ, ὅν κε θεός γε
Ἰλίου προπάροιθεν ἐμῇς ἐν χερσὶ βάλῃσι,
καὶ πάντων Τρώων, πέρι δ' αὖ Πριάμοιό γε παίδων.
ἀλλά, φίλος, θάνε καὶ σύ· τίη ὀλοφύρεαι οὕτως;
κάτθανε καὶ Πάτροκλος, ὅ περ σέο πολλὸν ἀμείνων.
οὐχ ὁράᾳς οἷος καὶ ἐγὼ καλός τε μέγας τε;
πατρὸς δ' εἴμ' ἀγαθοῖο, θεὰ δέ με γείνατο μήτηρ·
ἀλλ' ἔπι τοι καὶ ἐμοὶ θάνατος καὶ μοῖρα κραταιή.
ἔσσεται ἢ ἠὼς ἢ δείλη ἢ μέσον ἦμαρ
ὁππότε τις καὶ ἐμεῖο Ἄρῃ ἐκ θυμὸν ἕληται,
ἢ ὅ γε δουρὶ βαλὼν ἢ ἀπὸ νευρῆφιν ὀϊστῷ."

XXI. 97.

37. τὸν δ' ὁ γέρων Πρίαμος πρῶτος ἴδεν ὀφθαλμοῖσι,
παμφαίνονθ' ὥς τ' ἀστέρ' ἐπεσσύμενον πεδίοιο·
ᾤμωξεν δ' ὁ γέρων, κεφαλὴν δ' ὅ γε κόψατο χερσὶν
ὑψόσ' ἀνασχόμενος, μέγα δ' οἰμώξας ἐγεγώνει
λισσόμενος φίλον υἱόν· ὁ δὲ προπάροιθε πυλάων
ἑστήκει, ἄμοτον μεμαὼς Ἀχιλῆι μάχεσθαι.
τὸν δ' ὁ γέρων ἐλεεινὰ προσηύδα, χεῖρας ὀρεγνύς·
"Ἕκτορ, μή μοι μίμνε, φίλον τέκος, ἀνέρα τοῦτον
οἷος ἄνευθ' ἄλλων, ἵνα μὴ τάχα πότμον ἐπίσπῃς
Πηλεΐωνι δαμείς, ἐπεὶ ἦ πολὺ φέρτερός ἐστι,
σχέτλιος. αἴθε θεοῖσι φίλος τοσσόνδε γένοιτο
ὅσσον ἐμοί· τάχα κέν ἑ κύνες καὶ γῦπες ἔδοιεν
κείμενον· ἦ κέ μοι αἰνὸν ἀπὸ πραπίδων ἄχος ἔλθοι."

XXII. 25.

Iliad

38.   ὣς ὥρμαινε μένων· ὁ δέ οἱ σχεδὸν ἦλθεν Ἀχιλλεύς
ἶσος Ἐνυαλίῳ, κορυθάϊκι πτολεμιστῇ,
σείων Πηλιάδα μελίην κατὰ δεξιὸν ὦμον
δεινήν· ἀμφὶ δὲ χαλκὸς ἐλάμπετο εἴκελος αὐγῇ
ἢ πυρὸς αἰθομένου ἢ ἠελίου ἀνιόντος.
Ἕκτορα δ', ὡς ἐνόησεν, ἕλε τρόμος· οὐδ' ἄρ' ἔτ' ἔτλη
αὖθι μένειν, ὀπίσω δὲ πύλας λίπε, βῆ δὲ φοβηθείς·
Πηλεΐδης δ' ἐπόρουσε ποσὶ κραιπνοῖσι πεποιθώς.
πρόσθε μὲν ἐσθλὸς ἔφευγε, δίωκε δέ μιν μέγ' ἀμείνων
καρπαλίμως, ἐπεὶ οὐχ ἱερήιον οὐδὲ βοείην
ἀρνύσθην, ἅ τε ποσσὶν ἀέθλια γίγνεται ἀνδρῶν,
ἀλλὰ περὶ ψυχῆς θέον Ἕκτορος ἱπποδάμοιο.
ὡς δ' ὅτ' ἀεθλοφόροι περὶ τέρματα μώνυχες ἵπποι
ῥίμφα μάλα τρωχῶσι· τὸ δὲ μέγα κεῖται ἄεθλον,
ἢ τρίπος ἠὲ γυνή, ἀνδρὸς κατατεθνηῶτος·
ὣς τὼ τρὶς Πριάμοιο πόλιν πέρι δινηθήτην
καρπαλίμοισι πόδεσσι.   θεοὶ δ' ἐς πάντες ὁρῶντο.

XXII. 131.

39.   τὸν δ' ἄρ' ὑπόδρα ἰδὼν προσέφη πόδας ὠκὺς Ἀχιλλεύς·
"Ἕκτορ, μή μοι, ἄλαστε, συνημοσύνας ἀγόρευε.
ὡς οὐκ ἔστι λέουσι καὶ ἀνδράσιν ὅρκια πιστά,
οὐδὲ λύκοι τε καὶ ἄρνες ὁμόφρονα θυμὸν ἔχουσιν,
ἀλλὰ κακὰ φρονέουσι διαμπερὲς ἀλλήλοισιν,
ὣς οὐκ ἔστ' ἐμὲ καὶ σὲ φιλήμεναι, οὐδέ τι νῶιν
ὅρκια ἔσσονται πρίν γ' ἢ ἕτερόν γε πεσόντα
αἵματος ἆσαι Ἄρηα, ταλαύρινον πολεμιστήν.
παντοίης ἀρετῆς μιμνήσκεο· νῦν σε μάλα χρὴ
αἰχμητήν τ' ἔμεναι καὶ θαρσαλέον πολεμιστήν.
οὔ τοι ἔτ' ἔσθ' ὑπάλυξις, ἄφαρ δέ σε Παλλὰς Ἀθήνη
ἔγχει ἐμῷ δαμάᾳ· νῦν δ' ἀθρόα πάντ' ἀποτείσεις
κήδε' ἐμῶν ἑτάρων, οὓς ἔκτανες ἔγχεϊ θύων."

id. 260.

40.   τὸν δὲ καταθνῄσκων προσέφη κορυθαίολος Ἕκτωρ·
"ἦ σ' εὖ γιγνώσκων προτιόσσομαι, οὐδ' ἄρ' ἔμελλον
πείσειν· ἦ γὰρ σοί γε σιδήρεος ἐν φρεσὶ θυμός.
φράζεο νῦν μή τοί τι θεῶν μήνιμα γένωμαι,
ἤματι τῷ ὅτε κέν σε Πάρις καὶ Φοῖβος Ἀπόλλων
ἐσθλὸν ἐόντ' ὀλέσωσιν ἐνὶ Σκαιῇσι πύλῃσιν."
    ὣς ἄρα μιν εἰπόντα τέλος θανάτοιο κάλυψε,
ψυχὴ δ' ἐκ ῥεθέων πταμένη Ἀϊδόσδε βεβήκει,
ὃν πότμον γοόωσα, λιποῦσ' ἀδροτῆτα καὶ ἥβην.

XXII. 355.

41.   ἄλοχος δ' οὔ πώ τι πέπυστο
Ἕκτορος· οὐ γάρ οἵ τις ἐτήτυμος ἄγγελος ἐλθὼν
ἤγγειλ' ὅττι ῥά οἱ πόσις ἔκτοθι μίμνε πυλάων,
ἀλλ' ἥ γ' ἱστὸν ὕφαινε μυχῷ δόμου ὑψηλοῖο
δίπλακα πορφυρέην, ἐν δὲ θρόνα ποικίλ' ἔπασσε.
κέκλετο δ' ἀμφιπόλοισιν ἐϋπλοκάμοις κατὰ δῶμα
ἀμφὶ πυρὶ στῆσαι τρίποδα μέγαν, ὄφρα πέλοιτο
Ἕκτορι θερμὰ λοετρὰ μάχης ἐκ νοστήσαντι,
νηπίη, οὐδ' ἐνόησεν ὅ μιν μάλα τῆλε λοετρῶν
χερσὶν Ἀχιλλῆος δάμασε γλαυκῶπις Ἀθήνη.
κωκυτοῦ δ' ἤκουσε καὶ οἰμωγῆς ἀπὸ πύργου·
τῆς δ' ἐλελίχθη γυῖα, χαμαὶ δέ οἱ ἔκπεσε κερκίς.

id. 437.

42.   Πηλείδης δ' ἐπὶ θινὶ πολυφλοίσβοιο θαλάσσης
κεῖτο βαρὺ στενάχων, πολέσιν μετὰ Μυρμιδόνεσσιν,
ἐν καθαρῷ, ὅθι κύματ' ἐπ' ἠιόνος κλύζεσκον·
εὖτε τὸν ὕπνος ἔμαρπτε, λύων μελεδήματα θυμοῦ·
ἦλθε δ' ἐπὶ ψυχὴ Πατροκλῆος δειλοῖο,
πάντ' αὐτῷ μέγεθός τε καὶ ὄμματα κάλ' ἐϊκυῖα
καὶ φωνήν, καὶ τοῖα περὶ χροῒ εἵματα ἕστο.
στῆ δ' ἄρ' ὑπὲρ κεφαλῆς, καί μιν πρὸς μῦθον ἔειπεν·
"εὕδεις, αὐτὰρ ἐμεῖο λελασμένος ἔπλευ, Ἀχιλλεῦ."

XXIII. 59.

43. τοὺς δ' ἔλαθ' εἰσελθὼν Πρίαμος μέγας, ἄγχι δ' ἄρα στὰς
χερσὶν Ἀχιλλῆος λάβε γούνατα καὶ κύσε χεῖρας
δεινὰς ἀνδροφόνους, αἵ οἱ πολέας κτάνον υἷας.
τὸν καὶ λισσόμενος Πρίαμος πρὸς μῦθον ἔειπε·
"μνῆσαι πατρὸς σοῖο, θεοῖς ἐπιείκελ' Ἀχιλλεῦ,
τηλίκου ὥς περ ἐγών, ὀλοῷ ἐπὶ γήραος οὐδῷ.
καὶ μέν που κεῖνον περιναιέται ἀμφὶς ἐόντες
τείρουσ', οὐδέ τις ἔστιν ἀρὴν καὶ λοιγὸν ἀμῦναι.
ἀλλ' ἤτοι κεῖνός γε σέθεν ζώοντος ἀκούων
χαίρει τ' ἐν θυμῷ, ἐπί τ' ἔλπεται ἤματα πάντα
ὄψεσθαι φίλον υἱὸν ἀπὸ Τροίηθε μολόντα·
αὐτὰρ ἐγὼ πανάποτμος, ἐπεὶ τέκον υἷας ἀρίστους
Τροίῃ ἐν εὐρείῃ, τῶν δ' οὔ τινά φημι λελεῖφθαι.
ὃς δέ μοι οἶος ἔην, εἴρυτο δὲ ἄστυ καὶ αὐτούς,
τὸν σὺ πρῴην κτείνας ἀμυνόμενον περὶ πάτρης,
Ἕκτορα· τοῦ νῦν εἵνεχ' ἱκάνω νῆας Ἀχαιῶν,
λυσόμενος παρὰ σεῖο, φέρω δ' ἀπερείσι' ἄποινα.
ἀλλ' αἰδεῖο θεούς, Ἀχιλεῦ, αὐτόν τ' ἐλέησον
μνησάμενος σοῦ πατρός· ἐγὼ δ' ἐλεεινότερός περ,
ἔτλην δ' οἷ' οὔ πώ τις ἐπιχθόνιος βροτὸς ἄλλος,
ἀνδρὸς παιδοφόνοιο ποτὶ στόμα χεῖρ' ὀρέγεσθαι."

XXIV. 477.

44. τὸν δ' ἠμείβετ' ἔπειτα γέρων Πρίαμος θεοειδής·
"μή μέ πω ἐς θρόνον ἷζε, διοτρεφές, ὄφρα κεν Ἕκτωρ
κεῖται ἐνὶ κλισίῃσιν ἀκηδής, ἀλλὰ τάχιστα
λῦσον, ἵν' ὀφθαλμοῖσιν ἴδω· σὺ δὲ δέξαι ἄποινα."
τὸν δ' ἄρ' ὑπόδρα ἰδὼν προσέφη πόδας ὠκὺς Ἀχιλλεύς·
"μηκέτι νῦν μ' ἐρέθιζε, γέρον· νοέω δὲ καὶ αὐτὸς
Ἕκτορά τοι λῦσαι, Διόθεν δέ μοι ἄγγελος ἦλθε
μήτηρ, ἥ μ' ἔτεκεν, θυγάτηρ ἁλίοιο γέροντος.
τῶ νῦν μή μοι μᾶλλον ἐν ἄλγεσι θυμὸν ὀρίνῃς,
μή σε, γέρον, οὐδ' αὐτὸν ἐνὶ κλισίῃσιν ἐάσω
καὶ ἱκέτην περ ἐόντα, Διὸς δ' ἀλίτωμαι ἐφετμάς."

id. 552.

Homer: Odyssey

45.   τὸν δ' αὖτε προσέειπε θεὰ γλαυκῶπις Ἀθήνη·
"τοιγὰρ ἐγώ τοι ταῦτα μάλ' ἀτρεκέως ἀγορεύσω.
Μέντης Ἀγχιάλοιο δαΐφρονος εὔχομαι εἶναι
υἱός, ἀτὰρ Ταφίοισι φιληρέτμοισιν ἀνάσσω.
νῦν δ' ὧδε ξὺν νηὶ κατήλυθον ἠδ' ἑτάροισι
πλέων ἐπὶ οἴνοπα πόντον ἐπ' ἀλλοθρόους ἀνθρώπους
ἐς Τεμέσην μετὰ χαλκόν, ἄγω δ' αἴθωνα σίδηρον.
νηῦς δέ μοι ἥδ' ἕστηκεν ἐπ' ἀγροῦ νόσφι πόληος
ἐν λιμένι Ῥείθρῳ ὑπὸ Νηίῳ ὑλήεντι.
ξεῖνοι δ' ἀλλήλων πατρώιοι εὐχόμεθ' εἶναι
ἐξ ἀρχῆς, εἴ πέρ τε γέροντ' εἴρηαι ἐπελθὼν
Λαέρτην ἥρωα, τὸν οὐκέτι φασὶ πόλινδε
ἔρχεσθ', ἀλλ' ἀπάνευθεν ἐπ' ἀγροῦ πήματα πάσχειν
γρηὶ σὺν ἀμφιπόλῳ, ἥ οἱ βρῶσίν τε πόσιν τε
παρτιθεῖ, εὖτ' ἄν μιν κάματος κατὰ γυῖα λάβῃσι.
νῦν δ' ἦλθον· δὴ γάρ μιν ἔφαντ' ἐπιδήμιον εἶναι,
σὸν πατέρ'· ἀλλά νυ τόν γε θεοὶ βλάπτουσι κελεύθου.
οὐ γάρ πω τέθνηκεν ἐπὶ χθονὶ δῖος Ὀδυσσεύς,
ἀλλ' ἔτι που ζωὸς κατερύκεται εὐρέϊ πόντῳ
νήσῳ ἐν ἀμφιρύτῃ, χαλεποὶ δέ μιν ἄνδρες ἔχουσιν
ἄγριοι, οἵ που κεῖνον ἐρυκανόωσ' ἀέκοντα.
αὐτὰρ νῦν τοι ἐγὼ μαντεύσομαι, ὡς ἐνὶ θυμῷ
ἀθάνατοι βάλλουσι καὶ ὡς τελέεσθαι ὀΐω,
οὔτε τι μάντις ἐὼν οὔτ' οἰωνῶν σάφα εἰδώς·
οὔ τοι ἔτι δηρόν γε φίλης ἀπὸ πατρίδος αἴης
ἔσσεται, οὐδ' εἴ πέρ ἑ σιδήρεα δέσματ' ἔχῃσι·
φράσσεται ὥς κε νέηται, ἐπεὶ πολυμήχανός ἐστι.

I. 178.

Odyssey

46. πρῶτα μὲν ἐς Πύλον ἐλθὲ καὶ εἴρεο Νέστορα δῖον,
κεῖθεν δὲ Σπάρτηνδε παρὰ ξανθὸν Μενέλαον
ἔρχεο πευσόμενος πατρὸς δὴν οἰχομένοιο·
αὐτὰρ ἐπὴν δὴ ταῦτα τελευτήσῃς τε καὶ ἔρξῃς,
φράζεσθαι δὴ ἔπειτα κατὰ φρένα καὶ κατὰ θυμόν,
ὅππως κε μνηστῆρας ἐνὶ μεγάροισι τεοῖσι
κτείνῃς ἠὲ δόλῳ ἢ ἀμφαδόν. οὐδ' ἔτι σε χρὴ
νηπιάας ὀχέειν, ἐπεὶ οὐκέτι τηλίκος ἐσσί.
ἦ οὐκ ἀΐεις, οἷον κλέος ἔλλαβε δῖος Ὀρέστης
πάντας ἐπ' ἀνθρώπους, ἐπεὶ ἔκτανε πατροφονῆα
Αἴγισθον δολόμητιν, ὅ οἱ πατέρα κλυτὸν ἔκτα;
καὶ σύ, φίλος,—μάλα γάρ σ' ὁρόω καλόν τε μέγαν τε—
ἄλκιμος ἔσσ', ἵνα τίς σε καὶ ὀψιγόνων ἐῢ εἴπῃ.

I. 284.

47. τὸν δ' αὖ Τηλέμαχος πεπνυμένος ἀντίον ηὔδα·
"Εὐρύμαχ' ἠδὲ καὶ ἄλλοι, ὅσοι μνηστῆρες ἀγαυοί,
ταῦτα μὲν οὐχ ὑμέας ἔτι λίσσομαι οὐδ' ἀγορεύω·
ἤδη γὰρ τὰ ἴσασι θεοὶ καὶ πάντες Ἀχαιοί.
ἀλλ' ἄγε μοι δότε νῆα θοὴν καὶ εἴκοσ' ἑταίρους,
οἵ κέ μοι ἔνθα καὶ ἔνθα διαπρήσσωσι κέλευθον·
εἶμι γὰρ ἐς Σπάρτην τε καὶ ἐς Πύλον ἠμαθόεντα
νόστον πευσόμενος πατρὸς δὴν οἰχομένοιο,
ἤν τίς μοι εἴπῃσι βροτῶν ἢ ὄσσαν ἀκούσω
ἐκ Διός, ἥ τε μάλιστα φέρει κλέος ἀνθρώποισιν.
εἰ μέν κεν πατρὸς βίοτον καὶ νόστον ἀκούσω,
ἦ τ' ἂν τρυχόμενός περ ἔτι τλαίην ἐνιαυτόν·
εἰ δέ κε τεθνηῶτος ἀκούσω μηδ' ἔτ' ἐόντος,
νοστήσας δὴ ἔπειτα φίλην ἐς πατρίδα γαῖαν
σῆμά τέ οἱ χεύω καὶ ἐπὶ κτέρεα κτερεΐξω
πολλὰ μάλ', ὅσσα ἔοικε, καὶ ἀνέρι μητέρα δώσω."

II. 208.

48. ἔνθ' αὖτ' ἄλλ' ἐνόησε θεὰ γλαυκῶπις 'Αθήνη·
Τηλεμάχῳ εἰκυῖα κατὰ πτόλιν ᾤχετο πάντῃ
καί ῥα ἑκάστῳ φωτὶ παρισταμένη φάτο μῦθον,
ἑσπερίους δ' ἐπὶ νῆα θοὴν ἀγερέσθαι ἀνώγει.
ἡ δ' αὖτε Φρονίοιο Νοήμονα φαίδιμον υἱὸν
ᾔτεε νῆα θοήν· ὁ δέ οἱ πρόφρων ὑπέδεκτο.
δύσετό τ' ἠέλιος, σκιόωντό τε πᾶσαι ἀγυιαί·
καὶ τότε νῆα θοὴν ἅλαδ' εἴρυσε, πάντα δ' ἐν αὐτῇ
ὅπλ' ἐτίθει, τά τε νῆες ἐΰσσελμοι φορέουσι.
στῆσε δ' ἐπ' ἐσχατιῇ λιμένος, περὶ δ' ἐσθλοὶ ἑταῖροι
ἀθρόοι ἠγερέθοντο· θεὰ δ' ὤτρυνεν ἕκαστον.

ἔνθ' αὖτ' ἄλλ' ἐνόησε θεὰ γλαυκῶπις 'Αθήνη·
βῆ ῥ' ἰέναι πρὸς δώματ' 'Οδυσσῆος θείοιο·
ἔνθα μνηστήρεσσιν ἐπὶ γλυκὺν ὕπνον ἔχευε,
πλάζε δὲ πίνοντας, χειρῶν δ' ἔκβαλλε κύπελλα.
οἱ δ' εὕδειν ὤρνυντο κατὰ πτόλιν οὐδ' ἄρ' ἔτι δὴν
ἧατ', ἐπεί σφισιν ὕπνος ἐπὶ βλεφάροισιν ἔπιπτεν.
αὐτὰρ Τηλέμαχον προσέφη γλαυκῶπις 'Αθήνη
ἐκ προκαλεσσαμένη μεγάρων εὖ ναιεταόντων
Μέντορι εἰδομένη ἠμὲν δέμας ἠδὲ καὶ αὐδήν·
"Τηλέμαχ', ἤδη μέν τοι ἐϋκνήμιδες ἑταῖροι
ἧατ' ἐπήρετμοι τὴν σὴν ποτιδέγμενοι ὁρμήν·
ἀλλ' ἴομεν, μὴ δηθὰ διατρίβωμεν ὁδοῖο."
ὣς ἄρα φωνήσασ' ἡγήσατο Παλλὰς 'Αθήνη
καρπαλίμως· ὁ δ' ἔπειτα μετ' ἴχνια βαῖνε θεοῖο.
αὐτὰρ ἐπεί ῥ' ἐπὶ νῆα κατήλυθον ἠδὲ θάλασσαν,
εὗρον ἔπειτ' ἐπὶ θινὶ κάρη κομόωντας ἑταίρους.

II. 382.

49. "ὦ Νέστορ Νηληιάδη, μέγα κῦδος Ἀχαιῶν,
εἴρεαι ὁππόθεν εἰμέν· ἐγὼ δέ κέ τοι καταλέξω.
πρῆξις δ' ἥδ' ἰδίη, οὐ δήμιος, ἣν ἀγορεύω.
πατρὸς ἐμοῦ κλέος εὐρὺ μετέρχομαι, ἤν που ἀκούσω,
δίου Ὀδυσσῆος ταλασίφρονος, ὅν ποτέ φασι
σὺν σοὶ μαρνάμενον Τρώων πόλιν ἐξαλαπάξαι.
ἄλλους μὲν γὰρ πάντας, ὅσοι Τρωσὶν πολέμιζον,
πευθόμεθ', ἧχι ἕκαστος ἀπώλετο λυγρῷ ὀλέθρῳ·
κείνου δ' αὖ καὶ ὄλεθρον ἀπευθέα θῆκε Κρονίων.
οὐ γάρ τις δύναται σάφα εἰπέμεν ὁππόθ' ὄλωλεν,
εἴ θ' ὅ γ' ἐπ' ἠπείρου δάμη ἀνδράσι δυσμενέεσσιν,
εἴ τε καὶ ἐν πελάγει μετὰ κύμασιν Ἀμφιτρίτης.
τοὔνεκα νῦν τὰ σὰ γούναθ' ἱκάνομαι, αἴ κ' ἐθέλῃσθα
κείνου λυγρὸν ὄλεθρον ἐνισπέμεν, εἴ που ὄπωπας
ὀφθαλμοῖσι τεοῖσιν ἢ ἄλλου μῦθον ἄκουσας." III. 79.

50. "καὶ σύ, φίλος, μὴ δηθὰ δόμων ἄπο τῆλ' ἀλάλησο
κτήματά τε προλιπὼν ἄνδρας τ' ἐν σοῖσι δόμοισιν
οὕτω ὑπερφιάλους, μή τοι κατὰ πάντα φάγωσι
κτήματα δασσάμενοι, σὺ δὲ τηϋσίην ὁδὸν ἔλθῃς.
ἀλλ' ἐς μὲν Μενέλαον ἐγὼ κέλομαι καὶ ἄνωγα
ἐλθεῖν· κεῖνος γὰρ νέον ἄλλοθεν εἰλήλουθεν
ἐκ τῶν ἀνθρώπων ὅθεν οὐκ ἔλποιτό κε θυμῷ
ἐλθέμεν, ὅν τινα πρῶτον ἀποσφήλωσιν ἄελλαι
ἐς πέλαγος μέγα τοῖον, ὅθεν τέ περ οὐδ' οἰωνοὶ
αὐτόετες οἰχνεῦσιν, ἐπεὶ μέγα τε δεινόν τε.
ἀλλ' ἴθι νῦν σὺν νηί τε σῇ καὶ σοῖς ἑτάροισιν·
εἰ δ' ἐθέλεις πεζός, πάρα τοι δίφρος τε καὶ ἵπποι,
πὰρ δέ τοι υἷες ἐμοί, οἵ τοι πομπῆες ἔσονται
ἐς Λακεδαίμονα δῖαν, ὅθι ξανθὸς Μενέλαος.
λίσσεσθαι δέ μιν αὐτός, ἵνα νημερτὲς ἐνίσπῃ·
ψεῦδος δ' οὐκ ἐρέει· μάλα γὰρ πεπνυμένος ἐστί." id. 313.

Homer

51.   "σὸς δέ που ἔκφυγε κῆρας ἀδελφεὸς ἠδ' ὑπάλυξεν
ἐν νηυσὶ γλαφυρῇσι· σάωσε δὲ πότνια Ἥρη.
ἀλλ' ὅτε δὴ τάχ' ἔμελλε Μαλειάων ὄρος αἰπὺ
ἵξεσθαι, τότε δή μιν ἀναρπάξασα θύελλα
πόντον ἐπ' ἰχθυόεντα φέρεν μεγάλα στενάχοντα.
ἀλλ' ὅτε δὴ καὶ κεῖθεν ἐφαίνετο νόστος ἀπήμων,
ἂψ δὲ θεοὶ οὖρον στρέψαν, καὶ οἴκαδ' ἵκοντο
ἀγροῦ ἐπ' ἐσχατιῆς, ὅθι δώματα ναῖε Θυέστης
τὸ πρίν, ἀτὰρ τότ' ἔναιε Θυεστιάδης Αἴγισθος·
ἦ τοι ὁ μὲν χαίρων ἐπεβήσετο πατρίδος αἴης
καὶ κύνει ἁπτόμενος ἣν πατρίδα, πολλὰ δ' ἀπ' αὐτοῦ
δάκρυα θερμὰ χέοντ', ἐπεὶ ἀσπασίως ἴδε γαῖαν.
τὸν δ' ἄρ' ἀπὸ σκοπιῆς εἶδε σκοπός, ὅν ῥα καθεῖσεν
Αἴγισθος δολόμητις ἄγων, ὑπὸ δ' ἔσχετο μισθὸν
χρυσοῦ δοιὰ τάλαντα· φύλασσε δ' ὅ γ' εἰς ἐνιαυτόν,
μή ἑ λάθοι παριών, μνήσαιτο δὲ θούριδος ἀλκῆς·
βῆ δ' ἴμεν ἀγγελέων πρὸς δώματα ποιμένι λαῶν.
αὐτίκα δ' Αἴγισθος δολίην ἐφράσσατο τέχνην·
κρινάμενος κατὰ δῆμον ἐείκοσι φῶτας ἀρίστους
εἷσε λόχον, ἑτέρωθι δ' ἀνώγει δαῖτα πένεσθαι.
αὐτὰρ ὁ βῆ καλέων Ἀγαμέμνονα ποιμένα λαῶν
ἵπποισιν καὶ ὄχεσφιν, ἀεικέα μερμηρίζων.
τὸν δ' οὐκ εἰδότ' ὄλεθρον ἀνήγαγε καὶ κατέπεφνε
δειπνίσσας, ὡς τίς τε κατέκτανε βοῦν ἐπὶ φάτνῃ.
οὐδέ τις Ἀτρεΐδεω ἑτάρων λίπεθ' οἵ οἱ ἕποντο,
οὐδέ τις Αἰγίσθου· ἀλλ' ἔκταθεν ἐν μεγάροισι."

IV. 512.

Odyssey

52. "ὣς ἐφάμην, ὁ δέ μ' αὐτίκ' ἀμειβόμενος προσέειπεν·
'υἱὸς Λαέρτεω Ἰθάκῃ ἔνι οἰκία ναίων·
τὸν δ' ἴδον ἐν νήσῳ θαλερὸν κατὰ δάκρυ χέοντα,
νύμφης ἐν μεγάροισι Καλυψοῦς, ἥ μιν ἀνάγκῃ
ἴσχει· ὁ δ' οὐ δύναται ἣν πατρίδα γαῖαν ἱκέσθαι.
οὐ γάρ οἱ πάρα νῆες ἐπήρετμοι καὶ ἑταῖροι,
οἵ κέν μιν πέμποιεν ἐπ' εὐρέα νῶτα θαλάσσης.
σοὶ δ' οὐ θέσφατόν ἐστι, διοτρεφὲς ὦ Μενέλαε,
Ἄργει ἐν ἱπποβότῳ θανέειν καὶ πότμον ἐπισπεῖν,
ἀλλά σ' ἐς Ἠλύσιον πεδίον καὶ πείρατα γαίης
ἀθάνατοι πέμψουσιν, ὅθι ξανθὸς Ῥαδάμανθυς,
τῇ περ ῥηίστη βιοτὴ πέλει ἀνθρώποισιν·
οὐ νιφετός, οὔτ' ἂρ χειμὼν πολὺς οὔτε ποτ' ὄμβρος,
ἀλλ' αἰεὶ ζεφύροιο λιγὺ πνείοντος ἀήτας
Ὠκεανὸς ἀνίησιν ἀναψύχειν ἀνθρώπους.'"

IV. 554.

53. ἡ δ' ὑπερώῳ αὖθι περίφρων Πηνελόπεια
κεῖτ' ἄρ' ἄσιτος ἄπαστος ἐδητύος ἠδὲ ποτῆτος,
ὁρμαίνουσ' ἤ οἱ θάνατον φύγοι υἱὸς ἀμύμων,
ἦ ὅ γ' ὑπὸ μνηστῆρσιν ὑπερφιάλοισι δαμείη.
ὅσσα δὲ μερμήριξε λέων ἀνδρῶν ἐν ὁμίλῳ
δείσας, ὁππότε μιν δόλιον περὶ κύκλον ἄγωσι,
τόσσα μιν ὁρμαίνουσαν ἐπήλυθεν ἥδυμος ὕπνος.
ἔνθ' αὖτ' ἄλλ' ἐνόησε θεὰ γλαυκῶπις Ἀθήνη·
εἴδωλον ποίησε, δέμας δ' ἤικτο γυναικί,
Ἰφθίμῃ κούρῃ μεγαλήτορος Ἰκαρίοιο.
πέμπε δέ μιν πρὸς δώματ' Ὀδυσσῆος θείοιο·
στῆ δ' ἄρ' ὑπὲρ κεφαλῆς καί μιν πρὸς μῦθον ἔειπεν·
"εὕδεις, Πηνελόπεια, φίλον τετιημένη ἦτορ;
οὐ μέν σ' οὐδὲ ἐῶσι θεοὶ ῥεῖα ζώοντες
κλαίειν οὐδ' ἀκαχῆσθαι, ἐπεί ῥ' ἔτι νόστιμός ἐστι
σὸς παῖς· οὐ μὲν γάρ τι θεοῖς ἀλιτήμενός ἐστι."

31

id. 787.

Homer

54. Ἑρμείαν δ' ἐρέεινε Καλυψώ, δῖα θεάων,
ἐν θρόνῳ ἱδρύσασα φαεινῷ σιγαλόεντι·

"τίπτε μοι, Ἑρμεία χρυσόρραπι, εἰλήλουθας,
αἰδοῖός τε φίλος τε; πάρος γε μὲν οὔ τι θαμίζεις.
αὔδα ὅ τι φρονέεις· τελέσαι δέ με θυμὸς ἄνωγεν,
εἰ δύναμαι τελέσαι γε καὶ εἰ τετελεσμένον ἐστίν."

ὣς ἄρα φωνήσασα θεὰ παρέθηκε τράπεζαν
ἀμβροσίης πλήσασα, κέρασσε δὲ νέκταρ ἐρυθρόν·
αὐτὰρ ὁ πῖνε καὶ ἦσθε διάκτορος ἀργεϊφόντης.
αὐτὰρ ἐπεὶ δείπνησε καὶ ἤραρε θυμὸν ἐδωδῇ,
καὶ τότε δή μιν ἔπεσσιν ἀμειβόμενος προσέειπεν·

"εἰρωτᾷς μ' ἐλθόντα θεὰ θεόν· αὐτὰρ ἐγώ τοι
νημερτέως τὸν μῦθον ἐνισπήσω· κέλεαι γάρ.
Ζεὺς ἐμέ γ' ἠνώγει δεῦρ' ἐλθέμεν οὐκ ἐθέλοντα·
τίς δ' ἂν ἑκὼν τοσσόνδε διαδράμοι ἁλμυρὸν ὕδωρ
ἄσπετον; οὐδέ τις ἄγχι βροτῶν πόλις, οἵ τε θεοῖσιν
ἱερά τε ῥέζουσι καὶ ἐξαίτους ἑκατόμβας.
ἀλλὰ μάλ' οὔ πως ἔστι Διὸς νόον αἰγιόχοιο
οὔτε παρεξελθεῖν ἄλλον θεὸν οὔθ' ἁλιῶσαι.
φησί τοι ἄνδρα παρεῖναι ὀϊζυρώτατον ἄλλων,
τῶν ἀνδρῶν οἳ ἄστυ πέρι Πριάμοιο μάχοντο
ἐννάετες, δεκάτῳ δὲ πόλιν πέρσαντες ἔβησαν
οἴκαδ'· ἀτὰρ ἐν νόστῳ Ἀθηναίην ἀλίτοντο,
ἥ σφιν ἐπῶρσ' ἄνεμόν τε κακὸν καὶ κύματα μακρά.
τὸν νῦν σ' ἠνώγει ἀποπεμπέμεν ὅττι τάχιστα·
οὐ γάρ οἱ τῇδ' αἶσα φίλων ἄπο νόσφιν ὀλέσθαι,
ἀλλ' ἔτι οἱ μοῖρ' ἐστὶ φίλους τ' ἰδέειν καὶ ἱκέσθαι
οἶκον ἐς ὑψόροφον καὶ ἑὴν ἐς πατρίδα γαῖαν."

ὣς φάτο· ῥίγησεν δὲ Καλυψώ, δῖα θεάων.

v. 85.

32

Odyssey

55.   οἴη δ' Ἀλκινόου θυγάτηρ μένε· τῇ γὰρ Ἀθήνη
θάρσος ἐνὶ φρεσὶ θῆκε καὶ ἐκ δέος εἴλετο γυίων.
στῆ δ' ἄντα σχομένη· ὁ δὲ μερμήριξεν Ὀδυσσεύς,
ἢ γούνων λίσσοιτο λαβὼν εὐώπιδα κούρην,
ἢ αὔτως ἐπέεσσιν ἀποσταδὰ μειλιχίοισι
λίσσοιτ', εἰ δείξειε πόλιν καὶ εἵματα δοίη.
ὣς ἄρα οἱ φρονέοντι δοάσσατο κέρδιον εἶναι,
λίσσεσθαι ἐπέεσσιν ἀποσταδὰ μειλιχίοισι,
μή οἱ γοῦνα λαβόντι χολώσαιτο φρένα κούρη.
αὐτίκα μειλίχιον καὶ κερδαλέον φάτο μῦθον·

   "γουνοῦμαί σε, ἄνασσα· θεός νύ τις ἢ βροτός ἐσσι;
εἰ μέν τις θεός ἐσσι, τοὶ οὐρανὸν εὐρὺν ἔχουσιν,
Ἀρτέμιδί σε ἐγώ γε, Διὸς κούρῃ μεγάλοιο,
εἶδός τε μέγεθός τε φυήν τ' ἄγχιστα ἐΐσκω·
εἰ δέ τίς ἐσσι βροτῶν, τοὶ ἐπὶ χθονὶ ναιετάουσι,
τρὶς μάκαρες μὲν σοί γε πατὴρ καὶ πότνια μήτηρ,
τρὶς μάκαρες δὲ κασίγνητοι· μάλα πού σφισι θυμὸς
αἰὲν ἐϋφροσύνῃσιν ἰαίνεται εἵνεκα σεῖο,
λευσσόντων τοιόνδε θάλος χορὸν εἰσοιχνεῦσαν.
κεῖνος δ' αὖ περὶ κῆρι μακάρτατος ἔξοχον ἄλλων,
ὅς κέ σ' ἐέδνοισι βρίσας οἶκόνδ' ἀγάγηται.
οὐ γάρ πω τοιοῦτον ἴδον βροτὸν ὀφθαλμοῖσιν,
οὔτ' ἄνδρ' οὔτε γυναῖκα· σέβας μ' ἔχει εἰσορόωντα.
Δήλῳ δή ποτε τοῖον Ἀπόλλωνος παρὰ βωμῷ
φοίνικος νέον ἔρνος ἀνερχόμενον ἐνόησα·
ὣς δ' αὔτως καὶ κεῖνο ἰδὼν ἐτεθήπεα θυμῷ
δήν, ἐπεὶ οὔ πω τοῖον ἀνήλυθεν ἐκ δόρυ γαίης,
ὣς σέ, γύναι, ἄγαμαί τε τέθηπά τε, δείδια δ' αἰνῶς
γούνων ἅψασθαι· χαλεπὸν δέ με πένθος ἱκάνει.
ἀλλά, ἄνασσ', ἐλέαιρε· σὲ γὰρ κακὰ πολλὰ μογήσας
ἐς πρώτην ἱκόμην, τῶν δ' ἄλλων οὔ τινα οἶδα
ἀνθρώπων, οἳ τήνδε πόλιν καὶ γαῖαν ἔχουσι."

VI. 139.

Homer

56.   ἦ ῥα, καὶ ἀμφιπόλοισιν ἐϋπλοκάμοισι κέλευσε·
"στῆτέ μοι, ἀμφίπολοι· πόσε φεύγετε φῶτα ἰδοῦσαι;
ἦ μή πού τινα δυσμενέων φάσθ' ἔμμεναι ἀνδρῶν;
οὐκ ἔσθ' οὗτος ἀνὴρ ζωὸς βροτός, οὐδὲ γένηται,
ὅς κεν Φαιήκων ἀνδρῶν ἐς γαῖαν ἵκηται
δηϊοτῆτα φέρων· μάλα γὰρ φίλοι ἀθανάτοισιν.
οἰκέομεν δ' ἀπάνευθε πολυκλύστῳ ἐνὶ πόντῳ
ἔσχατοι, οὐδέ τις ἄμμι βροτῶν ἐπιμίσγεται ἄλλος.
ἀλλ' ὅδε τις δύστηνος ἀλώμενος ἐνθάδ' ἱκάνει,
τὸν νῦν χρὴ κομέειν· πρὸς γὰρ Διός εἰσιν ἅπαντες
ξεῖνοί τε πτωχοί τε, δόσις δ' ὀλίγη τε φίλη τε.
ἀλλὰ δότ', ἀμφίπολοι, ξείνῳ βρῶσίν τε πόσιν τε
λούσατέ τ' ἐν ποταμῷ, ὅθ' ἐπὶ σκέπας ἔστ' ἀνέμοιο."

                                                          VI. 198.

57.   ὣς εἰπὼν κατ' ἄρ' ἕζετ' ἐπ' ἐσχάρῃ ἐν κονίῃσι
πὰρ πυρί· οἱ δ' ἄρα πάντες ἀκὴν ἐγένοντο σιωπῇ.
ὀψὲ δὲ δὴ μετέειπε γέρων ἥρως Ἐχένηος,
ὃς δὴ Φαιήκων ἀνδρῶν προγενέστατος ἦεν
καὶ μύθοισι κέκαστο, παλαιά τε πολλά τε εἰδώς·
ὅ σφιν ἐϋ φρονέων ἀγορήσατο καὶ μετέειπεν·

    "'Αλκίνο', οὐ μέν τοι τόδε κάλλιον οὐδὲ ἔοικε,
ξεῖνον μὲν χαμαὶ ἧσθαι ἐπ' ἐσχάρῃ ἐν κονίῃσιν·
οἵδε δὲ σὸν μῦθον ποτιδέγμενοι ἰσχανόωνται.
ἀλλ' ἄγε δὴ ξεῖνον μὲν ἐπὶ θρόνου ἀργυροήλου
εἷσον ἀναστήσας, σὺ δὲ κηρύκεσσι κέλευσον
οἶνον ἐπικρῆσαι, ἵνα καὶ Διὶ τερπικεραύνῳ
σπείσομεν, ὅς θ' ἱκέτῃσιν ἅμ' αἰδοίοισιν ὀπηδεῖ.
δόρπον δὲ ξείνῳ ταμίη δότω ἔνδον ἐόντων."

                                                        VII. 153.

Odyssey

58.   ταῦτ' ἄρ' ἀοιδὸς ἄειδε περικλυτός· αὐτὰρ Ὀδυσσεὺς
   πορφύρεον μέγα φᾶρος ἑλὼν χερσὶ στιβαρῇσι
   κὰκ κεφαλῆς εἴρυσσε, κάλυψε δὲ καλὰ πρόσωπα·
   αἴδετο γὰρ Φαίηκας ὑπ' ὀφρύσι δάκρυα λείβων.
   ἦ τοι ὅτε λήξειεν ἀείδων θεῖος ἀοιδός,
   δάκρυ' ὀμορξάμενος κεφαλῆς ἄπο φᾶρος ἔλεσκε
   καὶ δέπας ἀμφικύπελλον ἑλὼν σπείσασκε θεοῖσιν·
   αὐτὰρ ὅτ' ἂψ ἄρχοιτο καὶ ὀτρύνειαν ἀείδειν
   Φαιήκων οἱ ἄριστοι, ἐπεὶ τέρποντ' ἐπέεσσιν,
   ἂψ Ὀδυσεὺς κατὰ κρᾶτα καλυψάμενος γοάασκεν.
   ἔνθ' ἄλλους μὲν πάντας ἐλάνθανε δάκρυα λείβων·
   Ἀλκίνοος δέ μιν οἶος ἐπεφράσατ' ἠδ' ἐνόησεν
   ἥμενος ἄγχ' αὐτοῦ, βαρὺ δὲ στενάχοντος ἄκουσε.

   VIII. 83.

59.   τὸνδ' ἐπεὶ οὖν δμῳαὶ λοῦσαν καὶ χρῖσαν ἐλαίῳ,
   ἀμφὶ δέ μιν χλαῖναν καλὴν βάλον ἠδὲ χιτῶνα,
   ἔκ ῥ' ἀσαμίνθου βὰς ἄνδρας μέτα οἰνοποτῆρας
   ἤιε. Ναυσικάα δὲ θεῶν ἄπο κάλλος ἔχουσα
   στῆ ῥα παρὰ σταθμὸν τέγεος πύκα ποιητοῖο·
   θαύμαζεν δ' Ὀδυσῆα ἐν ὀφθαλμοῖσιν ὁρῶσα
   καί μιν φωνήσασ' ἔπεα πτερόεντα προσηύδα·

   "χαῖρε, ξεῖν', ἵνα καί ποτ' ἐὼν ἐν πατρίδι γαίῃ
   μνήσῃ ἐμεῦ, ὅτι μοι πρώτῃ ζωάγρι' ὀφέλλεις."
   τὴν δ' ἀπαμειβόμενος προσέφη πολύμητις Ὀδυσσεύς·
   "Ναυσικάα, θύγατερ μεγαλήτορος Ἀλκινόοιο,
   οὕτω νῦν Ζεὺς θείη, ἐρίγδουπος πόσις Ἥρης,
   οἴκαδέ τ' ἐλθέμεναι καὶ νόστιμον ἦμαρ ἰδέσθαι·
   τῷ κέν τοι καὶ κεῖθι θεῷ ὡς εὐχετοῴμην
   αἰεὶ ἤματα πάντα· σὺ γάρ μ' ἐβιώσαο, κούρη."

   id. 454.

35

60.   τί πρῶτόν τοι ἔπειτα, τί δ' ὑστάτιον καταλέξω;
κήδε' ἐπεί μοι πολλὰ δόσαν θεοὶ οὐρανίωνες.
νῦν δ' ὄνομα πρῶτον μυθήσομαι, ὄφρα καὶ ὑμεῖς
εἴδετ', ἐγὼ δ' ἂν ἔπειτα φυγὼν ὑπὸ νηλεὲς ἦμαρ
ὑμῖν ξεῖνος ἔω καὶ ἀπόπροθι δώματα ναίων.

εἴμ' Ὀδυσεὺς Λαερτιάδης, ὃς πᾶσι δόλοισιν
ἀνθρώποισι μέλω, καί μευ κλέος οὐρανὸν ἵκει.
ἦ μέν μ' αὐτόθ' ἔρυκε Καλυψὼ δῖα θεάων
ἐν σπέσσι γλαφυροῖσι, λιλαιομένη πόσιν εἶναι·
ὣς δ' αὔτως Κίρκη κατερήτυεν ἐν μεγάροισιν
Αἰαίη δολόεσσα, λιλαιομένη πόσιν εἶναι·
ἀλλ' ἐμὸν οὔ ποτε θυμὸν ἐνὶ στήθεσσιν ἔπειθον.
ὣς οὐδὲν γλύκιον ἧς πατρίδος οὐδὲ τοκήων·
γίγνεται, εἴ περ καί τις ἀπόπροθι πίονα οἶκον
γαίῃ ἐν ἀλλοδαπῇ ναίει ἀπάνευθε τοκήων.
εἰ δ' ἄγε τοι καὶ νόστον ἐμὸν πολυκηδέ' ἐνίσπω,
ὅν μοι Ζεὺς ἐφέηκεν ἀπὸ Τροίηθεν ἰόντι.   IX. 14.

61.   ὣς ἐφάμην, ὁ δὲ δέκτο καὶ ἔκπιεν· ἤσατο δ' αἰνῶς
ἡδὺ ποτὸν πίνων, καί μ' ᾔτεε δεύτερον αὖτις·
"δός μοι ἔτι πρόφρων, καί μοι τεὸν οὔνομα εἰπὲ
αὐτίκα νῦν, ἵνα τοι δῶ ξείνιον, ᾧ κε σὺ χαίρῃς."

ὣς φάτ'· ἀτάρ οἱ αὖτις ἐγὼ πόρον αἴθοπα οἶνον.
τρὶς μὲν ἔδωκα φέρων, τρὶς δ' ἔκπιεν ἀφραδίῃσιν.
αὐτὰρ ἐπεὶ Κύκλωπα περὶ φρένας ἤλυθεν οἶνος,
καὶ τότε δή μιν ἔπεσσι προσηύδων μειλιχίοισι·

"Κύκλωψ, εἰρωτᾷς μ' ὄνομα κλυτόν· αὐτὰρ ἐγώ τοι
ἐξερέω· σὺ δέ μοι δὸς ξείνιον, ὥς περ ὑπέστης.
Οὖτις ἐμοί γ' ὄνομα· Οὖτιν δέ με κικλήσκουσι
μήτηρ ἠδὲ πατὴρ ἠδ' ἄλλοι πάντες ἑταῖροι."

ὣς ἐφάμην, ὁ δέ μ' αὐτίκ' ἀμείβετο νηλέϊ θυμῷ·
"Οὖτιν ἐγὼ πύματον ἔδομαι μετὰ οἷς ἑτάροισι,
τοὺς δ' ἄλλους πρόσθεν· τὸ δέ τοι ξεινήιον ἔσται."   id. 353.

62.
εὗρον δ' ἐν βήσσῃσι τετυγμένα δώματα Κίρκης
ξεστοῖσιν λάεσσι περισκέπτῳ ἐνὶ χώρῳ.
ἀμφὶ δέ μιν λύκοι ἦσαν ὀρέστεροι ἠδὲ λέοντες,
τοὺς αὐτὴ κατέθελξεν, ἐπεὶ κακὰ φάρμακ' ἔδωκεν.
οὐ δ' οἵ γ' ὡρμήθησαν ἐπ' ἀνδράσιν, ἀλλ' ἄρα τοί γε
οὐρῇσιν μακρῇσι περισσαίνοντες ἀνέσταν.
ὡς δ' ὅτ' ἂν ἀμφὶ ἄνακτα κύνες δαίτηθεν ἰόντα
σαίνωσ',—αἰεὶ γάρ τε φέρει μειλίγματα θυμοῦ,—
ὣς τοὺς ἀμφὶ λύκοι κρατερώνυχες ἠδὲ λέοντες
σαῖνον· τοὶ δ' ἔδεισαν, ἐπεὶ ἴδον αἰνὰ πέλωρα.
ἔσταν δ' ἐν προθύροισι θεᾶς καλλιπλοκάμοιο,
Κίρκης δ' ἔνδον ἄκουον ἀειδούσης ὀπὶ καλῇ
ἱστὸν ἐποιχομένης μέγαν ἄμβροτον, οἷα θεάων
λεπτά τε καὶ χαρίεντα καὶ ἀγλαὰ ἔργα πέλονται.
τοῖσι δὲ μύθων ἦρχε Πολίτης ὄρχαμος ἀνδρῶν,
ὅς μοι κήδιστος ἑτάρων ἦν κεδνότατός τε·

   "ὦ φίλοι, ἔνδον γάρ τις ἐποιχομένη μέγαν ἱστὸν
καλὸν ἀοιδιάει—δάπεδον δ' ἅπαν ἀμφιμέμυκεν—
ἢ θεὸς ἠὲ γυνή· ἀλλὰ φθεγγώμεθα θᾶσσον."

   ὣς ἄρ' ἐφώνησεν, τοὶ δ' ἐφθέγγοντο καλεῦντες.
ἡ δ' αἶψ' ἐξελθοῦσα θύρας ὤιξε φαεινὰς
καὶ κάλει, οἱ δ' ἅμα πάντες ἀϊδρείῃσιν ἕποντο·
Εὐρύλοχος δ' ὑπέμεινεν ὀϊσάμενος δόλον εἶναι.
εἷσεν δ' εἰσαγαγοῦσα κατὰ κλισμούς τε θρόνους τε,
ἐν δέ σφιν τυρόν τε καὶ ἄλφιτα καὶ μέλι χλωρὸν
οἴνῳ Πραμνείῳ ἐκύκα· ἀνέμισγε δὲ σίτῳ
φάρμακα λύγρ', ἵνα πάγχυ λαθοίατο πατρίδος αἴης.
αὐτὰρ ἐπεὶ δῶκέν τε καὶ ἔκπιον, αὐτίκ' ἔπειτα
ῥάβδῳ πεπληγυῖα κατὰ συφεοῖσιν ἐέργνυ.
οἱ δὲ συῶν μὲν ἔχον κεφαλὰς φωνήν τε τρίχας τε
καὶ δέμας, αὐτὰρ νοῦς ἦν ἔμπεδος ὡς τὸ πάρος περ.

X. 210.

Homer

63.   αὐτὰρ ἐγὼν αὐτοῦ μένον ἔμπεδον, ὄφρ' ἐπὶ μήτηρ
ἤλυθε καὶ πίεν αἷμα κελαινεφές· αὐτίκα δ' ἔγνω
καί μ' ὀλοφυρομένη ἔπεα πτερόεντα προσηύδα·

"τέκνον ἐμόν, πῶς ἦλθες ὑπὸ ζόφον ἠερόεντα
ζωὸς ἐών; χαλεπὸν δὲ τάδε ζωοῖσιν ὁρᾶσθαι.
ἦ νῦν δὴ Τροίηθεν ἀλώμενος ἐνθάδ' ἱκάνεις
νηί τε καὶ ἑτάροισι πολὺν χρόνον; οὐδέ πω ἦλθες
εἰς Ἰθάκην, οὐδ' εἶδες ἐνὶ μεγάροισι γυναῖκα;"

ὣς ἔφατ', αὐτὰρ ἐγώ μιν ἀμειβόμενος προσέειπον·
"μῆτερ ἐμή, χρειώ με κατήγαγεν εἰς Ἀΐδαο
ψυχῇ χρησόμενον Θηβαίου Τειρεσίαο.
οὐ γάρ πω σχεδὸν ἦλθον Ἀχαιίδος οὐδέ πω ἁμῆς
γῆς ἐπέβην, ἀλλ' αἰὲν ἔχων ἀλάλημαι ὀϊζύν,
ἐξ οὗ τὰ πρώτισθ' ἑπόμην Ἀγαμέμνονι δίῳ
Ἴλιον εἰς εὔπωλον ἵνα Τρώεσσι μαχοίμην.
ἀλλ' ἄγε μοι τόδε εἰπὲ καὶ ἀτρεκέως κατάλεξον·
τίς νύ σε κὴρ ἐδάμασσε τανηλεγέος θανάτοιο;
ἦ δολιχὴ νοῦσος, ἦ Ἄρτεμις ἰοχέαιρα
οἷς ἀγανοῖς βελέεσσιν ἐποιχομένη κατέπεφνεν;
εἰπὲ δέ μοι πατρός τε καὶ υἱέος, ὃν κατέλειπον,
ἦ ἔτι πὰρ κείνοισιν ἐμὸν γέρας, ἦέ τις ἤδη
ἀνδρῶν ἄλλος ἔχει, ἐμὲ δ' οὐκέτι φασὶ νέεσθαι.
εἰπὲ δέ μοι μνηστῆς ἀλόχου βουλήν τε νόον τε,
ἠὲ μένει παρὰ παιδὶ καὶ ἔμπεδα πάντα φυλάσσει,
ἦ ἤδη μιν ἔγημεν Ἀχαιῶν ὅς τις ἄριστος."

ὣς ἐφάμην, ἡ δ' αὐτίκ' ἀμείβετο πότνια μήτηρ·
"καὶ λίην κείνη γε μένει τετληότι θυμῷ
σοῖσιν ἐνὶ μεγάροισιν· ὀϊζυραὶ δέ οἱ αἰεὶ
φθίνουσιν νύκτες τε καὶ ἤματα δάκρυ χεούσῃ."

XI. 152.

64. ὣς ἔφατ'· αὐτὰρ ἐγώ γ' ἔθελον φρεσὶ μερμηρίξας
μητρὸς ἐμῆς ψυχὴν ἑλέειν κατατεθνηυίης·
τρὶς μὲν ἐφωρμήθην ἑλέειν τέ με θυμὸς ἀνώγει,
τρὶς δέ μοι ἐκ χειρῶν σκιῇ εἴκελον ἢ καὶ ὀνείρῳ
ἔπτατ'. ἐμοὶ δ' ἄχος ὀξὺ γενέσκετο κηρόθι μᾶλλον,
καί μιν φωνήσας ἔπεα πτερόεντα προσηύδων·

"μῆτερ ἐμή, τί νύ μ' οὐ μίμνεις ἑλέειν μεμαῶτα,
ὄφρα καὶ εἰν Ἀΐδαο φίλας περὶ χεῖρε βαλόντε
ἀμφοτέρω κρυεροῖο τεταρπώμεσθα γόοιο;
ἦ τί μοι εἴδωλον τόδ' ἀγαυὴ Περσεφόνεια
ὤτρυν', ὄφρ' ἔτι μᾶλλον ὀδυρόμενος στεναχίζω;"

XI. 204.

65. τόφρα δὲ καρπαλίμως ἐξίκετο νηῦς ἐϋεργὴς
νῆσον Σειρήνοιιν· ἔπειγε γὰρ οὖρος ἀπήμων.
αὐτίκ' ἔπειτ' ἄνεμος μὲν ἐπαύσατο ἠδὲ γαλήνη
ἔπλετο νηνεμίη, κοίμησε δὲ κύματα δαίμων.
ἑξείης δ' ἑτάροισιν ἐπ' οὔατα κηρὸν ἄλειψα.
οἱ δ' ἐν νηΐ μ' ἔδησαν ὁμοῦ χεῖράς τε πόδας τε·
αὐτοὶ δ' ἑζόμενοι πολιὴν ἅλα τύπτον ἐρετμοῖς.
ἀλλ' ὅτε τόσσον ἀπῆμεν ὅσον τε γέγωνε βοήσας
ῥίμφα διώκοντες, τὰς δ' οὐ λάθεν ὠκύαλος νηῦς
ἐγγύθεν ὀρνυμένη, λιγυρὴν δ' ἔντυνον ἀοιδήν·

"δεῦρ' ἄγ' ἰών, πολύαιν' Ὀδυσεῦ, μέγα κῦδος Ἀχαιῶν,
νῆα κατάστησον, ἵνα νωιτέρην ὄπ' ἀκούσῃς.
οὐ γάρ πώ τις τῇδε παρήλασε νηὶ μελαίνῃ,
πρίν γ' ἡμέων μελίγηρυν ἀπὸ στομάτων ὄπ' ἀκοῦσαι·
ἀλλ' ὅ γε τερψάμενος νεῖται καὶ πλείονα εἰδώς.
ἴδμεν γάρ τοι πάνθ', ὅσ' ἐνὶ Τροίῃ εὐρείῃ
Ἀργεῖοι Τρῶές τε θεῶν ἰότητι μόγησαν·
ἴδμεν δ', ὅσσα γένηται ἐπὶ χθονὶ πουλυβοτείρῃ."

ὣς φάσαν ἱεῖσαι ὄπα κάλλιμον· αὐτὰρ ἐμὸν κῆρ
ἤθελ' ἀκουέμεναι, λῦσαί τ' ἐκέλευον ἑταίρους
ὀφρύσι νευστάζων· οἱ δὲ προπεσόντες ἔρεσσον.

XII. 166.

Homer

66.　　　　　　　ὁ δ' ἔγρετο δῖος Ὀδυσσεὺς
εὕδων ἐν γαίῃ πατρωίῃ, οὐδέ μιν ἔγνω
ἤδη δὴν ἀπεών· περὶ γὰρ θεὸς ἠέρα χεῦε
Παλλὰς Ἀθηναίη κούρη Διός, ὄφρα μιν αὐτὸν
ἄγνωστον τεύξειεν ἕκαστά τε μυθήσαιτο,
μή μιν πρὶν ἄλοχος γνοίη ἀστοί τε φίλοι τε,
πρὶν πᾶσαν μνηστῆρας ὑπερβασίην ἀποτεῖσαι.
τοὔνεκ' ἄρ' ἀλλοϊδέα φαινέσκετο πάντα ἄνακτι,
ἀτραπιτοί τε διηνεκέες λιμένες τε πάνορμοι
πέτραι τ' ἠλίβατοι καὶ δένδρεα τηλεθόωντα.
στῆ δ' ἄρ' ἀναΐξας καί ῥ' εἴσιδε πατρίδα γαῖαν·
ᾤμωξέν τ' ἄρ' ἔπειτα καὶ ὦ πεπλήγετο μηρὼ
χερσὶ καταπρηνέσσ', ὀλοφυρόμενος δ' ἔπος ηὔδα·
　　"ὤ μοι ἐγώ, τέων αὖτε βροτῶν ἐς γαῖαν ἱκάνω;
ὦ πόποι, οὐκ ἄρα πάντα νοήμονες οὐδὲ δίκαιοι
ἦσαν Φαιήκων ἡγήτορες ἠδὲ μέδοντες,
οἵ μ' εἰς ἄλλην γαῖαν ἀπήγαγον· ἦ τέ μ' ἔφαντο
ἄξειν εἰς Ἰθάκην εὐδείελον, οὐδ' ἐτέλεσσαν."
　　　　　　　　　　　　　　　　　　XIII. 187.

67.　　τὸν δ' ἀπαμειβόμενος προσέφης, Εὔμαιε συβῶτα·
"ξεῖν', οὔ μοι θέμις ἔστ', οὐδ' εἰ κακίων σέθεν ἔλθοι,
ξεῖνον ἀτιμῆσαι· πρὸς γὰρ Διός εἰσιν ἅπαντες
ξεῖνοί τε πτωχοί τε· δόσις δ' ὀλίγη τε φίλη τε
γίγνεται ἡμετέρη· ἡ γὰρ δμώων δίκη ἐστὶν
αἰεὶ δειδιότων, ὅτ' ἐπικρατέωσιν ἄνακτες
οἱ νέοι. ἦ γὰρ τοῦ γε θεοὶ κατὰ νόστον ἔδησαν,
ὅς κεν ἔμ' ἐνδυκέως ἐφίλει καὶ κτῆσιν ὄπασσεν,
οἶκόν τε κλῆρόν τε πολυμνήστην τε γυναῖκα·
ἀλλ' ὄλεθ'· ὡς ὤφελλ' Ἑλένης ἀπὸ φῦλον ὀλέσθαι
πρόχνυ, ἐπεὶ πολλῶν ἀνδρῶν ὑπὸ γούνατ' ἔλυσε·
καὶ γὰρ κεῖνος ἔβη Ἀγαμέμνονος εἵνεκα τιμῆς
Ἴλιον εἰς εὔπωλον, ἵνα Τρώεσσι μάχοιτο."
　　　　　　　　　　　　　　　　　　XIV. 55.

68. τὼ δ' αὖτ' ἐν κλισίῃ Ὀδυσεὺς καὶ δῖος ὑφορβὸς
δορπείτην· παρὰ δέ σφιν ἐδόρπεον ἀνέρες ἄλλοι.
αὐτὰρ ἐπεὶ πόσιος καὶ ἐδητύος ἐξ ἔρον ἕντο,
τοῖς δ' Ὀδυσεὺς μετέειπε συβώτεω πειρητίζων,
ἦ μιν ἔτ' ἐνδυκέως φιλέοι μεῖναί τε κελεύοι
αὐτοῦ ἐνὶ σταθμῷ ἦ ὀτρύνειε πόλινδε·

"κέκλυθι νῦν, Εὔμαιε καὶ ἄλλοι πάντες ἑταῖροι·
ἠῶθεν προτὶ ἄστυ λιλαίομαι ἀπονέεσθαι
πτωχεύσων, ἵνα μή σε κατατρύχω καὶ ἑταίρους.
καί κ' ἐλθὼν πρὸς δώματ' Ὀδυσσῆος θείοιο
ἀγγελίην εἴποιμι περίφρονι Πηνελοπείῃ,
καί κε μνηστήρεσσιν ὑπερφιάλοισι μιγείην,
εἴ μοι δεῖπνον δοῖεν ὀνείατα μυρί' ἔχοντες·
αἶψά κεν εὖ δρώοιμι μετὰ σφίσιν ὅττι θέλοιεν."

xv. 301.

69. Τηλέμαχον δὲ περίσσαινον κύνες ὑλακόμωροι
οὐδ' ὕλαον προσιόντα· νόησε δὲ δῖος Ὀδυσσεὺς
σαίνοντάς τε κύνας, περί τε κτύπος ἦλθε ποδοῖιν.
αἶψα δ' ἄρ' Εὔμαιον ἔπεα πτερόεντα προσηύδα·

"Εὔμαι', ἦ μάλα τίς τοι ἐλεύσεται ἐνθάδ' ἑταῖρος
ἦ καὶ γνώριμος ἄλλος, ἐπεὶ κύνες οὐχ ὑλάουσιν
ἀλλὰ περισσαίνουσι· ποδῶν δ' ὑπὸ δοῦπον ἀκούω."
οὔ πω πᾶν εἴρητο ἔπος, ὅτε οἱ φίλος υἱὸς
ἔστη ἐνὶ προθύροισι. ταφὼν δ' ἀνόρουσε συβώτης,
ἐκ δ' ἄρα οἱ χειρῶν πέσον ἄγγεα, τοῖς ἐπονεῖτο
κιρνὰς αἴθοπα οἶνον· ὁ δ' ἀντίος ἦλθεν ἄνακτος,
κύσσε δέ μιν κεφαλήν τε καὶ ἄμφω φάεα καλὰ
χεῖράς τ' ἀμφοτέρας· θαλερὸν δέ οἱ ἔκπεσε δάκρυ.
ὡς δὲ πατὴρ ὃν παῖδα φίλα φρονέων ἀγαπάζῃ
ἐλθόντ' ἐξ ἀπίης γαίης δεκάτῳ ἐνιαυτῷ,
μοῦνον τηλύγετον, τῷ ἔπ' ἄλγεα πολλὰ μογήσῃ,
ὣς τότε Τηλέμαχον θεοειδέα δῖος ὑφορβὸς
πάντα κύσεν περιφὺς ὡς ἐκ θανάτοιο φυγόντα.

41

XVI. 4.

70.   τὸν δ' ἠμείβετ' ἔπειτα πολύτλας δῖος Ὀδυσσεύς·
"οὔ τίς τοι θεός εἰμι· τί μ' ἀθανάτοισιν ἐΐσκεις;
ἀλλὰ πατὴρ τεός εἰμι, τοῦ εἴνεκα σὺ στεναχίζων
πάσχεις ἄλγεα πολλὰ βίας ὑποδέγμενος ἀνδρῶν."

ὣς ἄρα φωνήσας υἱὸν κύσε, κὰδ δὲ παρειῶν
δάκρυον ἧκε χαμᾶζε· πάρος δ' ἔχε νωλεμὲς αἰεί.
Τηλέμαχος δ'—οὐ γάρ πω ἐπείθετο ὃν πατέρ' εἶναι—
ἐξαῦτίς μιν ἔπεσσιν ἀμειβόμενος προσέειπεν·

"οὐ σύ γ' Ὀδυσσεύς ἐσσι πατὴρ ἐμός, ἀλλά με δαίμων
θέλγει, ὄφρ' ἔτι μᾶλλον ὀδυρόμενος στεναχίζω.
οὐ γάρ πως ἂν θνητὸς ἀνὴρ τάδε μηχανόῳτο
ᾧ αὐτοῦ γε νόῳ, ὅτε μὴ θεὸς αὐτὸς ἐπελθὼν
ῥηιδίως ἐθέλων θείη νέον ἠὲ γέροντα.
ἦ γάρ τοι νέον ἦσθα γέρων καὶ ἀεικέα ἔσσο·
νῦν δὲ θεοῖσιν ἔοικας, οἳ οὐρανὸν εὐρὺν ἔχουσι."

XVI. 186.

71.   ἂν δὲ κύων κεφαλήν τε καὶ οὔατα κείμενος ἔσχεν
Ἄργος, Ὀδυσσῆος ταλασίφρονος, ὅν ῥά ποτ' αὐτὸς
θρέψε μέν, οὐ δ' ἀπόνητο, πάρος δ' εἰς Ἴλιον ἱρὴν
ᾤχετο. τὸν δὲ πάροιθεν ἀγίνεσκον νέοι ἄνδρες
αἶγας ἐπ' ἀγροτέρας ἠδὲ πρόκας ἠδὲ λαγωούς·
δὴ τότε κεῖτ' ἀπόθεστος ἀποιχομένοιο ἄνακτος
ἐν πολλῇ κόπρῳ. τότε δ' ὡς ἐνόησεν ἄνακτα,
οὐρῇ μέν ῥ' ὅ γ' ἔσηνε καὶ οὔατα κάββαλεν ἄμφω,
ἆσσον δ' οὐκέτ' ἔπειτα δυνήσατο οἷο ἄνακτος
ἐλθέμεν. αὐτὰρ ὁ νόσφιν ἰδὼν ἀπομόρξατο δάκρυ.
Ἄργον δ' αὖ κατὰ μοῖρ' ἔλαβεν μέλανος θανάτοιο
αὐτίκ' ἰδόντ' Ὀδυσῆα ἐεικοστῷ ἐνιαυτῷ.

XVII. 291.

42

72.   Εὐρύμαχος δ' ἐπέεσσι προσηύδα Πηνελόπειαν·
        " κούρη Ἰκαρίοιο περίφρον Πηνελόπεια,
    εἰ πάντες σε ἴδοιεν ἀν' Ἴασον Ἄργος Ἀχαιοί,
    πλέονές κε μνηστῆρες ἐν ὑμετέροισι δόμοισιν
    ἠῶθεν δαινύατ', ἐπεὶ περίεσσι γυναικῶν
    εἶδός τε μέγεθός τε ἰδὲ φρένας ἔνδον ἐΐσας."
        τὸν δ' ἠμείβετ' ἔπειτα περίφρων Πηνελόπεια·
    " Εὐρύμαχ', ἦ τοι ἐμὴν ἀρετὴν εἶδός τε δέμας τε
    ὤλεσαν ἀθάνατοι, ὅτε Ἴλιον εἰς ἀνέβαινον
    Ἀργέιοι, μετὰ τοῖσι δ' ἐμὸς πόσις ἦεν Ὀδυσσεύς.
    εἰ κεῖνός γ' ἐλθὼν τὸν ἐμὸν βίον ἀμφιπολεύοι,
    μεῖζόν κε κλέος εἴη ἐμὸν καὶ κάλλιον οὕτω.
    νῦν δ' ἄχομαι· τόσα γάρ μοι ἐπέσσευεν κακὰ δαίμων."

                                            XVIII. 244.

73.   τῆς δ' ἄρ' ἀκουούσης ῥέε δάκρυα, τήκετο δὲ χρώς.
    ὡς δὲ χιὼν κατατήκετ' ἐν ἀκροπόλοισιν ὄρεσσιν,
    ἥν τ' εὖρος κατέτηξεν, ἐπὴν ζέφυρος καταχεύῃ,
    τηκομένης δ' ἄρα τῆς ποταμοὶ πλήθουσι ῥέοντες·
    ὡς τῆς τήκετο καλὰ παρήια δάκρυ χεούσης,
    κλαιούσης ἑὸν ἄνδρα παρήμενον. αὐτὰρ Ὀδυσσεὺς
    θυμῷ μὲν γοόωσαν ἑὴν ἐλέαιρε γυναῖκα,
    ὀφθαλμοὶ δ' ὡς εἰ κέρα ἕστασαν ἠὲ σίδηρος
    ἀτρέμας ἐν βλεφάροισι· δόλῳ δ' ὅ γε δάκρυα κεῦθεν.
    ἡ δ' ἐπεὶ οὖν τάρφθη πολυδακρύτοιο γόοιο,
    ἐξαῦτίς μιν ἔπεσσιν ἀμειβομένη προσέειπε·
        " νῦν μὲν δή σευ, ξεῖνε, ὀΐω πειρήσεσθαι,
    εἰ ἐτεὸν δὴ κεῖθι σὺν ἀντιθέοις ἑτάροισι
    ξείνισας ἐν μεγάροισιν ἐμὸν πόσιν, ὡς ἀγορεύεις.
    εἰπέ μοι, ὁπποῖ' ἄσσα περὶ χροῒ εἵματα ἔστο,
    αὐτός θ' οἷος ἔην, καὶ ἑταίρους, οἵ οἱ ἔποντο."

                                            XIX. 204.

74. ὡς ἄρ' ἔφη· γρηὺς δὲ λέβηθ' ἕλε παμφανόωντα,
τοῦ πόδας ἐξ ἀπένιζεν, ὕδωρ δ' ἐνεχεύατο πουλὺ
ψυχρόν, ἔπειτα δὲ θερμὸν ἐπήφυσεν. αὐτὰρ Ὀδυσσεὺς
ἷζεν ἐπ' ἐσχαρόφιν, ποτὶ δὲ σκότον ἐτράπετ' αἶψα·
αὐτίκα γὰρ κατὰ θυμὸν ὀΐσατο, μή ἑ λαβοῦσα
οὐλὴν ἀμφράσσαιτο καὶ ἀμφαδὰ ἔργα γένοιτο.
νίζε δ' ἄρ' ἆσσον ἰοῦσα ἄναχθ' ἑόν· αὐτίκα δ' ἔγνω
οὐλήν, τήν ποτέ μιν σῦς ἤλασε λευκῷ ὀδόντι
Παρνησόνδ' ἐλθόντα μετ' Αὐτόλυκόν τε καὶ υἷας.

 τὴν γρηὺς χείρεσσι καταπρηνέσσι λαβοῦσα
γνῶ ῥ' ἐπιμασσαμένη, πόδα δὲ προέηκε φέρεσθαι·
ἐν δὲ λέβητι πέσε κνήμη, κανάχησε δὲ χαλκός,
ἄψ δ' ἑτέρωσ' ἐκλίθη· τὸ δ' ἐπὶ χθονὸς ἐξέχυθ' ὕδωρ.
τὴν δ' ἅμα χάρμα καὶ ἄλγος ἕλε φρένα, τὼ δέ οἱ ὄσσε
δακρυόφιν πλῆσθεν, θαλερὴ δέ οἱ ἔσχετο φωνή.
ἀψαμένη δὲ γενείου Ὀδυσσῆα προσέειπεν·

 "ἦ μάλ' Ὀδυσσεύς ἐσσι, φίλον τέκος· οὐδέ σ' ἐγώ γε
πρὶν ἔγνων, πρὶν πάντα ἄνακτ' ἐμὸν ἀμφαφάασθαι."

 ἦ, καὶ Πηνελόπειαν ἐσέδρακεν ὀφθαλμοῖσι,
πεφραδέειν ἐθέλουσα φίλον πόσιν ἔνδον ἐόντα.
ἡ δ' οὔτ' ἀθρῆσαι δύνατ' ἀντίη οὔτε νοῆσαι·
τῇ γὰρ Ἀθηναίη νόον ἔτραπεν. αὐτὰρ Ὀδυσσεὺς
χεῖρ' ἐπιμασσάμενος φάρυγος λάβε δεξιτερῆφι,
τῇ δ' ἑτέρῃ ἕθεν ἆσσον ἐρύσσατο φώνησέν τε·

 "μαῖα, τίη μ' ἐθέλεις ὀλέσαι; σὺ δέ μ' ἔτρεφες αὐτὴ
τῷ σῷ ἐπὶ μαζῷ· νῦν δ' ἄλγεα πολλὰ μογήσας
ἤλυθον εἰκοστῷ ἔτεϊ ἐς πατρίδα γαῖαν.
ἀλλ' ἐπεὶ ἐφράσθης καί τοι θεὸς ἔμβαλε θυμῷ,
σίγα, μή τίς τ' ἄλλος ἐνὶ μεγάροισι πύθηται."

XIX. 386.

75. ὣς φάτο καί ῥά οἱ ὕπνον ἐπὶ βλεφάροισιν ἔχευεν,
αὐτὴ δ' ἂψ ἐς Ὄλυμπον ἀφίκετο δῖα θεάων.
εὖτε τὸν ὕπνος ἔμαρπτε, λύων μελεδήματα θυμοῦ,
λυσιμελής, ἄλοχος δ' ἄρ' ἐπέγρετο κεδνὰ ἰδυῖα.
κλαῖε δ' ἄρ' ἐν λέκτροισι καθεζομένη μαλακοῖσιν.
αὐτὰρ ἐπεὶ κλαίουσα κορέσσατο ὃν κατὰ θυμόν,
Ἀρτέμιδι πρώτιστον ἐπεύξατο δῖα γυναικῶν·

"Ἄρτεμι, πότνα θεά, θύγατερ Διός, αἴθε μοι ἤδη
ἰὸν ἐνὶ στήθεσσι βαλοῦσ' ἐκ θυμὸν ἕλοιο
αὐτίκα νῦν, ἢ ἔπειτά μ' ἀναρπάξασα θύελλα
οἴχοιτο προφέρουσα κατ' ἠερόεντα κέλευθα,
ἐν προχοῇς δὲ βάλοι ἀψορρόου Ὠκεανοῖο.
ὡς ἔμ' ἀϊστώσειαν Ὀλύμπια δώματ' ἔχοντες,
ἠέ μ' ἐϋπλόκαμος βάλοι Ἄρτεμις, ὄφρ' Ὀδυσῆα
ὀσσομένη καὶ γαῖαν ὑπὸ στυγερὴν ἀφικοίμην
μηδέ τι χείρονος ἀνδρὸς ἐϋφραίνοιμι νόημα.
ἀλλὰ τὸ μὲν καὶ ἀνεκτὸν ἔχει κακόν, ὁππότε κέν τις
ἤματα μὲν κλαίῃ πυκινῶς ἀκαχήμενος ἦτορ,
νύκτας δ' ὕπνος ἔχῃσιν· ὁ γάρ τ' ἐπέλησεν ἁπάντων,
ἐσθλῶν ἠδὲ κακῶν, ἐπεὶ ἂρ βλέφαρ' ἀμφικαλύψῃ·
αὐτὰρ ἐμοὶ καὶ ὀνείρατ' ἐπέσσευεν κακὰ δαίμων.
τῇδε γὰρ αὖ μοι νυκτὶ παρέδραθεν εἴκελος αὐτῷ,
τοῖος ἐών οἷος ἦεν ἅμα στρατῷ· αὐτὰρ ἐμὸν κῆρ
χαῖρ', ἐπεὶ οὐκ ἐφάμην ὄναρ ἔμμεναι ἀλλ' ὕπαρ ἤδη."

ὣς ἔφατ'· αὐτίκα δὲ χρυσόθρονος ἤλυθεν Ἠώς.
τῆς δ' ἄρα κλαιούσης ὄπα σύνθετο δῖος Ὀδυσσεύς·
μερμήριζε δ' ἔπειτα, δόκησε δέ οἱ κατὰ θυμὸν
ἤδη γιγνώσκουσα παρεστάμεναι κεφαλῆφι.

XX. 54.

45

Homer

76. ἐκ δ' αὐτὸς μετὰ τοὺς δόμου ἤλυθε δῖος Ὀδυσσεύς.
ἀλλ' ὅτε δή ῥ' ἐκτὸς θυρέων ἔσαν ἠδὲ καὶ αὐλῆς,
φθεγξάμενός σφ' ἐπέεσσι προσηύδα μειλιχίοισι·

"βουκόλε καὶ σύ, συφορβέ, ἔπος τί κε μυθησαίμην·
ἦ αὐτὸς κεύθω; φάσθαι δέ με θυμὸς ἀνώγει.
ποῖοί κ' εἶτ' Ὀδυσῆι ἀμυνέμεν, εἴ ποθεν ἔλθοι
ὧδε μάλ' ἐξαπίνης καί τις θεὸς αὐτὸν ἐνείκαι;
ἦ κε μνηστήρεσσιν ἀμύνοιτ' ἦ Ὀδυσῆι;
εἴπαθ' ὅπως ὑμέας κραδίη θυμός τε κελεύει."

τὸν δ' αὖτε προσέειπε βοῶν ἐπιβουκόλος ἀνήρ·
"Ζεῦ πάτερ, αἲ γὰρ τοῦτο τελευτήσειας ἐέλδωρ,
ὡς ἔλθοι μὲν κεῖνος ἀνήρ, ἀγάγοι δέ ἑ δαίμων·
γνοίης χ' οἵη ἐμὴ δύναμις καὶ χεῖρες ἕπονται."

ὣς δ' αὔτως Εὔμαιος ἐπεύχετο πᾶσι θεοῖσι
νοστῆσαι Ὀδυσῆα πολύφρονα ὅνδε δόμονδε.
αὐτὰρ ἐπεὶ δὴ τῶν γε νόον νημερτέ' ἀνέγνω,
ἐξαῦτίς σφ' ἐπέεσσιν ἀμειβόμενος προσέειπεν·

"ἔνδον μὲν δὴ ὅδ' αὐτὸς ἐγώ, κακὰ πολλὰ μογήσας,
ἤλυθον εἰκοστῷ ἔτεϊ ἐς πατρίδα γαῖαν.
γιγνώσκω δ' ὡς σφῶιν ἐελδομένοισιν ἱκάνω
οἴοισι δμώων· τῶν δ' ἄλλων οὔ τευ ἄκουσα
εὐξαμένου ἐμὲ αὖτις ὑπότροπον οἴκαδ' ἱκέσθαι.
σφῶιν δ', ὡς ἔσεταί περ, ἀληθείην καταλέξω·
εἴ χ' ὑπ' ἐμοί γε θεὸς δαμάσῃ μνηστῆρας ἀγαυούς,
ἄξομαι ἀμφοτέροις ἀλόχους καὶ κτήματ' ὀπάσσω
οἰκία τ' ἐγγὺς ἐμεῖο τετυγμένα, καί μοι ἔπειτα
Τηλεμάχου ἑτάρω τε κασιγνήτω τε ἔσεσθον."

XXI. 190.

46

77.   Εὐρύμαχος δ' ἤδη τόξον μετὰ χερσὶν ἐνώμα
θάλπων ἔνθα καὶ ἔνθα σέλᾳ πυρός· ἀλλά μιν οὐδ' ὣς
ἐντανύσαι δύνατο, μέγα δ' ἔστενε κυδάλιμον κῆρ.
ὀχθήσας δ' ἄρα εἶπεν ἔπος τ' ἔφατ' ἔκ τ' ὀνόμαζεν·
    "ὢ πόποι, ἦ μοι ἄχος περί τ' αὐτοῦ καὶ περὶ πάντων.
οὔ τι γάμου τοσσοῦτον ὀδύρομαι ἀχνύμενός περ·
εἰσὶ καὶ ἄλλαι πολλαὶ Ἀχαιίδες, αἱ μὲν ἐν αὐτῇ
ἀμφιάλῳ Ἰθάκῃ, αἱ δ' ἄλλῃσιν πολίεσσιν·
ἀλλ' εἰ δὴ τοσσόνδε βίης ἐπιδευέες εἰμὲν
ἀντιθέου Ὀδυσῆος, ὅ τ' οὐ δυνάμεσθα τανύσσαι
τόξον· ἐλεγχείη δὲ καὶ ἐσσομένοισι πυθέσθαι."
                                              XXI. 245.

78.   ὣς ἄρ' ἔφαν μνηστῆρες· ἀτὰρ πολύμητις Ὀδυσσεύς,
αὐτίκ' ἐπεὶ μέγα τόξον ἐβάστασε καὶ ἴδε πάντῃ,
ὡς ὅτ' ἀνὴρ φόρμιγγος ἐπιστάμενος καὶ ἀοιδῆς
ῥηιδίως ἐτάνυσσε νέῳ περὶ κόλλοπι χορδήν,
ἅψας ἀμφοτέρωθεν ἐϋστρεφὲς ἔντερον οἰός·
ὣς ἄρ' ἄτερ σπουδῆς τάνυσεν μέγα τόξον Ὀδυσσεύς.
δεξιτερῇ δ' ἄρα χειρὶ λαβὼν πειρήσατο νευρῆς·
ἡ δ' ὑπὸ καλὸν ἄεισε χελιδόνι εἰκέλη αὐδήν.
μνηστῆρσιν δ' ἄρ' ἄχος γένετο μέγα, πᾶσι δ' ἄρα χρὼς
ἐτράπετο· Ζεὺς δὲ μεγάλ' ἔκτυπε σήματα φαίνων.
γήθησέν τ' ἄρ' ἔπειτα πολύτλας δῖος Ὀδυσσεύς,
ὅττι ῥά οἱ τέρας ἧκε Κρόνου παῖς ἀγκυλομήτεω.
εἵλετο δ' ὠκὺν ὀϊστόν, ὅ οἱ παρέκειτο τραπέζῃ
γυμνός· τοὶ δ' ἄλλοι κοίλης ἔντοσθε φαρέτρης
κείατο, τῶν τάχ' ἔμελλον Ἀχαιοὶ πειρήσεσθαι.
                                              id. 404.

79.　αὐτὰρ ὁ γυμνώθη ῥακέων πολύμητις Ὀδυσσεύς,
ἆλτο δ' ἐπὶ μέγαν οὐδὸν ἔχων βιὸν ἠδὲ φαρέτρην
ἰῶν ἐμπλείην, ταχέας δ' ἐκχεύατ' ὀϊστοὺς
αὐτοῦ πρόσθε ποδῶν, μετὰ δὲ μνηστῆρσιν ἔειπεν·

"οὗτος μὲν δὴ ἄεθλος ἀάατος ἐκτετέλεσται·
νῦν αὖτε σκοπὸν ἄλλον, ὃν οὔ πώ τις βάλεν ἀνήρ,
εἴσομαι, αἴ κε τύχωμι, πόρῃ δέ μοι εὖχος Ἀπόλλων."

ἦ, καὶ ἐπ' Ἀντινόῳ ἰθύνετο πικρὸν ὀϊστόν.
ἦ τοι ὁ καλὸν ἄλεισον ἀναιρήσεσθαι ἔμελλε
χρύσεον ἄμφωτον, καὶ δὴ μετὰ χερσὶν ἐνώμα,
ὄφρα πίοι οἴνοιο· φόνος δέ οἱ οὐκ ἐνὶ θυμῷ
μέμβλετο· τίς κ' οἴοιτο μετ' ἀνδράσι δαιτυμόνεσσι
μοῦνον ἐνὶ πλεόνεσσι, καὶ εἰ μάλα καρτερὸς εἴη,
οἷ τεύξειν θάνατόν τε κακὸν καὶ κῆρα μέλαιναν;

XXII. I.

80.　　　　　　　　τοὶ δ' ὁμάδησαν·
μνηστῆρες κατὰ δώμαθ', ὅπως ἴδον ἄνδρα πεσόντα,
ἐκ δὲ θρόνων ἀνόρουσαν ὀρινθέντες κατὰ δῶμα
πάντοσε παπταίνοντες ἐϋδμήτους ποτὶ τοίχους·
οὐδέ πῃ ἀσπὶς ἔην οὐδ' ἄλκιμον ἔγχος ἑλέσθαι.
νείκειον δ' Ὀδυσῆα χολωτοῖσιν ἐπέεσσι·

"ξεῖνε, κακῶς ἀνδρῶν τοξάζεαι· οὐκέτ' ἀέθλων
ἄλλων ἀντιάσεις· νῦν τοι σῶς αἰπὺς ὄλεθρος.
καὶ γὰρ δὴ νῦν φῶτα κατέκτανες, ὃς μέγ' ἄριστος
κούρων εἰν Ἰθάκῃ· τῶ σ' ἐνθάδε γῦπες ἔδονται."

τοὺς δ' ἄρ' ὑπόδρα ἰδὼν προσέφη πολύμητις Ὀδυσσεύς·

"ὦ κύνες, οὔ μ' ἔτ' ἐφάσκεθ' ὑπότροπον οἴκαδ' ἱκέσθαι
δήμου ἄπο Τρώων, ὅτι μοι κατεκείρετε οἶκον,
οὔτε θεοὺς δείσαντες οἳ οὐρανὸν εὐρὺν ἔχουσιν,
οὔτε τιν' ἀνθρώπων νέμεσιν κατόπισθεν ἔσεσθαι·
νῦν ὑμῖν καὶ πᾶσιν ὀλέθρου πείρατ' ἐφῆπται."

ὣς φάτο, τοὺς δ' ἄρα πάντας ὑπὸ χλωρὸν δέος εἷλε.

81.   στῆ δ' ἄρ' ὑπὲρ κεφαλῆς καί μιν πρὸς μῦθον ἔειπεν·
   "ἔγρεο, Πηνελόπεια, φίλον τέκος, ὄφρα ἴδηαι
ὀφθαλμοῖσι τεοῖσι τά τ' ἔλδεαι ἤματα πάντα·
ἦλθ' Ὀδυσεὺς καὶ οἶκον ἱκάνεται ὀψέ περ ἐλθών,
μνηστῆρας δ' ἔκτεινεν ἀγήνορας, οἵ θ' ἑὸν οἶκον
κήδεσκον καὶ κτήματ' ἔδον βιόωντό τε παῖδα."
   τὴν δ' αὖτε προσέειπε περίφρων Πηνελόπεια·
"τίπτε με λωβεύεις πολυπενθέα θυμὸν ἔχουσαν
ταῦτα παρὲξ ἐρέουσα καὶ ἐξ ὕπνου μ' ἀνεγείρεις
ἡδέος, ὅς μ' ἐπέδησε φίλα βλέφαρ' ἀμφικαλύψας;
οὐ γάρ πω τοιόνδε κατέδραθον, ἐξ οὗ Ὀδυσσεὺς
ᾤχετ' ἐποψόμενος Κακοΐλιον οὐκ ὀνομαστήν.
ἀλλ' ἄγε νῦν κατάβηθι καὶ ἂψ ἔρχευ μέγαρόνδε.
εἰ γάρ τίς μ' ἄλλη γε γυναικῶν, αἵ μοι ἔασι,
ταῦτ' ἐλθοῦσ' ἤγγειλε καὶ ἐξ ὕπνου ἀνέγειρε,
τῶ κε τάχα στυγερῶς μιν ἐγὼν ἀπέπεμψα νέεσθαι
αὖτις ἔσω μέγαρον· σὲ δὲ τοῦτό γε γῆρας ὀνήσει."

XXIII. 4.

82.   ὣς φαμένη κατέβαιν' ὑπερώϊα· πολλὰ δέ οἱ κῆρ
ὥρμαιν' ἢ ἀπάνευθε φίλον πόσιν ἐξερεείνοι,
ἦ παρστᾶσα κύσειε κάρη καὶ χεῖρε λαβοῦσα.
ἡ δ' ἐπεὶ εἰσῆλθεν καὶ ὑπέρβη λάϊνον οὐδόν,
ἕζετ' ἔπειτ' Ὀδυσῆος ἐναντίον ἐν πυρὸς αὐγῇ
τοίχου τοῦ ἑτέρου· ὁ δ' ἄρα πρὸς κίονα μακρὴν
ἧστο κάτω ὁρόων, ποτιδέγμενος εἴ τί μιν εἴποι
ἰφθίμη παράκοιτις, ἐπεὶ ἴδεν ὀφθαλμοῖσιν.
ἡ δ' ἄνεω δὴν ἧστο, τάφος δέ οἱ ἦτορ ἵκανε·

id. 85.

83.　δακρύσασα δ' ἔπειτ' ἰθὺς δράμεν, ἀμφὶ δὲ χεῖρας
　　　δειρῇ βάλλ' Ὀδυσῆι, κάρη δ' ἔκυσ' ἠδὲ προσηύδα·
　　　"μή μοι, Ὀδυσσεῦ, σκύζευ, ἐπεὶ τά περ ἄλλα μάλιστα
　　　ἀνθρώπων πέπνυσο· θεοὶ δ' ὤπαζον ὀιζύν,
　　　οἳ νῶιν ἀγάσαντο παρ' ἀλλήλοισι μένοντε
　　　ἥβης ταρπῆναι καὶ γήραος οὐδὸν ἱκέσθαι.
　　　αὐτὰρ μὴ νῦν μοι τόδε χώεο μηδὲ νεμέσσα,
　　　οὕνεκά σ' οὐ τὸ πρῶτον, ἐπεὶ ἴδον, ὧδ' ἀγάπησα.
　　　αἰεὶ γάρ μοι θυμὸς ἐνὶ στήθεσσι φίλοισιν
　　　ἐρρίγει, μή τίς με βροτῶν ἀπάφοιτ' ἐπέεσσιν
　　　ἐλθών· πολλοὶ γὰρ κακὰ κέρδεα βουλεύουσιν."
　　　　ὣς φάτο, τῷ δ' ἔτι μᾶλλον ὑφ' ἵμερον ὦρσε γόοιο·
　　　κλαῖε δ' ἔχων ἄλοχον θυμαρέα, κεδνὰ ἰδυῖαν.
　　　ὡς δ' ὅτ' ἂν ἀσπάσιος γῇ νηχομένοισι φανήῃ,
　　　ὧν τε Ποσειδάων εὐεργέα νῆ' ἐνὶ πόντῳ
　　　ῥαίσῃ ἐπειγομένην ἀνέμῳ καὶ κύματι πηγῷ·
　　　παῦροι δ' ἐξέφυγον πολιῆς ἁλὸς ἤπειρόνδε
　　　νηχόμενοι, πολλὴ δὲ περὶ χροΐ τέτροφεν ἅλμη,
　　　ἀσπάσιοι δ' ἐπέβαν γαίης, κακότητα φυγόντες·
　　　ὣς ἄρα τῇ ἀσπαστὸς ἔην πόσις εἰσοροώσῃ,
　　　δειρῆς δ' οὔ πω πάμπαν ἀφίετο πήχεε λευκώ.

　　　　　　　　　　　　　　　　　　　　　　　XXIII. 207.

84.　τὸν δ' αὖτε ψυχὴ προσεφώνεεν Ἀτρεΐδαο·
　　　"ὄλβιε Λαέρταο πάις, πολυμήχαν' Ὀδυσσεῦ,
　　　ἦ ἄρα σὺν μεγάλῃ ἀρετῇ ἐκτήσω ἄκοιτιν·
　　　ὡς ἀγαθαὶ φρένες ἦσαν ἀμύμονι Πηνελοπείῃ
　　　κούρῃ Ἰκαρίου, ὡς εὖ μέμνητ' Ὀδυσῆος,
　　　ἀνδρὸς κουριδίου. τῶ οἱ κλέος οὔ ποτ' ὀλεῖται
　　　ἧς ἀρετῆς, τεύξουσι δ' ἐπιχθονίοισιν ἀοιδὴν
　　　ἀθάνατοι χαρίεσσαν ἐχέφρονι Πηνελοπείῃ."

　　　　　　　　　　　　　　　　　　　　　　　XXIV. 191.

50

Aeschylus

Χορὸς Δαναιδῶν.   Βασιλεὺς Ἀργείων.   Κῆρυξ Αἰγύπτιος.

85. ΧΟ. φρόντισον καὶ γενοῦ
πανδίκως εὐσεβὴς πρόξενος,
τὰν φυγάδα μὴ προδῷς·
μηδ' ἴδῃς μ' ἐξ ἑδρᾶν
πολυθέων ῥυσιασθεῖσαν, ὦ
πᾶν κράτος ἔχων χθονός.
γνῶθι δ' ὕβριν ἀνέρων,
καὶ φύλαξαι κότον.   *Supplices* 418.

86. ΒΑ. κακῶν δὲ πλῆθος ποταμὸς ὡς ἐπέρχεται·
ἄτης δ' ἄβυσσον πέλαγος οὐ μάλ' εὔπορον
τόδ' ἐσβέβηκα, κοὐδαμοῦ λιμὴν κακῶν.
εἰ μὲν γὰρ ὑμῖν μὴ τόδ' ἐκπράξω χρέος,
μίασμ' ἔλεξας οὐχ ὑπερτοξεύσιμον·
εἰ δ' αὖθ' ὁμαίμοις παισὶν Αἰγύπτου σέθεν
σταθεὶς πρὸ τειχέων διὰ μάχης ἥξω τέλους,
πῶς οὐχὶ τἀνάλωμα γίγνεται πικρόν,
ἄνδρας γυναικῶν εἵνεχ' αἱμάξαι πέδον;
ὅμως δ' ἀνάγκη Ζηνὸς αἰδεῖσθαι κότον
ἱκτῆρος· ὕψιστος γὰρ ἐν βροτοῖς φόβος.   *id.* 469.

87. ΧΟ. ἰὼ πόλεως ἀγοὶ πρόμοι, δάμναμαι.

     ΚΗ. πολλοὺς ἄνακτας, παῖδας Αἰγύπτου, τάχα
ὄψεσθε· θαρσεῖτ', οὐκ ἐρεῖτ' ἀναρχίαν.

     ΧΟ. διωλόμεσθ'· ἄελπτ', ἄναξ, πάσχομεν.

     ΚΗ. ἕλξειν ἔοιχ' ὑμᾶς ἀποσπάσας κόμης,
ἐπεὶ οὐκ ἀκούεις ὀξὺ τῶν ἐμῶν λόγων.

     ΒΑ. οὗτος, τί ποιεῖς; ἐκ ποίου φρονήματος
ἀνδρῶν Πελασγῶν τήνδ' ἀτιμάζεις χθόνα;
ἀλλ' ἢ γυναικῶν ἐς πόλιν δοκεῖς μολεῖν;   *id.* 904.

51

Aeschylus

Ἄγγελος.

88. ΑΓ. ἐπεὶ δὲ φέγγος ἡλίου κατέφθιτο
καὶ νὺξ ἐπῄει, πᾶς ἀνὴρ κώπης ἄναξ
ἐς ναῦν ἐχώρει πᾶς θ' ὅπλων ἐπιστάτης·
τάξις δὲ τάξιν παρεκάλει νεὼς μακρᾶς·
πλέουσι δ' ὡς ἕκαστος ἦν τεταγμένος,
καὶ πάννυχοι δὴ διάπλοον καθίστασαν
ναῶν ἄνακτες πάντα ναυτικὸν λεών·
καὶ νὺξ ἐχώρει, κοὐ μάλ' Ἑλλήνων στρατὸς
κρυφαῖον ἔκπλουν οὐδαμῇ καθίστατο·
ἐπεί γε μέντοι λευκόπωλος ἡμέρα
πᾶσαν κατέσχε γαῖαν εὐφεγγὴς ἰδεῖν,
πρῶτον μὲν ἠχῇ κέλαδος Ἑλλήνων πάρα
μολπηδὸν ηὐφήμησεν, ὄρθιον δ' ἅμα
ἀντηλάλαξε νησιώτιδος πέτρας
ἠχώ· φόβος δὲ πᾶσι βαρβάροις παρῆν
γνώμης ἀποσφαλεῖσιν· οὐ γὰρ ὡς φυγῇ
παιᾶν' ἐφύμνουν σεμνὸν Ἕλληνες τότε,
ἀλλ' ἐς μάχην ὁρμῶντες εὐψύχῳ θράσει.
σάλπιγξ δ' ἀϋτῇ πάντ' ἐκεῖν' ἐπέφλεγεν·
εὐθὺς δὲ κώπης ῥοθιάδος ξυνεμβολῇ
ἔπαισαν ἅλμην βρύχιον ἐκ κελεύσματος,
θοῶς δὲ πάντες ἦσαν ἐκφανεῖς ἰδεῖν·
τὸ δεξιὸν μὲν πρῶτον εὐτάκτως κέρας
ἡγεῖτο κόσμῳ, δεύτερον δ' ὁ πᾶς στόλος
ἐπεξεχώρει, καὶ παρῆν ὁμοῦ κλύειν
πολλὴν βοήν, "ὦ παῖδες Ἑλλήνων ἴτε,
ἐλευθεροῦτε πατρίδ', ἐλευθεροῦτε δὲ
παῖδας, γυναῖκας, θεῶν τε πατρῴων ἕδη,
θήκας τε προγόνων· νῦν ὑπὲρ πάντων ἀγών."
καὶ μὴν παρ' ἡμῶν Περσίδος γλώσσης ῥόθος
ὑπηντίαζε, κοὐκ ἔτ' ἦν μέλλειν ἀκμή.   *Persae* 377.

Aeschylus

Χορὸς Γερόντων.

89. ΧΟ. νῦν δὴ πρόπασα μὲν στένει
γαῖ᾽ Ἀσὶς ἐκκενουμένα.
Ξέρξης μὲν ἄγαγεν, τοτοῖ,
Ξέρξης δ᾽ ἀπώλεσεν, τοτοῖ,
Ξέρξης δὲ πάντ᾽ ἐπέσπε δυσφρόνως
βαρίδεσσι ποντίαις.
τίπτε Δαρεῖος μὲν οὕ-
τω τότ᾽ ἀβλαβὴς ἐπῆν
τόξαρχος πολιήταις,
Σουσίδαις φίλος ἄκτωρ;
πεζούς τε καὶ θαλασσίους
λινόπτεροι κυανώπιδες
νᾶες μὲν ἄγαγον, τοτοῖ,
νᾶες δ᾽ ἀπώλεσαν, τοτοῖ,
νᾶες πανωλέθροισιν ἐμβολαῖς,
διὰ δ᾽ Ἰαόνων χέρας.   · *Persae* 548.

90. ΧΟ. βασίλεια γύναι, πρέσβος Πέρσαις,
σύ τε πέμπε χοὰς θαλάμους ὕπο γῆς,
ἡμεῖς θ᾽ ὕμνοις αἰτησόμεθα
φθιμένων πομποὺς
εὔφρονας εἶναι κατὰ γαίας.
ἀλλά, χθόνιοι δαίμονες ἁγνοί,
Γῆ τε καὶ Ἑρμῆ, βασιλεῦ τ᾽ ἐνέρων,
πέμψατ᾽ ἔνερθε ψυχὴν ἐς φῶς·
εἰ γάρ τι κακῶν ἄκος οἶδε πλέον,
μόνος ἂν θνητῶν πέρας εἴποι.
πέμπετε δ᾽ ἄνω οἷον οὔπω
Περσὶς αἶ᾽ ἐκάλυψεν.
ἦ φίλος ἀνήρ, φίλος ὄχθος· φίλα γὰρ κέκευθεν ἤθη.
Ἀϊδωνεὺς δ᾽ ἀναπομπὸς ἀνείης Ἀϊδωνεὺς
θεῖον ἀνάκτορα Δαριᾶνα.   *id.* 623·

53

Aeschylus

91. ΔΑ. τῶν ἐμῶν λέκτρων γεραιὰ ξύννομ', εὐγενὲς γύναι,
κλαυμάτων λήξασα τῶνδε καὶ γόων σαφές τί μοι
λέξον. ἀνθρώπεια δή τοι πήματ' ἂν τύχοι βροτοῖς.
πολλὰ μὲν γὰρ ἐκ θαλάσσης, πολλὰ δ' ἐκ χέρσου κακὰ
γίγνεται θνητοῖς, ὁ μάσσων βίοτος ἢν ταθῇ πρόσω.

ΑΤ. ὦ βροτῶν πάντων ὑπερσχὼν ὄλβον εὐτυχεῖ πότμῳ,
ὅς θ', ἕως ἔλευσσες αὐγὰς ἡλίου, ζηλωτὸς ὢν
βίοτον εὐαίωνα Πέρσαις ὡς θεὸς διήγαγες,
νῦν τέ σε ζηλῶ θανόντα, πρὶν κακῶν ἰδεῖν βάθος·
πάντα γάρ, Δαρεῖ', ἀκούσῃ μῦθον ἐν βραχεῖ χρόνῳ·
διαπεπόρθηται τὰ Περσῶν πράγμαθ', ὡς εἰπεῖν ἔπος.

Persae 704.

92. ΔΑ. τοιγάρ σφιν ἔργον ἐστὶν ἐξειργασμένον
μέγιστον, ἀείμνηστον, οἷον οὐδέπω
τόδ' ἄστυ Σούσων ἐξεκείνωσεν πεσόν,
ἐξ οὗτε τιμὴν Ζεὺς ἄναξ τήνδ' ὤπασεν,
ἕν' ἄνδρ' ἁπάσης Ἀσίδος μηλοτρόφου
ταγεῖν, ἔχοντα σκῆπτρον εὐθυντήριον.
Μῆδος γὰρ ἦν ὁ πρῶτος ἡγεμὼν στρατοῦ·
τρίτος δ' ἀπ' αὐτοῦ Κῦρος, εὐδαίμων ἀνήρ,
ἄρξας ἔθηκε πᾶσιν εἰρήνην φίλοις·
Λυδῶν δὲ λαὸν καὶ Φρυγῶν ἐκτήσατο,
Ἰωνίαν τε πᾶσαν ἤλασεν βίᾳ.
θεὸς γὰρ οὐκ ἤχθηρεν, ὡς εὔφρων ἔφυ.
Κύρου δὲ παῖς τέταρτος ηὔθυνε στρατόν.
πέμπτος δὲ Μάρδος ἦρξεν, αἰσχύνη πάτρᾳ
θρόνοισί τ' ἀρχαίοισι· τὸν δὲ σὺν δόλῳ
Ἀρταφρένης ἔκτεινεν ἐσθλὸς ἐν δόμοις,
ξὺν ἀνδράσιν φίλοισιν, οἷς τόδ' ἦν χρέος.
κἀγὼ πάλου τ' ἔκυρσα τοῦπερ ἤθελον,
κἀπεστράτευσα πολλὰ σὺν πολλῷ στρατῷ.

id. 759.

54

Aeschylus

93. ΑΓ. Καπανεὺς δ' ἐπ' Ἠλέκτραισιν εἴληχεν πύλαις,
γίγας ὅδ' ἄλλος τοῦ πάρος λελεγμένου
μείζων, ὁ κόμπος δ' οὐ κατ' ἄνθρωπον φρονεῖ,
πύργοις δ' ἀπειλεῖ δείν', ἃ μὴ κραίνοι τύχη·
θεοῦ τε γὰρ θέλοντος ἐκπέρσειν πόλιν
καὶ μὴ θέλοντός φησιν, οὐδὲ τὰν Διὸς
ἔριν πέδοι σκήψασαν ἐκποδὼν σχεθεῖν·
τὰς δ' ἀστραπάς τε καὶ κεραινίους βολὰς
μεσημβρινοῖσι θάλπεσιν προσῄκασεν.
ἔχει δὲ σῆμα γυμνὸν ἄνδρα πυρφόρον,
φλέγει δὲ λαμπὰς διὰ χερῶν ὡπλισμένη·
χρυσοῖς δὲ φωνεῖ γράμμασιν "πρήσω πόλιν."
τοιῷδε φωτὶ τίς πρόμων ξυστήσεται;

ΕΤ. πέποιθα δ' αὐτῷ ξὺν δίκῃ τὸν πυρφόρον
ἥξειν κεραυνόν, οὐδὲν ἐξῃκασμένον
μεσημβρινοῖσι θάλπεσιν τοῖς ἡλίου.

Septem contra Thebas 423.

94. ΑΓ. τοιαῦθ' ὁ μάντις ἀσπίδ' εὔκυκλον νέμων
πάγχαλκον ηὔδα· σῆμα δ' οὐκ ἐπῆν κύκλῳ.
οὐ γὰρ δοκεῖν ἄριστος, ἀλλ' εἶναι θέλει,
βαθεῖαν ἄλοκα διὰ φρενὸς καρπούμενος,
ἐξ ἧς τὰ κεδνὰ βλαστάνει βουλεύματα.
τούτῳ σοφούς τε κἀγαθοὺς ἀντηρέτας
πέμπειν παραινῶ. δεινὸς ὃς θεοὺς σέβει.

ΕΤ. ἐν παντὶ πράγει δ' ἔσθ' ὁμιλίας κακῆς
κάκιον οὐδέν, καρπὸς οὐ κομιστέος.
ἦ γὰρ ξυνεσβὰς πλοῖον εὐσεβὴς ἀνὴρ
ναύταισι θερμοῖς καὶ πανουργίᾳ τινὶ
ὄλωλεν ἀνδρῶν σὺν θεοπτύστῳ γένει·
ἦ ξὺν πολίταις ἀνδράσιν δίκαιος ὢν
ἐχθροξένοις τε καὶ θεῶν ἀμνήμοσι,
ταὐτοῦ κυρήσας ἐκδίκως ἀγρεύματος,
πληγεὶς θεοῦ μάστιγι παγκοίνῳ 'δάμη.

id. 590.

55

Aeschylus

Προμηθεύς.

95. ΠΡ. ὦ δῖος αἰθὴρ καὶ ταχύπτεροι πνοαί,
ποταμῶν τε πηγαί, ποντίων τε κυμάτων
ἀνήριθμον γέλασμα, παμμῆτόρ τε γῆ,
καὶ τὸν πανόπτην κύκλον ἡλίου καλῶ·
ἴδεσθέ μ' οἷα πρὸς θεῶν πάσχω θεός.
δέρχθηθ' οἵαις αἰκίαισιν
διακναιόμενος τὸν μυριετῆ
χρόνον ἀθλεύσω.   *Prometheus Vinctus 88.*

96. ΠΡ. ἀλγεινὰ μέν μοι καὶ λέγειν ἐστὶν τάδε,
ἄλγος δὲ σιγᾶν, πανταχῆ δὲ δύσποτμα.
ἐπεὶ τάχιστ' ἤρξαντο δαίμονες χόλου,
οἱ μὲν θέλοντες ἐκβαλεῖν ἕδρας Κρόνον,
ὡς Ζεὺς ἀνάσσοι δῆθεν, οἱ δὲ τοὔμπαλιν
σπεύδοντες, ὡς Ζεὺς μήποτ' ἄρξειεν θεῶν,
ἐνταῦθ' ἐγὼ τὰ λῷστα βουλεύων πιθεῖν
Τιτᾶνας, Οὐρανοῦ τε καὶ Χθονὸς τέκνα,
οὐκ ἠδυνήθην· αἱμύλας δὲ μηχανὰς
ἀτιμάσαντες καρτεροῖς φρονήμασιν
ᾤοντ' ἀμοχθὶ πρὸς βίαν τε δεσπόσειν.
κράτιστα δή μοι τῶν παρεστώτων τότε
ἐφαίνετ' εἶναι προσλαβόντα μητέρα
ἑκόνθ' ἑκόντι Ζηνὶ συμπαραστατεῖν.
ἐμαῖς δὲ βουλαῖς Ταρτάρου μελαμβαθὴς
κευθμὼν καλύπτει τὸν παλαιγενῆ Κρόνον
αὐτοῖσι συμμάχοισι. τοιάδ' ἐξ ἐμοῦ
ὁ τῶν θεῶν τύραννος ὠφελημένος
κακαῖσι ποιναῖς ταῖσδέ μ' ἐξημείψατο.
ἔνεστι γάρ πως τοῦτο τῇ τυραννίδι
νόσημα, τοῖς φίλοισι μὴ πεποιθέναι.   *id.* 197.

56

Aeschylus

Προμηθεύς. Ἰώ.

97. ΠΡ.　οἳ πρῶτα μὲν βλέποντες ἔβλεπον μάτην,
κλύοντες οὐκ ἤκουον, ἀλλ' ὀνειράτων
ἀλίγκιοι μορφαῖσι τὸν μακρὸν χρόνον
ἔφυρον εἰκῇ πάντα, κοὔτε πλινθυφεῖς
δόμους προσείλους ᾖσαν, οὐ ξυλουργίαν·
κατώρυχες δ' ἔναιον, ὥστ' ἀήσυροι
μύρμηκες, ἄντρων ἐν μυχοῖς ἀνηλίοις.
ἦν δ' οὐδὲν αὐτοῖς οὔτε χείματος τέκμαρ
οὔτ' ἀνθεμώδους ἦρος οὔτε καρπίμου
θέρους βέβαιον, ἀλλ' ἄτερ γνώμης τὸ πᾶν
ἔπρασσον, ἔστε δή σφιν ἀντολὰς ἐγὼ
ἄστρων ἔδειξα τάς τε δυσκρίτους δύσεις.
καὶ μὴν ἀριθμόν, ἔξοχον σοφισμάτων,
ἐξηῦρον αὐτοῖς, γραμμάτων τε συνθέσεις,
μνήμην ἁπάντων, μουσομήτορ' ἐργάνην.
κἄζευξα πρῶτος ἐν ζυγοῖσι κνώδαλα
ζεύγλαισι δουλεύοντα· σώμασίν θ' ὅπως
θνητοῖς μεγίστων διάδοχοι μοχθημάτων
γένοινθ', ὑφ' ἅρματ' ἤγαγον φιληνίους
ἵππους, ἄγαλμα τῆς ὑπερπλούτου χλιδῆς.
θαλασσόπλαγκτα δ' οὔτις ἄλλος ἀντ' ἐμοῦ
λινόπτερ' ηὗρε ναυτίλων ὀχήματα.

Prometheus Vinctus 447.

98. ΙΩ.　ποῖ, πόποι, ποῖ μ' ἄγουσι τηλέπλανοι πλάναι.
τί ποτέ μ', ὦ Κρόνιε
παῖ, τί ποτε ταῖσδ' ἐνέζευξας εὑ-
ρὼν ἁμαρτοῦσαν ἐν πημοσύναις, ἒ ἔ,
οἰστρηλάτῳ δὲ δείματι δειλαίαν
παράκοπον ὧδε τείρεις;
πυρί με φλέξον, ἢ χθονὶ κάλυψον, ἢ
ποντίοις δάκεσι δὸς βοράν,
μηδέ μοι φθονήσῃς
εὐγμάτων, ἄναξ.

id. 576.

57

Aeschylus

Προμηθεύς.

99. ΠΡ. ἐπεὶ προθυμεῖσθ', οὐκ ἐναντιώσομαι
τὸ μὴ οὐ γεγωνεῖν πᾶν ὅσον προσχρῄζετε.
σοὶ πρῶτον, Ἰοῖ, πολύδονον πλάνην φράσω,
πρὸς Γοργόνεια πεδία Κισθήνης, ἵνα
αἱ Φορκίδες ναίουσι δηναιαὶ κόραι
τρεῖς κυκνόμορφοι, κοινὸν ὄμμ' ἐκτημέναι,
μονόδοντες, ἃς οὔθ' ἥλιος προσδέρκεται
ἀκτῖσιν οὔθ' ἡ νύκτερος μήνη ποτέ.
πέλας δ' ἀδελφαὶ τῶνδε τρεῖς κατάπτεροι,
δρακοντόμαλλοι Γοργόνες βροτοστυγεῖς,
ἃς θνητὸς οὐδεὶς εἰσιδὼν ἕξει πνοάς·
τοιοῦτο μέν σοι τοῦτο φρούριον λέγω.
ἄλλην δ' ἄκοισον δυσχερῆ θεωρίαν·
ὀξυστόμους γὰρ Ζηνὸς ἀκραγεῖς κύνας
γρῦπας φύλαξαι, τόν τε μουνῶπα στρατὸν
Ἀριμασπὸν ἱπποβάμον', οἳ χρυσόρρυτον
οἰκοῦσιν ἀμφὶ νᾶμα Πλούτωνος πόρου·
τούτοις σὺ μὴ πέλαζε. τηλουρὸν δὲ γῆν
ἥξεις κελαινὸν φῦλον, οἳ πρὸς ἡλίου
ναίουσι πηγαῖς, ἔνθα ποταμὸς Αἰθίοψ.
τούτου παρ' ὄχθας ἕρφ', ἕως ἂν ἐξίκῃ
καταβασμόν, ἔνθα Βυβλίνων ὀρῶν ἄπο
ἵησι σεπτὸν Νεῖλος εὔποτον ῥέος.
οὗτός σ' ὁδώσει τὴν τρίγωνον ἐς χθόνα
Νειλῶτιν, οὗ δὴ τὴν μακρὰν ἀποικίαν,
Ἰοῖ, πέπρωται σοί τε καὶ τέκνοις κτίσαι.

Prometheus Vinctus 786.

58

Aeschylus

100. ΧΟ. καὶ τίς τόδ' ἐξίκοιτ' ἂν ἀγγέλων τάχος;
   ΚΛ. Ἥφαιστος Ἴδης λαμπρὸν ἐκπέμπων σέλας.
      φρυκτὸς δὲ φρυκτὸν δεῦρ' ἀπ' ἀγγάρου πυρὸς
      ἔπεμπεν. Ἴδη μὲν πρὸς Ἑρμαῖον λέπας
      Λήμνου· μέγαν δὲ πανὸν ἐκ νήσου τρίτον
      Ἄθωον αἶπος Ζηνὸς ἐξεδέξατο,
      ὑπερτελής τε, πόντον ὥστε νωτίσαι,
      ἰσχὺς πορευτοῦ λαμπάδος πρὸς ἡδονὴν
      πέμπει τὸ χρυσοφεγγές, ὥς τις ἥλιος,
      σέλας παραγγείλασα Μακίστου σκοπαῖς·
      ὁ δ' οὔτι μέλλων οὐδ' ἀφρασμόνως ὕπνῳ
      νικώμενος παρῆκεν ἀγγέλου μέρος·
      ἑκὰς δὲ φρυκτοῦ φῶς ἐπ' Εὐρίπου ῥοὰς
      Μεσσαπίου φύλαξι σημαίνει μολόν.
      οἱ δ' ἀντέλαμψαν καὶ παρήγγειλαν πρόσω.
      σθένουσα λαμπὰς δ' οὐδέπω μαυρουμένη,
      ὑπερθοροῦσα πεδίον Ἀσωποῦ, δίκην
      φαιδρᾶς σελήνης, πρὸς Κιθαιρῶνος λέπας
      ἤγειρεν ἄλλην ἐκδοχὴν πομποῦ πυρός.

                                                Agamemnon 280.

101. ΚΛ. καὶ νῦν τὰ μάσσω μὲν τί δεῖ σ' ἐμοὶ λέγειν;
      ἄνακτος αὐτοῦ πάντα πεύσομαι λόγον.
      ὅπως δ' ἄριστα τὸν ἐμὸν αἰδοῖον πόσιν
      σπεύσω πάλιν μολόντα δέξασθαι. τί γὰρ
      γυναικὶ τούτου φέγγος ἥδιον δρακεῖν,
      ἀπὸ στρατείας ἀνδρὶ σώσαντος θεοῦ
      πύλας ἀνοῖξαι; ταῦτ' ἀπάγγειλον πόσει·
      ἥκειν ὅπως τάχιστ' ἐράσμιον πόλει.
      γυναῖκα πιστὴν δ' ἐν δόμοις εὕροι μολὼν
      οἵανπερ οὖν ἔλειπε, δωμάτων κύνα
      ἐσθλὴν ἐκείνῳ, πολεμίαν τοῖς δύσφροσι.   *id.* 598.

59

Aeschylus

Ὀρέστης.   Οἰκέτης Αἰγίσθου.   Κλυταιμνήστρα.

106. ΟΡ. τίς ἔνδον, ὦ παῖ, παῖ, μάλ' αὖθις, ἐν δόμοις;

     ΟΙ. εἶεν, ἀκούω· ποδαπὸς ὁ ξένος; πόθεν;

     ΟΡ. ἄγγελλε τοῖσι κυρίοισι δωμάτων,
πρὸς οὕσπερ ἥκω καὶ φέρω καινοὺς λόγους.
τάχυνε δ', ὡς καὶ νυκτὸς ἅρμ' ἐπείγεται
σκοτεινόν, ὥρα δ' ἐμπόρους καθιέναι
ἄγκυραν ἐν δόμοισι πανδόκοις ξένων.

     ΚΛ. ξένοι, λέγοιτ' ἂν εἴ τι δεῖ· πάρεστι γὰρ
ὁποῖάπερ δόμοισι τοῖσδ' ἐπεικότα,
καὶ θερμὰ λουτρά, καὶ πόνων θελκτηρία
στρωμνή, δικαίων τ' ὀμμάτων παρουσία.

     ΟΡ. ξένος μέν εἰμι Δαυλιεὺς ἐκ Φωκέων·
στείχοντα δ' ἐς τόδ' Ἄργος οἰκείᾳ σαγῇ,
ἀγνὼς πρὸς ἀγνῶτ' εἶπε συμβαλὼν ἀνήρ,
ἐξιστορήσας καὶ σαφηνίσας ὁδόν,—
Στρόφιος ὁ Φωκεύς· πεύθομαι γὰρ ἐν λόγῳ·—
"ἐπείπερ ἄλλως, ὦ ξέν', εἰς Ἄργος κίεις,
πρὸς τοὺς τεκόντας, πανδίκως μεμνημένος,
τεθνεῶτ' Ὀρέστην εἰπέ, μηδαμῶς λάθῃ."
τοσαῦτ' ἀκούσας εἶπον. εἰ δὲ τυγχάνω
τοῖς κυρίοισι καὶ προσήκουσιν λέγων
οὐκ οἶδα, τὸν τεκόντα δ' εἰκὸς εἰδέναι.

     ΚΛ. οἲ 'γώ, κατ' ἄκρας ἐνθάδ' ὡς πορθούμεθα.
ὦ δυσπάλαιστε τῶνδε δωμάτων ἀρά,
φίλων ἀποψιλοῖς με τὴν παναθλίαν.

     ΟΡ. ἐγὼ μὲν οὖν ξένοισιν ὧδ' εὐδαίμοσι
κεδνῶν ἕκατι πραγμάτων ἂν ἤθελον
γνωστὸς γενέσθαι καὶ ξενωθῆναι· τί γὰρ
ξένου ξένοισίν ἐστιν εὐμενέστερον;

     ΚΛ. οὔτοι κυρήσεις μεῖον ἀξίων σέθεν,
οὐδ' ἧσσον ἂν γένοιο δώμασιν φίλος. *Choephoroe* 654.

62

Aeschylus

Αἴγισθος. Οἰκετὴς Αἰγίσθου. Κλυταιμνήστρα. Πυλάδης.

107. ΑΙ. ἔέ, ὀτοτοτοί.

OI. οἴμοι πανοίμοι δεσπότου πεπληγμένου,
οἴμοι μάλ' αὖθις ἐν τρίτοις προσφθέγμασιν.
Αἴγισθος οὐκ ἔτ' ἐστίν. ἀλλ' ἀνοίξατε
ὅπως τάχιστα, καὶ γυναικείους πύλας
μοχλοῖς χαλᾶτε· καὶ μάλ' ἡβῶντος δὲ δεῖ,
οὐχ ὥστ' ἀρῆξαι διαπεπραγμένῳ· τί γάρ;
ἰοὺ ἰού.
κωφοῖς ἀϋτῶ καὶ καθεύδουσιν μάτην
ἄκραντα βάζω. ποῖ Κλυταιμνήστρα; τί δρᾷ;
ἔοικε νῦν αὖ τῆσδ' ἐπιξήνου πέλας
αὐχὴν πεσεῖσθαι πρὸς δίκην πεπληγμένης.

ΚΛ. τί δ' ἐστὶ χρῆμα; τίνα βοὴν ἵστης δόμοις;

OI. τὸν ζῶντα καίνειν τοὺς τεθνηκότας λέγω.

ΚΛ. οἲ 'γώ. ξυνῆκα τοὔπος ἐξ αἰνιγμάτων.
δόλοις ὀλούμεθ', ὥσπερ οὖν ἐκτείναμεν.
δοίη τις ἀνδροκμῆτα πέλεκυν ὡς τάχος·
εἰδῶμεν εἰ νικῶμεν ἢ νικώμεθα.
ἐνταῦθα γὰρ δὴ τοῦδ' ἀφικόμην κακοῦ.

ΟΡ. σὲ καὶ ματεύω· τῷδε δ' ἀρκούντως ἔχει.

ΚΛ. οἲ 'γώ. τέθνηκας, φίλτατ' Αἰγίσθου βία.

ΟΡ. φιλεῖς τὸν ἄνδρα; τοιγὰρ ἐν ταὐτῷ τάφῳ
κείσῃ. θανόντα δ' οὔτι μὴ προδῷς ποτέ.

ΚΛ. ἐπίσχες, ὦ παῖ· μητέρ' αἴδεσαι σέθεν.

ΟΡ. Πυλάδη, τί δράσω; μητέρ' αἰδεσθῶ κτανεῖν;

ΠΥ. ποῦ δὴ τὰ λοιπὰ Λοξίου μαντεύματα
τὰ πυθόχρηστα, πιστά τ' εὐορκώματα;
ἅπαντας ἐχθροὺς τῶν θεῶν ἡγοῦ πλέον.

ΟΡ. κρίνω σὲ νικᾶν, καὶ παραινεῖς μοι καλῶς.
ἕπου, πρὸς αὐτὸν τόνδε σὲ σφάξαι θέλω.
καὶ ζῶντα γάρ νιν κρείσσον' ἡγήσω πατρός·
τούτῳ θανοῦσα ξυγκάθευδ'· ἐπεὶ φιλεῖς
τὸν ἄνδρα τοῦτον, ὃν δὲ χρῆν φιλεῖν στυγεῖς.

63   *Choephoroe* 869.

Aeschylus

108. ΚΛ. εὕδοιτ' ἄν, ὠή, καὶ καθευδουσῶν τί δεῖ;
   ΧΟ. (μυγμός.)
   ΚΛ. ἄγαν ὑπνώσσεις, κοὐ κατοικτίζεις πάθος·
       φονεὺς δ' Ὀρέστης τῆσδε μητρὸς οἴχεται.
   ΧΟ. (μυγμὸς διπλοῦς ὀξύς.)
       λαβὲ λαβὲ λαβὲ λαβέ, φράζου.
   ΚΛ. ὄναρ διώκεις θῆρα, κλαγγαίνεις δ' ἅπερ
       κύων μέριμναν οὔποτ' ἐκλείπων πόνου.
       τί δρᾷς; ἀνίστω, μή σε νικάτω πόνος,
       μηδ' ἀγνοήσῃς πῆμα μαλθαχθεῖσ' ὕπνῳ.
   ΧΟ. ἔγειρ', ἔγειρε καὶ σὺ τήνδ', ἐγὼ δὲ σέ.
       εὕδεις; ἀνίστω, κἀπολακτίσασ' ὕπνον,
       ἰδώμεθ' εἴ τι τοῦδε φροιμίου ματᾷ.
       ἰοὺ ἰού, πόπαξ. ἐπάθομεν, φίλαι,
       ἐπάθομεν πάθος δυσαχές, ὦ πόποι,
       ἄφερτον κακόν.
       ἐξ ἀρκύων πέπτωκεν οἴχεταί θ' ὁ θήρ.
       ὕπνῳ κρατηθεῖσ' ἄγραν ὤλεσα.   *Eumenides* 94.

109. ΑΘ. κλύοιτ' ἂν ἤδη θεσμόν, Ἀττικὸς λεώς,
       πρώτας δίκας κρίνοντες αἵματος χυτοῦ.
       ἔσται δὲ καὶ τὸ λοιπὸν Αἰγέως στρατῷ
       ἀεὶ δικαστῶν τοῦτο βουλευτήριον·
       πάγον δ' Ἄρειον τόνδ', Ἀμαζόνων ἕδραν,
       ἔρυμά τε χώρας καὶ πόλεως σωτήριον
       ἔχοιτ' ἄν, οἷον οὔτις ἀνθρώπων ἔχει
       οὔτ' ἐν Σκύθαισιν οὔτε Πέλοπος ἐν τόποις
       κερδῶν ἄθικτον τοῦτο βουλευτήριον,
       αἰδοῖον, ὀξύθιμον, εὑδόντων ὕπερ
       ἐγρηγορὸς φρούρημα γῆς καθίσταμαι.
       ταύτην μὲν ἐξέτειν' ἐμοῖς παραίνεσιν
       ἀστοῖσιν ἐς τὸ λοιπόν. ὀρθοῦσθαι δὲ χρή,
       καὶ ψῆφον αἴρειν καὶ διαγνῶναι δίκην,
       αἰδουμένους τὸν ὅρκον. εἴρηται λόγος.   *id.* 681.

Sophocles

Τέκμησσα. Αἴας.

110. ΤΕΚ. ἐμοὶ γὰρ οὐκέτ' ἔστιν εἰς ὅ τι βλέπω
πλὴν σοῦ. σὺ γάρ μοι πατρίδ' ᾔστωσας δορί,
καὶ μητέρ' ἄλλη μοῖρα τὸν φύσαντά τε
καθεῖλεν Ἄιδου θανασίμους οἰκήτορας.
τίς δῆτ' ἐμοὶ γένοιτ' ἂν ἀντὶ σοῦ πατρίς;
τίς πλοῦτος; ἐν σοὶ πᾶσ' ἔγωγε σῴζομαι.
ἀλλ' ἴσχε κἀμοῦ μνῆστιν· ἀνδρί τοι χρεὼν
μνήμην προσεῖναι, τερπνὸν εἴ τί που πάθοι.
χάρις χάριν γάρ ἐστιν ἡ τίκτουσ' ἀεί.
ὅτου δ' ἀπορρεῖ μνῆστις εὖ πεπονθότος,
οὐκ ἂν γένοιτ' ἔθ' οὗτος εὐγενὴς ἀνήρ.　　　　*Ajax* 514.

111. ΤΕΚ. ὦ παῖ, πατὴρ καλεῖ σε. δεῦρο προσπόλων
ἄγ' αὐτὸν ὅσπερ χερσὶν εὐθύνων κυρεῖς.

AI. αἶρ' αὐτόν, αἶρε δεῦρο· ταρβήσει γὰρ οὐ
νεοσφαγῆ τοιόνδε προσλεύσσων φόνον,
εἴπερ δικαίως ἔστ' ἐμὸς τὰ πατρόθεν.
ἀλλ' αὐτίκ' ὠμοῖς αὐτὸν ἐν νόμοις πατρὸς
δεῖ πωλοδαμνεῖν κἀξομοιοῦσθαι φύσιν.
ὦ παῖ, γένοιο πατρὸς εὐτυχέστερος,
τὰ δ' ἄλλ' ὅμοιος· καὶ γένοι' ἂν οὐ κακός.
καίτοι σε καὶ νῦν τοῦτό γε ζηλοῦν ἔχω,
ὁθούνεκ' οὐδὲν τῶνδ' ἐπαισθάνῃ κακῶν·
ἐν τῷ φρονεῖν γὰρ μηδὲν ἥδιστος βίος,
ἕως τὸ χαίρειν καὶ τὸ λυπεῖσθαι μάθῃς.
ὅταν δ' ἵκῃ πρὸς τοῦτο, δεῖ σ' ὅπως πατρὸς
δείξεις ἐν ἐχθροῖς οἷος ἐξ οἵου 'τράφης.
τέως δὲ κούφοις πνεύμασιν βόσκου, νέαν
ψυχὴν ἀτάλλων, μητρὶ τῇδε χαρμονήν.　　　　*id.* 541.

Sophocles

Αἴας.

112. ΑΙ. ἀλλ' εἶμι πρός τε λουτρὰ καὶ παρακτίους
λειμῶνας, ὡς ἂν λύμαθ' ἁγνίσας, ἐμὰ
μῆνιν βαρεῖαν ἐξαλύξωμαι θεᾶς·
μολών τε χῶρον ἔνθ' ἂν ἀστιβῆ κίχω,
κρύψω τόδ' ἔγχος τοὐμόν, ἔχθιστον βελῶν,
γαίας ὀρύξας ἔνθα μή τις ὄψεται·
ἀλλ' αὐτὸ νὺξ Ἅιδης τε σῳζόντων κάτω.
ἐγὼ γὰρ ἐξ οὗ χειρὶ τοῦτ' ἐδεξάμην
παρ' Ἕκτορος δώρημα δυσμενεστάτου,
οὔπω τι κεδνὸν ἔσχον Ἀργείων πάρα.
ἀλλ' ἔστ' ἀληθὴς ἡ βροτῶν παροιμία,
ἐχθρῶν ἄδωρα δῶρα κοὐκ ὀνήσιμα.
τοιγὰρ τὸ λοιπὸν εἰσόμεσθα μὲν θεοῖς
εἴκειν, μαθησόμεσθα δ' Ἀτρείδας σέβειν.
ἄρχοντές εἰσιν, ὥσθ' ὑπεικτέον. τί μή;
καὶ γὰρ τὰ δεινὰ καὶ τὰ καρτερώτατα
τιμαῖς ὑπείκει· τοῦτο μὲν νιφοστιβεῖς
χειμῶνες ἐκχωροῦσιν εὐκάρπῳ θέρει·
ἐξίσταται δὲ νυκτὸς αἰανὴς κύκλος
τῇ λευκοπώλῳ φέγγος ἡμέρᾳ φλέγειν·
λείων τ' ἄημα πνευμάτων ἐκοίμισε
στένοντα πόντον· ἐν δ' ὁ παγκρατὴς ὕπνος
λύει πεδήσας, οὐδ' ἀεὶ λαβὼν ἔχει.
ἡμεῖς δὲ πῶς οὐ γνωσόμεσθα σωφρονεῖν;
ἐπίσταμαι γὰρ ἀρτίως μαθὼν ὅτι
ὅ τ' ἐχθρὸς ἡμῖν ἐς τοσόνδ' ἐχθαρτέος,
ὡς καὶ φιλήσων αὖθις, ἔς τε τὸν φίλον
τοσαῦθ' ὑπουργῶν ὠφελεῖν βουλήσομαι,
ὡς αἰὲν οὐ μενοῦντα· τοῖς πολλοῖσι γὰρ
βροτῶν ἄπιστός ἐσθ' ἑταιρείας λιμήν.   *Ajax* 654

66

Sophocles

Αἴας.

113. ΑΙ. ὁ μὲν σφαγεὺς ἕστηκεν ᾗ τομώτατος
γένοιτ' ἄν, εἴ τῳ καὶ λογίζεσθαι σχολή,
δῶρον μὲν ἀνδρὸς Ἕκτορος, ξένων ἐμοὶ
μάλιστα μισηθέντος ἐχθίστου θ' ὁρᾶν·
πέπηγε δ' ἐν γῇ πολεμίᾳ τῇ Τρῳάδι,
ἔπηξα δ' αὐτὸν εὖ περιστείλας ἐγώ·
οὕτω μὲν εὐσκευοῦμεν· ἐκ δὲ τῶνδέ μοι
σὺ πρῶτος, ὦ Ζεῦ, καὶ γὰρ εἰκός, ἄρκεσον.
αἰτήσομαι δέ σ' οὐ μακρὸν γέρας λαχεῖν.
πέμψον τιν' ἡμῖν ἄγγελον, κακὴν φάτιν
Τεύκρῳ φέροντα, πρῶτος ὥς με βαστάσῃ
πεπτῶτα τῷδε περὶ νεορράντῳ ξίφει·
σὺ δ', ὦ τὸν αἰπὺν οὐρανὸν διφρηλατῶν
Ἥλιε, πατρῴαν τὴν ἐμὴν ὅταν χθόνα
ἴδῃς, ἐπισχὼν χρυσόνωτον ἡνίαν
ἄγγειλον ἄτας τὰς ἐμὰς μόρον τ' ἐμὸν
γέροντι πατρὶ τῇ τε δυστήνῳ τροφῷ.
ἦ που τάλαινα, τήνδ' ὅταν κλύῃ φάτιν,
ἥσει μέγαν κωκυτὸν ἐν πάσῃ πόλει.
ἀλλ' οὐδὲν ἔργον ταῦτα θρηνεῖσθαι μάτην,
ἀλλ' ἀρκτέον τὸ πρᾶγμα σὺν τάχει τινί.
ὦ Θάνατε Θάνατε, νῦν μ' ἐπίσκεψαι μολών·
καίτοι σὲ μὲν κἀκεῖ προσαυδήσω ξυνών.
σὲ δ', ὦ φαεννῆς ἡμέρας τὸ νῦν σέλας,
καὶ τὸν διφρευτὴν Ἥλιον προσεννέπω,
πανύστατον δὴ κοὔποτ' αὖθις ὕστερον.
ὦ φέγγος, ὦ γῆς ἱερὸν οἰκείας πέδον
Σαλαμῖνος, ὦ πατρῷον ἑστίας βάθρον
κλειναί τ' Ἀθῆναι καὶ τὸ σύντροφον γένος
κρῆναί τε ποταμοί θ' οἴδε, καὶ τὰ Τρωικὰ
πεδία προσαυδῶ, χαίρετ', ὦ τροφῆς ἐμοί·
τοῦθ' ὑμῖν Αἴας τοὖπος ὕστατον θροεῖ,
τὰ δ' ἄλλ' ἐν Ἅιδου τοῖς κάτω μυθήσομαι.

Sophocles

Κρέων.

114. ΚΡ. καὶ μεῖζον ὅστις ἀντὶ τῆς αὑτοῦ πάτρας
φίλον νομίζει, τοῦτον οὐδαμοῦ λέγω.
ἐγὼ γάρ, ἴστω Ζεὺς ὁ πάνθ᾽ ὁρῶν ἀεί,
οὔτ᾽ ἂν σιωπήσαιμι τὴν ἄτην ὁρῶν
στείχουσαν ἀστοῖς ἀντὶ τῆς σωτηρίας,
οὔτ᾽ ἂν φίλον ποτ᾽ ἄνδρα δυσμενῆ χθονὸς
θείμην ἐμαυτῷ, τοῦτο γιγνώσκων ὅτι
ἥδ᾽ ἐστὶν ἡ σῴζουσα καὶ ταύτης ἔπι
πλέοντες ὀρθῆς τοὺς φίλους ποιούμεθα.
τοιοῦσδ᾽ ἐγὼ νόμοισι τήνδ᾽ αὔξω πόλιν·
καὶ νῦν ἀδελφὰ τῶνδε κηρύξας ἔχω
ἀστοῖσι παίδων τῶν ἀπ᾽ Οἰδίπου πέρι·
Ἐτεοκλέα μέν, ὃς πόλεως ὑπερμαχῶν
ὄλωλε τῆσδε, πάντ᾽ ἀριστεύσας δορί,
τάφῳ τε κρύψαι καὶ τὰ πάντ᾽ ἐφαγνίσαι
ἃ τοῖς ἀρίστοις ἔρχεται κάτω νεκροῖς·
τὸν δ᾽ αὖ ξύναιμον τοῦδε, Πολυνείκη λέγω,
ὃς γῆν πατρῴαν καὶ θεοὺς τοὺς ἐγγενεῖς
φυγὰς κατελθὼν ἠθέλησε μὲν πυρὶ
πρῆσαι κατ᾽ ἄκρας, ἠθέλησε δ᾽ αἵματος
κοινοῦ πάσασθαι, τοὺς δὲ δουλώσας ἄγειν,
τοῦτον πόλει τῇδ᾽ ἐκκεκήρυκται τάφῳ
μήτε κτερίζειν μήτε κωκῦσαί τινα,
ἐᾶν δ᾽ ἄθαπτον καὶ πρὸς οἰωνῶν δέμας
καὶ πρὸς κυνῶν ἐδεστὸν αἰκισθέν τ᾽ ἰδεῖν.
τοιόνδ᾽ ἐμὸν φρόνημα, κοὔποτ᾽ ἔκ γ᾽ ἐμοῦ
τιμῇ προέξουσ᾽ οἱ κακοὶ τῶν ἐνδίκων·
ἀλλ᾽ ὅστις εὔνους τῇδε τῇ πόλει, θανὼν
καὶ ζῶν ὁμοίως ἐξ ἐμοῦ τιμήσεται.   *Antigone* 182.

Sophocles

Κρέων. Ἀντιγόνη.

115. ΚΡ. καὶ δῆτ' ἐτόλμας τούσδ' ὑπερβαίνειν νόμους;

AN. οὐ γάρ τί μοι Ζεὺς ἦν ὁ κηρύξας τάδε,
οὐδ' ἡ ξύνοικος τῶν κάτω θεῶν Δίκη
τοιούσδ' ἐν ἀνθρώποισιν ὥρισεν νόμους·
οὐδὲ σθένειν τοσοῦτον ᾠόμην τὰ σὰ
κηρύγμαθ', ὥστ' ἄγραπτα κἀσφαλῆ θεῶν
νόμιμα δύνασθαι θνητὸν ὄνθ' ὑπερδραμεῖν.
οὐ γάρ τι νῦν γε κἀχθές, ἀλλ' ἀεί ποτε
ζῇ ταῦτα, κοὐδεὶς οἶδεν ἐξ ὅτου 'φάνη.
τούτων ἐγὼ οὐκ ἔμελλον, ἀνδρὸς οὐδενὸς
φρόνημα δείσασ', ἐν θεοῖσι τὴν δίκην
δώσειν· θανουμένη γὰρ ἐξῄδη,—τί δ' οὔ;—
κεἰ μὴ σὺ προυκήρυξας. εἰ δὲ τοῦ χρόνου
πρόσθεν θανοῦμαι, κέρδος αὔτ' ἐγὼ λέγω.
ὅστις γὰρ ἐν πολλοῖσιν ὡς ἐγὼ κακοῖς
ζῇ, πῶς ὅδ' οὐχὶ κατθανὼν κέρδος φέρει;

Antigone 449.

116. ΚΡ. ὅστις δ' ὑπερβὰς ἢ νόμους βιάζεται,
ἢ τοὐπιτάσσειν τοῖς κρατύνουσιν νοεῖ,
οὐκ ἔστ' ἐπαίνου τοῦτον ἐξ ἐμοῦ τυχεῖν.
ἀλλ' ὃν πόλις στήσειε, τοῦδε χρὴ κλύειν
καὶ σμικρὰ καὶ δίκαια καὶ τἀναντία.
καὶ τοῦτον ἂν τὸν ἄνδρα θαρσοίην ἐγὼ
καλῶς μὲν ἄρχειν, εὖ δ' ἂν ἄρχεσθαι θέλειν,
δορός τ' ἂν ἐν χειμῶνι προστεταγμένον
μένειν δίκαιον κἀγαθὸν παραστάτην.
ἀναρχίας δὲ μεῖζον οὐκ ἔστιν κακόν·
αὕτη πόλεις ὄλλυσιν, ἥδ' ἀναστάτους
οἴκους τίθησιν, ἥδε συμμάχου δορὸς
τροπὰς καταρρήγνυσι· τῶν δ' ὀρθουμένων
σῴζει τὰ πολλὰ σώμαθ' ἡ πειθαρχία.

id. 663.

Sophocles

117. ΑΝ. ὁρᾶτ' ἔμ', ὦ γᾶς πατρίας πολῖται,
 τὰν νεάταν ὁδὸν
 στείχουσαν, νέατον δὲ φέγγος
 λεύσσουσαν ἀελίου,
 κοὔποτ' αὖθις· ἀλλά μ' ὁ παγκοίτας Ἅιδας ζῶσαν ἄγει
 τὰν Ἀχέροντος
 ἀκτάν, οὔθ' ὑμεναίων
 ἔγκληρον, οὔτ' ἐπινύμφειός πώ μέ τις ὕμνος
 ὕμνησεν, ἀλλ' Ἀχέροντι νυμφεύσω.

ΧΟ. οὐκοῦν κλεινὴ καὶ ἔπαινον ἔχουσ'
 ἐς τόδ' ἀπέρχῃ κεῦθος νεκύων,
 οὔτε φθινάσιν πληγεῖσα νόσοις
 οὔτε ξιφέων ἐπίχειρα λαχοῦσ',
 ἀλλ' αὐτόνομος, ζῶσα μόνη δὴ
 θνητῶν Ἅιδην καταβήσῃ.

ΑΝ. ἄκλαυτος, ἄφιλος, ἀνυμέναιος ἔρχομαι
 τὰν πυμάταν ὁδόν· οὐκέτι μοι τόδε
 λαμπάδος ἱερὸν ὄμμα
 θέμις ὁρᾶν ταλαίνᾳ·

ΚΡ. ἆρ' ἴστ', ἀοιδὰς καὶ γόους πρὸ τοῦ θανεῖν
 ὡς οὐδ' ἂν εἷς παύσαιτ' ἄν, εἰ χρείη λέγειν;
 οὐκ ἄξεθ' ὡς τάχιστα; καὶ κατηρεφεῖ
 τύμβῳ περιπτύξαντες, ὡς εἴρηκ' ἐγώ,
 ἄφετε μόνην ἔρημον, εἴτε χρῇ θανεῖν
 εἴτ' ἐν τοιαύτῃ ζῶσα νυμφεύειν στέγῃ·
 ἡμεῖς γὰρ ἁγνοὶ τοὐπὶ τήνδε τὴν κόρην·
 μετοικίας δ' οὖν τῆς ἄνω στερήσεται.

ΑΝ. ὦ γῆς Θήβης ἄστυ πατρῷον,
 ἄγομαι δὴ κοὐκέτι μέλλω.
 λεύσσετε, Θήβης οἱ κοιρανίδαι,
 τὴν βασιλειδᾶν μούνην λοιπήν,
 οἷα πρὸς οἵων ἀνδρῶν πάσχω,
 τὴν εὐσεβίαν σεβίσασα.   *Antigone 806.*

70

Sophocles

ἹΙερεύς.   Οἰδίπους.

118. ΙΕ. ἀλλ' ὦ κρατύνων Οἰδίπους χώρας ἐμῆς,
ὁρᾷς μὲν ἡμᾶς ἡλίκοι προσήμεθα
βωμοῖσι τοῖς σοῖς· οἱ μὲν οὐδέπω μακρὰν
πτέσθαι σθένοντες, οἱ δὲ σὺν γήρᾳ βαρεῖς
ἱερῆς, ἐγὼ μὲν Ζηνός, οἵδε τ' ἠθέων
λεκτοί· τὸ δ' ἄλλο φῦλον ἐξεστεμμένον
ἀγοραῖσι θακεῖ, πρός τε Παλλάδος διπλοῖς
ναοῖς, ἐπ' Ἰσμηνοῦ τε μαντείᾳ σποδῷ.
πόλις γάρ, ὥσπερ καὐτὸς εἰσορᾷς, ἄγαν
ἤδη σαλεύει κἀνακουφίσαι κάρα
βυθῶν ἔτ' οὐχ οἵα τε φοινίου σάλου,
φθίνουσα μὲν κάλυξιν ἐγκάρποις χθονός,
φθίνουσα δ' ἀγέλαις βουνόμοις τόκοισί τε
ἀγόνοις γυναικῶν· ἐν δ' ὁ πυρφόρος θεὸς
σκήψας ἐλαύνει, λοιμὸς ἔχθιστος, πόλιν,
ὑφ' οὗ κενοῦται δῶμα Καδμεῖον· μέλας δ'
Ἅιδης στεναγμοῖς καὶ γόοις πλουτίζεται.

Oedipus Tyrannus 14.

119. ΟΙ. ὦ παῖδες οἰκτροί, γνωτὰ κοὐκ ἀγνῶτά μοι
προσήλθεθ' ἱμείροντες· εὖ γὰρ οἶδ' ὅτι
νοσεῖτε πάντες, καὶ νοσοῦντες, ὡς ἐγὼ
οὐκ ἔστιν ὑμῶν ὅστις ἐξ ἴσου νοσεῖ.
τὸ μὲν γὰρ ὑμῶν ἄλγος εἰς ἕν' ἔρχεται
μόνον καθ' αὑτόν, κοὐδέν' ἄλλον· ἡ δ' ἐμὴ
ψυχὴ πόλιν τε κἀμὲ καὶ σ' ὁμοῦ στένει.
ὥστ' οὐχ ὕπνῳ γ' ἐνδόντα μ' ἐξεγείρετε,
ἀλλ' ἴστε πολλὰ μέν με δακρύσαντα δή,
πολλὰς δ' ὁδοὺς ἐλθόντα φροντίδος πλάνοις.
ἣν δ' εὖ σκοπῶν ηὕρισκον ἴασιν μόνην,
ταύτην ἔπραξα· παῖδα γὰρ Μενοικέως
Κρέοντ', ἐμαυτοῦ γαμβρόν, ἐς τὰ Πυθικὰ
ἔπεμψα Φοίβου δώμαθ', ὡς πύθοιθ' ὅ τι
δρῶν ἢ τί φωνῶν τήνδε ῥυσαίμην πόλιν.

id. 58.

Sophocles

Οἰδίπους.   Χορὸς Γερόντων Θηβαίων.

120. ΟΙ. ὦ πάντα νωμῶν Τειρεσία, διδακτά τε
ἄρρητά τ', οὐράνιά τε καὶ χθονοστιβῆ,
πόλιν μέν, εἰ καὶ μὴ βλέπεις, φρονεῖς δ' ὅμως
οἵᾳ νόσῳ ξύνεστιν· ἧς σὲ προστάτην
σωτῆρά τ', ὦναξ, μοῦνον ἐξευρίσκομεν.
Φοῖβος γάρ, εἴ τι μὴ κλύεις τῶν ἀγγέλων,
πέμψασιν ἡμῖν ἀντέπεμψεν, ἔκλυσιν
μόνην ἂν ἐλθεῖν τοῦδε τοῦ νοσήματος,
εἰ τοὺς κτανόντας Λάϊον μαθόντες ἢ
κτείναιμεν ἢ γῆς φυγάδας ἐκπεμψαίμεθα.
σὺ δ' οὖν φθονήσας μήτ' ἀπ' οἰωνῶν φάτιν
μήτ' εἴ τιν' ἄλλην μαντικῆς ἔχεις ὁδόν,
ῥῦσαι σεαυτὸν καὶ πόλιν, ῥῦσαι δ' ἐμέ,
ῥῦσαι δὲ πᾶν μίασμα τοῦ τεθνηκότος.
ἐν σοὶ γὰρ ἐσμέν· ἄνδρα δ' ὠφελεῖν ἀφ' ὧν
ἔχοι τε καὶ δύναιτο, κάλλιστος πόνων.

Oedipus Tyrannus 300.

121. ΧΟ. ἰὼ γενεαὶ βροτῶν,
ὡς ὑμᾶς ἴσα καὶ τὸ μηδὲν ζώσας ἐναριθμῶ.
τίς γάρ, τίς ἀνὴρ πλέον τᾶς εὐδαιμονίας φέρει
ἢ τοσοῦτον ὅσον δοκεῖν καὶ δόξαντ' ἀποκλῖναι;
τὸν σόν τοι παράδειγμ' ἔχων,
τὸν σὸν δαίμονα, τὸν σόν, ὦ τλᾶμον Οἰδιπόδα, βροτῶν
οὐδὲν μακαρίζω·
ὅστις καθ' ὑπερβολὰν
τοξεύσας ἐκράτησε τοῦ πάντ' εὐδαίμονος ὄλβου,
ὦ Ζεῦ, κατὰ μὲν φθίσας τὰν γαμψώνυχα παρθένον
χρησμῳδόν, θανάτων δ' ἐμᾷ χώρᾳ πύργος ἀνέστα·
ἐξ οὗ καὶ βασιλεὺς καλῇ
ἐμὸς καὶ τὰ μέγιστ' ἐτιμάθης, ταῖς μεγάλαισιν ἐν
Θήβαισιν ἀνάσσων.
τανῦν δ' ἀκούειν τίς ἀθλιώτερος ;   id. 1186.

Sophocles

Οἰδίπους.

122. OI. ὡς μὲν τάδ' οὐχ ὧδ' ἔστ' ἄριστ' εἰργασμένα,
μή μ' ἐκδίδασκε, μηδὲ συμβούλευ' ἔτι.
ἐγὼ γὰρ οὐκ οἶδ' ὄμμασιν ποίοις βλέπων
πατέρα ποτ' ἂν προσεῖδον εἰς Ἅιδου μολών,
οὐδ' αὖ τάλαιναν μητέρ', οἶν ἐμοὶ δυοῖν
ἔργ' ἐστὶ κρείσσον' ἀγχόνης εἰργασμένα.
ἀλλ' ἡ τέκνων δῆτ' ὄψις ἦν ἐφίμερος;
οὐ δῆτα τοῖς γ' ἐμοῖσιν ὀφθαλμοῖς ποτε.
οὐδ' ἄστυ γ' οὐδὲ πύργος οὐδὲ δαιμόνων
ἀγάλμαθ' ἱερά, τῶν ὁ παντλήμων ἐγὼ
κάλλιστ' ἀνὴρ εἷς ἔν γε ταῖς Θήβαις τραφεὶς
ἀπεστέρησ' ἐμαυτόν, αὐτὸς ἐννέπων
ὠθεῖν ἅπαντας τὸν ἀσεβῆ, τὸν ἐκ θεῶν
φανέντ' ἄναγνον καὶ γένους ἀλάστορα.
τοιάνδ' ἐγὼ κηλῖδα μηνύσας ἐμὴν
ὀρθοῖς ἔμελλον ὄμμασιν τούτους ὁρᾶν;
ἰὼ Κιθαιρών, τί μ' ἐδέχου; τί μ' οὐ λαβὼν
ἔκτεινας εὐθύς, ὡς ἔδειξα μήποτε
ἐμαυτὸν ἀνθρώποισιν ἔνθεν ἦ γεγώς;
ὦ Πόλυβε καὶ Κόρινθε καὶ τὰ πάτρια
λόγῳ παλαιὰ δώμαθ', οἷον ἆρά με
κάλλος κακῶν ὕπουλον ἐξεθρέψατε·
νῦν γὰρ κακός τ' ὢν κἀκ κακῶν εὑρίσκομαι.
ἀλλ' οὐ γὰρ αὐδᾶν ἔσθ' ἃ μηδὲ δρᾶν καλόν,
ὅπως τάχιστα πρὸς θεῶν ἔξω μέ που
καλύψατ' ἢ φονεύσατ' ἢ θαλάσσιον
ἐκρίψατ', ἔνθα μήποτ' εἰσόψεσθ' ἔτι.
ἴτ', ἀξιώσατ' ἀνδρὸς ἀθλίου θιγεῖν.
πείθεσθε, μὴ δείσητε· τἀμὰ γὰρ κακὰ
οὐδεὶς οἷός τε πλὴν ἐμοῦ φέρειν βροτῶν.

Oedipus Tyrannus 1369.

73

Sophocles

Κλυταιμνήστρα.

123. ΚΛ. νῦν δ' ὡς ἄπεστ' Αἴγισθος, οὐδὲν ἐντρέπῃ
ἐμοῦ γε· καίτοι πολλὰ πρὸς πολλούς με δὴ
ἐξεῖπας ὡς θρασεῖα καὶ πέρα δίκης
ἄρχω, καθυβρίζουσα καὶ σὲ καὶ τὰ σά·
ἐγὼ δ' ὕβριν μὲν οὐκ ἔχω, κακῶς δέ σε
λέγω κακῶς κλύουσα πρὸς σέθεν θαμά.
πατὴρ γάρ, οὐδὲν ἄλλο, σοὶ πρόσχημ' ἀεί,
ὡς ἐξ ἐμοῦ τέθνηκεν. ἐξ ἐμοῦ καλῶς
ἔξοιδα· τῶνδ' ἄρνησις οὐκ ἔνεστί μοι·
ἡ γὰρ Δίκη νιν εἷλεν, οὐκ ἐγὼ μόνη,
ᾗ χρῆν σ' ἀρήγειν, εἰ φρονοῦσ' ἐτύγχανες·
ἐπεὶ πατὴρ σὸς οὗτος, ὃν θρηνεῖς ἀεί,
τὴν σὴν ὅμαιμον οὐκ ἔτλη θῦσαι θεοῖς;
εἶεν, δίδαξον δή με πρὸς χάριν τίνων
ἔθυσεν αὐτήν; πότερον Ἀργείων ἐρεῖς;
ἀλλ' οὐ μετῆν αὐτοῖσι τήν γ' ἐμὴν κτανεῖν.
ἀλλ' ἀντ' ἀδελφοῦ δῆτα Μενέλεω κτανὼν
τἄμ', οὐκ ἔμελλε τῶνδέ μοι δώσειν δίκην;
πότερον ἐκείνῳ παῖδες οὐκ ἦσαν διπλοῖ,
οὓς τῆσδε μᾶλλον εἰκὸς ἦν θνῄσκειν πάρος,
ἐκ μητρὸς ὄντας ἧς ὁ πλοῦς ὅδ' ἦν χάριν;
ἢ τῶν ἐμῶν Ἅιδης τιν' ἵμερον τέκνων
ἢ τῶν ἐκείνης ἔσχε δαίσασθαι πλέον;
ἢ τῷ πανώλει πατρὶ τῶν μὲν ἐξ ἐμοῦ
παίδων πόθος παρεῖτο, Μενέλεω δ' ἐνῆν;
οὐ ταῦτ' ἀβούλου καὶ κακοῦ γνώμην πατρός;
δοκῶ μέν, εἰ καὶ σῆς δίχα γνώμης λέγω·
φαίη δ' ἂν ἡ θανοῦσά γ', εἰ φωνὴν λάβοι.

Electra 519.

74

Sophocles

Ἠλέκτρα.

124. ΗΛ. ἆρ' ὑμὶν ὡς ἀλγοῦσα κὠδυνωμένη
δεινῶς δακρῦσαι κἀπικωκῦσαι δοκεῖ
τὸν υἱὸν ἡ δύστηνος ὧδ' ὀλωλότα;
ἀλλ' ἐγγελῶσα φροῦδος. ὦ τάλαιν' ἐγώ·
Ὀρέστα φίλταθ', ὥς μ' ἀπώλεσας θανών.
ἀποσπάσας γὰρ τῆς ἐμῆς οἴχῃ φρενὸς
αἵ μοι μόναι παρῆσαν ἐλπίδων ἔτι,
σὲ πατρὸς ἥξειν ζῶντα τιμωρόν ποτε
κἀμοῦ ταλαίνης. νῦν δὲ ποῖ με χρὴ μολεῖν;
μόνη γάρ εἰμι, σοῦ τ' ἀπεστερημένη
καὶ πατρός. ἤδη δεῖ με δουλεύειν πάλιν
ἐν τοῖσιν ἐχθίστοισιν ἀνθρώπων ἐμοὶ
φονεῦσι πατρός. ἆρά μοι καλῶς ἔχει;

Electra 804.

125. ΗΛ. λόγων γε μὴν εὔκλειαν οὐχ ὁρᾷς ὅσην
σαυτῇ τε κἀμοὶ προσβαλεῖς πεισθεῖσ' ἐμοί;
τίς γάρ ποτ' ἀστῶν ἢ ξένων ἡμᾶς ἰδὼν
τοιοῖσδ' ἐπαίνοις οὐχὶ δεξιώσεται;
" ἴδεσθε τώδε τὼ κασιγνήτω, φίλοι,
ὣ τὸν πατρῷον οἶκον ἐξεσωσάτην,
ὣ τοῖσιν ἐχθροῖς τοῦ φόνου μεταιτίω·
τούτω φιλεῖν χρή, τώδε χρὴ πάντας σέβειν,
τώδ' ἔν θ' ἑορταῖς ἔν τε πανδήμῳ πόλει
τιμᾶν ἅπαντας εἵνεκ' ἀνδρείας χρεών."
τοιαῦτά τοι νὼ πᾶς τις ἐξερεῖ βροτῶν,
ζώσαιν θανούσαιν θ' ὥστε μὴ 'κλιπεῖν κλέος.
ἀλλ', ὦ φίλη, πείσθητι, συμπόνει πατρί,
σύγκαμν' ἀδελφῷ, παῦσον ἐκ κακῶν ἐμέ,
παῦσον δὲ σαυτήν, τοῦτο γιγνώσκουσ' ὅτι
ζῆν αἰσχρὸν αἰσχρῶς τοῖς καλῶς πεφυκόσι.

id. 973.

75

Sophocles

Ὀρέστης. Ἠλέκτρα.

126. ΟΡ. μέθες τόδ' ἄγγος νῦν, ὅπως τὸ πᾶν μάθῃς.

ΗΛ. μὴ δῆτα πρὸς θεῶν τοῦτό μ' ἐργάσῃ, ξένε.

ΟΡ. πείθου λέγοντι κοὐχ ἁμαρτήσῃ ποτέ.

ΗΛ. μή, πρὸς γενείου, μὴ 'ξέλῃ τὰ φίλτατα.

ΟΡ. οὐ φήμ' ἐάσειν.

ΗΛ.   ὦ τάλαιν' ἐγὼ σέθεν,
Ὀρέστα, τῆς σῆς εἰ στερήσομαι ταφῆς.

ΟΡ. εὔφημα φώνει· πρὸς δίκης γὰρ οὐ στένεις.

ΗΛ. πῶς τὸν θανόντ' ἀδελφὸν οὐ δίκῃ στένω;

ΟΡ. οὔ σοι προσήκει τήνδε προσφωνεῖν φάτιν.

ΗΛ. οὕτως ἄτιμός εἰμι τοῦ τεθνηκότος;

ΟΡ. ἄτιμος οὐδενὸς σύ· τοῦτο δ' οὐχὶ σόν.

ΗΛ. εἴπερ γ' Ὀρέστου σῶμα τῷδ' ἄγγει φέρω;

ΟΡ. ἀλλ' οὐκ Ὀρέστου, πλὴν λόγῳ γ' ἠσκημένον.

ΗΛ. ποῦ δ' ἔστ' ἐκείνου τοῦ ταλαιπώρου τάφος;

ΟΡ. οὐκ ἔστι. τοῦ γὰρ ζῶντος οὐκ ἔστιν τάφος.

ΗΛ. πῶς εἶπας, ὦ παῖ;

ΟΡ.   ψεῦδος οὐδὲν ὧν λέγω.

ΗΛ. ἦ ζῇ γὰρ ἀνήρ;

ΟΡ.   εἴπερ ἔμψυχός γ' ἐγώ.

ΗΛ. ἦ γὰρ σὺ κεῖνος;

ΟΡ.   τήνδε προσβλέψασά μου
σφραγῖδα πατρὸς ἔκμαθ' εἰ σαφῆ λέγω.

ΗΛ. ὦ φίλτατον φῶς.

ΟΡ.   φίλτατον, ξυμμαρτυρῶ.

ΗΛ. ὦ φθέγμ', ἀφίκου;

ΟΡ.   μηκέτ' ἄλλοθεν πύθῃ.

ΗΛ. ἔχω σε χερσίν;

ΟΡ.   ὡς τὰ λοίπ' ἔχοις ἀεί.

ΗΛ. ὦ φίλταται γυναῖκες, ὦ πολίτιδες,
ὁρᾶτ' Ὀρέστην τόνδε, μηχαναῖσι μὲν
θανόντα, νῦν δὲ μηχαναῖς σεσωσμένον. *Electra* 1205.

Sophocles

Δηιάνειρα. Λίχας.

127. ΔΗ. πῶς δ' οὐκ ἐγὼ χαίροιμ' ἄν, ἀνδρὸς εὐτυχῆ
κλύουσα πρᾶξιν τήνδε, πανδίκῳ φρενί;
πολλή 'στ' ἀνάγκη τῇδε τοῦτο συντρέχειν.
ὅμως δ' ἔνεστι τοῖσιν εὖ σκοπουμένοις
ταρβεῖν τὸν εὖ πράσσοντα, μὴ σφαλῇ ποτε.
ἐμοὶ γὰρ οἶκτος δεινὸς εἰσέβη, φίλαι,
ταύτας ὁρώσῃ δυσπότμους ἐπὶ ξένης
χώρας ἀοίκους ἀπάτοράς τ' ἀλωμένας,
αἳ πρὶν μὲν ἦσαν ἐξ ἐλευθέρων ἴσως
ἀνδρῶν, τανῦν δὲ δοῦλον ἴσχουσιν βίον.
ὦ Ζεῦ τροπαῖε, μή ποτ' εἰσίδοιμί σε
πρὸς τοὐμὸν οὕτω σπέρμα χωρήσαντά ποι,
μηδ', εἴ τι δράσεις, τῆσδέ γε ζώσης ἔτι.
οὕτως ἐγὼ δέδοικα τάσδ' ὁρωμένη.
ὦ δυστάλαινα, τίς ποτ' εἶ νεανίδων;
ἄνανδρος ἢ τεκοῦσα; πρὸς μὲν γὰρ φύσιν
πάντων ἄπειρος τῶνδε, γενναία δέ τις.
Λίχα, τίνος ποτ' ἐστὶν ἡ ξένη βροτῶν;
τίς ἡ τεκοῦσα, τίς δ' ὁ φιτύσας πατήρ;
ἔξειπ'· ἐπεί νιν τῶνδε πλεῖστον ᾤκτισα
βλέπουσ', ὅσῳπερ καὶ φρονεῖν οἶδεν μόνη.

ΛΙ. τί δ' οἶδ' ἐγώ, τί δ' ἄν με καὶ κρίνοις; ἴσως
γέννημα τῶν ἐκεῖθεν οὐκ ἐν ὑστάτοις.

ΔΗ. μὴ τῶν τυράννων; Εὐρύτου σπορά τις ἦν;

ΛΙ. οὐκ οἶδα· καὶ γὰρ οὐδ' ἀνιστόρουν μακράν.

ΔΗ. οὐδ' ὄνομα πρός του τῶν ξυνεμπόρων ἔχεις;

ΛΙ. ἥκιστα· σιγῇ τοὐμὸν ἔργον ἤνυτον.

ΔΗ. εἴπ', ὦ τάλαιν', ἀλλ' ἡμὶν ἐκ σαυτῆς· ἐπεὶ
καὶ ξυμφορά τοι μὴ εἰδέναι σέ γ' ἥτις εἶ.

Trachiniae 293.

77

Sophocles

Ὕλλος. Δηάνειρα.

128. ΥΛ. ὦ μῆτερ, ὡς ἂν ἐκ τριῶν σ' ἓν εἱλόμην,
ἢ μηκέτ' εἶναι ζῶσαν, ἢ σεσωσμένην
ἄλλου κεκλῆσθαι μητέρ', ἢ λῴους φρένας
τῶν νῦν παρουσῶν τῶνδ' ἀμείψασθαί ποθεν.

ΔΗ. τί δ' ἐστίν, ὦ παῖ, πρός γ' ἐμοῦ στυγούμενον;

ΥΛ. τὸν ἄνδρα τὸν σὸν ἴσθι, τὸν δ' ἐμὸν λέγω
πατέρα, κατακτείνασα τῇδ' ἐν ἡμέρᾳ.

ΔΗ. οἴμοι, τίν' ἐξήνεγκας, ὦ τέκνον, λόγον;

ΥΛ. ὃν οὐχ οἷόν τε μὴ οὐ τελεσθῆναι· τὸ γὰρ
φανθὲν τίς ἂν δύναιτ' ἂν ἀγένητον ποιεῖν;

ΔΗ. πῶς εἶπας, ὦ παῖ; τοῦ παρ' ἀνθρώπων μαθὼν
ἄζηλον οὕτως ἔργον εἰργάσθαι με φής;

ΥΛ. αὐτὸς βαρεῖαν ξυμφορὰν ἐν ὄμμασιν
πατρὸς δεδορκὼς κοὐ κατὰ γλῶσσαν κλύων.

Trachiniae 734.

129. ΥΛ.   εἶδέ μ' ἐν πολλῷ στρατῷ
δακρυρροοῦντα, καί με προσβλέψας καλεῖ·
"ὦ παῖ, πρόσελθε, μὴ φύγῃς τοὐμὸν κακόν,
μηδ' εἰ σε χρὴ θανόντι συνθανεῖν ἐμοί·
ἀλλ' ἆρον ἔξω, καὶ μάλιστα μὲν μέθες
ἐνταῦθ' ὅπου με μή τις ὄψεται βροτῶν·
εἰ δ' οἶκτον ἴσχεις, ἀλλά μ' ἔκ γε τῆσδε γῆς
πόρθμευσον ὡς τάχιστα, μηδ' αὐτοῦ θάνω."
τοσαῦτ' ἐπισκήψαντος, ἐν μέσῳ σκάφει
θέντες σφε πρὸς γῆν τήνδ' ἐκέλσαμεν μόλις
βρυχώμενον σπασμοῖσι· καί νιν αὐτίκα
ἢ ζῶντ' ἐσόψεσθ' ἢ τεθνηκότ' ἀρτίως.
τοιαῦτα, μῆτερ, πατρὶ βουλεύσασ' ἐμῷ
καὶ δρῶσ' ἐλήφθης, ὧν σε ποίνιμος Δίκη
τείσαιτ' Ἐρινύς τ'· εἰ θέμις δ', ἐπεύχομαι·
θέμις δ', ἐπεί μοι τὴν θέμιν σὺ προύβαλες,
πάντων ἄριστον ἄνδρα τῶν ἐπὶ χθονὶ
κτείνασ', ὁποῖον ἄλλον οὐκ ὄψει ποτέ.   *id.* 795.

Sophocles

Ἡρακλῆς.

130. ΗΡ. ὦ πολλὰ δὴ καὶ θερμὰ καὶ λόγῳ κακὰ
καὶ χερσὶ καὶ νώτοισι μοχθήσας ἐγώ·
κοὔπω τοιοῦτον οὔτ' ἄκοιτις ἡ Διὸς
προύθηκεν οὔθ' ὁ στυγνὸς Εὐρυσθεὺς ἐμοί,
οἷον τόδ' ἡ δολῶπις Οἰνέως κόρη
καθῆψεν ὤμοις τοῖς ἐμοῖς Ἐρινύων
ὑφαντὸν ἀμφίβληστρον, ᾧ διόλλυμαι.
ὦ παῖ, γενοῦ μοι παῖς ἐτήτυμος γεγώς,
καὶ μὴ τὸ μητρὸς ὄνομα πρεσβεύσῃς πλέον.
δός μοι χεροῖν σαῖν αὐτὸς ἐξ οἴκου λαβὼν
ἐς χεῖρα τὴν τεκοῦσαν, ὡς εἰδῶ σάφα
εἰ τοὐμὸν ἀλγεῖς μᾶλλον ἢ κείνης ὁρῶν
λωβητὸν εἶδος ἐν δίκῃ κακούμενον.
ἴθ', ὦ τέκνον, τόλμησον· οἴκτιρόν τέ με
πολλοῖσιν οἰκτρόν, ὅστις ὥστε παρθένος
βέβρυχα κλαίων, καὶ τόδ' οὐδ' ἂν εἷς ποτε
τόνδ' ἄνδρα φαίη πρόσθ' ἰδεῖν δεδρακότα,
ἀλλ' ἀστένακτος αἰὲν εἱπόμην κακοῖς.
νῦν δ' ἐκ τοιούτου θῆλυς ηὕρημαι τάλας.
ἰδού, θεᾶσθε πάντες ἄθλιον δέμας,
ὁρᾶτε τὸν δύστηνον, ὡς οἰκτρῶς ἔχω,
ὁ τῆς ἀρίστης μητρὸς ὠνομασμένος,
ὁ τοῦ κατ' ἄστρα Ζηνὸς αὐδηθεὶς γόνος.
ἀλλ' εὖ γέ τοι τόδ' ἴστε, κἂν τὸ μηδὲν ὦ
κἂν μηδὲν ἕρπω, τήν γε δράσασαν τάδε
χειρώσομαι κἀκ τῶνδε· προσμόλοι μόνον,
ἵν' ἐκδιδαχθῇ πᾶσιν ἀγγέλλειν ὅτι
καὶ ζῶν κακούς γε καὶ θανὼν ἐτεισάμην.

Trachiniae 1046.

Sophocles

Φιλοκτήτης. Χορὸς Ναυτῶν.

131. ΦΙ. ἰὼ ξένοι,
τίνες ποτ' ἐς γῆν τήνδε κἀκ ποίας τύχης
κατέσχετ' οὔτ' εὔορμον οὔτ' οἰκουμένην;
ποίας ἂν ὑμᾶς πατρίδος ἢ γένους ποτὲ
τύχοιμ' ἂν εἰπών; σχῆμα μὲν γὰρ Ἑλλάδος
στολῆς ὑπάρχει προσφιλεστάτης ἐμοί·
φωνῆς δ' ἀκοῦσαι βούλομαι· καὶ μή μ' ὄκνῳ
δείσαντες ἐκπλαγῆτ' ἀπηγριωμένον,
ἀλλ' οἰκτίσαντες ἄνδρα δύστηνον, μόνον,
ἔρημον ὧδε κἄφιλον κακούμενον,
φωνήσατ', εἴπερ ὡς φίλοι προσήκετε. *Philoctetes* 219.

132. ΦΙ. οὐκ ἐνθάδ' οἱ πλοῖ τοῖσι σώφροσιν βροτῶν.
τάχ' οὖν τις ἄκων ἔσχε· πολλὰ γὰρ τάδε
ἐν τῷ μακρῷ γένοιτ' ἂν ἀνθρώπων χρόνῳ·
οὗτοί μ', ὅταν μόλωσιν, ὦ τέκνον, λόγοις
ἐλεοῦσι μέν, καί πού τι καὶ βορᾶς μέρος
προσέδοσαν οἰκτίραντες ἤ τινα στολήν·
ἐκεῖνο δ' οὐδείς, ἡνίκ' ἂν μνησθῶ, θέλει,
σῶσαί μ' ἐς οἴκους, ἀλλ' ἀπόλλυμαι τάλας
ἔτος τόδ' ἤδη δέκατον ἐν λιμῷ τε καὶ
κακοῖσι βόσκων τὴν ἀδηφάγον νόσον.
τοιαῦτ' Ἀτρεῖδαί μ' ἤ τ' Ὀδυσσέως βία
ὦ παῖ, δεδράκασ', οἳ Ὀλύμπιοι θεοὶ
δοῖέν ποτ' αὐτοῖς ἀντίποιν' ἐμοῦ παθεῖν. *id.* 304.

133. ΧΟ. Ὕπν' ὀδύνας ἀδαής, Ὕπνε δ' ἀλγέων,
εὐαὲς ἡμῖν ἔλθοις,
εὐαίων εὐαίων, ὦναξ·
ὄμμασι δ' ἀντίσχοις
τάνδ' αἴγλαν, ἃ τέταται τανῦν.
ἴθ' ἴθι μοι παιήων. *id.* 827.

Sophocles

Φιλοκτήτης.

134. ΦΙ. ὦ πῦρ σὺ καὶ πᾶν δεῖμα καὶ πανουργίας
δεινῆς τέχνημ' ἔχθιστον, οἷά μ' εἰργάσω,
οἷ' ἠπάτηκας· οὐδ' ἐπαισχύνῃ μ' ὁρῶν
τὸν προστρόπαιον, τὸν ἱκέτην, ὦ σχέτλιε;
ἀπεστέρηκας τὸν βίον τὰ τόξ' ἑλών.
ἀπόδος, ἱκνοῦμαί σ', ἀπόδος, ἱκετεύω, τέκνον·
πρὸς θεῶν πατρῴων, τὸν βίον με μὴ ἀφέλῃς.
ὤμοι τάλας.   ἀλλ' οὐδὲ προσφωνεῖ μ' ἔτι,
ἀλλ' ὡς μεθήσων μήποθ', ὧδ' ὁρᾷ πάλιν.
ὦ λιμένες, ὦ προβλῆτες, ὦ ξυνουσίαι
θηρῶν ὀρείων, ὦ καταρρῶγες πέτραι,
ὑμῖν τάδ', οὐ γὰρ ἄλλον οἶδ' ὅτῳ λέγω,
ἀνακλαίομαι παροῦσι τοῖς εἰωθόσιν,
οἷ' ἔργ' ὁ παῖς μ' ἔδρασεν οὑξ Ἀχιλλέως·
ὁμόσας ἀπάξειν οἴκαδ', ἐς Τροίαν μ' ἄγει·
προσθείς τε χεῖρα δεξιάν, τὰ τόξα μου
ἱερὰ λαβὼν τοῦ Ζηνὸς Ἡρακλέους ἔχει,
καὶ τοῖσιν Ἀργείοισι φήνασθαι θέλει.
ὡς ἄνδρ' ἑλὼν ἰσχυρὸν ἐκ βίας μ' ἄγει,
κοὐκ οἶδ' ἐναίρων νεκρὸν ἢ καπνοῦ σκιάν,
εἴδωλον ἄλλως· οὐ γὰρ ἂν σθένοντά γε
εἷλέν μ'· ἐπεὶ οὐδ' ἂν ὧδ' ἔχοντ', εἰ μὴ δόλῳ.
νῦν δ' ἠπάτημαι δύσμορος.   τί χρή με δρᾶν;
ἀλλ' ἀπόδος, ἀλλὰ νῦν ἔτ' ἐν σαυτῷ γενοῦ.
τί φής; σιωπᾷς· οὐδέν εἰμ' ὁ δύσμορος.
ὄλοιο—μή πω, πρὶν μάθοιμ' εἰ καὶ πάλιν
γνώμην μετοίσεις· εἰ δὲ μή, θάνοις κακῶς.

Philoctetes 927.

Sophocles

135. ΦΙ. τίς αὖ παρ' ἄντροις θόρυβος ἵσταται βοῆς;

NE. θάρσει· λόγους δ' ἄκουσον οὓς ἥκω φέρων.

ΦΙ. δέδοικ' ἔγωγε· καὶ τὰ πρὶν γὰρ ἐκ λόγων
καλῶν κακῶς ἔπραξα, σοῖς πεισθεὶς λόγοις.

NE. οὔκουν ἔνεστι καὶ μεταγνῶναι πάλιν;

ΦΙ. τοιοῦτος ἦσθα τοῖς λόγοισι χὤτε μου
τὰ τόξ' ἔκλεπτες, πιστός, ἀτηρὸς λάθρᾳ.

NE. ἀλλ' οὔ τι μὴν νῦν· βούλομαι δέ σου κλύειν,
πότερα δέδοκταί σοι μένοντι καρτερεῖν
ἢ πλεῖν μεθ' ἡμῶν;

ΦΙ.   παῦε, μὴ λέξῃς πέρα·
μάτην γὰρ ἂν εἴπῃς γε πάντ' εἰρήσεται.
οὐ γάρ ποτ' εὔνουν τὴν ἐμὴν κτήσῃ φρένα,
ὅστις γ' ἐμοῦ δόλοισι τὸν βίον λαβὼν
ἀπεστέρηκας, κᾆτα νουθετεῖς ἐμὲ
ἐλθών, ἀρίστου πατρὸς ἔχθιστος γεγώς·
ὄλοισθ', Ἀτρεῖδαι μὲν μάλιστ', ἔπειτα δὲ
ὁ Λαρτίου παῖς καὶ σύ.

NE.   μὴ 'πεύξῃ πέρα·
δέχου δὲ χειρὸς ἐξ ἐμῆς βέλη τάδε.

ΦΙ. πῶς εἶπας; ἆρα δεύτερον δολούμεθα;

NE. ἀπώμοσ' ἁγνὸν Ζηνὸς ὑψίστου σέβας.

ΦΙ. ὦ φίλτατ' εἰπών, εἰ λέγεις ἐτήτυμα.

NE. τοὔργον παρέσται φανερόν· ἀλλὰ δεξιὰν
πρότεινε χεῖρα, καὶ κράτει τῶν σῶν ὅπλων.

ΟΔ. ἐγὼ δ' ἀπαυδῶ γ', ὡς θεοὶ ξυνίστορες,
ὑπέρ τ' Ἀτρειδῶν τοῦ τε σύμπαντος στρατοῦ.

ΦΙ. τέκνον, τίνος φώνημα, μῶν Ὀδυσσέως,
ἐπῃσθόμην;

ΟΔ.   σάφ' ἴσθι· καὶ πέλας γ' ὁρᾷς,
ὅς σ' ἐς τὰ Τροίας πεδί' ἀποστελῶ βίᾳ,
ἐάν τ' Ἀχιλλέως παῖς ἐάν τε μὴ θέλῃ.

ΦΙ. ἀλλ' οὔ τι χαίρων, ἢν τόδ' ὀρθωθῇ βέλος.

Sophocles

136. ΟΙ. ὦ φίλτατ' Αἰγέως παῖ, μόνοις οὐ γίγνεται
    θεοῖσι γῆρας οὐδὲ κατθανεῖν ποτε,
    τὰ δ' ἄλλα συγχεῖ πάνθ' ὁ παγκρατὴς χρόνος.
    φθίνει μὲν ἰσχὺς γῆς, φθίνει δὲ σώματος,
    θνῄσκει δὲ πίστις, βλαστάνει δ' ἀπιστία,
    καὶ πνεῦμα ταὐτὸν οὔποτ' οὔτ' ἐν ἀνδράσιν
    φίλοις βέβηκεν οὔτε πρὸς πόλιν πόλει.
    τοῖς μὲν γὰρ ἤδη, τοῖς δ' ἐν ὑστέρῳ χρόνῳ
    τὰ τερπνὰ πικρὰ γίγνεται καὖθις φίλα.
    καὶ ταῖσι Θήβαις εἰ τανῦν εὐημερεῖ
    καλῶς τὰ πρὸς σέ, μυρίας ὁ μύριος
    χρόνος τεκνοῦται νύκτας ἡμέρας τ' ἰών.

                       Oedipus Coloneus 607.

137. ΧΟ. εὐίππου, ξένε, τᾶσδε χώρας
    ἵκου τὰ κράτιστα γᾶς ἔπαυλα,
    τὸν ἀργῆτα Κολωνόν, ἔνθ'
    ἁ λίγεια μινύρεται
    θαμίζουσα μάλιστ' ἀηδὼν
    χλωραῖς ὑπὸ βάσσαις,
    τὸν οἰνῶπα νέμουσα κισσὸν
    καὶ τὰν ἄβατον θεοῦ
    φυλλάδα μυριόκαρπον ἀνήλιον
    ἀνήνεμόν τε πάντων
    χειμώνων· ἵν' ὁ βακχιώτας
    ἀεὶ Διόνυσος ἐμβατεύει
    θεαῖς ἀμφιπολῶν τιθήναις.
    θάλλει δ' οὐρανίας ὑπ' ἄχνας
    ὁ καλλίβοτρυς κατ' ἦμαρ ἀεὶ
    νάρκισσος, μεγάλαιν θεαῖν
    ἀρχαῖον στεφάνωμ', ὅ τε
    χρυσαυγὴς κρόκος.

                       id. 668.

Sophocles

Κρέων. Οἰδίπους. Χορὸς Ἀττικῶν Γερόντων. Ἀντιγόνη. Θησεύς.

138. ΚΡ. παίδοιν δυοῖν σοι τὴν μὲν ἀρτίως ἐγὼ
ξυναρπάσας ἔπεμψα, τὴν δ' ἄξω τάχα.

ΟΙ. οἴμοι.

ΚΡ.   τάχ' ἕξεις μᾶλλον οἰμώζειν τάδε.

ΟΙ. ἰὼ ξένοι, τί δράσετ'; ἢ προδώσετε,
κοὐκ ἐξελᾶτε τὸν ἀσεβῆ τῆσδε χθονός;

ΧΟ. χώρει, ξέν', ἔξω θᾶσσον· οὔτε γὰρ τὰ νῦν
δίκαια πράσσεις οὔθ' ἃ πρόσθεν εἴργασαι.

ΚΡ. ὑμῖν ἂν εἴη τήνδε καιρὸς ἐξάγειν
ἄκουσαν, εἰ θέλουσα μὴ πορεύσεται.

ΑΝ. οἴμοι τάλαινα, ποῖ φύγω; ποίαν λάβω
θεῶν ἄρηξιν ἢ βροτῶν;

ΧΟ.   τί δρᾷς, ξένε;

ΚΡ. οὐχ ἅψομαι τοῦδ' ἀνδρός, ἀλλὰ τῆς ἐμῆς.

ΟΙ. ὦ γῆς ἄνακτες.

ΧΟ.   ὦ ξέν', οὐ δίκαια δρᾷς.

ΚΡ. δίκαια.

ΧΟ.   πῶς δίκαια;

ΚΡ.   τοὺς ἐμοὺς ἄγω.

ΑΝ. ἀφέλκομαι δύστηνος, ὦ ξένοι ξένοι.

ΟΙ. ποῦ, τέκνον, εἶ μοι;

ΑΝ.   πρὸς βίαν πορεύομαι.

ΟΙ. ὄρεξον, ὦ παῖ, χεῖρας.

ΑΝ.   ἀλλ' οὐδὲν σθένω.

ΘΗ. τίς ποθ' ἡ βοή; τί τοὔργον; ἐκ τίνος φόβου ποτὲ
βουθυτοῦντά μ' ἀμφὶ βωμὸν ἔσχετ' ἐναλίῳ θεῷ
τοῦδ' ἐπιστάτῃ Κολωνοῦ; λέξαθ', ὡς εἰδῶ τὸ πᾶν,
οὗ χάριν δεῦρ' ᾖξα θᾶσσον ἢ καθ' ἡδονὴν ποδός.

ΟΙ. ὦ φίλτατ', ἔγνων γὰρ τὸ προσφώνημά σου,
πέπονθα δεινὰ τοῦδ' ὑπ' ἀνδρὸς ἀρτίως.

ΘΗ. τὰ ποῖα ταῦτα, τίς δ' ὁ πημήνας; λέγε.

ΟΙ. Κρέων ὅδ', ὃν δέδορκας, οἴχεται τέκνων
ἀποσπάσας μου τὴν μόνην ξυνωρίδα.

Sophocles

Ἄγγελος.

139. ΑΓ. κτύπησε δ' οὖν Ζεὺς χθόνιος, αἱ δὲ παρθένοι
ῥίγησαν, ὡς ἤκουσαν· ἐς δὲ γούνατα
πατρὸς πεσοῦσαι κλαῖον, οὐδ' ἀνίεσαν
στέρνων ἀραγμοὺς οὐδὲ παμμήκεις γόους.
ὁ δ' ὡς ἀκούει φθόγγον ἐξαίφνης πικρόν,
πτύξας ἐπ' αὐταῖς χεῖρας εἶπεν· " ὦ τέκνα,
οὐκ ἔστ' ἔθ' ὑμῖν τῇδ' ἐν ἡμέρᾳ πατήρ.
ὄλωλε γὰρ δὴ πάντα τἀμά, κοὐκέτι
τὴν δυσπόνητον ἕξετ' ἀμφ' ἐμοὶ τροφήν·—
σκληρὰν μέν, οἶδα, παῖδες· ἀλλ' ἓν γὰρ μόνον
τὰ πάντα λύει ταῦτ' ἔπος μοχθήματα.
τὸ γὰρ φιλεῖν οὐκ ἔστιν ἐξ ὅτου πλέον
ἢ τοῦδε τἀνδρὸς ἔσχεθ', οὗ τητώμεναι
τὸ λοιπὸν ἤδη τὸν βίον διάξετον."
τοιαῦτ' ἐπ' ἀλλήλοισιν ἀμφικείμενοι
πικρῶς ἔκλαιον πάντες. ὡς δὲ πρὸς τέλος
γόων ἀφίκοντ' οὐδ' ἔτ' ὠρώρει βοή,
ἦν μὲν σιωπή· φθέγμα δ' ἐξαίφνης τινός·
καλεῖ γὰρ αὐτὸν πολλὰ πολλαχῇ θεός·
" ὦ οὗτος οὗτος, Οἰδίπους, τί μέλλομεν
χωρεῖν; πάλαι δὴ τἀπὸ σοῦ βραδύνεται."
ὁ δ' ὡς ἐπῄσθετ' ἐκ θεοῦ καλούμενος,
αὐδᾷ μολεῖν οἱ γῆς ἄνακτα Θησέα.

·   ·   ·   ·   ·

μόρῳ δ' ὁποίῳ κεῖνος ὤλετ', οὐδ' ἂν εἷς
θνητῶν φράσειε, πλὴν τὸ Θησέως κάρα.
οὐ γάρ τις αὐτὸν οὔτε πυρφόρος θεοῦ
κεραυνὸς ἐξέπραξεν οὔτε ποντία
θύελλα κινηθεῖσα τῷ τότ' ἐν χρόνῳ.
ἀνὴρ γὰρ οὐ στενακτὸς οὐδὲ σὺν νόσοις
ἀλγεινὸς ἐξέπεμπετ', ἀλλ' εἴ τις βροτῶν
θαυμαστός.   *Oedipus Coloneus* 1606.

Euripides

Ἕκτωρ. Ῥῆσος. Χορὸς Φυλάκων Τρωικῶν.

140. ΕΚ. παῖ τῆς μελῳδοῦ μητέρος, Μουσῶν μιᾶς,
Θρῃκός τε ποταμοῦ Στρυμόνος, φιλῶ λέγειν
τἀληθὲς ἀεὶ κοὐ διπλοῦς πέφυκ' ἀνήρ.
πάλαι πάλαι χρῆν τῇδε συγκάμνειν χθονὶ
ἐλθόντα, καὶ μὴ τοὐπὶ σ' Ἀργείων ὕπο
Τροίαν ἐᾶσαι πολεμίων πεσεῖν δορί.
οὐ γάρ τι λέξεις ὡς ἄκλητος ὢν φίλοις
οὐκ ἦλθες οὐδ' ἤμυνας οὐδ' ἐπεστράφης.
τίς γάρ σε κῆρυξ ἢ γερουσία Φρυγῶν
ἐλθοῦσ' ἀμύνειν οὐκ ἐπέσκηψεν πόλει;
ποίων δὲ δώρων κόσμον οὐκ ἐπέμψαμεν;
σὺ δ' ἐγγενὴς ὢν βάρβαρός τε βαρβάρους
Ἕλλησιν ἡμᾶς προύπιες τὸ σὸν μέρος.

ΡΗ. ἀλλ' ὕστερον μὲν ἦλθον, ἐν καιρῷ δ' ὅμως·
σὺ μὲν γὰρ ἤδη δέκατον αἰχμάζεις ἔτος,
ἐμοὶ δὲ φῶς ἓν ἡλίου καταρκέσει,
πέρσαντι πύργους ναυστάθμοις ἐπεσπεσεῖν
κτεῖναί τ' Ἀχαιούς· θατέρᾳ δ' ἀπ' Ἰλίου
πρὸς οἶκον εἶμι, ξυντεμὼν τοὺς σοὺς πόνους.

Rhesus 393.

141. ΧΟ. τίνος ἁ φυλακά; τίς ἀμείβει
τὰν ἐμὰν πρῶτα;
δύεται σημεῖα καὶ ἑπτάποροι
Πλειάδες αἰθέριαι·
μέσα δ' αἰετὸς οὐρανοῦ ποτᾶται.
ἔγρεσθε, τί μέλλετε; κοιτᾶν
ἔλθετε πρὸς φυλακάν.
οὐ λεύσσετε μηνάδος αἴγλαν;
ἀὼς δὴ πέλας ἀὼς
γίγνεται, καί τις προδρόμων ὅδε γ' ἐστὶν ἀστήρ.

86

id. 527.

Euripides

Ὀδυσσεύς. Διομήδης. Χορὸς Φυλάκων Τρωικῶν.

142. ΟΔ. ὅρα κατ' ὄρφνην μὴ φύλαξιν ἐντύχῃς.

ΔΙ. φυλάξομαί τοι κἂν σκότῳ τιθεὶς πόδα.

ΟΔ. ἢν δ' οὖν ἐγείρῃς, οἶσθα σύνθημα στρατοῦ;

ΔΙ. Φοῖβον Δόλωνος οἶδα σύμβολον κλύων.

ΟΔ. ἔα.
  εὐνὰς ἐρήμους τάσδε πολεμίων ὁρῶ.

ΔΙ. καὶ μὴν Δόλων γε τάσδ' ἔφραζεν Ἕκτορος
  κοίτας, ἐφ' ᾧπερ ἔγχος εἵλκυσται τόδε.

ΟΔ. τί δῆτ' ἂν εἴη; μῶν λόχος βέβηκέ ποι;

ΔΙ. ἴσως ἐφ' ἡμῖν μηχανὴν στήσων τινά.

ΟΔ. θρασὺς γὰρ Ἕκτωρ νῦν, ἐπεὶ κρατεῖ, θρασύς.

ΔΙ. τί δῆτ', Ὀδυσσεῦ, δρῶμεν; οὐ γὰρ ηὕρομεν
  τὸν ἄνδρ' ἐν εὐναῖς, ἐλπίδων δ' ἡμάρτομεν.
  αἰσχρόν γε μέντοι ναῦς ἐπ' Ἀργείων μολεῖν,
  δράσαντε μηδὲν πολεμίους νεώτερον.   *Rhesus* 570.

143. ΧΟ. βάλλε βάλλε βάλλε βάλλε,
  θεῖνε θεῖνε· τίς ὅδ' ἀνήρ;
  λεύσσετε, τοῦτον αὐδῶ·
  κλῶπες οἵτινες κατ' ὄρφνην
  τόνδε κινοῦσι στρατόν.
  δεῦρο δεῦρο δεῦρο πᾶς.
  τούσδ' ἔχω καὶ τούσδ' ἔμαρψα.
  τίς ὁ λόγος; πόθεν ἔβας; ποδαπὸς εἶ;

ΟΔ. οὔ σε χρὴ εἰδέναι· θανῇ γὰρ σήμερον δράσας κακῶς.

ΧΟ. καὶ τί δὴ τὸ σῆμα;

ΟΔ.   Φοῖβος.

ΧΟ.   ἔμαθον· ἴσχε πᾶς δόρυ.
  οἶσθ' ὅποι βεβᾶσιν ἄνδρες;

ΟΔ.   τῇδέ πη κατείδομεν.
  ἕρπε πᾶς κατ' ἴχνος αὐτῶν·

ΧΟ.   ἢ βοὴν ἐγερτέον.

id. 675.

Euripides

Ἰάσων. Μήδεια.

144. ΙΑ. οὐ νῦν κατεῖδον πρῶτον ἀλλὰ πολλάκις
τραχεῖαν ὀργὴν ὡς ἀμήχανον κακόν.
σοὶ γὰρ παρὸν γῆν τήνδε καὶ δόμους ἔχειν,
κούφως φερούσῃ κρεισσόνων βουλεύματα,
λόγων ματαίων εἵνεκ' ἐκπεσῇ χθονός.
κἀμοὶ μὲν οὐδὲν πρᾶγμα· μὴ παύσῃ ποτὲ
λέγουσ' Ἰάσων ὡς κάκιστός ἐστ' ἀνήρ·
ἃ δ' ἐς τυράννους ἐστί σοι λελεγμένα,
πᾶν κέρδος ἡγοῦ ζημιουμένη φυγῇ.
κἀγὼ μὲν ἀεὶ βασιλέων θυμουμένων
ὀργὰς ἀφῄρουν, καί σ' ἐβουλόμην μένειν·
σὺ δ' οὐκ ἀνίεις μωρίας, λέγουσ' ἀεὶ
κακῶς τυράννους· τοιγὰρ ἐκπεσῇ χθονός.
ὅμως δὲ κἀκ τῶνδ' οὐκ ἀπειρηκὼς φίλοις
ἥκω, τὸ σόν γε προσκοπούμενος, γύναι,
ὡς μήτ' ἀχρήμων ξὺν τέκνοισιν ἐκπέσῃς
μήτ' ἐνδεής του· πόλλ' ἐφέλκεται φυγὴ
κακὰ ξὺν αὑτῇ. καὶ γὰρ εἰ σύ με στυγεῖς,
οὐκ ἂν δυναίμην σοὶ κακῶς φρονεῖν ποτε.

ΜΗ. ἦλθες πρὸς ἡμᾶς, ἦλθες, ἔχθιστος γεγώς;
οὔτοι θράσος τόδ' ἐστὶν οὐδ' εὐτολμία,
φίλους κακῶς δράσαντ' ἐναντίον βλέπειν,
ἀλλ' ἡ μεγίστη τῶν ἐν ἀνθρώποις νόσων
πασῶν, ἀναίδει'· εὖ δ' ἐποίησας μολών.
ἐγώ τε γὰρ λέξασα κουφισθήσομαι
ψυχὴν κακῶς σε καὶ σὺ λυπήσῃ κλύων.
ἔσωσά σ', ὡς ἴσασιν Ἑλλήνων ὅσοι
ταὐτὸν ξυνεισέβησαν Ἀργῷον σκάφος,
αὐτὴ δὲ πατέρα καὶ δόμους προδοῦσ' ἐμοὺς
τὴν Πηλιῶτιν εἰς Ἰωλκὸν ἱκόμην
ξύν σοι, πρόθυμος μᾶλλον ἢ σοφωτέρα.
καὶ ταῦθ' ὑφ' ἡμῶν, ὦ κάκιστ' ἀνδρῶν, παθὼν
προύδωκας ἡμᾶς, καινὰ δ' ἐκτήσω λέχη. *Medea* 445.

Euripides

Μήδεια.

145. ΜΗ. ὦ τέκνα τέκνα, σφῷν μὲν ἔστι δὴ πόλις
καὶ δῶμ', ἐν ᾧ λιπόντες ἀθλίαν ἐμὲ
οἰκήσετ' ἀεὶ μητρὸς ἐστερημένοι·
ἐγὼ δ' ἐς ἄλλην γαῖαν εἶμι δὴ φυγάς,
πρὶν σφῷν ὄνασθαι κἀπιδεῖν εὐδαίμονας,
πρὶν λέκτρα καὶ γυναῖκα καὶ γαμηλίους
εὐνὰς ἀγῆλαι λαμπάδας τ' ἀνασχεθεῖν.
ὦ δυστάλαινα τῆς ἐμῆς αὐθαδίας.
ἄλλως ἄρ' ὑμᾶς, ὦ τέκν', ἐξεθρεψάμην,
ἄλλως δ' ἐμόχθουν καὶ κατεξάνθην πόνοις,
στερρὰς ἐνεγκοῦσ' ἐν τόκοις ἀλγηδόνας.
ἦ μήν ποθ' ἡ δύστηνος εἶχον ἐλπίδας
πολλὰς ἐν ὑμῖν, γηροβοσκήσειν τ' ἐμὲ
καὶ κατθανοῦσαν χερσὶν εὖ περιστελεῖν,
ζηλωτὸν ἀνθρώποισι· νῦν δ' ὄλωλε δὴ
γλυκεῖα φροντίς. σφῷν γὰρ ἐστερημένη
λυπρὸν διάξω βίοτον ἀλγεινόν τ' ἐμοί.
ὑμεῖς δὲ μητέρ' οὐκέτ' ὄμμασιν φίλοις
ὄψεσθ', ἐς ἄλλο σχῆμ' ἀποστάντες βίου.
φεῦ φεῦ· τί προσδέρκεσθέ μ' ὄμμασιν, τέκνα;
τί προσγελᾶτε τὸν πανύστατον γέλων; *Medea* 1021.

146. ΜΗ. ἀλλ' εἶμι γὰρ δὴ τλημονεστάτην ὁδόν,
καὶ τούσδε πέμψω τλημονεστέραν ἔτι,
παῖδας προσειπεῖν βούλομαι. δότ', ὦ τέκνα,
δότ' ἀσπάσασθαι μητρὶ δεξιὰν χέρα.
ὦ φιλτάτη χείρ, φίλτατον δέ μοι στόμα,
καὶ σχῆμα καὶ πρόσωπον εὐγενὲς τέκνων,
εὐδαιμονοῖτον, ἀλλ' ἐκεῖ· τὰ δ' ἐνθάδε
πατὴρ ἀφείλετ'. ὦ γλυκεῖα προσβολή,
ὦ μαλθακὸς χρὼς πνεῦμά θ' ἥδιστον τέκνων.
χωρεῖτε χωρεῖτ'· οὐκέτ' εἰμὶ προσβλέπειν
οἷα τ' ἐγὼ σφᾶς, ἀλλὰ νικῶμαι κακοῖς. *id.* 1067.

Euripides

147. ΜΑ. μή νυν τρέσῃς ἔτ' ἐχθρὸν Ἀργεῖον δόρυ·
    ἐγὼ γὰρ αὐτὴ πρὶν κελευσθῆναι, γέρον,
    θνῄσκειν ἑτοίμη καὶ παρίστασθαι σφαγῇ.
    τί φήσομεν γάρ, εἰ πόλις μὲν ἀξιοῖ
    κίνδυνον ἡμῶν εἵνεκ' αἴρεσθαι μέγαν,
    αὐτοὶ δὲ προστιθέντες ἄλλοισιν πόνους,
    παρόν σφε σῶσαι, φευξόμεσθα μὴ θανεῖν;
    οὐ δῆτ', ἐπεί τοι καὶ γέλωτος ἄξια,
    στένειν μὲν ἱκέτας δαιμόνων καθημένους,
    πατρὸς δ' ἐκείνου φύντας οὗ πεφύκαμεν
    κακοὺς ὁρᾶσθαι· ποῦ τάδ' ἐν χρηστοῖς πρέπει;
    ἡγεῖσθ' ὅπου δεῖ σῶμα κατθανεῖν τόδε,
    νικᾶτε δ' ἐχθρούς· ἥδε γὰρ ψυχὴ πάρα
    ἑκοῦσα κοὐκ ἄκουσα· κἀξαγγέλλομαι
    θνῄσκειν ἀδελφῶν τῶνδε κἀμαυτῆς ὕπερ.
    εὕρημα γάρ τοι τοῖς μὴ φιλοψυχοῦσί γε
    κάλλιστον ηὕρηκ', εὐκλεῶς λιπεῖν βίον.

                           Herakleidae 500.

148. ΜΑ.   κἂν ἀπαλλαγῇ πόνων
    καὶ νόστος ὑμῖν εὑρεθῇ ποτ' ἐκ θεῶν,
    μέμνησθε τὴν σώτειραν ὡς θάψαι χρεών·
    κάλλιστά τοι δίκαιον· οὐ γὰρ ἐνδεὴς
    ὑμῖν παρέστην, ἀλλὰ προύθανον γένους.
    τάδ' ἀντὶ παίδων ἐστί μοι κειμήλια
    καὶ παρθενείας, εἴ τι δὴ κατὰ χθονός·
    εἴη γε μέντοι μηδέν. εἰ γὰρ ἕξομεν
    κἀκεῖ μερίμνας οἱ θανούμενοι βροτῶν,
    οὐκ οἶδ' ὅποι τις τρέψεται· τὸ γὰρ θανεῖν
    κακῶν μέγιστον φάρμακον νομίζεται.

ΙΟ. ἀλλ', ὦ μέγιστον ἐκπρέπουσ' εὐψυχίᾳ,
    πασῶν γυναικῶν, ἴσθι, τιμιωτάτη
    καὶ ζῶσ' ὑφ' ἡμῶν καὶ θανοῦσ' ἔσῃ πολύ.   *id.* 586.

Euripides

149. ΧΟ. χαῖρέ μοι, ὦ καλλίστα,
καλλίστα τῶν κατ' Ὄλυμπον,
παρθένος Ἄρτεμι·

ΙΠ. σοὶ τόνδε πλεκτὸν στέφανον ἐξ ἀκηράτου
λειμῶνος, ὦ δέσποινα, κοσμήσας φέρω,
ἔνθ' οὔτε ποιμὴν ἀξιοῖ φέρβειν βοτὰ
οὔτ' ἦλθέ πω σίδηρος, ἀλλ' ἀκήρατον
μέλισσα λειμῶν' ἠρινὸν διέρχεται,
Αἰδὼς δὲ ποταμίαισι κηπεύει δρόσοις.
ὅσοις διδακτὸν μηδέν, ἀλλ' ἐν τῇ φύσει
τὸ σωφρονεῖν εἴληχεν ἐς τὰ πάνθ' ὁμῶς,
τούτοις δρέπεσθαι, τοῖς κακοῖσι δ' οὐ θέμις.
ἀλλ', ὦ φίλη δέσποινα, χρυσέας κόμης
ἀνάδημα δέξαι χειρὸς εὐσεβοῦς ἄπο.
μόνῳ γάρ ἐστι τοῦτ' ἐμοὶ γέρας βροτῶν·
σοὶ καὶ ξύνειμι καὶ λόγοις σ' ἀμείβομαι,
κλύων μὲν αὐδήν, ὄμμα δ' οὐχ ὁρῶν τὸ σόν.
τέλος δὲ κάμψαιμ' ὥσπερ ἠρξάμην βίου.

Hippolytus 70.

150. ΤΡ. σίγησον, ὦ παῖ, πρίν τιν' αἰσθέσθαι βοῆς.
ΙΠ. οὐκ ἔστ' ἀκούσας δείν' ὅπως σιγήσομαι.
ΤΡ. ναὶ πρός σε τῆς σῆς δεξιᾶς εὐωλένου.
ΙΠ. οὐ μὴ προσοίσεις χεῖρα μηδ' ἅψῃ πέπλων;
ΤΡ. ὦ πρός σε γονάτων, μηδαμῶς μ' ἐξεργάσῃ.
ΙΠ. τί δ', εἴπερ, ὡς φῄς, μηδὲν εἴρηκας κακόν;
ΤΡ. ὁ μῦθος, ὦ παῖ, κοινὸς οὐδαμῶς ὅδε.
ΙΠ. τά τοι κάλ' ἐν πολλοῖσι κάλλιον λέγειν.
ΤΡ. ὦ τέκνον, ὅρκους μηδαμῶς ἀτιμάσῃς.
ΙΠ. ἡ γλῶσσ' ὀμώμοχ', ἡ δὲ φρὴν ἀνώμοτος.
ΤΡ. ὦ παῖ, τί δράσεις; σοὺς φίλους διεργάσῃ;
ΙΠ. ἀπέπτυσ'· οὐδεὶς ἄδικός ἐστ' ἐμοὶ φίλος.
ΤΡ. σύγγνωθ'· ἁμαρτεῖν εἰκὸς ἀνθρώπους, τέκνον.

id. 603.

91

Euripides

151. ΘΗ. κακῶν δ', ὦ τάλας, πέλαγος εἰσορῶ
τοσοῦτον ὥστε μήποτ' ἐκνεῦσαι πάλιν,
μηδ' ἐκπερᾶσαι κῦμα τῆσδε συμφορᾶς.
   τίνα λόγον τάλας, τίνα τύχαν σέθεν
βαρύποτμον, γύναι, προσαυδῶν τύχω;
ὄρνις γὰρ ὥς τις ἐκ χερῶν ἄφαντος εἶ,
πήδημ' ἐς Ἅιδου κραιπνὸν ὁρμήσασά μοι.
   αἰαῖ αἰαῖ, μέλεα μέλεα τάδε πάθη.
τὸ κατὰ γᾶς θέλω, τὸ κατὰ γᾶς κνέφας
μετοικεῖν σκότῳ θανὼν ὁ τλάμων,
τῆς σῆς στερηθεὶς φιλτάτης ὁμιλίας·
ἀπώλεσας γὰρ μᾶλλον ἢ κατέφθισο.
   ἔλιπες ἔλιπες, ὦ φίλα γυναικῶν
ἀρίστα θ' ὅσας ἐφορᾷ
φέγγος ἀελίου τε καὶ
νυκτὸς ἀστρωπὸς σελάνα.

ΧΟ. ἰὼ τάλας ὅσον κακὸν ἔχει δόμος.
τὸ δ' ἐπὶ τῷδε πῆμα φρίσσω πάλαι.

ΘΗ. ἔα ἔα·
τί δή ποθ' ἥδε δέλτος ἐκ φίλης χερὸς
ἠρτημένη; θέλει τι σημῆναι νέον; *Hippolytus* 822.

152. ΙΠ. νῦν δ' ὅρκιόν σοι Ζῆνα καὶ πέδον χθονὸς
ὄμνυμι τῶν σῶν μήποθ' ἅψασθαι γάμων,
μηδ' ἂν θελῆσαι, μηδ' ἂν ἔννοιαν λαβεῖν.
ἦ τἄρ' ὀλοίμην ἀκλεής, ἀνώνυμος,
ἄπολις, ἄοικος, φυγὰς ἀλητεύων χθόνα,
καὶ μήτε πόντος μήτε γῆ δέξαιτό μου
σάρκας θανόντος, εἰ κακὸς πέφυκ' ἀνήρ.
εἰ δ' ἥδε δειμαίνουσ' ἀπώλεσεν βίον
οὐκ οἶδ'· ἐμοὶ γὰρ οὐ θέμις πέρα λέγειν·
ἐσωφρόνησεν οὐκ ἔχουσα σωφρονεῖν· *id.* 1025.

Euripides

153. ΑΝ. τί δῆτ' ἐμοὶ ζῆν ἡδύ; πρὸς τί χρὴ βλέπειν;
     πρὸς τὰς παρούσας ἢ παρελθούσας τύχας;
     εἷς παῖς ὅδ' ἦν μοι λοιπὸς ὀφθαλμὸς βίου·
     τοῦτον κτενεῖν μέλλουσιν οἷς δοκεῖ τάδε.
     οὐ δῆτα τοὐμοῦ γ' εἵνεκ' ἀθλίου βίου·
     ἐν τῷδε μὲν γὰρ ἐλπίς, εἰ σωθήσεται·
     ἐμοὶ δ' ὄνειδος μὴ θανεῖν ὑπὲρ τέκνου.
     ὦ τέκνον, ἡ τεκοῦσά σ', ὡς σὺ μὴ θάνῃς,
     στείχω πρὸς Ἀιδην· ἢν δ' ὑπεκδράμῃς μόρον,
     μέμνησο μητρός, οἷα τλᾶσ' ἀπωλόμην,
     καὶ πατρὶ τῷ σῷ, διὰ φιλημάτων ἰὼν
     δάκρυά τε λείβων καὶ περιπτύσσων χέρας,
     λέγ' οἷ' ἔπραξα. πᾶσι δ' ἀνθρώποις ἄρ' ἦν
     ψυχὴ τέκν'· ὅστις δ' αὔτ' ἄπειρος ὢν ψέγει,
     ἧσσον μὲν ἀλγεῖ, δυστυχῶν δ' εὐδαιμονεῖ.
  ΧΟ. ᾤκτιρ' ἀκούσασ'· οἰκτρὰ γὰρ τὰ δυστυχῆ
     βροτοῖς ἅπασι, κἂν θυραῖος ὢν κυρῇ.

Andromache 404.

154. ΑΝ. ὦ πᾶσιν ἀνθρώποισιν ἔχθιστοι βροτῶν,
     Σπάρτης ἔνοικοι, δόλια βουλευτήρια,
     ψευδῶν ἄνακτες, μηχανορράφοι κακῶν,
     ἑλικτὰ κοὐδὲν ὑγιές, ἀλλὰ πᾶν πέριξ
     φρονοῦντες, ἀδίκως εὐτυχεῖτ' ἀν' Ἑλλάδα.
     τί δ' οὐκ ἐν ὑμῖν ἔστιν; οὐ πλεῖστοι φόνοι;
     οὐκ αἰσχροκερδεῖς; οὐ λέγοντες ἄλλα μὲν
     γλώσσῃ, φρονοῦντες δ' ἄλλ' ἐφευρίσκεσθ' ἀεί;
     ὄλοισθ'· ἐμοὶ δὲ θάνατος οὐχ οὕτω βαρὺς
     ὡς σοὶ δέδοκται· κεῖνα γάρ μ' ἀπώλεσεν,
     ὅθ' ἡ τάλαινα πόλις ἀνηλώθη Φρυγῶν
     πόσις θ' ὁ κλεινός, ὅς σε πολλάκις δορὶ
     ναύτην ἔθηκεν ἀντὶ χερσαίου κακόν.
     νῦν δ' ἐς γυναῖκα γοργὸς ὁπλίτης φανεὶς
     κτείνεις με.

id. 445.

Euripides

Ἐκάβη. Ταλθύβιος.

155. ΕΚ. ἃ δ' ἀντιδοῦναι δεῖ σ', ἀπαιτούσης ἐμοῦ,
ἄκουσον. ἥψω τῆς ἐμῆς, ὡς φής, χερὸς
καὶ τῆς γεραιᾶς προσπίτνων παρηίδος·
ἀνθάπτομαί σου τῶνδε τῶν αὐτῶν ἐγώ,
χάριν τ' ἀπαιτῶ τὴν τόθ', ἱκετεύω τέ σε,
μή μου τὸ τέκνον ἐκ χερῶν ἀποσπάσῃς,
μηδὲ κτάνητε· τῶν τεθνηκότων ἅλις.
ταύτῃ γέγηθα κἀπιλήθομαι κακῶν·
ἥδ' ἀντὶ πολλῶν ἐστί μοι παραψυχή,
πόλις, τιθήνη, βάκτρον, ἡγεμὼν ὁδοῦ.
οὐ τοὺς κρατοῦντας χρὴ κρατεῖν ἃ μὴ χρεών,
οὐδ' εὐτυχοῦντας εὖ δοκεῖν πράξειν ἀεί.
κἀγὼ γὰρ ἦν ποτ', ἀλλὰ νῦν οὐκ εἴμ' ἔτι,
τὸν πάντα δ' ὄλβον ἦμαρ ἕν μ' ἀφείλετο.   *Hecuba* 272.

156. ΤΑ. εἶτ' ἀμφίχρυσον φάσγανον κώπης λαβὼν
ἐξεῖλκε κολεοῦ, λογάσι δ' Ἀργείων στρατοῦ
νεανίαις ἔνευσε παρθένον λαβεῖν.
ἡ δ', ὡς ἐφράσθη, τόνδ' ἐσήμηνεν λόγον·
"ὦ τὴν ἐμὴν πέρσαντες Ἀργεῖοι πόλιν,
ἑκοῦσα θνῄσκω· μή τις ἅψηται χροὸς
τοὐμοῦ· παρέξω γὰρ δέρην εὐκαρδίως.
ἐλευθέραν δέ μ', ὡς ἐλευθέρα θάνω,
πρὸς θεῶν, μεθέντες κτείνατ'· ἐν νεκροῖσι γὰρ
δούλη κεκλῆσθαι βασιλὶς οὖσ' αἰσχύνομαι."
λαοὶ δ' ἐπερρόθησαν, Ἀγαμέμνων τ' ἄναξ
εἶπεν μεθεῖναι παρθένον νεανίαις.
κἀπεὶ τόδ' εἰσήκουσεν, ἔρρηξεν πέπλους,
μαστούς τ' ἔδειξε στέρνα θ', ὡς ἀγάλματος,
κάλλιστα· καὶ καθεῖσα πρὸς γαῖαν γόνυ
ἔλεξε πάντων τλημονέστατον λόγον·
"ἰδοὺ τόδ', εἰ μὲν στέρνον, ὦ νεανία,
παίειν προθυμῇ, παῖσον, εἰ δ' ὑπ' αὐχένα
χρῄζεις, πάρεστι λαιμὸς εὐτρεπὴς ὅδε."   *id.* 543.

Euripides

Θησεύς.   Χορὸς Γυναικῶν Ἀργείων.   Κῆρυξ Θηβαῖος.

157. ΘΗ.   ἔλεξε γάρ τις ὡς τὰ χείρονα
πλείω βροτοῖσίν ἐστι τῶν ἀμεινόνων.
ἐγὼ δὲ τούτοις ἀντίαν γνώμην ἔχω,
πλείω τὰ χρηστὰ τῶν κακῶν εἶναι βροτοῖς·
εἰ μὴ γὰρ ἦν τόδ', οὐκ ἂν ἦμεν ἐν φάει.
αἰνῶ δ' ὃς ἡμῖν βίοτον ἐκ πεφυρμένου
καὶ θηριώδοις θεῶν διεσταθμήσατο,
πρῶτον μὲν ἐνθεὶς ξύνεσιν, εἶτα δ' ἄγγελον
γλῶσσαν λόγων δούς, ὥστε γιγνώσκειν ὄπα,
τροφήν τε καρποῦ, τῇ τροφῇ τ' ἀπ' οὐρανοῦ
σταγόνας ὑδρηλάς· πρὸς δὲ τοῖσδε χείματος
προβλήματ', αἰθόν τ' ἐξαμύνασθαι θεοῦ,
πόντου τε ναυστολήμαθ', ὡς διαλλαγὰς
ἔχοιμεν ἀλλήλοισιν ὧν πένοιτο γῆ.
ἆρ' οὐ τρυφῶμεν, θεοῦ κατασκευὴν βίῳ
δόντος τοιαύτην, οἷσιν οὐκ ἀρκεῖ τάδε; *Supplices* 196.

158. ΧΟ. τί δρᾷς; προδώσεις ταῦτα, κἀκβαλεῖς χθονὸς
γραῦς, οὐ τυχούσας οὐδὲν ὧν τυχεῖν χρέων;
μὴ δῆτ'· ἔχει γὰρ καταφυγὴν θὴρ μὲν πέτραν,
δοῦλος δὲ βωμοὺς θεῶν, πόλις δὲ πρὸς πόλιν
ἔπτηξε χειμασθεῖσα· τῶν γὰρ ἐν βροτοῖς
οὐκ ἔστιν οὐδὲν διὰ τέλους εὐδαιμονοῦν. *id.* 265.

159. ΚΗ. τίς γῆς τύραννος; πρὸς τίν' ἀγγεῖλαί με χρὴ
λόγους Κρέοντος, ὃς κρατεῖ Κάδμου χθονός;
ΘΗ. πρῶτον μὲν ἤρξω τοῦ λόγου ψευδῶς, ξένε,
ζητῶν τύραννον ἐνθάδ'. οὐ γὰρ ἄρχεται
ἑνὸς πρὸς ἀνδρός, ἀλλ' ἐλευθέρα πόλις.
δῆμος δ' ἀνάσσει διαδοχαῖσιν ἐν μέρει
ἐνιαυσίαισιν, οὐχὶ τῷ πλούτῳ διδοὺς
τὸ πλεῖον, ἀλλὰ χὠ πένης ἔχων ἴσον. *id.* 399.

Euripides

Ἡρακλῆς. Χορὸς Γερόντων Θηβαίων.

160. HP. ἐγὼ δέ,—νῦν γὰρ τῆς ἐμῆς ἔργον χερός,—
πρῶτον μὲν εἶμι καὶ κατασκάψω δόμους
καινῶν τυράννων, κρᾶτα δ' ἀνόσιον τεμὼν
ῥίψω κυνῶν ἕλκημα· Καδμείων δ' ὅσους
κακοὺς ἐφηῦρον εὖ παθόντας ἐξ ἐμοῦ,
τῷ καλλινίκῳ τῷδ' ὅπλῳ χειρώσομαι.
τῷ γάρ μ' ἀμύνειν μᾶλλον ἢ δάμαρτι χρὴ
καὶ παισὶ καὶ γέροντι; χαιρόντων πόνοι·
μάτην γὰρ αὐτοὺς τῶνδε μᾶλλον ἤνυσα.
καὶ δεῖ μ' ὑπὲρ τῶνδ', εἴπερ οἵδ' ὑπὲρ πατρός,
θνῄσκειν ἀμύνοντ'· ἢ τί φήσομεν καλὸν
ὕδρᾳ μὲν ἐλθεῖν ἐς μάχην λέοντί τε
Εὐρυσθέως πομπαῖσι, τῶν δ' ἐμῶν τέκνων
οὐκ ἐκπονήσω θάνατον; οὐκ ἄρ' Ἡρακλῆς
ὁ καλλίνικος, ὡς πάροιθε, λέξομαι.   *Hercules* 565.

161. XO. ἁ νεότας μοι φίλον· ἄχθος δὲ τὸ γῆρας ἀεὶ
βαρύτερον Αἴτνας σκοπέλων
ἐπὶ κρατὶ κεῖται,
βλεφάρων σκοτεινὸν
φάος ἐπικαλύψαν.
μή μοι μήτ' Ἀσιάτιδος
τυραννίδος ὄλβος εἴη,
μὴ χρυσοῦ δώματα πλήρη
τᾶς ἥβας ἀντιλαβεῖν,
ἃ καλλίστα μὲν ἐν ὄλβῳ,
καλλίστα δ' ἐν πενίᾳ.
τὸ δὲ λυγρὸν φόνιόν τε γῆ-
ρας μισῶ· κατὰ κυμάτων δ'
ἔρροι, μηδέ ποτ' ὤφελεν
θνατῶν δώματα καὶ πόλεις
ἐλθεῖν, ἀλλὰ κατ' αἰθέρ' ἀεὶ πτεροῖσι φορείσθω.
                                        id. 637.

Euripides

Θησεύς. Ἡρακλῆς.

162. ΘΗ. καίτοι τί φήσεις, εἰ σὺ μὲν θνητὸς γεγὼς
φέρεις ὑπέρφευ τὰς τύχας, θεοὶ δὲ μή;
Θήβας μὲν οὖν ἔκλειπε τοῦ νόμου χάριν,
ἕπου δ' ἅμ' ἡμῖν πρὸς πόλισμα Παλλάδος.
ἐκεῖ χέρας σὰς ἁγνίσας μιάσματος
δόμους τε δώσω χρημάτων τ' ἐμῶν μέρος.
καλὸς γὰρ ἀστοῖς στέφανος Ἑλλήνων ὕπο
ἄνδρ' ἐσθλὸν ὠφελοῦντας εὐκλείας τυχεῖν.
κἀγὼ χάριν σοι τῆς ἐμῆς σωτηρίας
τήνδ' ἀντιδώσω· νῦν γὰρ εἶ χρεῖος φίλων.
θεοὶ δ' ὅταν τιμῶσιν, οὐδὲν δεῖ φίλων·
ἅλις γὰρ ὁ θεὸς ὠφελῶν, ὅταν θέλῃ.

ΗΡ. οἴμοι· πάρεργά τοι τάδ' ἔστ' ἐμῶν κακῶν.
ἐγὼ δὲ τοὺς θεοὺς οὔτε λέκτρ' ἃ μὴ θέμις
στέργειν νομίζω, δεσμά τ' ἐξάπτειν χεροῖν
οὔτ' ἠξίωσα πώποτ' οὔτε πείσομαι,
οὐδ' ἄλλον ἄλλου δεσπότην πεφυκέναι.
δεῖται γὰρ ὁ θεός, εἴπερ ἔστ' ὄντως θεός,
οὐδενός· ἀοιδῶν οἵδε δύστηνοι λόγοι.
ἐσκεψάμην δέ, καίπερ ἐν κακοῖσιν ὤν,
μὴ δειλίαν ὄφλω τιν' ἐκλιπὼν φάος.
τὰς ξυμφορὰς γὰρ ὅστις οὐκ ἐπίσταται
θνητὸς πεφυκὼς ὃν τρόπον χρεὼν φέρειν,
οὐδ' ἀνδρὸς ἂν δύναιθ' ὑποστῆναι βέλος.
ἐγκαρτερήσω θάνατον· εἶμι δ' ἐς πόλιν
τὴν σήν, χάριν τε μυρίαν δώρων ἔχω.
ἀτὰρ πόνων δὴ μυρίων ἐγευσάμην·
ὧν οὔτ' ἀπεῖπον οὐδέν' οὔτ' ἀπ' ὀμμάτων
ἔσταξα πηγάς, οὐδ' ἂν ᾠόμην ποτὲ
ἐς τοῦθ' ἱκέσθαι, δάκρυ' ἀπ' ὀμμάτων βαλεῖν.

Hercules 1320.

Euripides

Ἴων. Κρέουσα.

163. ΙΩ. ἡμεῖς δέ, πόνους οὓς ἐκ παιδὸς
    μοχθοῦμεν ἀεί, πτόρθοισι δάφνης
    στέφεσίν θ' ἱεροῖς ἐσόδους Φοίβου
    καθαρὰς θήσομεν ὑγραῖς τε πέδον
    ῥανίσιν νοτερόν, πτηνῶν τ' ἀγέλας,
    αἳ βλάπτουσιν
    σέμν' ἀναθήματα, τόξοισιν ἐμοῖς
    φυγάδας θήσομεν· ὡς γὰρ ἀμήτωρ
    ἀπάτωρ τε γεγὼς τοὺς θρέψαντας
    Φοίβου ναοὺς θεραπεύω.
    ὦ Παιὰν ὦ Παιάν,
    εὐαίων εὐαίων
    εἴης, ὦ Λατοῦς παῖ.
    καλόν γε τὸν πόνον, ὦ
    Φοῖβε, σοὶ πρὸ δόμων λατρεύω.   *Ion* 102.

164. ΚΡ. σὺ δ' εἶ τίς; ὥς σου τὴν τεκοῦσαν ὤλβισα.
  ΙΩ. τοῦ θεοῦ καλοῦμαι δοῦλος εἰμί τ', ὦ γύναι.
  ΚΡ. ἀνάθημα πόλεως, ἤ τινος πραθεὶς ὕπο;
  ΙΩ. οὐκ οἶδα, πλὴν ἕν, Λοξίου κεκλήμεθα.
  ΚΡ. ἡμεῖς σ' ἄρ' αὖθις, ὦ ξέν', ἀντοικτίρομεν.
  ΙΩ. ὡς μὴ εἰδόθ' ἥτις μ' ἔτεκεν, ἐξ ὅτου τ' ἔφυν.
  ΚΡ. ναοῖσι δ' οἰκεῖς τοισίδ' ἢ κατὰ στέγας;
  ΙΩ. ἅπαν θεοῦ μοι δῶμ', ἵν' ἂν λάβῃ μ' ὕπνος.
  ΚΡ. παῖς δ' ὢν ἀφίκου ναὸν ἢ νεανίας;
  ΙΩ. βρέφος λέγουσιν οἱ δοκοῦντες εἰδέναι.
  ΚΡ. καὶ τίς γάλακτί σ' ἐξέθρεψε Δελφίδων;
  ΙΩ. οὐπώποτ' ἔγνων μαστόν. ἡ δ' ἔθρεψέ με
  ΚΡ. τίς, ὦ ταλαίπωρ'; ὡς νοσοῦσ' ηὗρον νόσους.
  ΙΩ. Φοίβου προφῆτις, μητέρ' ὡς νομίζομεν.
  ΚΡ. ἐς δ' ἄνδρ' ἀφίκου τίνα τροφὴν κεκτημένος;
  ΙΩ. βωμοί μ' ἔφερβον οὐπιών τ' ἀεὶ ξένος.
  ΚΡ. τάλαιν' ἄρ' ἡ τεκοῦσά σ', ἥτις ἦν ποτε.   *id.* 308.

Euripides

165. ΞΟ. ὦ τέκνον, χαῖρ'· ἡ γὰρ ἀρχὴ τοῦ λόγου πρέπουσά μοι.

ΙΩ. χαίρομεν· σὺ δ' εὖ φρόνει γε, καὶ δύ ὄντ' εὖ πράξομεν.

ΞΟ. δὸς χερὸς φίλημά μοι σῆς σώματός τ' ἀμφιπτυχάς.

ΙΩ. εὖ φρονεῖς μέν, ἤ σ' ἔμηνε θεοῦ τις, ὦ ξένε, βλάβη;

ΞΟ. οὐ φρονῶ, τὰ φίλταθ' εὑρὼν εἰ φιλεῖν ἐφίεμαι;

ΙΩ. παῦε· μὴ ψαύσας τὰ τοῦ θεοῦ στέμματα ῥήξῃς χερί.

ΞΟ. ὡς τί δὴ φεύγεις με; σαυτοῦ γνώρισον τὰ φίλτατα;

ΙΩ. οὐ φιλῶ φρενοῦν ἀμούσους καὶ μεμηνότας ξένους.

ΞΟ. κτεῖνε καὶ πίμπρη· πατρὸς γάρ, ἢν κτάνῃς, ἔσῃ φονεύς.

ΙΩ. τίς λέγει τάδ';

ΞΟ.   ὅς σ' ἔθρεψεν ὄντα Λοξίας ἐμόν.

Ion 517.

166. ΙΩ. φεῦ φεῦ· κατ' ὄσσων ὡς ὑγρὸν βάλλω δάκρυ,
ἐκεῖσε τὸν νοῦν δοὺς ὅθ' ἡ τεκοῦσά με,
κρυφαῖα νυμφευθεῖσ', ἀπημπόλα λάθρα,
καὶ μαστὸν οὐχ ὑπέσχεν· ἀλλ' ἀνώνυμος
ἐν θεοῦ μελάθροις εἶχον οἰκέτην βίον.
τὰ τοῦ θεοῦ μὲν χρηστά, τοῦ δὲ δαίμονος
βαρέα· χρόνον γὰρ ὅν με χρῆν ἐν ἀγκάλαις
μητρὸς τρυφῆσαι καί τι τερφθῆναι βίου,
ἀπεστερήθην φιλτάτης μητρὸς τροφῆς.
τλήμων δὲ χἠ τεκοῦσά μ', ὡς ταὐτὸν πάθος
πέπονθε, παιδὸς ἀπολέσασα χαρμονάς.
ὦ στέμμαθ' ἱερά, τί ποτέ μοι κεκεύθατε;
ἀνοικτέον τάδ' ἐστὶ καὶ τολμητέον.

ΚΡ. τί δῆτα φάσμα τῶν ἀνελπίστων ὁρῶ;

ΙΩ. σίγα σύ· πολλὰ καὶ πάροιθεν οἶσθά μοι.

ΚΡ. οὐκ ἐν σιωπῇ τἀμά· μή με νουθέτει.
ὁρῶ γὰρ ἄγγος οὗ 'ξέθηκ' ἐγώ ποτε
σέ γ' ὦ τέκνον μοι βρέφος ἔτ' ὄντα νήπιον.
λείψω δὲ βωμὸν τόνδε, κεἰ θανεῖν με χρή.

ΙΩ. λάζυσθε τήνδε· θεομανὴς γὰρ ἥλατο
βωμοῦ λιποῦσα ξόανα· δεῖτε δ' ὠλένας.   *id. 1369.*

Euripides

Ἀνδρομάχη

167. ΑΝ. ὦ φίλτατ᾽, ὦ περισσὰ τιμηθεὶς τέκνον,
θάνῃ πρὸς ἐχθρῶν, μητέρ᾽ ἀθλίαν λιπών.
ἡ τοῦ πατρὸς δέ σ᾽ εὐγένει᾽ ἀπώλεσεν,
ἣ τοῖσιν ἄλλοις γίγνεται σωτηρία,
τὸ δ᾽ ἐσθλὸν οὐκ ἐς καιρὸν ἦλθε σοὶ πατρός.
ὦ παῖ, δακρύεις; αἰσθάνῃ κακῶν σέθεν;
τί μου δέδραξαι χερσὶ κἀντέχῃ πέπλων,
νεοσσὸς ὡσεὶ πτέρυγας ἐσπίτνων ἐμάς;
οὐκ εἶσιν Ἕκτωρ, κλεινὸν ἁρπάσας δόρυ,
γῆς ἐξανελθών, σοὶ φέρων σωτηρίαν,
οὐ ξυγγένεια πατρός, οὐκ ἰσχὺς Φρυγῶν·
ὦ νέον ὑπαγκάλισμα μητρὶ φίλτατον,
ὦ χρωτὸς ἡδὺ πνεῦμα· διὰ κενῆς ἄρα
ἐν σπαργάνοις σε μαστὸς ἐξέθρεψ᾽ ὅδε,
μάτην δ᾽ ἐμόχθουν καὶ κατεξάνθην πόνοις.
νῦν, οὔποτ᾽ αὖθις, μητέρ᾽ ἀσπάζου σέθεν·
πρόσπιτνε τὴν τεκοῦσαν, ἀμφὶ δ᾽ ὠλένας
ἕλισσ᾽ ἐμοῖς νώτοισι καὶ στόμ᾽ ἅρμοσον.
ὦ βάρβαρ᾽ ἐξευρόντες Ἕλληνες κακά,
τί τόνδε παῖδα κτείνετ᾽ οὐδὲν αἴτιον;
ὦ Τυνδάρειον ἔρνος, οὔποτ᾽ εἶ Διός,
πολλῶν δὲ πατέρων φημί σ᾽ ἐκπεφυκέναι,
Ἀλάστορος μὲν πρῶτον, εἶτα δὲ Φθόνου,
Φόνου τε Θανάτου θ᾽, ὅσα τε γῆ τρέφει κακά.
οὐ γάρ ποτ᾽ αὐχῶ Ζῆνά γ᾽ ἐκφῦσαί σ᾽ ἐγώ,
πολλοῖσι κῆρα βαρβάροις Ἕλλησί τε.
ὄλοιο· καλλίστων γὰρ ὀμμάτων ἄπο
αἰσχρῶς τὰ κλεινὰ πεδί᾽ ἀπώλεσας Φρυγῶν.
ἄγετε, φέρετε, καὶ ῥίπτετ᾽, εἰ ῥίπτειν δοκεῖ·
δαίνυσθε τοῦδε σάρκας. ἔκ τε γὰρ θεῶν
διολλύμεσθα, παιδί τ᾽ οὐ δυναίμεθ᾽ ἂν
θάνατον ἀρῆξαι.

Troades 735.

Euripides

Αὐτουργός. Ἠλέκτρα.

168. ΑΥ. ἐκ τῶνδε δὴ τοιόνδ' ἐμηχανήσατο
Αἴγισθος· ὃς μὲν γῆς ἀπηλλάχθη φυγὰς
Ἀγαμέμνονος παῖς, χρυσὸν εἶφ' ὃς ἂν κτάνῃ,
ἡμῖν δὲ δὴ δίδωσιν Ἠλέκτραν ἔχειν
δάμαρτα,—πατέρων μὲν Μυκηναίων ἄπο
γεγῶσιν· οὐ δὴ τοῦτό γ' ἐξελέγχομαι·
λαμπροὶ γὰρ ἐς γένος γε, χρημάτων δὲ δὴ
πένητες, ἔνθεν ηὑγένει' ἀπόλλυται,—
ὡς ἀσθενεῖ δοὺς ἀσθενῆ λάβοι φόβον.
εἰ γάρ νιν ἔσχεν ἀξίωμ' ἔχων ἀνήρ,
εὕδοντ' ἂν ἐξήγειρε τὸν Ἀγαμέμνονος
φόνον, δίκη τ' ἂν ἦλθεν Αἰγίσθῳ τότε.

ΗΛ. ὦ νὺξ μέλαινα, χρυσέων ἄστρων τροφέ,
ἐν ᾗ τόδ' ἄγγος τῷδ' ἐφεδρεῦον κάρᾳ
φέρουσα πηγὰς ποταμίας μετέρχομαι,
οὐ δή τι χρείας ἐς τοσόνδ' ἀφιγμένη,
ἀλλ' ὡς ὕβριν δείξωμεν Αἰγίσθου θεοῖς,
γόους τ' ἀφείην αἰθέρ' ἐς μέγαν πατρί.
ἡ γὰρ πανώλης Τυνδαρίς, μήτηρ ἐμή,
ἐξέβαλέ μ' οἴκων, χάριτα τιθεμένη πόσει.

ΑΥ. τί γὰρ τάδ', ὦ δύστην', ἐμὴν μοχθεῖς χάριν,
πόνους ἔχουσα, πρόσθεν εὖ τεθραμμένη,
καὶ ταῦτ' ἐμοῦ λέγοντος οὐκ ἀφίστασαι;

ΗΛ. ἐγώ σ' ἴσον θεοῖσιν ἡγοῦμαι φίλον·
ἐν τοῖς ἐμοῖς γὰρ οὐκ ἐνύβρισας κακοῖς.
μεγάλη δὲ θνητοῖς μοῖρα συμφορᾶς κακῆς
ἰατρὸν εὑρεῖν, ὡς ἐγὼ σὲ λαμβάνω.
δεῖ δή με κἀκέλευστον εἰς ὅσον σθένω
μόχθου 'πικουφίζουσαν, ὡς ῥᾷον φέρῃς,
ξυνεκκομίζειν σοὶ πόνους. ἅλις δ' ἔχεις
τἄξωθεν ἔργα· τἀν δόμοις δ' ἡμᾶς χρεὼν
ἐξευτρεπίζειν. εἰσιόντι δ' ἐργάτῃ
θύραθεν ἡδὺ τἄνδον εὑρίσκειν καλῶς.   *Electra* 31.

101

Euripides

Χορὸς Γυναικῶν Ἀργείων.   Ἠλέκτρα.

162 ΧΟ. Ἀγαμέμνονος ὦ κόρα,
ἤλυθον, Ἠλέκτρα, ποτὶ σὰν ἀγρότειραν αὐλάν.
ἔμολέ τις ἔμολεν γαλακτοπότας ἀνὴρ
Μυκηναῖος οὐριβάτας·
ἀγγέλλει δ', ὅτι νῦν τριται-
αν καρύσσουσιν θυσίαν
Ἀργεῖοι, πᾶσαι δὲ παρ' Ἥ-
ραν μέλλουσι παρθενικαὶ στείχειν.

ΗΛ. οὐκ ἐπ' ἀγλαΐαις, φίλαι,
θυμόν, οὐδ' ἐπὶ χρυσέοις
ὅρμοισιν πεπόταμαι
τάλαιν', οὐδὲ στᾶσα χοροῖς
Ἀργείαις ἅμα νύμφαις
ἑλικτὸν κρούσω πόδ' ἐμόν.
δάκρυσι χορεύω, δακρύων δέ μοι μέλει
δειλαίᾳ τὸ κατ' ἆμαρ.
σκέψαι μου πιναρὰν κόμαν
καὶ τρύχη τάδ' ἐμῶν πέπλων,
εἰ πρέπουτ' Ἀγαμέμνονος
κούρᾳ τᾷ βασιλείᾳ
Τροίᾳ θ', ἃ τοὐμοῦ πατέρος
μέμναταί ποθ' ἁλοῦσα.

ΧΟ. μεγάλα θεός· ἀλλ' ἴθι,
καὶ παρ' ἐμοῦ χρῆσαι πολύπηνα φάρεα δῦναι.
δοκεῖς τοῖσι σοῖς δακρύοις,
μὴ τιμῶσα θεούς, κρατή-
σειν ἐχθρῶν; οὔτοι στοναχαῖς,
ἀλλ' εὐχαῖς θεοὺς σὺ σεβί-
ζουσ' ἕξεις εὐαμερίαν, ὦ παῖ

Electra 167.

102

Euripides

170. ΗΛ. μόνην δὲ πασῶν οἶδ' ἐγώ σ' Ἑλληνίδων,
εἰ μὲν τὰ Τρώων εὐτυχοῖ, κεχαρμένην,
εἰ δ' ἧσσον εἴη, ξυννεφοῦσαν ὄμματα,
Ἀγαμέμνον' οὐ χρῄζουσαν ἐκ Τροίας μολεῖν.
καίτοι καλῶς γε σωφρονεῖν παρεῖχέ σοι·
ἄνδρ' εἶχες οὐ κακίον' Αἰγίσθου πόσιν,
ὃν Ἑλλὰς αὑτῆς εἵλετο στρατηλάτην·
Ἑλένης δ' ἀδελφῆς τοιάδ' ἐξειργασμένης,
ἐξῆν κλέος σοι μέγα λαβεῖν· τὰ γὰρ κακὰ
παράδειγμα τοῖς ἐσθλοῖσιν εὐοψίν τ' ἔχει.

ΚΛ. ὦ παῖ, πέφυκας πατέρα σὸν στέργειν ἀεί.
ἔστιν δὲ καὶ τόδ'· οἱ μέν εἰσιν ἀρσένων,
οἱ δ' αὖ φιλοῦσι μητέρας μᾶλλον πατρός.
συγγνώσομαί σοι· καὶ γὰρ οὐχ οὕτως ἄγαν
χαίρω τι, τέκνον, τοῖς δεδραμένοις ἐμοί. *Electra* 1076.

171. ΟΡ. ἰὼ τύχας, τᾶς σᾶς τύχας, μᾶτερ τεκοῦσ',
ἄλαστα, μέλεα καὶ πέρα
παθοῦσα σῶν τέκνων ὑπαί.
πατρὸς δ' ἔτεισας φόνον δικαίως.
τίνα δ' ἑτέραν μόλω πόλιν; τίς ξένος,
τίς εὐσεβὴς ἐμὸν κάρα
προσόψεται ματέρα κτανόντος;

ΗΛ. ἰὼ ἰώ μοι. ποῖ δ' ἐγώ, τίν' ἐς χορόν,
τίνα γάμον εἶμι; τίς πόσις
με δέξεται νυμφικὰς ἐς εὐνάς;

ΟΡ. πάλιν πάλιν φρόνημα σὸν μετεστάθη·
φρονεῖς γὰρ ὅσια νῦν, τότ' οὐ
φρονοῦσα, δεινὰ δ' εἰργάσω,
φίλα, κασίγνητον οὐ θέλοντα.

ΗΛ. σάφ' οἶδα, δι' ὀδύνας ἔβας, ἰήιον
κλύων γόον ματρός, ἅ σ' ἔτικτεν.

ΟΡ. βοὰν δ' ἔλασκε τάνδε, πρὸς γένυν ἐμὰν
τιθεῖσα χεῖρα· "τέκος ἐμόν, λιταίνω." *id.* 1184.

103

Euripides

Πυλάδης. Ἰφιγένεια. Ὀρέστης

179. ΠΥ. σήμαινε δ' ᾧ χρὴ τάσδ' ἐπιστολὰς φέρειν
πρὸς Ἄργος, ᾧ τι τε χρὴ κλύοντά σου λέγειν.

ΙΦ. ἀγγελλ' Ὀρέστῃ, παιδὶ τἀγαμέμνονος·
"ἡ 'ν Αὐλίδι σφαγεῖσ' ἐπιστέλλει τάδε
ζῶσ' Ἰφιγένεια, τοῖς ἐκεῖ δ' οὐ ζῶσ' ἔτι."

ΟΡ. ποῦ δ' ἔστ' ἐκείνη; κατθανοῦσ' ἥκει πάλιν;

ΙΦ. ἥδ' ἣν ὁρᾷς σύ· μὴ λόγων ἔκπλησσέ με.
"κόμισαί μ' ἐς Ἄργος, ὦ ξύναιμε, πρὶν θανεῖν,
ἐκ βαρβάρου γῆς καὶ μετάστησον θεᾶς
σφαγίων, ἐφ' οἷσι ξενοφόνους τιμὰς ἔχω."

ΟΡ. Πυλάδη, τί λέξω; ποῦ ποτ' ὄνθ' ηὑρήμεθα;

ΙΦ. "ἢ σοῖς ἀραία δώμασιν γενήσομαι,
Ὀρέσθ, ἵν' αὖθις ὄνομα δὶς κλύων μάθῃς."

ΟΡ. ὦ θεοί.

ΙΦ.   τί τοὺς θεοὺς ἀνακαλεῖς ἐν τοῖς ἐμοῖς;

ΟΡ. οὐδέν· πέραινε δ'· ἐξέβην γὰρ ἄλλοσε.

ΙΦ. λέγ' οὕνεκ' ἔλαφον ἀντιδοῦσά μου θεὰ
Ἄρτεμις ἔσωσέ μ', ἣν ἔθυσ' ἐμὸς πατήρ,
δοκῶν ἐς ἡμᾶς ὀξὺ φάσγανον βαλεῖν,
ἐς τήνδε δ' ᾤκισ' αἶαν. αἵδ' ἐπιστολαί,
τάδ' ἐστὶ τἀν δέλτοισιν ἐγγεγραμμένα.

ΠΥ. ὦ ῥᾳδίοις ὅρκοισι περιβαλοῦσά με,
κάλλιστα δ' ὀμόσασ', οὐ πολὺν σχήσω χρόνον,
τὸν δ' ὅρκον ὃν κατώμοσ' ἐμπεδώσομεν.
ἰδού, φέρω σοι δέλτον ἀποδίδωμί τε,
Ὀρέστα, τῆσδε σῆς κασιγνήτης πάρα.

ΟΡ. δέχομαι· παρεὶς δὲ γραμμάτων διαπτυχάς,
τὴν ἡδονὴν πρῶτ' οὐ λόγοις αἱρήσομαι.
ὦ φιλτάτη μοι ξύγγον', ἐκπεπληγμένος
ὅμως σ' ἀπίστῳ περιβαλὼν βραχίονι
ἐς τέρψιν εἶμι, πυθόμενος θαυμάστ' ἐμοί.

Iphigenia in Tauris 767.

Euripides

173. ΙΦ. ὦ φίλταται γυναῖκες, εἰς ὑμᾶς βλέπω,
καὶ τἄμ' ἐν ὑμῖν ἐστιν ἢ καλῶς ἔχειν
ἢ μηδὲν εἶναι καὶ στερηθῆναι πάτρας
φίλου τ' ἀδελφοῦ φιλτάτης τε συγγόνου.
καὶ πρῶτα μέν μοι τοῦ λόγου τάδ' ἀρχέτω·
γυναῖκές ἐσμεν, φιλόφρον ἀλλήλαις γένος,
σῴζειν τε κοινὰ πράγματ' ἀσφαλέσταται.
σιγήσαθ' ἡμῖν καὶ ξυνεκπονήσατε
φυγάς· καλόν τοι γλῶσσ' ὅτῳ πιστὴ παρῇ.
σωθεῖσα δ', ὡς ἂν καὶ σὺ κοινωνῇς τύχης,
σώσω σ' ἐς Ἑλλάδ'. ἀλλὰ πρός σε δεξιᾶς,
σὲ καὶ σ' ἱκνοῦμαι, σὲ δὲ φίλης παρηίδος
γονάτων τε καὶ τῶν ἐν δόμοισι φιλτάτων.
τί φατέ; τίς ὑμῶν φησίν, ἢ τίς οὐ θέλει—
φθέγξασθε—ταῦτα; μὴ γὰρ αἰνουσῶν λόγους
ὄλωλα κἀγὼ καὶ κασίγνητος τάλας.

ΧΟ. θάρσει, φίλη δέσποινα, καὶ σῴζου μόνον·
ὡς ἔκ γ' ἐμοῦ σοι πάντα σιγηθήσεται,
ἴστω μέγας Ζεύς, ὧν ἐπισκήπτεις πέρι.

ΙΦ. ὄναισθε μύθων καὶ γένοισθ' εὐδαίμονες.
σὸν ἔργον ἤδη καὶ σὸν ἐσβαίνειν δόμους·
ὡς αὐτίχ' ἥξει τῆσδε κοίρανος χθονός,
θυσίαν ἐλέγχων, εἰ κατείργασται, ξένων.

Iphigeneia in Tauris 1056.

174. ΧΟ. ὄρνις, ἃ παρὰ πετρίνας
πόντου δειράδας, ἀλκυών,
ἔλεγον οἰκτρὸν ἀείδεις,
εὐξύνετον ξυνετοῖσι βοάν,
ὅτι πόσιν κελαδεῖς ἀεὶ μολπαῖς,
ἐγώ σοι παραβάλλομαι
θρήνους, ἄπτερος ὄρνις,
ποθοῦσ' Ἑλλάνων ἀγόρους,
ποθοῦσ' Ἄρτεμιν ὀλβίαν.

id. 1089.

Euripides

Ἑλένη. Μενέλαος.

175. ΕΛ. φεῦ φεῦ, τίς ἦν Φρυγῶν;
ἢ τίς Ἑλλανίας ἀπὸ χθονὸς
ἔτεμε τὰν δακρυόεσσαν Ἰλίῳ
πεύκαν; ἔνθεν ὀλόμενον
σκάφος ξυναρμόσας
ὁ Πριαμίδας ἔπλευσε βαρβάρῳ πλάτᾳ
τὰν ἐμὰν ἐφ' ἑστίαν,
ἐπὶ τὸ δυστυχὲς
κάλλος, ὡς ἕλοι γάμον ἐμόν,
ἅ τε δόλιος ἁ πολυκτόνος Κύπρις
Δαναΐδαις ἄγουσα θάνατον Πριαμίδαις τε.
ὦ τάλαινα συμφορᾶς.
ἁ δὲ χρυσέοις θρόνοις
Διὸς ὑπαγκάλισμα σεμνὸν Ἥρα
τὸν ὠκύπουν ἔπεμψε Μαιάδος γόνον,
ὅς με χλοερὰ δρεπομέναν ἔσω πέπλων
ῥόδεα πέταλα, χαλκίοικον ὡς Ἀθάναν
μόλοιμ', ἀναρπάσας δι' αἰθέρος
τάνδε γαῖαν εἰς ἄνολβον
ἔριν ἔριν τάλαιναν ἔθετο
Πριαμίδαισιν Ἑλλάδος.   *Helena* 229.

176. ΜΕ. τίς εἶ; τίν' ὄψιν σήν, γύναι, προσδέρκομαι;
    ΕΛ. σὺ δ' εἶ τίς; αὑτὸς γὰρ σὲ κἄμ' ἔχει λόγος.
    ΜΕ. Ἑλληνὶς εἶ τις ἢ 'πιχωρία γυνή;
    ΕΛ. Ἑλληνίς· ἀλλὰ καὶ τὸ σὸν θέλω μαθεῖν.
    ΜΕ. Ἑλένῃ σ' ὁμοίαν δὴ μάλιστ' εἶδον, γύναι.
    ΕΛ. ἐγὼ δὲ Μενέλεῴ γε σ'· οὐδ' ἔχω τί φῶ.
    ΜΕ. ἔγνως γὰρ ὀρθῶς ἄνδρα δυστυχέστατον.
    ΕΛ. ὦ χρόνιος ἐλθὼν σῆς δάμαρτος ἐς χέρας.
    ΜΕ. οὐ μὴν γυναικῶν γ' εἰς δυοῖν ἔφυν πόσις.
    ΕΛ. οὐκ ἔστιν ἄλλη σή τις ἀντ' ἐμοῦ γυνή.
    ΜΕ. οὔ που φρονῶ μὲν εὖ, τὸ δ' ὄμμα μου νοσεῖ;

id. 557.

Euripides

177. ΑΓ. ἄκουε δή νυν καὶ τὰ πρὸς τούτοις κακά.
ὡς γὰρ πεσόντε παῖδ' ἐλειπέτην βίον,
ἐν τῷδε μήτηρ ἡ τάλαινα προσπίτνει.
τετρωμένους δ' ἰδοῦσα καιρίας σφαγὰς
ᾤμωξεν· "ὦ τέκν', ὑστέρα βοηδρόμος
πάρειμι." προσπίτνουσα δ' ἐν μέρει τέκνα
ἔκλαι', ἐθρήνει· χὠ μὲν Ἐτεοκλῆς ἄναξ
ἤκουσε μητρός, κἀπιθεὶς ὑγρὰν χέρα
φωνὴν μὲν οὐκ ἀφῆκεν, ὀμμάτων δ' ἄπο
προσεῖπε δακρύοις, ὥστε σημῆναι φίλα.
ὁ δ' ἦν ἔτ' ἔμπνους, πρὸς κασιγνήτην δ' ἰδὼν
γραῖάν τε μητέρ' εἶπε Πολυνείκης τάδε·
"ἀπωλόμεσθα, μῆτερ· οἰκτίρω δὲ σὲ
καὶ τήνδ' ἀδελφὴν καὶ κασίγνητον νεκρόν.
φίλος γὰρ ἐχθρὸς ἐγένετ', ἀλλ' ὅμως φίλος.
θάψον δέ μ', ὦ τεκοῦσα καὶ σύ, σύγγονε,
ἐν γῇ πατρῴᾳ, καὶ πόλιν θυμουμένην
παρηγορεῖτον, ὡς τοσόνδε γοῦν τύχω
χθονὸς πατρῴας, κεἰ δόμους ἀπώλεσα.
ξυνάρμοσον δὲ βλέφαρά μου τῇ σῇ χερί,
μῆτερ·"—τίθησι δ' αὐτὸς ὀμμάτων ἔπι—
"καὶ χαίρετ'· ἤδη γάρ με περιβάλλει σκότος."
ἄμφω δ' ἅμ' ἐξέπνευσαν ἄθλιον βίον.
μήτηρ δ', ὅπως ἐσεῖδε τήνδε συμφοράν,
ὑπερπαθήσασ' ἥρπασ' ἐκ νεκροῦ ξίφος,
κἄπραξε δεινά· διὰ μέσου γὰρ αὐχένος
ὠθεῖ σίδηρον, ἐν δὲ τοῖσι φιλτάτοις
θανοῦσα κεῖται, περιβαλοῦσ' ἀμφοῖν χέρας.

Phoenissae 1427.

Euripides

178. ΟΡ. ἀλλ' εἶ', ὅπως γενναῖα κἀγαμέμνονος
δράσαντε κατθανούμεθ' ἀξιώτατα.
Πυλάδη, σὺ δ' ἡμῖν τοῦ φόνου γενοῦ βραβεύς,
καὶ κατθανόντοιν εὖ περίστειλον δέμας,
θάψον τε κοινῇ πρὸς πατρὸς τύμβον φέρων.
καὶ χαῖρ'· ἐπ' ἔργον δ', ὡς ὁρᾷς, πορεύομαι.
ΠΥ. ἐπίσχες. ἓν μὲν πρῶτά σοι μομφὴν ἔχω,
εἰ ζῆν με χρῄζειν σοῦ θανόντος ἤλπισας.
ΟΡ. οὐκ ἔκτανες σὴν μητέρ', ὡς ἐγὼ τάλας.
ΠΥ. ξὺν σοί γε κοινῇ· ταὐτὰ καὶ πάσχειν με δεῖ.
ΟΡ. ἀπόδος τὸ σῶμα πατρί, μὴ ξύνθνῃσκέ μοι.
σοὶ μὲν γάρ ἐστι πόλις, ἐμοὶ δ' οὐκ ἔστι δή,
καὶ δῶμα πατρὸς καὶ μέγας πλούτου λιμήν.
ἀλλ' ὦ ποθεινὸν ὄνομ' ὁμιλίας ἐμῆς,
χαῖρ'· οὐ γὰρ ἡμῖν ἔστι τοῦτο, σοί γε μήν·
οἱ γὰρ θανόντες χαρμάτων τητώμεθα.   *Orestes* 1060.

179. ΠΥ. εἰ μὲν γὰρ ἐς γυναῖκα σωφρονεστέραν
ξίφος μεθεῖμεν, δυσκλεὴς ἂν ἦν φόνος·
νῦν δ' ὑπὲρ ἁπάσης Ἑλλάδος δώσει δίκην,
ὧν πατέρας ἔκτειν', ὧν τ' ἀπώλεσεν τέκνα
νύμφας τ' ἔθηκεν ὀρφανὰς ξυναόρων.
ὀλολυγμὸς ἔσται, πῦρ τ' ἀνάψουσιν θεοῖς,
κακῆς γυναικὸς οὕνεχ' αἷμ' ἐπράξαμεν.
ὁ μητροφόντης δ' οὐ καλῇ, ταύτην κτανών,
ἀλλ' ἀπολιπὼν τοῦτ' ἐπὶ τὸ βέλτιον πεσῇ,
Ἑλένης λεγόμενος τῆς πολυκτόνου φονεύς.
οὐ δεῖ ποτ' οὐ δεῖ Μενέλεων μὲν εὐτυχεῖν,
τὸν σὸν δὲ πατέρα καὶ σὲ κἀδελφὴν θανεῖν
μητέρα τ',—ἐῶ τοῦτ', οὐ γὰρ εὐπρεπὲς λέγειν,—
δόμους τ' ἔχειν σούς, δι' Ἀγαμέμνονος δόρυ
λαβόντα νύμφην· μὴ γὰρ οὖν ζῴην ἔτι,
εἰ μὴ 'π' ἐκείνῃ φάσγανον σπάσω μέλαν.   *id.* 1132.

108

Euripides

180. ΠΕ. ἔκδημος ὢν μὲν τῆσδ' ἐτύγχανον χθονός,
κλύω δὲ νεοχμὰ τήνδ' ἀνὰ πτόλιν κακά,
γυναῖκας ἡμῖν δώματ' ἐκλελοιπέναι,
Διόνυσον, ὅστις ἐστί, τιμώσας χοροῖς·
λέγουσι δ' ὡς τις εἰσελήλυθε ξένος
γόης, ἐπῳδὸς Λυδίας ἀπὸ χθονός,
ξανθοῖσι βοστρύχοισιν εὐόσμοις κομῶν,
οἰνωπός, ὄσσοις χάριτας Ἀφροδίτης ἔχων,
ὃς ἡμέρας τε κεὐφρόνας ξυγγίγνεται,
τελετὰς προτείνων εὐίους νεάνισιν.
εἰ δ' αὐτὸν εἴσω τῆσδε λήψομαι στέγης,
παύσω κτυποῦντα θύρσον ἀνασείοντά τε
κόμας, τράχηλον σώματος χωρὶς τεμών. *Bacchae* 215.

181. ΔΙ. ἰώ, κλύετ' ἐμᾶς κλύετ' αὐδᾶς,
ἰὼ βάκχαι, ἰὼ βάκχαι.

ΧΟ. τίς ὅδε, τίς, πόθεν δ' ὁ κέλαδος ἀνά μ' ἐκάλεσεν Εὐίου;

ΔΙ. ἰὼ ἰώ, πάλιν αὐδῶ,
ὁ Σεμέλας, ὁ Διὸς παῖς.

ΧΟ. ἰὼ ἰὼ δέσποτα δέσποτα,
μόλε νυν ἁμέτερον ἐς θίασον, ὦ Βρόμιε Βρόμιε.
ὁ Διόνυσος ἀνὰ μέλαθρα· σέβετέ νιν.

ΔΙ. ἅπτε κεραύνιον αἴθοπα λαμπάδα·
σύμφλεγε σύμφλεγε δώματα Πενθέως.

ΧΟ. ἆ ἆ· πῦρ οὐ λεύσσεις;

ΔΙ. βάρβαροι γυναῖκες, οὕτως ἐκπεπληγμέναι φόβῳ
πρὸς πέδῳ πεπτώκατ'; ᾔσθησθ', ὡς ἔοικε, Βακχίου
διατινάξαντος τὰ Πενθέως δώματ'· ἀλλ' ἀνίστατε
σῶμα, καὶ θαρσεῖτε, σαρκὸς ἐξαμείψασαι τρόμον.

ΧΟ. ὦ φάος μέγιστον ἡμῖν εὐίου βακχεύματος,
ὡς ἐσεῖδον ἀσμένη σε, μονάδ' ἔχουσ' ἐρημίαν.
ἀλλὰ πῶς ἠλευθερώθης, ἀνδρὸς ἀνοσίου τυχών;

ΔΙ. αὐτὸς ἐξέσωσ' ἐμαυτὸν ῥᾳδίως ἄνευ πόνου. *id.* 576.

Euripides

Ἀγαύη. Κάδμος.

182. ΑΓ. ὦ καλλίπυργον ἄστυ Θηβαίας χθονὸς
ναίοντες, ἔλθεθ', ὡς ἴδητε τήνδ' ἄγραν,
Κάδμου θυγατέρες θηρὸς ἣν ἠγρεύσαμεν.
πάτερ, μέγιστον κομπάσαι πάρεστί σοι,
πάντων ἀρίστας θυγατέρας σπεῖραι μακρῷ
θνητῶν· ἁπάσας εἶπον, ἐξόχως δ' ἐμέ,
ἣ τὰς παρ' ἱστοῖς ἐκλιποῦσα κερκίδας
ἐς μεῖζον' ἥκω, θῆρας ἀγρεύειν χεροῖν.
φέρω δ' ἐν ὠλέναισιν, ὡς ὁρᾷς, τάδε
λαβοῦσα τἀριστεῖα, σοῖσι πρὸς δόμοις
ὡς ἂν κρεμασθῇ· σὺ δέ, πάτερ, δέξαι χεροῖν.
γαυρούμενος δὲ τοῖς ἐμοῖς ἀγρεύμασι
κάλει φίλους ἐς δαῖτα· μακάριος γὰρ εἶ,
μακάριος, ἡμῶν τοιάδ' ἐξειργασμένων.

ΚΑ. ὦ πένθος οὐ μετρητόν, οὐδ' οἷόν τ' ἰδεῖν,
φόνον ταλαίναις χερσὶν ἐξειργασμένων.
καλὸν τὸ θῦμα καταβαλοῦσα δαίμοσιν,
ἐπὶ δαῖτα Θήβας τάσδε κἀμὲ παρακαλεῖς.
οἴμοι κακῶν μὲν πρῶτα σῶν, ἔπειτ' ἐμῶν·
τίνος πρόσωπον τοῦδ' ἐν ἀγκάλαις ἔχεις;

ΑΓ. λέοντος, ὥς γ' ἔφασκον αἱ θηρώμεναι.

ΚΑ. σκέψαι νυν ὀρθῶς· βραχὺς ὁ μόχθος εἰσιδεῖν.

ΑΓ. ἔα, τί λεύσσω; τί φέρομαι τόδ' ἐν χεροῖν;

ΚΑ. μῶν σοι λέοντι φαίνεται προσεικέναι;

ΑΓ. οὔκ· ἀλλὰ Πενθέως ἡ τάλαιν' ἔχω κάρα.

ΚΑ. ᾠμωγμένον γε πρόσθεν ἢ σὲ γνωρίσαι.

ΑΓ. τίς ἔκτανέν νιν; πῶς ἐμὰς ἦλθεν χέρας;

ΚΑ. δύστην' ἀλήθει', ὡς ἐν οὐ καιρῷ πάρει.

ΑΓ. λέγ', ὡς τὸ μέλλον καρδία πήδημ' ἔχει.

ΚΑ. σύ νιν κατέκτας καὶ κασίγνηται σέθεν.

ΑΓ. Διόνυσος ἡμᾶς ὤλεσ'· ἄρτι μανθάνω.   *Bacchae* 1202.

110

Euripides

Ἰφιγένεια. Ἀγαμέμνων.

183. ΙΦ. ὦ πάτερ, ἐσεῖδόν σ' ἀσμένη πολλῷ χρόνῳ.

ΑΓ. καὶ γὰρ πατὴρ σέ· τόδ' ἴσον ὑπὲρ ἀμφοῖν λέγεις.

ΙΦ. χαῖρ'· εὖ δέ μ' ἀγαγὼν πρὸς σ' ἐποίησας, πάτερ.

ΑΓ. οὐκ οἶδ' ὅπως φῶ τοῦτο καὶ μὴ φῶ, τέκνον.

ΙΦ. ἔα·

ὡς οὐ βλέπεις ἕκηλον, ἀσμενός μ' ἰδών.

ΑΓ. πόλλ' ἀνδρὶ βασιλεῖ καὶ στρατηλάτῃ μέλει.

ΙΦ. παρ' ἐμοὶ γενοῦ νῦν, μὴ 'πὶ φροντίδας τρέπου.

ΑΓ. ἀλλ' εἰμὶ παρὰ σοὶ νῦν ἅπας, κοὐκ ἄλλοθι.

ΙΦ. μέθες νυν ὀφρύν, ὄμμα τ' ἔκτεινον φίλον.

ΑΓ. ἰδοὺ γέγηθά σ' ὡς γέγηθ' ὁρῶν, τέκνον.

ΙΦ. κἄπειτα λείβεις δάκρυ ἀπ' ὀμμάτων σέθεν;

ΑΓ. παπαῖ, τὸ σιγᾶν οὐ σθένω· σὲ δ' ᾔνεσα.

ΙΦ. μέν', ὦ πάτερ, κατ' οἶκον ἐπὶ τέκνοις σέθεν.

ΑΓ. θέλω γε τὸ μένειν· οὐχ ἑκὼν ἀλγύνομαι.

ΙΦ. ποῦ τοὺς Φρύγας λέγουσιν ᾠκίσθαι, πάτερ;

ΑΓ. οὗ μήποτ' οἰκεῖν ὤφελ' ὁ Πριάμου Πάρις.

ΙΦ. φεῦ.

εἴθ' ἦν καλόν μοι σοί τ' ἄγειν ξύμπλουν ἐμέ.

ΑΓ. ἔτ' ἔστι καὶ σοὶ πλοῦς, ἵνα μνήσῃ πατρός.

ΙΦ. σὺν μητρὶ πλεύσασ' ἢ μόνη πορεύσομαι;

ΑΓ. μόνη μονωθεῖσ' ἀπὸ πατρὸς καὶ μητέρος.

ΙΦ. οὔ πού μ' ἐς ἄλλα δώματ' οἰκίζεις, πάτερ;

ΑΓ. ἔα τάδ'· οὐ χρὴ τοιάδ' εἰδέναι κόρας.

ΙΦ. σπεῦδ' ἐκ Φρυγῶν μοι, θέμενος εὖ τἀκεῖ, πάτερ.

ΑΓ. θῦσαί με θυσίαν πρῶτα δεῖ τιν' ἐνθάδε.

ΙΦ. ποίοις ξὺν ἱεροῖς; εἰ τόδ' εὐσεβὲς σκοπεῖν.

ΑΓ. εἴσῃ σύ· χερνίβων γὰρ ἑστήξεις πέλας.

ΙΦ. στήσομεν ἄρ' ἀμφὶ βωμόν, ὦ πάτερ, χορούς.

ΑΓ. ζηλῶ σὲ μᾶλλον ἢ 'μὲ τοῦ μηδὲν φρονεῖν.

ὦ στέρνα καὶ παρῇδες, ὦ ξανθαὶ κόμαι,

ὡς ἄχθος ὑμῖν ἐγένεθ' ἡ Φρυγῶν πόλις

Ἑλένη τε· παύω τοὺς λόγους.

Iphigeneia in Aulide 640.

Euripides

Ἰφιγένεια. Ἀχιλλεύς.

184. ΙΦ. οἷα δ' εἰσῆλθέν μ', ἄκουσον, μῆτερ, ἐννοουμένην·
κατθανεῖν μέν μοι δέδοκται· τοῦτο δ' αὐτὸ βούλομαι,
εὐκλεῶς πρᾶξαι, παρεῖσά γ' ἐκποδὼν τὸ δυσγενές.
δεῦρο δὴ σκέψαι μεθ' ἡμῶν, μῆτερ, ὡς καλῶς λέγω·
εἰς ἔμ' Ἑλλὰς ἡ μεγίστη πᾶσα νῦν ἀποβλέπει,
κἀν ἐμοὶ πορθμός τε ναῶν καὶ Φρυγῶν κατασκαφαί.
καὶ γὰρ οὐδέ τοί τι λίαν ἐμὲ φιλοψυχεῖν χρεών·
πᾶσι γάρ μ' Ἕλλησι κοινὸν ἔτεκες, οὐχὶ σοὶ μόνῃ.
ἀλλὰ μυρίοι μὲν ἄνδρες ἀσπίσιν πεφαργμένοι,
μυρίοι δ' ἐρέτμ' ἔχοντες, πατρίδος ἠδικημένης,
δρᾶν τι τολμήσουσιν ἐχθροὺς χὐπὲρ Ἑλλάδος θανεῖν·
ἡ δ' ἐμὴ ψυχὴ μί' οὖσα πάντα κωλύσει τάσε;
εἷς γ' ἀνὴρ κρείσσων γυναικῶν μυρίων ὁρᾶν φάος.
εἰ δ' ἐβουλήθη τὸ σῶμα τοὐμὸν Ἄρτεμις λαβεῖν,
ἐμποδὼν γενήσομαι 'γὼ θνητὸς οὖσα τῇ θεῷ;
ἀλλ' ἀμήχανον· δίδωμι σῶμα τοὐμὸν Ἑλλάδι.
θύετ', ἐκπορθεῖτε Τροίαν· ταῦτα γὰρ μνημεῖά μου
διὰ μακροῦ, καὶ παῖδες οὗτοι καὶ γάμοι καὶ δόξ' ἐμή.

ΑΧ. Ἀγαμέμνονος παῖ, μακάριόν μέ τις θεῶν
ἔμελλε θήσειν, εἰ τύχοιμι σῶν γάμων.
ζηλῶ δὲ σοῦ μὲν Ἑλλάδ', Ἑλλάδος δὲ σέ·
εὖ γὰρ τόδ' εἶπας· ἀξίως τε πατρίδος·
μᾶλλον δὲ λέκτρων σῶν πόθος μ' ἐσέρχεται
ἐς τὴν φύσιν βλέψαντα· γενναία γὰρ εἶ.
ὅρα δ'· ἐγὼ γὰρ βούλομαί σ' εὐεργετεῖν
λαβεῖν τ' ἐς οἴκους· ἄχθομαί τ', ἴστω Θέτις,
εἰ μή σε σώσω Δαναΐδαισι διὰ μάχης
ἐλθών· ἄθρησον· ὁ θάνατος δεινὸν κακόν.

ΙΦ. ἡ Τυνδαρὶς παῖς διὰ τὸ σῶμ' ἀρκεῖ μάχας
ἀνδρῶν τιθεῖσα καὶ φόνους· σὺ δ', ὦ ξένε,
μὴ θνῇσκε δι' ἐμέ, μηδ' ἀποκτείνῃς τινά.
ἔα δὲ σῶσαί μ' Ἑλλάδ', ἢν δυνώμεθα.

Iphigeneia in Aulide 1374.

Euripides

Σιληνός.   Ὀδυσσεύς.   Κύκλωψ.   Χορὸς Σατύρων.

185. ΣΕ. οἴμοι· Κύκλωψ ὅδ' ἔρχεται· τί δράσομεν;

ΟΔ. ἀπολώλαμεν τἄρ', ὦ γέρον· ποῖ χρὴ φυγεῖν;

ΣΕ. ἔσω πέτρας τῆσδ', οὗπερ ἂν λάθοιτέ γε.

ΟΔ. δεινὸν τόδ' εἶπας, ἀρκύων μολεῖν ἔσω.

ΣΕ. οὐ δεινόν· εἰσὶ καταφυγαὶ πολλαὶ πέτρας.

ΟΔ. οὐ δῆτ'· ἐπεί τἂν μεγάλα γ' ἡ Τροία στένοι,
εἰ φευξόμεσθ' ἕν' ἄνδρα, μυρίον δ' ὄχλον
Φρυγῶν ὑπέστην πολλάκις σὺν ἀσπίδι.
ἀλλ' εἰ θανεῖν δεῖ, κατθανούμεθ' εὐγενῶς,
ἢ ζῶντες αἶνον τὸν πάρος γ' εὖ σώσομεν.

ΚΥ. ἄριστόν ἐστιν εὖ παρεσκευασμένον;

ΧΟ. πάρεστιν.   ὁ φάρυγξ εὐτρεπὴς ἔστω μόνον.

ΚΥ. ἦ καὶ γάλακτός εἰσι κρατῆρες πλέῳ;

ΧΟ. ὥστ' ἐκπιεῖν γέ σ', ἢν θέλῃς, ὅλον πίθον.

ΚΥ. μήλειον ἢ βόειον ἢ μεμιγμένον;

ΧΟ. ὃν ἂν θέλῃς σύ· μὴ 'μὲ καταπίῃς μόνον.

ΚΥ. ἥκιστ'· ἐπεί μ' ἂν ἐν μέσῃ τῇ γαστέρι
πηδῶντες ἀπολέσαιτ' ἂν ὑπὸ τῶν σχημάτων.
ἔα· τίν' ὄχλον τόνδ' ὁρῶ πρὸς αὐλίοις;
λῃσταί τινες κατέσχον ἢ κλῶπες χθόνα;
οὐκ ἦσαν ὄντα θεόν με καὶ θεῶν ἄπο;

ΣΕ. ἔλεγον ἐγὼ τάδ'· οἱ δ' ἐφόρουν τὰ χρήματα,
καὶ τόν γε τυρὸν οὐκ ἐῶντος ἤσθιον.

ΟΔ. Κύκλωψ, ἄκουσον ἐν μέρει καὶ τῶν ξένων.
ἡμεῖς βορᾶς χρῄζοντες ἐμπολὴν λαβεῖν
σῶν ἆσσον ἄντρων ἤλθομεν νεὼς ἄπο.
τοὺς δ' ἄρνας ἡμῖν οὗτος ἀντ' οἴνου σκύφου
ἀπημπόλα τε κἀδίδου πιεῖν λαβὼν
ἑκὼν ἑκοῦσι, κοὐδὲν ἦν τούτων βίᾳ.
ἀλλ' οὗτος ὑγιὲς οὐδὲν ὧν φησιν λέγει,
ἐπεὶ κατελήφθη σοῦ λάθρα πωλῶν τὰ σά.

ΣΕ. ἐγώ; κακῶς γὰρ ἐξόλοιο.

Cyclops 193.

H   113

Euripides

186. ΟΔ. σιγᾶτε πρὸς θεῶν, θῆρες, ἡσυχάζετε,
συνθέντες ἄρθρα στόματος· οὐδὲ πνεῖν ἐῶ,
ὡς μὴ 'ξεγερθῇ τὸ κακόν, ἔστ' ἂν ὄμματος
ὄψις Κύκλωπος ἐξαμιλληθῇ πυρί.

ΧΟ. οὐκοῦν σὺ τάξεις οὕστινας πρώτους χρεὼν
καυτὸν μοχλὸν λαβόντας ἐκκάειν τὸ φῶς
Κύκλωπος, ὡς ἂν τῆς τύχης κοινώμεθα;

ΧΟᵃ. ἡμεῖς μὲν ἐσμεν μακρότερον πρὸ τῶν θυρῶν
ἑστῶτες ὠθεῖν ἐς τὸν ὀφθαλμὸν τὸ πῦρ.

ΧΟᵝ. ἡμεῖς δὲ χωλοί γ' ἀρτίως γεγενήμεθα.

ΟΔ. ἄνδρες πονηροὶ κοὐδὲν οἵδε σύμμαχοι.

ΧΟ. ὀτιὴ τὸ νῶτον τὴν ῥάχιν τ' οἰκτίρομεν,
καὶ τοὺς ὀδόντας ἐκβαλεῖν οὐ βούλομαι
τυπτόμενος, αὕτη γίγνεται πονηρία;

ΟΔ. πάλαι μὲν ἤδη σ' ὄντα τοιοῦτον φύσει,
νῦν δ' οἶδ' ἄμεινον. τοῖσι δ' οἰκείοις φίλοις
χρῆσθαί μ' ἀνάγκη. χειρὶ δ' εἰ μηδὲν σθένεις,
ἀλλ' οὖν ἐπεγκέλευέ γ', ὡς εὐψυχίαν
φίλων κελευσμοῖς τοῖσι σοῖς κτησώμεθα.

ΧΟ. ἰὼ ἰώ. γενναιότατ' ὠθεῖτε, σπεύδετε.

ΚΤ. ὤμοι, κατηνθρακώμεθ' ὀφθαλμοῦ σέλας.

ΧΟ. καλός γ' ὁ παιάν· μέλπε μοι τόνδ', ὦ Κύκλωψ.

ΚΤ. ὤμοι μάλ', ὡς ὑβρίσμεθ', ὡς ὀλώλαμεν.

ΧΟ. μεθύων κατέπεσες ἐς μέσους τοὺς ἄνθρακας;

ΚΤ. Οὖτίς μ' ἀπώλεσ'.

ΧΟ.   οὐκ ἄρ' οὐδείς σ' ἠδίκει.

ΚΤ. Οὖτις με τυφλοῖ βλέφαρον.

ΧΟ.   οὐκ ἄρ' εἶ τυφλός.

ΚΤ. σκώπτεις· ὁ δ' Οὖτις ποῦ 'στι;

ΧΟ.   τῇδε πρὸς πέτρᾳ·
ἔχεις;

ΚΤ.   κακόν γε πρὸς κακῷ· τὸ κρανίον
παίσας κατέαγα.   *Cyclops* 624.

Euripides

187. ΑΔ. ἔσται τάδ' ἔσται, μὴ τρέσῃς· ἐπεὶ σ' ἐγὼ
καὶ ζῶσαν εἶχον καὶ θανοῦσ' ἐμὴ γυνὴ
μόνη κεκλήσῃ, κοὔτις ἀντὶ σοῦ ποτε
τόνδ' ἄνδρα νύμφη Θεσσαλὶς προσφέγξεται·
εἰ δ' Ὀρφέως μοι γλῶσσα καὶ μέλος παρῆν,
ὥστ' ἢ κόρην Δήμητρος ἢ κείνης πόσιν
ὕμνοισι κηλήσαντά σ' ἐξ Ἅιδου λαβεῖν,
κατῆλθον ἄν, καὶ μ' οὔθ' ὁ Πλούτωνος κύων
οὔθ' οὑπὶ κώπῃ ψυχοπομπὸς ἂν Χάρων
ἔσχον, πρὶν ἐς φῶς σὸν καταστῆσαι βίον.
ἀλλ' οὖν ἐκεῖσε προσδόκα μ', ὅταν θάνω,
καὶ δῶμ' ἑτοίμαζ', ὡς ξυνοικήσουσά μοι.
ἐν ταῖσιν αὐταῖς γάρ μ' ἐπισκήψω κέδροις
σοὶ τούσδε θεῖναι πλευρά τ' ἐκτεῖναι πέλας
πλευροῖσι τοῖς σοῖς· μηδὲ γὰρ θανών ποτε
σοῦ χωρὶς εἴην τῆς μόνης πιστῆς ἐμοί. *Alcestis* 328.

188. ΦΕ. τί δῆτά σ' ἠδίκηκα; τοῦ σ' ἀποστερῶ;
μὴ θνῆσχ' ὑπὲρ τοῦδ' ἀνδρός, οὐδ' ἐγὼ πρὸ σοῦ.
χαίρεις ὁρῶν φῶς, πατέρα δ' οὐ χαίρειν δοκεῖς;
ἦ μὴν πολύν γε τὸν κάτω λογίζομαι
χρόνον, τὸ δὲ ζῆν σμικρόν, ἀλλ' ὅμως γλυκύ.
σὺ γοῦν ἀναιδῶς διεμάχου τὸ μὴ θανεῖν,
ταύτην κατακτάς· εἶτ' ἐμὴν ἀψυχίαν
λέγεις, γυναικός, ὦ κάκισθ', ἡσσημένος,
ἢ τοῦ καλοῦ σοῦ προύθανεν νεανίου;
σοφῶς δ' ἐφηῦρες ὥστε μὴ θανεῖν ποτε,
εἰ τὴν παροῦσαν κατθανεῖν πείσεις ἀεὶ
γυναῖχ' ὑπὲρ σοῦ· κᾆτ' ὀνειδίζεις φίλοις
τοῖς μὴ θέλουσι δρᾶν τάδ', αὐτὸς ὢν κακός;
σίγα· νόμιζε δ', εἰ σὺ τὴν σαυτοῦ φιλεῖς
ψυχήν, φιλεῖν ἅπαντας· εἰ δ' ἡμᾶς κακῶς
ἐρεῖς, ἀκούσῃ πολλὰ κοὐ ψευδῆ κακά. *id.* 689.

Euripides

Χορὸς Πρεσβυτῶν. Θεράπων Ἀδμήτου.

189. ΧΟ. ἰὼ ἰώ. σχετλία τόλμης,
ὦ γενναία καὶ μέγ' ἀρίστη,
χαῖρε· πρόφρων σε χθόνιός θ' Ἑρμῆς
Ἅιδης τε δέχοιτ'· εἰ δέ τι κἀκεῖ
πλέον ἔστ' ἀγαθοῖς, τούτων μετέχουσ'
Ἅιδου νύμφῃ παρεδρεύοις.   *Alcestis* 741.

190. ΘΕ. πολλοὺς μὲν ἤδη κἀπὸ παντοίας χθονὸς
ξένους μολόντας οἶδ' ἐς Ἀδμήτου δόμοις,
οἷς δεῖπνα προύθηκ'· ἀλλὰ τοῦδ' οὔπω ξένου
κακίον' ἐς τήνδ' ἑστίαν ἐδεξάμην.
ὃς πρῶτα μὲν πενθοῦντα δεσπότην ὁρῶν
ἐσῆλθε κἀτόλμησ' ἀμείψασθαι πύλας.
ἔπειτα δ' οὔτι σωφρόνως ἐδέξατο
τὰ προστυχόντα ξένια, συμφορὰν μαθών,
ἀλλ' εἴ τι μὴ φέροιμεν, ὤτρυνεν φέρειν.
ποτῆρα δ' ἐν χείρεσσι κίσσινον λαβὼν
πίνει μελαίνης μητρὸς εὔζωρον μέθυ,
ἕως ἐθέρμην' αὐτὸν ἀμφιβᾶσα φλὸξ
οἴνου· στέφει δὲ κρᾶτα μυρσίνης κλάδοις,
ἄμουσ' ὑλακτῶν, δισσὰ δ' ἦν μέλη κλύειν·
ὁ μὲν γὰρ ᾖδε, τῶν ἐν Ἀδμήτου κακῶν
οὐδὲν προτιμῶν, οἰκέται δ' ἐκλαίομεν
δέσποιναν· ὄμμα δ' οὐκ ἐδείκνυμεν ξένῳ
τέγγοντες· Ἄδμητος γὰρ ὧδ' ἐφίετο.
καὶ νῦν ἐγὼ μὲν ἐν δόμοισιν ἑστιῶ
ξένον, πανοῦργον κλῶπα καὶ λῃστήν τινα·
ἡ δ' ἐκ δόμων βέβηκεν, οὐδ' ἐφεσπόμην,
οὐδ' ἐξέτεινα χεῖρ', ἀποιμώζων ἐμὴν
δέσποιναν, ἥ 'μοὶ πᾶσί τ' οἰκέταισιν ἦν
μήτηρ· κακῶν γὰρ μυρίων ἐρρύετο,
ὀργὰς μαλάσσουσ' ἀνδρός. ἆρα τὸν ξένον
στυγῶ δικαίως, ἐν κακοῖς ἀφιγμένον;   *id.* 747.

116

Euripides

191. ΧΟ. καὶ σ' ἐν ἀφύκτοισι χερῶν εἷλε θεὰ δεσμοῖς·
τόλμα δ'· οὐ γὰρ ἀνάξεις ποτ' ἔνερθεν
κλαίων τοὺς φθιμένους ἄνω.
καὶ θεῶν σκότιοι φθίνουσι
παῖδες ἐν θανάτῳ.
φίλα μὲν ὅτ' ἦν μεθ' ἡμῶν,
φίλα δ' ἔτι καὶ θανοῦσα·
γενναιοτάταν δὲ πασᾶν
ἐζεύξω κλισίαις ἄκοιτιν.
μηδὲ νεκρῶν ὡς φθιμένων χῶμα νομιζέσθω
τύμβος σᾶς ἀλόχου, θεοῖσι δ' ὁμοίως
τιμάσθω, σέβας ἐμπόρων.
καί τις τὸν τάφον παρελθὼν
προσλεύσσων τόδ' ἐρεῖ·
"αὕτα ποτὲ προύθαν' ἀνδρός,
νῦν δ' ἐστὶ μάκαιρα δαίμων·
χαῖρ', ὦ πότνι', εὖ δὲ δοίης."
τοῖαί νιν προσεροῦσι φῆμαι.   *Alcestis* 984.

192. ΗΡ. ἔχεις ;

ΑΔ.   ἔχω.

ΗΡ.   ναί, σῷζέ νυν, καὶ τὸν Διὸς
φήσεις ποτ' εἶναι παῖδα γενναῖον ξένον.
βλέψον δ' ἐς αὐτήν, εἴ τι σῇ δοκεῖ πρέπειν
γυναικί· λύπης δ' εὐτυχῶν μεθίστασο.

ΑΔ. ὦ θεοί, τί λέξω ; θαῦμ' ἀνέλπιστον τόδε·
γυναῖκα λεύσσω τήνδ' ἐμὴν ἐτητύμως,
ἢ κέρτομός με θεοῦ τις ἐκπλήσσει χαρά ;

ΗΡ. οὐκ ἔστιν, ἀλλὰ τήνδ' ὁρᾷς δάμαρτα σήν.

ΑΔ. ἀλλ' ἣν ἔθαπτον εἰσορῶ δάμαρτ' ἐμήν ;

ΗΡ. σάφ' ἴσθ'. ἀπιστεῖν δ' οὔ σε θαυμάζω τύχην.

ΑΔ. θίγω, προσείπω ζῶσαν ὡς δάμαρτ' ἐμήν ;

ΗΡ. πρόσειπ'· ἔχεις γὰρ πᾶν ὅσονπερ ἤθελες.   *id.* 1119.

Aristophanes

193. ΧΟ. οὗτος αὐτός ἐστιν, οὗτος. βάλλε βάλλε βάλλε βάλλε,
    παῖε πᾶς τὸν μιαρόν. οὐ βαλεῖς, οὐ βαλεῖς;

ΔΙ. ἀντὶ ποίας αἰτίας, ὦ 'χαρνέων γεραίτατοι;

ΧΟ. τοῦτ' ἐρωτᾷς; ἀναίσχυντος εἶ καὶ βδελυρός,
    ὦ προδότα τῆς πατρίδος, ὅστις ἡμῶν μόνος
    σπεισάμενος εἶτα δύνασαι πρὸς ἔμ' ἀποβλέπειν.

ΔΙ. ἀντὶ δ' ὧν ἐσπεισάμην οὐκ ἴστε γ'· ἀλλ' ἀκούσατε.

ΧΟ. οὐκ ἀνασχήσομαι· μηδὲ λέγε μοι σὺ λόγον·
    ὡς μεμίσηκά σε Κλέωνος ἔτι μᾶλλον.
    σοῦ δ' ἐγὼ λόγους λέγοντος οὐκ ἀκούσομαι μακρούς,
    ὅστις ἐσπείσω Λάκωσιν, ἀλλὰ τιμωρήσομαι.

ΔΙ. ὦ 'γαθοί, τοὺς μὲν Λάκωνας ἐκποδὼν ἐάσατε,
    τῶν δ' ἐμῶν σπονδῶν ἀκούσατ', εἰ καλῶς ἐσπεισάμην.

ΧΟ. πῶς δ' ἔτ' ἂν καλῶς λέγοις ἄν, εἴπερ ἐσπείσω γ' ἅπαξ
    οἷσιν οὔτε βωμὸς οὔτε πίστις οὔθ' ὅρκος μένει;

ΔΙ. οἶδ' ἐγὼ καὶ τοὺς Λάκωνας, οἷς ἄγαν ἐγκείμεθα,
    οὐχ ἁπάντων ὄντας ἡμῖν αἰτίους τῶν πραγμάτων.

ΧΟ. οὐχ ἁπάντων, ὦ πανοῦργε; ταῦτα δὴ τολμᾷς λέγειν
    ἐμφανῶς ἤδη πρὸς ἡμᾶς; εἶτ' ἐγὼ σοῦ φείσομαι;

ΔΙ. οὐχ ἁπάντων, οὐχ ἁπάντων· ἀλλ' ἐγὼ λέγων ὁδὶ
    πόλλ' ἂν ἀποφήναιμ' ἐκείνους ἔσθ' ἃ κἀδικουμένους.

Acharnenses 280.

194. ΔΙ. λέξω δ' ὑπὲρ Λακεδαιμονίων ἅ μοι δοκεῖ.
    καίτοι δέδοικα πολλά· τούς τε γὰρ τρόπους
    τοὺς τῶν ἀγροίκων οἶδα χαίροντας σφόδρα
    ἐάν τις αὐτοὺς εὐλογῇ καὶ τὴν πόλιν
    ἀνὴρ ἀλαζὼν καὶ δίκαια κἄδικα·
    κἀνταῦθα λανθάνουσ' ἀπεμπολώμενοι·
    αὐτός τ' ἐμαυτὸν ὑπὸ Κλέωνος ἄπαθον
    ἐπίσταμαι διὰ τὴν πέρυσι κωμῳδίαν.

id. 369.

Aristophanes

Δικαιόπολις. Θεράπων Εὐριπίδου. Χορὸς Γερόντων Ἀχαρνέων.

195. ΔΙ. ὥρα 'στὶν ἄρα μοι καρτερὰν ψυχὴν λαβεῖν,
    καὶ μοι βαδιστέ' ἐστὶν ὡς Εὐριπίδην.
    παῖ παῖ.

ΘΕΡ.   τίς οὗτος;

ΔΙ.   ἔνδον ἔστ' Εὐριπίδης;

ΘΕΡ. οὐκ ἔνδον, ἔνδον ἐστίν, εἰ γνώμην ἔχεις.

ΔΙ. πῶς ἔνδον, εἶτ' οὐκ ἔνδον;

ΘΕΡ.   ὀρθῶς, ὦ γέρον.
    ὁ νοῦς μὲν ἔξω ξυλλέγων ἐπύλλια
    οὐκ ἔνδον, αὐτὸς δ' ἔνδον ἀναβάδην ποιεῖ
    τραγῳδίαν.

ΔΙ.   ὦ τρισμακάρι' Εὐριπίδη,
    ὅθ' ὁ δοῦλος οὑτωσὶ σοφῶς ὑποκρίνεται.
    ἐκκάλεσον αὐτόν.

ΘΕΡ.   ἀλλ' ἀδύνατον.

ΔΙ.   ἀλλ' ὅμως.
    οὐ γὰρ ἂν ἀπέλθοιμ', ἀλλὰ κόψω τὴν θύραν.
    Εὐριπίδη, Εὐριπίδιον,
    ὑπάκουσον, εἴπερ πώποτ' ἀνθρώπων τινί·
    Δικαιόπολις καλεῖ σε Χολλείδης, ἐγώ.

Acharnenses 393.

196. ΧΟ. ταῦτα ποιήσας πολλῶν ἀγαθῶν αἴτιος ὑμῖν γεγένηται,
    καὶ τοὺς δήμους ἐν ταῖς πόλεσιν δείξας, ὡς δημο-
       κρατοῦνται.
    τοιγάρτοι νῦν ἐκ τῶν πόλεων τὸν φόρον ὑμῖν ἀπάγοντες
    ἥξουσιν, ἰδεῖν ἐπιθυμοῦντες τὸν ποιητὴν τὸν ἄριστον,
    ὅστις παρεκινδύνευσ' εἰπεῖν ἐν Ἀθηναίοις τὰ δίκαια.
    διὰ ταῦθ' ὑμᾶς Λακεδαιμόνιοι τὴν εἰρήνην προκαλοῦνται,
    καὶ τὴν Αἴγιναν ἀπαιτοῦσιν· καὶ τῆς νήσου μὲν ἐκείνης
    οὐ φροντίζουσ', ἀλλ' ἵνα τοῦτον τὸν ποιητὴν ἀφέλωνται.
    ἀλλ' ὑμεῖς τοι μή ποτ' ἀφῆθ'· ὡς κωμῳδήσει τὰ δίκαια·
    φησὶν δ' ὑμᾶς πολλὰ διδάξειν ἀγάθ', ὥστ' εὐδαίμονας
    εἶναι.

id. 641.

119

Aristophanes

Οἰκέτης Δήμου (Δημοσθένης). 'Αλλαντοπώλης. Παφλαγών (Κλέων).

197. ΟΙ.   ὦ μακάριε
ἀλλαντοπῶλα, δεῦρο δεῦρ', ὦ φίλτατε,
ἀνάβαινε σωτὴρ τῇ πόλει καὶ νῷν φανείς.

ΑΔ. τί ἔστι; τί με καλεῖτε;

ΟΙ.   δεῦρ' ἐλθ', ἵνα πύθῃ
ὡς εὐτυχὴς εἶ καὶ μεγάλως εὐδαιμονεῖς.

ΑΔ. ἰδού· τί ἔστιν;

ΟΙ.   ὦ μακάρι', ὦ πλούσιε,
ὦ νῦν μὲν οὐδείς, αὔριον δ' ὑπέρμεγας·
ὦ τῶν 'Αθηνῶν ταγὲ τῶν εὐδαιμόνων.
γίγνῃ γάρ, ὡς ὁ χρησμὸς οὑτοσὶ λέγει,
ἀνὴρ μέγιστος.

ΑΔ.   εἰπέ μοι, καὶ πῶς ἐγὼ
ἀλλαντοπώλης ὢν ἀνὴρ γενήσομαι;

ΟΙ. δι' αὐτὸ γάρ τοι τοῦτο καὶ γίγνῃ μέγας,
ὁτιὴ πονηρὸς κἀξ ἀγορᾶς εἶ καὶ θρασύς.

Equites 147.

198. ΟΙ. τὰ δ' ἄλλα σοι πρόσεστι δημαγωγικά,
φωνὴ μιαρά, γέγονας κακῶς, ἀγόραιος εἶ·
ἔχεις ἅπαντα πρὸς πολιτείαν ἃ δεῖ·
χὤπως ἀμυνῇ τὸν ἄνδρα.

ΑΔ.   καὶ τίς ξύμμαχος
γενήσεταί μοι; καὶ γὰρ οἵ τε πλούσιοι
δεδίασιν αὐτὸν ὅ τε πένης σέβει λεώς.

ΟΙ. ἀλλ' εἰσὶν ἱππῆς ἄνδρες ἀγαθοὶ χίλιοι
μισοῦντες αὐτόν, οἳ βοηθήσουσί σοι,
καὶ τῶν πολιτῶν οἱ καλοί τε κἀγαθοί,
καὶ τῶν θεατῶν ὅστις ἐστὶ δεξιός,
κἀγὼ μετ' αὐτῶν χὠ θεὸς ξυλλήψεται.

ΑΔ. οἴμοι κακοδαίμων, ὁ Παφλαγὼν ἐξέρχεται.

ΠΑ. οὔ τοι μὰ τοὺς δώδεκα θεοὺς χαιρήσετον,
ὁτιὴ 'πὶ τῷ δήμῳ ξυνόμνυτον πάλαι.
οὐκ ἔσθ' ὅπως οὐ Χαλκιδέας ἀφίστατον.

id. 217.

Aristophanes

199. ΣΤ. ἀλλ' εἴπερ ἐκ τῆς καρδίας μ' ὄντως φιλεῖς,
    ὦ παῖ, πιθοῦ.

ΦΕ.   τί οὖν πίθωμαι δῆτά σοι;

ΣΤ. ἔκστρεψον ὡς τάχιστα τοὺς σαυτοῦ τρόπους,
    καὶ μάνθαν' ἐλθὼν ἂν ἐγὼ παραινέσω.

ΦΕ. λέγε δή, τί κελεύεις;

ΣΤ.   καί τι πείσῃ;

ΦΕ.   πείσομαι,
    νὴ τὸν Διόνυσον.

ΣΤ.   δεῦρό νυν ἀπόβλεπε.
    ὁρᾷς τὸ θύριον τοῦτο καὶ τᾠκίδιον;

ΦΕ. ὁρῶ. τί οὖν τοῦτ' ἐστὶν ἐτεόν, ὦ πάτερ;

ΣΤ. ψυχῶν σοφῶν τοῦτ' ἐστὶ φροντιστήριον.
    ἐνταῦθ' ἐνοικοῦσ' ἄνδρες οἳ τὸν οὐρανὸν
    λέγοντες ἀναπείθουσιν ὡς ἔστιν πνιγεύς,
    κἄστιν περὶ ἡμᾶς οὗτος, ἡμεῖς δ' ἄνθρακες.
    οὗτοι διδάσκουσ', ἀργύριον ἤν τις διδῷ,
    λέγοντα νικᾶν καὶ δίκαια κἄδικα.

ΦΕ. εἰσὶν δὲ τινες;

ΣΤ.   οὐκ οἶδ' ἀκριβῶς τοὔνομα·
    μεριμνοφροντισταὶ καλοί τε κἀγαθοί.

ΦΕ. αἰβοῖ, πονηροί γ', οἶδα. τοὺς ἀλαζόνας,
    τοὺς ὠχριῶντας, τοὺς ἀνυποδήτους λέγεις·
    ὧν ὁ κακοδαίμων Σωκράτης καὶ Χαιρεφῶν.

ΣΤ. ἢ ἤ, σιώπα· μηδὲν εἴπῃς νήπιον.
    εἶναι παρ' αὐτοῖς φασιν ἄμφω τὼ λόγω,
    τὸν κρείττον', ὅστις ἐστί, καὶ τὸν ἥττονα.
    τούτοιν τὸν ἕτερον τοῖν λόγοιν, τὸν ἥττονα,
    νικᾶν λέγοντά φασι τἀδικώτερα.
    ἢν οὖν μάθῃς μοι τὸν ἄδικον τοῦτον λόγον,
    ἃ νῦν ὀφείλω διὰ σέ, τούτων τῶν χρεῶν
    οὐκ ἂν ἀποδοίην οὐδ' ἂν ὀβολὸν οὐδενί.

                              Nubes 86.

Aristophanes

Φειδιππίδης.   Στρεψιάδης.   Δίκαιος Λόγος.

200. ΦΕ. ὦ δαιμόνιε, τί χρῆμα πάσχεις, ὦ πάτερ;
οὐκ εὖ φρονεῖς μὰ τὸν Δία τὸν Ὀλύμπιον.

ΣΤ. ἰδού γ' ἰδοὺ Δί' Ὀλύμπιον· τῆς μωρίας·
τὸ Δία νομίζειν, ὄντα τηλικουτονί.

ΦΕ. τί δὲ τοῦτ' ἐγέλασας ἐτεόν;

ΣΤ.   ἐνθυμούμενος
ὅτι παιδάριον εἶ καὶ φρονεῖς ἀρχαικά.
ὅμως γε μὴν πρόσελθ', ἵν' εἰδῇς πλείονα,
καί σοι φράσω πρᾶγμ' ὃ σὺ μαθὼν ἀνὴρ ἔσῃ.
ὅπως δὲ τοῦτο μὴ διδάξεις μηδένα.

ΦΕ. ἰδού· τί ἔστιν;

ΣΤ.   ὤμοσας νυνὶ Δία.

ΦΕ. ἔγωγ'.

ΣΤ.   ὁρᾷς οὖν ὡς ἀγαθὸν τὸ μανθάνειν;
οὐκ ἔστ' ἔτ', ὦ Φειδιππίδη, Ζεύς.

ΦΕ.   ἀλλὰ τίς;

ΣΤ. Δῖνος βασιλεύει, τὸν Δί' ἐξεληλακώς.

ΦΕ. αἰβοῖ, τί ληρεῖς;

ΣΤ.   ἴσθι τοῦθ' οὕτως ἔχον.

ΦΕ. τίς φησι ταῦτα;

ΣΤ.   Σωκράτης ὁ Μήλιος.   *Nubes* 816.

201. ΔΙ. ἢν ταῦτα ποιῇς ἁγὼ φράζω,
καὶ πρὸς τούτοις προσέχῃς τὸν νοῦν,
ἕξεις ἀεὶ στῆθος λιπαρόν,
χροιὰν λευκήν, ὤμους μεγάλους, γλῶτταν βαιάν.
ἢν δ' ἅπερ οἱ νῦν ἐπιτηδεύῃς,
πρῶτα μὲν ἕξεις χροιὰν ὠχράν,
ὤμους μικρούς, στῆθος λεπτόν, γλῶτταν μεγάλην,
ψήφισμα μακρόν, καί σ' ἀναπείσει
τὸ μὲν αἰσχρὸν ἅπαν καλὸν ἡγεῖσθαι,
τὸ καλὸν δ' αἰσχρόν.   *id.* 1009.

Aristophanes

ΕΡ. πῶς δεῦρ' ἀνῆλθες, ὦ μιαρῶν μιαρώτατε;
τί σοί ποτ' ἔστ' ὄνομ'; οὐκ ἐρεῖς;

ΤΡ.   μιαρώτατος.

ΕΡ. ποδαπὸς τὸ γένος δ' εἶ; φράζε μοι.

ΤΡ.   μιαρώτατος.

ΕΡ. πατὴρ δέ σοι τίς ἐστιν;

ΤΡ.   ἐμοί; μιαρώτατος.

ΕΡ. οὔ τοι μὰ τὴν Γῆν ἔσθ' ὅπως οὐκ ἀποθανῇ,
εἰ μὴ κατερεῖς μοι τοὔνομ' ὅ τι ποτ' ἔστι σοι.

ΤΡ. Τρυγαῖος Ἀθμονεύς, ἀμπελουργὸς δεξιός,
οὐ συκοφάντης οὐδ' ἐραστὴς πραγμάτων.
ἴθι νυν, κάλεσόν μοι τὸν Δί'.

ΕΡ.   ἰὴ ἰὴ ἰή,
ὅτ' οὐδὲ μέλλεις ἐγγὺς εἶναι τῶν θεῶν·
φροῦδοι γὰρ ἐχθές εἰσιν ἐξῳκισμένοι.

ΤΡ. ἐξῳκίσαντο δ' οἱ θεοὶ τίνος εἵνεκα;

ΕΡ. Ἕλλησιν ὀργισθέντες. εἶτ' ἐνταῦθα μέν,
ἵν' ἦσαν αὐτοί, τὸν Πόλεμον κατῴκισαν,
ὑμᾶς παραδόντες δρᾶν ἀτεχνῶς ὅ τι βούλεται·
αὐτοὶ δ' ἀνῳκίσανθ' ὅπως ἀνωτάτω,
• ἵνα μὴ βλέποιεν μαχομένους ὑμᾶς ἔτι
μηδ' ἀντιβολούντων μηδὲν αἰσθανοίατο.

ΤΡ. τοῦ δ' εἵνεχ' ἡμᾶς ταῦτ' ἔδρασαν; εἰπέ μοι.

ΕΡ. ὁτιὴ πολεμεῖν ᾑρεῖσθ' ἐκείνων πολλάκις
σπονδὰς ποιούντων· κεἰ μὲν οἱ Λακωνικοὶ
ὑπερβάλοιντο μικρόν, ἔλεγον ἂν ταδί·
"ναὶ τὼ σιώ, νῦν ἀττικίων δωσεῖ δίκαν."
εἰ δ' αὖ τι πράξαιτ' ἀγαθὸν ἀττικωνικοὶ
κἄλθοιεν οἱ Λάκωνες εἰρήνης πέρι,
ἐλέγετ' ἂν ὑμεῖς εὐθύς· "ἐξαπατώμεθα
νὴ τὴν Ἀθηνᾶν, νὴ Δί', οὐχὶ πειστέον·
ἥξουσι καῦθις, ἢν ἔχωμεν τὴν Πύλον."   *Pax* 184.

Aristophanes

Εὐελπίδης. Ἔποψ.

203. ΕΥ. Τηρεὺς γὰρ εἶ σύ; πότερον ὄρνις ἢ ταῶς;

ΕΠ. ὄρνις ἔγωγε.

ΕΥ.   κᾆτά σοι ποῦ τὰ πτερά;

ΕΠ. ἐξερρύηκε.

ΕΥ.   πότερον ὑπὸ νόσου τινός;

ΕΠ. οὔκ, ἀλλὰ τὸν χειμῶνα πάντα τὤρνεα
πτερορρυεῖ κᾆτ' αὖθις ἕτερα φύομεν.
ἀλλ' εἴπατόν μοι, σφὼ τίν' ἐστόν;

ΕΥ.   νώ; βροτώ.

ΕΠ. ποδαπὼ τὸ γένος δ';

ΕΥ.   ὅθεν αἱ τριήρεις αἱ καλαί.

ΕΠ. πράγους δὲ δὴ τοῦ δεομένω δεῦρ' ἠλθέτην;

ΕΥ. σοὶ ξυγγενέσθαι βουλομένω.

ΕΠ.   τίνος πέρι;

ΕΥ. ὅτι πρῶτα μὲν ἦσθ' ἄνθρωπος, ὥσπερ νώ, ποτέ,
κἀργύριον ὠφείλησας, ὥσπερ νώ, ποτέ,
κοὐκ ἀποδιδοὺς ἔχαιρες, ὥσπερ νώ, ποτέ·
εἶτ' αὖθις ὀρνίθων μεταλλάξας φύσιν,
καὶ γῆν ἐπεπέτου καὶ θάλατταν ἐν κύκλῳ,
καὶ πάνθ' ὅσαπερ ἄνθρωπος ὅσα τ' ὄρνις φρονεῖς·
ταῦτ' οὖν ἱκέται νὼ πρὸς σὲ δεῦρ' ἀφίγμεθα,
εἴ τινα πόλιν φράσειας ἡμῖν εὔερον,
ὥσπερ σισύραν ἐγκατακλινῆναι μαλθακήν.

ΕΠ. ποίαν τιν' οὖν ἥδιστ' ἂν οἰκοῖτ' ἂν πόλιν;

ΕΥ. ὅπου τὰ μέγιστα πράγματ' ἔσται τοιαδί·
ἐπὶ τὴν θύραν μου πρῴ τις ἐλθὼν τῶν φίλων
λέξει ταδί· "πρὸς τοῦ Διὸς τοὐλυμπίου,
ὅπως παρέσῃ μοι καὶ σὺ καὶ τὰ παιδία
λουσάμενα πρῴ· μέλλω γὰρ ἑστιᾶν γάμους·
καὶ μηδαμῶς ἄλλως ποιήσῃς· εἰ δὲ μή,
μή μοι τότε γ' ἔλθῃς, ὅταν ἐγὼ πράττω κακῶς."

Aves 102.

Aristophanes

204. ΧΟ. πόλεμος αἴρεται, πόλεμος οὐ φατὸς
        πρὸς ἐμὲ καὶ θεούς. ἀλλὰ φύλαττε πᾶς
        ἀέρα περινέφελον,
        μή σε λάθῃ θεῶν τις ταύτῃ περῶν·

ΠΕ. αὕτη σὺ ποῖ ποῖ ποῖ πέτῃ; μέν' ἥσυχος,
        ἔχ' ἀτρέμας· αὐτοῦ στῆθ'· ἐπίσχες τοῦ δρόμου.
        τίς εἶ; ποδαπή; λέγειν χρεὼν ὁπόθεν ποτ' εἶ.

ΙΡ. Ἶρις τό γ' ὄνομα· παρὰ θεῶν δ' Ὀλυμπίων.

ΠΕ. κἄπειτα δῆθ' οὕτω σιωπῇ διαπέτῃ
        διὰ τῆς πόλεως τῆς ἀλλοτρίας καὶ τοῦ χάους;

ΙΡ. ποίᾳ γὰρ ἄλλῃ χρὴ πέτεσθαι τοὺς θεούς;

ΠΕ. οὐκ οἶδα μὰ Δί' ἔγωγε· τῇδε μὲν γὰρ οὔ.
        ἀδικεῖς δέ· καὶ νῦν ἆρά γ' οἶσθα τοῦθ', ὅτι
        δικαιότατ' ἂν ληφθεῖσα πασῶν Ἰρίδων
        ἀπέθανες, εἰ τῆς ἀξίας ἐτύγχανες;

ΙΡ. ἀλλ' ἀθάνατός εἰμ'.

ΠΕ.   ἀλλ' ὅμως ἂν ἀπέθανες.
        δεινότατα γάρ τοι πεισόμεσθ', ἐμοὶ δοκεῖ,
        εἰ τῶν μὲν ἄλλων ἄρχομεν, ὑμεῖς δ' οἱ θεοὶ
        ἀκολαστανεῖτε, κοὐδέπω γνώσεσθ' ὅτι
        ἀκροατέον ὑμῖν ἐν μέρει τῶν κρειττόνων.
        φράσον δέ τοί μοι, τὼ πτέρυγε ποῖ ναυστολεῖς;

ΙΡ. ἐγώ; πρὸς ἀνθρώπους πέτομαι παρὰ τοῦ πατρὸς
        φράσουσα θύειν τοῖς Ὀλυμπίοις θεοῖς
        μηλοσφαγεῖν τε βουθύτοις ἐπ' ἐσχάραις
        κνισᾶν τ' ἀγυιάς.

ΠΕ.   τί σὺ λέγεις; ποίοις θεοῖς;

ΙΡ. ποίοισιν; ἡμῖν, τοῖς ἐν οὐρανῷ θεοῖς.

ΠΕ. θεοὶ γὰρ ὑμεῖς;

ΙΡ.   τίς γάρ ἐστ' ἄλλος θεός;

ΠΕ. ὄρνιθες ἀνθρώποισι νῦν εἰσιν θεοί,
        οἷς θυτέον αὐτούς, ἀλλὰ μὰ Δί' οὐ τῷ Διί.

Aristophanes

Διόνυσος. Ἡρακλῆς.

205. ΔΙ. μὴ σκῶπτέ μ', ὦ 'δέλφ'· οὐ γὰρ ἀλλ' ἔχω κακῶς·
τοιοῦτος ἵμερός με διαλυμαίνεται.

ΗΡ. ποῖός τις, ὦ 'δελφίδιον;

ΔΙ.   οὐκ ἔχω φράσαι.
ὅμως γε μέντοι σοι δι' αἰνιγμῶν ἐρῶ.
ἤδη ποτ' ἐπεθύμησας ἐξαίφνης ἔτνους;

ΗΡ. ἔτνους; βαβαιάξ, μυριάκις ἐν τῷ βίῳ.

ΔΙ. ἆρ' ἐκδιδάσκω τὸ σαφές, ἢ 'τέρᾳ φράσω;

ΗΡ. μὴ δῆτα περὶ ἔτνους γε· πάνυ γὰρ μανθάνω.

ΔΙ. τοιουτοσὶ τοίνυν με δαρδάπτει πόθος
Εὐριπίδου.

ΗΡ.   καὶ ταῦτα τοῦ τεθνηκότος;

ΔΙ. κοὐδείς γέ μ' ἂν πείσειεν ἀνθρώπων τὸ μὴ οὐκ
ἐλθεῖν ἐπ' ἐκεῖνον.

ΗΡ.   πότερον εἰς Ἅιδου κάτω;

ΔΙ. καὶ νὴ Δί' εἴ τί γ' ἔστιν ἔτι κατωτέρω.

ΗΡ. τί βουλόμενος;

ΔΙ.   δέομαι ποιητοῦ δεξιοῦ.
οἱ μὲν γὰρ οὐκέτ' εἰσίν, οἱ δ' ὄντες κακοί.

ΗΡ. τί δ'; οὐκ Ἰοφῶν ζῇ;

ΔΙ.   τοῦτο γάρ τοι καὶ μόνον
ἔτ' ἐστὶ λοιπὸν ἀγαθόν, εἰ καὶ τοῦτ' ἄρα·
οὐ γὰρ σάφ' οἶδ' οὐδ' αὐτὸ τοῦθ' ὅπως ἔχει.

ΗΡ. εἶτ' οὐ Σοφοκλέα, πρότερον ὄντ' Εὐριπίδου,
μέλλεις ἀνάγειν, εἴπερ γ' ἐκεῖθεν δεῖ σ' ἄγειν;

ΔΙ. οὔ, πρίν γ' ἂν Ἰοφῶντ', ἀπολαβὼν αὐτὸν μόνον,
ἄνευ Σοφοκλέους ὅ τι ποιεῖ κωδωνίσω.
κἄλλως ὁ μέν γ' Εὐριπίδης, πανοῦργος ὤν,
κἂν ξυναποδρᾶναι δεῦρ' ἐπιχειρήσειέ μοι·
ὁ δ' εὔκολος μὲν ἐνθάδ', εὔκολος δ' ἐκεῖ.

ΗΡ. Ἀγάθων δὲ ποῦ 'στιν;

ΔΙ.   ἀπολιπών μ' ἀποίχεται,
ἀγαθὸς ποιητὴς καὶ ποθεινὸς τοῖς φίλοις. *Ranae* 58.

126

Aristophanes

206. ΑΙΣ.   ἵνα μὴ φάσκῃ δ' ἀπορεῖν με,
       ἀπόκριναί μοι, τίνος εἵνεκα χρὴ θαυμάζειν ἄνδρα
            ποιητήν ;
   ΕΤ. δεξιότητος καὶ νουθεσίας, ὅτι βελτίους τε ποιοῦμεν
       τοὺς ἀνθρώπους ἐν ταῖς πόλεσιν.
   ΑΙΣ.   τοῦτ' οὖν εἰ μὴ πεποίηκας,
       ἀλλ' ἐκ χρηστῶν καὶ γενναίων μοχθηροτάτους
            ἀπέδειξας,
       τί παθεῖν φήσεις ἄξιος εἶναι ;
   ΔΙ.   τεθνάναι· μὴ τοῦτον ἐρώτα.
                                                  Ranae 1007.

207. ΕΤ. μεμνημένος νυν τῶν θεῶν, οὓς ὤμοσας,
       ἦ μὴν ἀπάξειν μ' οἴκαδ', αἱροῦ τοὺς φίλους.
   ΔΙ. ἡ γλῶττ' ὀμώμοκ', Αἰσχύλον δ' αἱρήσομαι.
   ΕΤ. τί δέδρακας, ὦ μιαρώτατ' ἀνθρώπων ;
   ΔΙ.   ἐγώ ;
       ἔκρινα νικᾶν Αἰσχύλον. τιὴ γὰρ οὔ ;
   ΕΤ. αἴσχιστον ἔργον προσβλέπεις μ' εἰργασμένος ;
   ΔΙ. τί δ' αἰσχρόν, ἢν μὴ τοῖς θεωμένοις δοκῇ ;
   ΕΤ. ὦ σχέτλιε, περιόψει με δὴ τεθνηκότα ;
   ΔΙ. τίς οἶδεν εἰ τὸ ζῆν μέν ἐστι κατθανεῖν,
       τὸ πνεῖν δὲ δειπνεῖν ;   *id.* 1469.

208. ΧΟ. ὅδε γὰρ εὖ φρονεῖν δοκήσας
       πάλιν ἄπεισιν οἴκαδ' αὖ,
       ἐπ' ἀγαθῷ μὲν τοῖς πολίταις,
       ἐπ' ἀγαθῷ δὲ τοῖς ἑαυτοῦ
       ξυγγενέσι τε καὶ φίλοισι,
       διὰ τὸ συνετὸς εἶναι.
       χαρίεν οὖν μὴ Σωκράτει
       παρακαθήμενον λαλεῖν,
       ἀποβαλόντα μουσικήν,
       τά τε μέγιστα παραλιπόντα
       τῆς τραγῳδικῆς τέχνης.   *id.* 1485.

Herodotus

209. οἱ δὲ Πέρσαι τάς τε δὴ Σάρδις ἔσχον καὶ αὐτὸν
Κροῖσον ἐζώγρησαν, ἄρξαντα ἔτεα τεσσερεσκαίδεκα καὶ τεσ-
σερεσκαίδεκα ἡμέρας πολιορκηθέντα, κατὰ τὸ χρηστήριόν τε
καταπαύσαντα τὴν ἑωυτοῦ μεγάλην ἀρχήν. λαβόντες δὲ
αὐτὸν οἱ Πέρσαι ἤγαγον παρὰ Κῦρον. ὁ δὲ συννήσας πυρὴν
μεγάλην ἀνεβίβασε ἐπ᾽ αὐτὴν τὸν Κροῖσόν τε ἐν πέδῃσι
δεδεμένον καὶ δὶς ἑπτὰ Λυδῶν παρ᾽ αὐτὸν παῖδας, ἐν νόῳ
ἔχων εἴτε δὴ ἀκροθίνια ταῦτα καταγιεῖν θεῶν ὅτεῳ δή,
εἴτε καὶ εὐχὴν ἐπιτελέσαι ἐθέλων· εἴτε καὶ πυθόμενος τὸν
Κροῖσον εἶναι θεοσεβέα, τοῦδε εἵνεκεν ἀνεβίβασε ἐπὶ τὴν
πυρήν, βουλόμενος εἰδέναι, εἴ τίς μιν δαιμόνων ῥύσεται
τοῦ μὴ ζῶντα κατακαυθῆναι. τὸν μὲν δὴ ποιεῖν ταῦτα,
τῷ δὲ Κροίσῳ ἑστεῶτι ἐπὶ τῆς πυρῆς ἐσελθεῖν, καίπερ ἐν
κακῷ ἐόντι τοσούτῳ, τὸ τοῦ Σόλωνος, ὥς οἱ εἴη σὺν θεῷ
εἰρημένον, τὸ μηδένα εἶναι τῶν ζωόντων ὄλβιον. ὡς δὲ
ἄρα μιν προσστῆναι τοῦτο, ἀνενεικάμενόν τε καὶ ἀναστενά-
ξαντα ἐκ πολλῆς ἡσυχίης ἐς τρὶς ὀνομάσαι Σόλωνα.
καὶ τὸν Κῦρον ἀκούσαντα κελεῦσαι τοὺς ἑρμηνέας ἐπεί-
ρεσθαι τὸν Κροῖσον, τίνα τοῦτον ἐπικαλέοιτο, καὶ τοὺς
προσελθόντας ἐπειρωτᾶν. Κροῖσον δὲ τέως μὲν σιγὴν
ἔχειν εἰρωτώμενον, μετὰ δέ, ὡς ἠναγκάζετο, εἰπεῖν· "τὸν ἂν
ἐγὼ πᾶσι τυράννοισι προετίμησα μεγάλων χρημάτων ἐς
λόγους ἐλθεῖν." ὡς δέ σφι ἄσημα ἔφραζε, πάλιν ἐπειρώ-
των τὰ λεγόμενα. λιπαρεόντων δὲ αὐτῶν καὶ ὄχλον
παρεχόντων ἔλεγε δὴ ὡς ἦλθε ἀρχὴν ὁ Σόλων ἐὼν
Ἀθηναῖος, καὶ θηησάμενος πάντα τὸν ἑωυτοῦ ὄλβον ἀπο-
φλαυρίσειε, ὥς τε αὐτῷ πάντα ἀποβεβήκοι τῇπερ ἐκεῖνος
εἶπε, οὐδέν τι μᾶλλον ἐς ἑωυτὸν λέγων ἢ ἐς ἅπαν τὸ ἀνθρώ-
πήιον καὶ μάλιστα τοὺς παρὰ σφίσι αὐτοῖσι δοκέοντας
ὀλβίους εἶναι.   I. 86.

I   129

210. ἀπικομένων δὲ ἐς Βραγχίδας ἐχρηστηριάζετο ἐκ πάντων Ἀριστόδικος ἐπειρωτῶν τάδε· "ὦναξ, ἦλθε παρ' ἡμέας ἱκέτης Πακτύης ὁ Λυδός, φεύγων θάνατον βίαιον πρὸς Περσέων· οἱ δέ μιν ἐξαιτέονται, προεῖναι κελεύοντες Κυμαίους. ἡμεῖς δὲ δειμαίνοντες τὴν Περσέων δύναμιν τὸν ἱκέτην ἐς τόδε οὐ τετολμήκαμεν ἐκδιδόναι πρὶν ἂν τὸ ἀπὸ σεῦ ἡμῖν δηλωθῇ ἀτρεκέως ὁκότερα ποιέωμεν." ὁ μὲν ταῦτα ἐπειρώτα, ὁ δ' αὖτις τὸν αὐτόν σφι χρησμὸν ἔφαινε, κελεύων ἐκδιδόναι Πακτύην Πέρσῃσι. πρὸς ταῦτα ὁ Ἀριστόδικος ἐκ προνοίης ἐποίει τάδε· περιιὼν τὸν νηὸν κύκλῳ ἐξαίρει τοὺς στρουθοὺς καὶ ἄλλα ὅσα ἦν νενεοσσευμένα ὀρνίθων γένεα ἐν τῷ νηῷ. ποιέοντος δὲ αὐτοῦ ταῦτα λέγεται φωνὴν ἐκ τοῦ ἀδύτου γενέσθαι φέρουσαν μὲν πρὸς τὸν Ἀριστόδικον, λέγουσαν δὲ τάδε· "ἀνοσιώτατε ἀνθρώπων, τί τάδε τολμᾷς ποιεῖν; τοὺς ἱκέτας μου ἐκ τοῦ νηοῦ κεραΐζεις;" Ἀριστόδικον δὲ οὐκ ἀπορήσαντα πρὸς ταῦτα εἰπεῖν· "ὦναξ, αὐτὸς μὲν οὕτω τοῖσι ἱκέτῃσι βοηθεῖς, Κυμαίους δὲ κελεύεις τὸν ἱκέτην ἐκδιδόναι;" τὸν δὲ αὖτις ἀμείψασθαι τοισίδε· "ναὶ κελεύω, ἵνα γε ἀσεβήσαντες θᾶσσον ἀπόλησθε, ὡς μὴ τὸ λοιπὸν περὶ ἱκετέων ἐκδόσιος ἔλθητε ἐπὶ τὸ χρηστήριον." I. 159.

211. παρεὼν δὲ καὶ μεμφόμενος τὴν γνώμην ταύτην Κροῖσος ὁ Λυδὸς ἀπεδείκνυτο ἐναντίην τῇ προκειμένῃ γνώμῃ, λέγων τάδε· "ὦ βασιλεῦ, εἶπον μὲν καὶ πρότερόν τοι ὅτι ἐπεί με Ζεὺς ἔδωκέ τοι, τὸ ἂν ὁρῶ σφάλμα ἐὸν οἴκῳ τῷ σῷ, κατὰ δύναμιν ἀποτρέψειν. τὰ δέ μοι παθήματα ἐόντα ἀχάριτα μαθήματα ἐγεγόνεε. εἰ μὲν ἀθάνατος δοκεῖς εἶναι καὶ στρατιῆς τοιαύτης ἄρχειν, οὐδὲν ἂν εἴη πρῆγμα γνώμας ἐμὲ σοὶ ἀποφαίνεσθαι· εἰ δὲ ἔγνωκας, ὅτι ἄνθρωπος καὶ σὺ εἶς καὶ ἑτέρων τοιῶνδε ἄρχεις, ἐκεῖνο πρῶτον μάθε, ὡς κύκλος τῶν ἀνθρωπηίων ἐστὶ πρηγμάτων, περιφερόμενος δὲ οὐκ ἐᾷ αἰεὶ τοὺς αὐτοὺς εὐτυχεῖν." id. 207.

212. μετὰ δὲ τοῦτον ἐβασίλευσε Νίτωκρις· τὴν ἔλεγον τιμωρέουσαν ἀδελφεῷ, τὸν Αἰγύπτιοι βασιλεύοντα σφέων ἀπέκτειναν, ἀποκτείναντες δὲ οὕτω ἐκείνῃ ἀπέδοσαν τὴν βασιληίην, τούτῳ τιμωρέουσαν πολλοὺς Αἰγυπτίων διαφθεῖραι δόλῳ. ποιησαμένην γάρ μιν οἴκημα περίμηκες ὑπόγαιον ξεινίσαι μέλλειν τῷ λόγῳ, νόῳ δὲ ἄλλα μηχανᾶσθαι· καλέσασαν δὲ μιν Αἰγυπτίων τοὺς μάλιστα μεταιτίους τοῦ φόνου ᾔδεε πολλοὺς ἱστιᾶν, δαινυμένοισι δὲ ἐπεῖναι τὸν ποταμὸν δι' αὐλῶνος κρυπτοῦ μεγάλου. ταύτης μὲν πέρι τοσαῦτα ἔλεγον, πλὴν ὅτι ἑωυτήν, ὡς τοῦτο ἐξέργαστο, ῥῖψαι ἐς οἴκημα σποδοῦ πλέον ὅκως ἀτιμώρητος γένηται.   II. 100.

213. ἐπὶ δὲ τούτου βασιλεύοντος ἔλεγον ἐπ' Αἴγυπτον ἐλαύνειν στρατὸν μέγαν Σαναχάριβον βασιλέα Ἀραβίων τε καὶ Ἀσσυρίων· οὐκ ὦν δὴ ἐθέλειν τοὺς μαχίμους τῶν Αἰγυπτίων βοηθεῖν· τὸν δὲ ἱρέα ἐς ἀπορίην ἀπειλημένον ἐσελθόντα ἐς τὸ μέγαρον πρὸς τὤγαλμα ἀποδύρεσθαι, οἷα κινδυνεύει παθεῖν· ὀλοφυρόμενον δ' ἄρα μιν ἐπελθεῖν ὕπνον, καί οἱ δόξαι ἐν τῇ ὄψι ἐπιστάντα τὸν θεὸν θαρσύνειν, ὡς οὐδὲν πείσεται ἄχαρι ἀντιάζων τὸν Ἀραβίων στρατόν· αὐτὸς γάρ οἱ πέμψειν τιμωρούς. τούτοισι δή μιν πίσυνον τοῖσι ἐνυπνίοισι παραλαβόντα Αἰγυπτίων τοὺς βουλομένους οἱ ἕπεσθαι στρατοπεδεύσασθαι ἐν Πηλουσίῳ (ταύτῃ γάρ εἰσι αἱ ἐσβολαί)· ἕπεσθαι δέ οἱ τῶν μαχίμων μὲν οὐδένα ἀνδρῶν, καπήλους δὲ καὶ χειρώνακτας καὶ ἀγοραίους ἀνθρώπους. ἐνθαῦτα ἀπικομένου, τοῖσι ἐναντίοισι ἐπιχυθέντας νυκτὸς μῦς ἀρουραίους κατὰ μὲν φαγεῖν τοὺς φαρετρεῶνας αὐτῶν, κατὰ δὲ τὰ τόξα, πρὸς δὲ τῶν ἀσπίδων τὰ ὄχανα, ὥστε τῇ ὑστεραίῃ φευγόντων σφέων γυμνῶν πεσεῖν πολλούς. καὶ νῦν οὗτος ὁ βασιλεὺς ἕστηκε ἐν τῷ ἱρῷ τοῦ Ἡφαίστου λίθινος, ἔχων ἐπὶ τῆς χειρὸς μῦν, λέγων διὰ γραμμάτων τάδε. ΕΣ ΕΜΕ ΤΙΣ ΟΡΩΝ ΕΥΣΕΒΗΣ ΕΣΤΩ.   id. 141.

214. τοῖσι δὲ Ἴωσι καὶ τοῖσι Καρσὶ τοῖσι συγκατεργασα-
μένοισι αὐτῷ ὁ Ψαμμήτιχος δίδωσι χώρους ἐνοικῆσαι
ἀντίους ἀλλήλων, τοῦ Νείλου τὸ μέσον ἔχοντος, τοῖσι
ὀνόματα ἐτέθη Στρατόπεδα. τούτους τε δὴ σφι τοὺς
χώρους δίδωσι, καὶ τἆλλα τὰ ὑπέσχετο πάντα ἀπέδωκε.
καὶ δὴ καὶ παῖδας παρέβαλε αὐτοῖσι Αἰγυπτίους τὴν Ἑλλάδα
γλῶσσαν ἐκδιδάσκεσθαι, ἀπὸ δὲ τούτων ἐκμαθόντων τὴν
γλῶσσαν οἱ νῦν ἑρμηνέες ἐν Αἰγύπτῳ γεγόνασι· οἱ δὲ
Ἴωνές τε καὶ οἱ Κᾶρες τούτους τοὺς χώρους οἴκησαν χρόνον
ἐπὶ πολλόν. τούτους μὲν δὴ χρόνῳ ὕστερον βασιλεὺς
Ἄμασις ἐξαναστήσας ἐνθεῦτεν κατοίκισε ἐς Μέμφιν, φυλακὴν
ἑωυτοῦ ποιεύμενος πρὸς Αἰγυπτίων.   II. 154.

215. ἐχρᾶτο δὲ καταστάσι πρηγμάτων τοιῇδε· τὸ μὲν
ὄρθριον μέχρι ὅτευ πληθώρης ἀγορῆς προθύμως ἔπρησσε
τὰ προσφερόμενα πρήγματα, τὸ δὲ ἀπὸ τούτου ἔπινέ τε καὶ
κατέσκωπτε τοὺς συμπότας καὶ ἦν μάταιός τε καὶ παιγνιήμων.
ἀχθεσθέντες δὲ τούτοισι οἱ φίλοι αὐτοῦ ἐνουθέτεον αὐτὸν
τοιάδε λέγοντες· "ὦ βασιλεῦ, οὐκ ὀρθῶς σεωυτοῦ προέστηκας,
ἐς τὸ ἄγαν φαῦλον προάγων σεωυτόν· σὲ γὰρ χρῆν ἐν
θρόνῳ σεμνῷ σεμνὸν θωκέοντα δι' ἡμέρης πρήσσειν τὰ
πρήγματα. καὶ οὕτω Αἰγύπτιοί τ' ἂν ἠπιστέατο, ὡς ὑπ'
ἀνδρὸς μεγάλου ἄρχονται, καὶ ἄμεινον σὺ ἂν ἤκουες· νῦν
δὲ ποιεῖς οὐδαμῶς βασιλικά." ὁ δ' ἀμείβετο τοισίδε
αὐτούς· "τὰ τόξα οἱ κεκτημένοι, ἐπεὰν μὲν δέωνται χρᾶσθαι,
ἐντανύουσι, ἐπεὰν δὲ χρήσωνται, ἐκλύουσι. εἰ γὰρ δὴ τὸν
πάντα χρόνον ἐντεταμένα εἴη, ἐκραγείη ἄν, ὥστε ἐς τὸ δέον
οὐκ ἂν ἔχοιεν αὐτοῖσι χρᾶσθαι. οὕτω δὴ καὶ ἀνθρώπου
κατάστασις· εἰ ἐθέλοι κατεσπουδάσθαι αἰεὶ μηδὲ ἐς παιγνίην
τὸ μέρος ἑωυτὸν ἀνιέναι, λάθοι ἂν ἤτοι μανεὶς ἢ ὅ γε
ἀπόπληκτος γενόμενος· τὰ ἐγὼ ἐπιστάμενος μέρος ἑκατέρῳ
νέμω." ταῦτα μὲν τοὺς φίλους ἀμείψατο.   id. 173.

216. ταῦτα δέ μιν ποιεῦντα ἐδικαίωσε Κροῖσος ὁ Λυδὸς νουθετῆσαι τοισίδε τοῖσι ἔπεσι· "ὦ βασιλεῦ, μὴ πάντα ἡλικίῃ καὶ θυμῷ ἐπίτρεπε, ἀλλ' ἴσχε καὶ καταλάμβανε σεωυτόν· ἀγαθόν τι πρόνοον εἶναι, σοφὸν δὲ ἡ προμηθείη· σὺ δὲ κτείνεις μὲν ἄνδρας σεωυτοῦ πολιήτας ἐπ' οὐδεμιῇ αἰτίῃ ἀξιόχρεῳ ἑλών, κτείνεις δὲ παῖδας· ἢν δὲ πολλὰ τοιαῦτα ποιῇς, ὅρα ὅκως μή σευ ἀποστήσονται Πέρσαι. ἐμοὶ δὲ πατὴρ ὁ σὸς Κῦρος ἐνετέλλετο πολλὰ κελεύων σε νουθετεῖν καὶ ὑποτίθεσθαι ὅ τι ἂν εὑρίσκω ἀγαθόν." ὁ μὲν δὴ εὐνοίην φαίνων συνεβούλευέ οἱ ταῦτα, ὁ δ' ἀμείβετο τοισίδε. "σὺ καὶ ἐμοὶ τολμᾷς συμβουλεύειν, ὃς χρηστῶς μὲν τὴν σεωυτοῦ πατρίδα ἐπετρόπευσας, εὖ δὲ τῷ πατρὶ τῷ ἐμῷ συνεβούλευσας κελεύων αὐτὸν Ἀράξην ποταμὸν διαβάντα ἰέναι ἐπὶ Μασσαγέτας βουλομένων ἐκείνων διαβαίνειν ἐς τὴν ἡμετέρην, καὶ ἀπὸ μὲν σεωυτὸν ὤλεσας τῆς σεωυτοῦ πατρίδος κακῶς προστάς, ἀπὸ δὲ ὤλεσας Κῦρον πειθόμενον σοί· ἀλλ' οὔτι χαίρων, ἐπεί τοι καὶ πάλαι ἐς σὲ προφάσιός τευ ἐδεόμην ἐπιλαβέσθαι." ταῦτα δὲ εἴπας ἐλάμβανε τὸ τόξον ὡς κατατοξεύσων αὐτόν, Κροῖσος δὲ ἀναδραμὼν ἔθει ἔξω· ὁ δὲ ἐπείτε τοξεῦσαι οὐκ εἶχε, ἐνετείλατο τοῖσι θεράπουσι λαβόντας μιν ἀποκτεῖναι. οἱ δὲ θεράποντες ἐπιστάμενοι τὸν τρόπον αὐτοῦ κατακρύπτουσι τὸν Κροῖσον, ἐπὶ τῷδε τῷ λόγῳ ὥστε, εἰ μὲν μεταμελήσει τῷ Καμβύσῃ καὶ ἐπιζητήσει τὸν Κροῖσον, οἱ δὲ ἐκφήναντες αὐτὸν δῶρα λάμψονται ζωάγρια Κροίσου, ἢν δὲ μὴ μεταμέληται μηδὲ ποθῇ μιν, τότε καταχρᾶσθαι. ἐπόθησέ τε δὴ ὁ Καμβύσης τὸν Κροῖσον οὐ πολλῷ μετέπειτε χρόνῳ ὕστερον, καὶ οἱ θεράποντες μαθόντες τοῦτο ἐπήγγελλον αὐτῷ ὡς περιείη. Καμβύσης δὲ Κροίσῳ μὲν συνήδεσθαι ἔφη περιεόντι, ἐκείνους μέντοι τοὺς περιποιήσαντας οὐ καταπροΐξεσθαι, ἀλλ' ἀποκτενέειν. καὶ ἐποίησε ταῦτα.

III. 36.

Herodotus

217. οἱ δὲ μάγοι ἔτυχον ἀμφότεροι τηνικαῦτα ἐόντες τε
ἔσω καὶ τὰ ἀπὸ Πρηξάσπεος γενόμενα ἐν βουλῇ ἔχοντες·
ἐπεὶ ὦν εἶδον τοὺς εὐνούχους τεθορυβημένους τε καὶ βοῶντας,
ἀνά τε ἔδραμον πάλιν ἀμφότεροι, καὶ ὡς ἔμαθον τὸ ποιεύ-
μενον, πρὸς ἀλκὴν ἐτράποντο. ὁ μὲν δὴ αὐτῶν φθάνει τὰ
τόξα κατελόμενος, ὁ δὲ πρὸς τὴν αἰχμὴν ἐτράπετο. ἐνθαῦτα
δὲ συνέμισγον ἀλλήλοισι. τῷ μὲν δὴ τὰ τόξα ἀναλαβόντι
αὐτῶν, ἐόντων τε ἀγχοῦ τῶν πολεμίων καὶ προσκειμένων, ἦν
χρηστὰ οὐδέν, ὁ δ' ἕτερος τῇ αἰχμῇ ἠμύνετο, καὶ τοῦτο μὲν
Ἀσπαθίνην παίει ἐς τὸν μηρόν, τοῦτο δὲ Ἰνταφέρνεα ἐς τὸν
ὀφθαλμόν· καὶ ἐστερήθη μὲν τοῦ ὀφθαλμοῦ ἐκ τοῦ τρώματος
ὁ Ἰνταφέρνης, οὐ μέντοι ἀπέθανέ γε. τῶν μέν δὴ μάγων
οὕτερος τρωματίζει τούτους, ὁ δὲ ἕτερος, ἐπείτε οἱ τὰ τόξα
οὐδὲν χρηστὰ ἐγίνετο (ἦν γὰρ δὴ θάλαμος ἐσέχων ἐς τὸν
ἀνδρεῶνα) ἐς τοῦτον καταφεύγει, ἐθέλων αὐτοῦ προσθεῖναι
τὰς θύρας. καί οἱ συνεσπίπτουσι τῶν ἑπτὰ δύο, Δαρεῖός τε
καὶ Γωβρύης· συμπλακέντος δὲ Γωβρύεω τῷ μάγῳ ὁ
Δαρεῖος ἐπεστεὼς ἠπόρει οἷα ἐν σκότει, προμηθεόμενος μὴ
πλήξῃ τὸν Γωβρύην. ὁρῶν δέ μιν ἀργὸν ἐπεστεῶτα ὁ
Γωβρύης εἴρετο ὅ τι οὐ χρᾶται τῇ χειρί· ὁ δὲ εἶπε·
"προμηθεόμενος σέο, μὴ πλήξω." Γωβρύης δὲ ἀμείβετο.
"ὤθει τὸ ξίφος καὶ δι' ἀμφοτέρων." Δαρεῖος δὲ πειθόμενος
ὦσέ τε τὸ ἐγχειρίδιον καὶ ἔτυχέ κως τοῦ μάγου. ἀποκ-
τείναντες δὲ τοὺς μάγους καὶ ἀποταμόντες αὐτῶν τὰς
κεφαλὰς τοὺς μὲν τρωματίας ἑωυτῶν αὐτοῦ λείπουσι καὶ
ἀδυνασίης εἵνεκεν καὶ φυλακῆς τῆς ἀκροπόλιος, οἱ δὲ πέντε
αὐτῶν ἔχοντες τῶν μάγων τὰς κεφαλὰς ἔθεον ἔξω, βοῇ τε
καὶ πατάγῳ χρεώμενοι, καὶ Πέρσας τοὺς ἄλλους ἐπεκαλέοντο
ἐξηγεόμενοί τε τὸ πρῆγμα καὶ δεικνύοντες τὰς κεφαλάς.
καὶ ἅμα ἔκτεινον πάντα τινὰ τῶν μάγων τὸν ἐν ποσὶ γινό-
μενον.   III. 78.

134

Herodotus

218. θωμάζω ὦν τῶν διουρισάντων καὶ διελόντων Λιβύην τε καὶ Ἀσίην καὶ Εὐρώπην· οὐ γὰρ σμικρὰ τὰ διαφέρυντα αὐτέων ἐστί· μήκει μὲν γὰρ παρ' ἀμφοτέρας παρήκει ἡ Εὐρώπη, εὔρεος δὲ πέρι οὐδὲ συμβαλεῖν ἀξίη φαίνεταί μοι εἶναι. Λιβύη μὲν γὰρ δηλοῖ ἑωυτὴν ἐοῦσα περίρρυτος πλὴν ὅσον αὐτῆς πρὸς τὴν Ἀσίην οὐρίζει, Νεκῶ τοῦ Αἰγυπτίων βασιλέος πρώτου τῶν ἡμεῖς ἴδμεν καταδέξαντος, ὃς ἐπείτε τὴν διώρυχα ἐπαύσατο ὀρύσσων τὴν ἐκ τοῦ Νείλου διέχουσαν ἐς τὸν Ἀράβιον κόλπον, ἀπέπεμψε Φοίνικας ἄνδρας πλοίοισι, ἐντειλάμενος ἐς τὸ ὀπίσω δι' Ἡρακλέων στηλέων διεκπλώειν ἕως ἐς τὴν βορηίην θάλασσαν καὶ οὕτω ἐς Αἴγυπτον ἀπικνεῖσθαι. ὁρμηθέντες ὦν οἱ Φοίνικες ἐκ τῆς Ἐρυθρῆς θαλάσσης ἔπλωον τὴν νοτίην θάλασσαν· ὅκως δὲ γίνοιτο φθινόπωρον, προσίσχοντες ἂν σπείρεσκον τὴν γῆν, ἵνα ἑκάστοτε τῆς Λιβύης πλώοντες γινοίατο, καὶ μένεσκον τὸν ἄμητον· θερίσαντες δ' ἂν τὸν σῖτον ἔπλωον, ὥστε δύο ἐτέων διεξελθόντων τρίτῳ ἔτει κάμψαντες Ἡρακλέας στήλας ἀπίκοντο ἐς Αἴγυπτον. καὶ ἔλεγον ἐμοὶ μὲν οὐ πιστά, ἄλλῳ δὲ δή τεῳ, ὡς περιπλώοντες τὴν Λιβύην τὸν ἥλιον ἔσχον ἐς τὰ δεξιά.

IV. 42.

219. τοῦτο μὲν γὰρ Ἀνάχαρσις ἐπείτε γῆν πολλὴν θεωρήσας καὶ ἀποδεξάμενος κατ' αὐτὴν σοφίην πολλὴν ἐκομίζετο ἐς ἤθεα τὰ Σκυθέων, πλώων δι' Ἑλλησπόντου προσίσχει ἐς Κύζικον, καὶ (εὗρε γὰρ τῇ Μητρὶ τῶν θεῶν ἀνάγοντας τοὺς Κυζικηνοὺς ὁρτὴν κάρτα μεγαλοπρεπέως) εὔξατο τῇ Μητρὶ ὁ Ἀνάχαρσις, ἢν σῶς καὶ ὑγιὴς ἀπονοστήσῃ ἐς ἑωυτοῦ, θύσειν τε κατὰ ταὐτὰ κατ' ἃ ὥρα τοὺς Κυζικηνοὺς ποιεῦντας καὶ παννυχίδα στήσειν. ὡς δὲ ἀπίκετο ἐς τὴν Σκυθικήν, ὁ Ἀνάχαρσις τὴν ὁρτὴν πᾶσαν ἐπετέλει τῇ θεῷ, καὶ τῶν τις Σκυθέων, ὡς εἶδε, τοξεύσας αὐτὸν ἀπέκτεινε. καὶ νῦν ἢν τις εἴρηται περὶ Ἀναχάρσιος, οὔ φασί μιν Σκύθαι γινώσκειν, διὰ τοῦτο ὅτι ἐξεδήμησε τε ἐς τὴν Ἑλλάδα καὶ ξεινικοῖσι ἔθεσι διεχρήσατο.

id. 76.

Herodotus

220. πρὸς ταῦτα οἱ Ἴωνες ἐβουλεύοντο. Μιλτιάδεω μὲν τοῦ Ἀθηναίου, στρατηγέοντος καὶ τυραννεύοντος Χερσονη- σιτέων τῶν ἐν Ἑλλησπόντῳ, ἦν γνώμη πείθεσθαι Σκύθῃσι καὶ ἐλευθεροῦν Ἰωνίην, Ἱστιαίου δὲ τοῦ Μιλησίου ἐναντίη ταύτῃ, λέγοντος, ὡς νῦν μὲν διὰ Δαρεῖον ἕκαστος αὐτῶν τυραννεύει πόλιος, τῆς Δαρείου δὲ δυνάμιος καταιρεθείσης οὔτε αὐτὸς Μιλησίων οἷός τε ἔσεσθαι ἄρχειν οὔτε ἄλλον οὐδένα οὐδαμῶν· βουλήσεσθαι γὰρ ἑκάστην τῶν πολίων δημοκρατεῖσθαι μᾶλλον ἢ τυραννεύεσθαι. Ἱστιαίου δὲ γνώ- μην ταύτην ἀποδεικνυμένου αὐτίκα πάντες ἦσαν τετραμμένοι πρὸς ταύτην τὴν γνώμην, πρότερον τὴν Μιλτιάδεω αἱρεό- μενοι. IV. 137.

221. λέγουσι δὲ καὶ τάδε Καρχηδόνιοι, εἶναι τῆς Λιβύης χῶρόν τε καὶ ἀνθρώπους ἔξω Ἡρακλέων στηλέων κατοικη- μένους, ἐς τοὺς ἐπεὰν ἀπίκωνται καὶ ἐξέλωνται τὰ φορτία θέντες αὐτὰ ἐπεξῆς παρὰ τὴν κυματωγήν, ἐσβάντες ἐς τὰ πλοῖα τύφειν καπνόν· τοὺς δ' ἐπιχωρίους ἰδομένους τὸν καπνὸν ἰέναι ἐπὶ τὴν θάλασσαν, καὶ ἔπειτε ἀντὶ τῶν φορτίων χρυσὸν τιθέναι καὶ ἐξαναχωρεῖν πρόσω ἀπὸ τῶν φορτίων. τοὺς δὲ Καρχηδονίους ἐκβάντας σκέπτεσθαι, καὶ ἢν μὲν φαίνηταί σφι ἄξιος ὁ χρυσὸς τῶν φορτίων, ἀνελόμενοι ἀπαλλάσσονται, ἢν δὲ μὴ ἄξιος, ἐσβάντες ὀπίσω ἐς τὰ πλοῖα κατέαται, οἱ δὲ προσελθόντες ἄλλον πρὸς ὦν ἔθηκαν χρυσόν, ἐς οὗ ἂν πείθωσι. ἀδικεῖν δὲ οὐδετέρους· οὔτε γὰρ αὐτοὺς τοῦ χρυσοῦ ἅπτεσθαι, πρὶν ἄν σφι ἀπισωθῇ τῇ ἀξίῃ τῶν φορτίων, οὔτ' ἐκείνους τῶν φορτίων ἅπτεσθαι πρότερον ἢ αὐτοὶ τὸ χρυσίον λάβωσι. id. 196.

222. μετὰ δὲ Λακεδαιμόνιοι μέζω στόλον στείλαντες ἀπέ·
πεμψαν ἐπὶ τὰς Ἀθήνας, στρατηγὸν τῆς στρατιῆς ἀποδέ-
ξαντες βασιλέα Κλεομένεα τὸν Ἀναξανδρίδεω, οὐκέτι κατὰ
θάλασσαν στείλαντες, ἀλλὰ κατ' ἤπειρον· τοῖσι δὲ ἐσβαλοῦσι
ἐς τὴν Ἀττικὴν χώρην ἡ τῶν Θεσσαλῶν ἵππος πρώτη
προσέμειξε καὶ οὐ μετὰ πολλὸν ἐτράπετο, καί σφεων ἔπεσον
ὑπὲρ τεσσεράκοντα ἄνδρας· οἱ δὲ περιγενόμενοι ἀπαλλάσ-
σοντο ὡς εἶχον ἰθὺς ἐπὶ Θεσσαλίης. Κλεομένης δὲ
ἀπικόμενος ἐς τὸ ἄστυ ἅμα Ἀθηναίων τοῖσι βουλομένοισι
εἶναι ἐλευθέροισι ἐπολιόρκει τοὺς τυράννους ἀπεργμένους
ἐν τῷ Πελασγικῷ τείχεϊ. καὶ οὐδέν τι πάντως ἂν ἐξεῖλον
τοὺς Πεισιστρατίδας οἱ Λακεδαιμόνιοι (οὔτε γὰρ ἐπέδρην
ἐπενόευν ποιήσασθαι, οἵ τε Πεισιστρατίδαι σίτοισι καὶ
ποτοῖσι εὖ παρεσκευάδατο) πολιορκήσαντές τε ἂν ἡμέρας
ὀλίγας ἀπαλλάσσοντο ἐς τὴν Σπάρτην. νῦν δὲ συντυχίη
τοῖσι μὲν κακὴ ἐπεγένετο, τοῖσι δὲ ἡ αὐτὴ αὕτη σύμμαχος·
ὑπεκτιθέμενοι γὰρ ἔξω τῆς χώρης οἱ παῖδες τῶν Πεισιστρατι-
δέων ἥλωσαν. τοῦτο δὲ ὡς ἐγένετο, πάντα αὐτῶν τὰ
πρήγματα συνετετάρακτο, παρέστησαν δὲ, ἐπὶ μισθῷ τοῖσι
τέκνοισι, ἐπ' οἷσι ἐβούλοντο οἱ Ἀθηναῖοι, ὥστε ἐν πέντε
ἡμέρῃσι ἐκχωρῆσαι ἐκ τῆς Ἀττικῆς. Ἀθῆναι δὲ ἐοῦσαι
καὶ πρὶν μεγάλαι, τότε ἀπαλλαχθεῖσαι τυράννων ἐγίνοντο
μέζονες. ἐν δὲ αὐτῇσι δύο ἄνδρες ἐδυνάστειον, Κλεισθένης
τε ἀνὴρ Ἀλκμεωνίδης, ὅσπερ δὴ λόγον ἔχει τὴν Πυθίην
ἀναπεῖσαι, καὶ Ἰσαγόρης ὁ Τισάνδρου, οἰκίης μὲν ἐὼν
δοκίμου, ἀτὰρ τὰ ἀνέκαθεν οὐκ ἔχω φράσαι· θύουσι δὲ
οἱ συγγενέες αὐτοῦ Διὶ Καρίῳ. οὗτοι οἱ ἄνδρες ἐστασία-
σαν περὶ δυνάμιος, ἑσσούμενος δὲ ὁ Κλεισθένης τὸν δῆμον
προσεταιρίζεται.   v. 64.

223. τότε δὲ ὡς ἀνέλαβον οἱ Λακεδαιμόνιοι τοὺς χρησμοὺς καὶ τοὺς Ἀθηναίους ὥρων αὐξομένους καὶ οὐδαμῶς ἑτοίμους ἐόντας πείθεσθαί σφι, νόῳ λαβόντες ὡς ἐλεύθερον μὲν ἐὸν τὸ γένος τὸ Ἀττικὸν ἰσόρροπον τῷ ἑωυτῶν γίνοιτο, κατεχόμενον δὲ ὑπὸ τυραννίδος ἀσθενὲς καὶ πειθαρχεῖσθαι ἕτοιμον· μαθόντες δὲ τούτων ἕκαστα οἱ μὲν Λακεδαιμόνιοι Ἱππίην κατάγειν ἐβούλοντο. τῶν δὲ συμμάχων τὸ πλῆθος οὐκ ἐνεδέκετο τοὺς λόγους. οἱ μέν νυν ἄλλοι ἡσυχίην ἦγον, Κορίνθιος δὲ Σωσικλῆς ἔλεξε τάδε· "ἦ δὴ ὅ τε οὐρανὸς ἔσται ἔνερθε τῆς γῆς καὶ ἡ γῆ μετέωρος ὑπὲρ τοῦ οὐρανοῦ καὶ οἱ ἄνθρωποι νομὸν ἐν θαλάσσῃ ἕξουσι καὶ οἱ ἰχθύες τὸν πρότερον ἄνθρωποι, ὅτε γε ὑμεῖς, ὦ Λακεδαιμόνιοι, ἰσοκρατίας καταλύοντες τυραννίδας ἐς τὰς πόλις κατάγειν παρασκευάζεσθε, τοῦ οὔτε ἀδικώτερον οὐδέν ἐστι κατ' ἀνθρώπους οὔτε μιαιφονώτερον. εἰ γὰρ δὴ τοῦτό γε δοκεῖ ὑμῖν εἶναι χρηστὸν ὥστε τυραννεύεσθαι τὰς πόλις, αὐτοὶ πρῶτοι τύραννον καταστησάμενοι παρὰ σφίσι αὐτοῖσι οὕτω καὶ τοῖσι ἄλλοισι δίζησθε κατιστάναι· νῦν δὲ αὐτοὶ ἄπειροι ἐόντες τυράννων καὶ φυλάσσοντες δεινότατα τοῦτο ἐν τῇ Σπάρτῃ μὴ γενέσθαι παραχρᾶσθε ἐς τοὺς συμμάχους· εἰ δὲ αὐτοὶ ἔμπειροι ἔατε, κατάπερ ἡμεῖς, εἴχετε ἂν περὶ αὐτοῦ γνώμας ἀμείνονας συμβαλέσθαι ἤπερ νῦν." οἱ δὲ λοιποὶ τῶν συμμάχων τέως μὲν εἶχον ἐν ἡσυχίῃ σφέας αὐτούς, ἐπείτε δὲ Σωσικλέος ἤκουσαν εἴπαντος ἐλευθέρως, ἅπας τις αὐτῶν φωνὴν ῥήξας αἱρεῖτο τοῦ Κορινθίου τὴν γνώμην, Λακεδαιμονίοισί τε ἐπεμαρτύροντο μὴ ποιεῖν μηδὲν νεώτερον περὶ πόλιν Ἑλλάδα. οὕτω μὲν ταῦτα ἐπαύθη.   v. 91.

Herodotus

224. μετὰ δὲ τῶν Ἰώνων συλλεχθέντων ἐς τὴν Λάδην ἐγίνοντο ἀγοραί. καὶ δή κού σφι καὶ ἄλλοι ἠγορεύοντο, ἐν δὲ δὴ καὶ ὁ Φωκαιεὺς στρατηγὸς Διονύσιος λέγων τάδε· "ἐπὶ ξυροῦ γὰρ ἀκμῆς ἔχεται ἡμῖν τὰ πρήγματα, ἄνδρες Ἴωνες, ἢ εἶναι ἐλευθέροισι ἢ δούλοισι, καὶ τούτοισι ὡς δρηπέτῃσι· νῦν ὦν ὑμεῖς ἢν μὲν βούλησθε ταλαιπωρίας ἐνδέκεσθαι, τὸ παραχρῆμα μὲν πόνος ὑμῖν ἔσται, οἷοί τε δὲ ἔσεσθε ὑπερβαλόμενοι τοὺς ἐναντίους εἶναι ἐλεύθεροι· εἰ δὲ μαλακίῃ τε καὶ ἀταξίῃ διαχρήσεσθε, οὐδεμίαν ὑμέων ἔχω ἐλπίδα μὴ οὐ δώσειν ὑμέας δίκην βασιλεῖ τῆς ἀποστάσιος. ἀλλ' ἐμοί τε πείθεσθε καὶ ἐμοὶ ὑμέας αὐτοὺς ἐπιτρέψατε· καὶ ὑμῖν ἐγὼ θεῶν τὰ ἴσα νεμόντων ὑποδέκομαι ἢ οὐ συμμείξειν τοὺς πολεμίους ἢ συμμίσγοντας πολλὸν ἐλασσώσεσθαι." ταῦτα ἀκούσαντες οἱ Ἴωνες ἐπιτρέπουσι σφέας αὐτοὺς τῷ Διονυσίῳ. ὁ δὲ ἀνάγων ἑκάστοτε ἐπὶ κέρας τὰς νέας, ὅκως τοῖσι ἐρέτῃσι χρήσαιτο διέκπλοον ποιεύμενος τῇσι νηυσὶ δι' ἀλληλέων καὶ τοὺς ἐπιβάτας ὁπλίσειε, τὸ λοιπὸν τῆς ἡμέρης τὰς νέας ἔχεσκε ἐπ' ἀγκυρέων, παρεῖχέ τε τοῖσι Ἴωσι πόνον δι' ἡμέρης. μέχρι μέν νυν ἡμερέων ἑπτὰ ἐπείθοντό τε καὶ ἐποίευν τὸ κελευόμενον, τῇ δὲ ἐπὶ ταύτῃσι οἱ Ἴωνες, οἷα ἀπαθέες ἐόντες πόνων τοιούτων τετρυμένοι τε ταλαιπωρίῃσί τε καὶ ἡλίῳ, ἔλεξαν πρὸς ἑωυτοὺς τάδε· "τίνα δαιμόνων παραβάντες τάδε ἀναπίμπλαμεν; οἵτινες παραφρονήσαντες καὶ ἐκπλώσαντες ἐκ τοῦ νόου ἀνδρὶ Φωκαιεῖ ἀλαζόνι παρεχομένῳ νέας τρεῖς ἐπιτρέψαντες ἡμέας αὐτοὺς ἔχομεν."

VI. 11.

Herodotus

225. καὶ πρῶτα μὲν ἐόντες ἔτι ἐν τῷ ἄστει οἱ στρατηγοὶ
ἀποπέμπουσι ἐς Σπάρτην κήρυκα Φιλιππίδην,[1] Ἀθηναῖον
μὲν ἄνδρα, ἄλλως δὲ ἡμεροδρόμον τε καὶ τοῦτο μελετέοντα·
τῷ δή, ὡς αὐτός τε ἔλεγε Φιλιππίδης καὶ Ἀθηναίοισι
ἀπήγγελλε, περὶ τὸ Παρθένιον οὖρος τὸ ὑπὲρ Τεγέης ὁ
Πὰν περιπίπτει. βώσαντα δὲ τοὔνομα τοῦ Φιλιππίδεω τὸν
Πᾶνα Ἀθηναίοισι κελεῦσαι ἀπαγγεῖλαι, δι᾽ ὅ τι ἑωυτοῦ οὐδε-
μίαν ἐπιμελείην ποιεῦνται, ἐόντος εὐνόου Ἀθηναίοισι καὶ
πολλαχῇ γενομένου ἤδη σφι χρησίμου, τὰ δ᾽ ἔτι καὶ
ἐσομένου. καὶ ταῦτα μὲν Ἀθηναῖοι καταστάντων σφι εὖ
ἤδη τῶν πρηγμάτων πιστεύσαντες εἶναι ἀληθέα ἱδρύσαντο
ὑπὸ τῇ ἀκροπόλι Πανὸς ἱρόν καὶ αὐτὸν ἀπὸ ταύτης τῆς
ἀγγελίης θυσίῃσι ἐπετείοισι καὶ λαμπάδι ἱλάσκονται. τότε
δὲ πεμφθεὶς ὑπὸ τῶν στρατηγῶν ὁ Φιλιππίδης οὗτος, ὅτε
πέρ οἱ ἔφη καὶ τὸν Πᾶνα φανῆναι, δευτεραῖος ἐκ τοῦ
Ἀθηναίων ἄστεος ἦν ἐν Σπάρτῃ, ἀπικόμενος δὲ ἐπὶ τοὺς
ἄρχοντας ἔλεγε· "ὦ Λακεδαιμόνιοι, Ἀθηναῖοι ὑμέων δέονται
σφίσι βοηθῆσαι καὶ μὴ περιδεῖν πόλιν ἀρχαιοτάτην ἐν
τοῖσι Ἕλλησι δουλοσύνῃ περιπεσοῦσαν πρὸς ἀνδρῶν βαρ-
βάρων· καὶ γὰρ νῦν Ἐρέτριά τε ἠνδραπόδισται καὶ πόλι
λογίμῳ ἡ Ἑλλὰς γέγονε ἀσθενεστέρη." ὁ μὲν δή σφι τὰ
ἐντεταλμένα ἀπήγγελλε, τοῖσι δὲ ἔαδε μὲν βοηθεῖν Ἀθη-
ναίοισι, ἀδύνατα δέ σφι ἦν τὸ παραυτίκα ποιεῖν ταῦτα
οὐ βουλομένοισι λύειν τὸν νόμον· ἦν γὰρ ἱσταμένου τοῦ
μηνὸς εἰνάτη, εἰνάτη δὲ οὐκ ἐξελεύσεσθαι ἔφασαν μὴ οὐ
πλήρεος ἐόντος τοῦ κύκλου.   VI. 105.

---

[1] Vulg. Φειδιππίδην.

Herodotus

226. οἱ δὲ Ἀλκμεωνίδαι ἦσαν μὲν καὶ τὰ ἀνέκαθεν λαμπροὶ ἐν τῇσι Ἀθήνῃσι, ἀπὸ δὲ Ἀλκμέωνος καὶ αὖτις Μεγακλέος ἐγένοντο καὶ κάρτα λαμπροί. τοῦτο μὲν γὰρ Ἀλκμέων ὁ Μεγακλέος τοῖσι ἐκ Σαρδίων Λυδοῖσι παρὰ Κροίσου ἀπικνεομένοισι ἐπὶ τὸ χρηστήριον τὸ ἐν Δελφοῖσι συμπρήκτωρ τε ἐγίνετο καὶ συνελάμβανε προθύμως, καί μιν Κροῖσος πυθόμενος τῶν Λυδῶν τῶν ἐς τὰ χρηστήρια φοιτεόντων ἑωυτὸν εὖ ποιεῖν μεταπέμπεται ἐς Σάρδις, ἀπικόμενον δὲ δωρεῖται χρυσῷ, τὸν ἂν δύνηται τῷ ἑωυτοῦ σώματι ἐξενείκασθαι ἐσάπαξ. ὁ δὲ Ἀλκμέων πρὸς τὴν δωρεὴν ἐοῦσαν τοιαύτην τοιάδε ἐπιτηδεύσας προσέφερε· ἐνδὺς κιθῶνα μέγαν καὶ κόλπον πολλὸν καταλιπόμενος τοῦ κιθῶνος, κοθόρνους τε τοὺς εὕρισκε εὐρυτάτους ἐόντας ὑποδησάμενος ἤε ἐς τὸν θησαυρὸν ἐς τόν οἱ κατηγέοντο, ἐσπεσὼν δὲ ἐς σωρὸν ψήγματος πρῶτα μὲν παρέσαξε παρὰ τὰς κνήμας ὅσον ἐχώρεον οἱ κόθορνοι, μετὰ δὲ τὸν κόλπον πάντα πλησάμενος χρυσοῦ καὶ ἐς τὰς τρίχας τῆς κεφαλῆς διαπάσας τοῦ ψήγματος καὶ ἄλλο λαβὼν ἐς τὸ στόμα ἐξῆε ἐκ τοῦ θησαυροῦ, ἕλκων μὲν μόγις τοὺς κοθόρνους, παντὶ δέ τεῳ οἰκὼς μᾶλλον ἢ ἀνθρώπῳ· τοῦ τό τε στόμα ἐβέβυστο καὶ πάντα ἐξώγκωτο. ἰδόντα δὲ τὸν Κροῖσον γέλως ἐσῆλθε, καί οἱ πάντα τε ἐκεῖνα διδοῖ καὶ πρὸς ἕτερα δωρεῖται οὐκ ἐλάσσω ἐκείνων. οὕτω μὲν ἐπλούτησε ἡ οἰκίη αὕτη μεγάλως, καὶ ὁ Ἀλκμέων οὗτος οὕτω τεθριπποτροφήσας Ὀλυμπιάδα ἀναιρεῖται.   VI. 125.

227. πρὸς ταῦτα Δημάρητος λέγει· "ὦ βασιλεῦ, ἀρχῆθεν ἠπιστάμην, ὅτι ἀληθείῃ χρεώμενος οὐ φίλα τοι ἐρέω, σὺ δὲ ἐπεὶ ἠνάγκασας λέγειν τῶν λόγων τοὺς ἀληθεστάτους, ἔλεγον τὰ κατήκοντα Σπαρτιήτῃσι. καίτοι ὡς ἐγὼ τυγχάνω τὰ νῦν τάδε ἐστοργὼς ἐκείνους, αὐτὸς μάλιστα ἐξεπίστεαι, οἵ με τιμήν τε καὶ γέρεα ἀπελόμενοι πατρώϊα ἄπολίν τε καὶ φυγάδα πεποιήκασι· πατὴρ δὲ ὁ σὸς ὑποδεξάμενος βίον τέ μοι καὶ οἶκον δέδωκε. οὐκ ὦν οἰκός ἐστι ἄνδρα τὸν σώφρονα εὐνοίην φαινομένην διωθεῖσθαι, ἀλλὰ στέργειν μάλιστα. ἐγὼ δὲ οὔτε δέκα ἀνδράσι ὑπίσχομαι οἷός τε εἶναι μάχεσθαι οὔτε δυοῖσι, ἑκών τε εἶναι οὐδ᾽ ἂν μουνομαχέοιμι. εἰ δὲ ἀναγκαίη εἴη ἢ μέγας τις ὁ ἐποτρύνων ἀγών, μαχοίμην ἂν πάντων ἥδιστα ἑνὶ τούτων τῶν ἀνδρῶν, οἳ Ἑλλήνων ἕκαστός φησι τριῶν ἄξιος εἶναι. ὣς δὲ καὶ Λακεδαιμόνιοι κατὰ μὲν ἕνα μαχόμενοι οὐδαμῶν εἰσὶ κακίονες ἀνδρῶν, ἀλέες δὲ ἄριστοι ἀνδρῶν ἁπάντων. ἐλεύθεροι γὰρ ἐόντες οὐ πάντα ἐλεύθεροί εἰσι· ἔπεστι γάρ σφι δεσπότης νόμος, τὸν ὑποδειμαίνουσι πολλῷ ἔτι μᾶλλον ἢ οἱ σοὶ σέ. ποιεῦσι γῶν τὰ ἂν ἐκεῖνος ἀνώγῃ· ἀνώγει δὲ τὠυτὸ αἰεί, οὐκ ἐῶν φεύγειν οὐδὲν πλῆθος ἀνθρώπων ἐκ μάχης, ἀλλὰ μένοντας ἐν τῇ τάξι ἐπικρατεῖν ἢ ἀπόλλυσθαι. σοὶ δὲ εἰ φαίνομαι ταῦτα λέγων φλυηρεῖν, τἆλλα σιγᾶν ἐθέλω τὸ λοιπόν, νῦν δὲ ἀναγκασθεὶς ἔλεξα. γένοιτο μέντοι κατὰ νόον τοι, βασιλεῦ." ὁ μὲν δὴ ταῦτα ἀμείψατο, Ξέρξης δὲ ἐς γέλωτά τε ἔτρεψε καὶ οὐκ ἐποιήσατο ὀργὴν οὐδεμίαν ἀλλ᾽ ἠπίως αὐτὸν ἀπεπέμψατο. VII. 104.

Herodotus

228. ἐνθαῦτα ἀναγκαίῃ ἐξέργομαι γνώμην ἀποδέξασθαι ἐπίφθονον μὲν πρὸς τῶν πλεόνων ἀνθρώπων, ὅμως δέ, τῇ γ᾽ ἐμοὶ φαίνεται εἶναι ἀληθές, οὐκ ἐπισχήσω. εἰ Ἀθηναῖοι καταρρωδήσαντες τὸν ἐπιόντα κίνδυνον ἐξέλιπον τὴν σφετέρην, ἢ καὶ μὴ ἐκλιπόντες ἀλλὰ μείναντες ἔδοσαν σφέας αὐτοὺς Ξέρξῃ, κατὰ τὴν θάλασσαν οὐδαμοὶ ἂν ἐπειρῶντο ἀντιεύμενοι βασιλεῖ. εἰ τοίνυν κατὰ τὴν θάλασσαν μηδεὶς ἠντιοῦτο Ξέρξῃ, κατά γε ἂν τὴν ἤπειρον τοιάδε ἐγίνετο· εἰ καὶ πολλοὶ τειχέων κιθῶνες ἦσαν ἐληλαμένοι διὰ τοῦ Ἰσθμοῦ Πελοποννησίοισι, προδοθέντες ἂν Λακεδαιμόνιοι ὑπὸ τῶν συμμάχων οὐκ ἑκόντων, ἀλλ᾽ ὑπ᾽ ἀναγκαίης, κατὰ πόλις ἁλισκομένων ὑπὸ τοῦ ναυτικοῦ στρατοῦ τοῦ βαρβάρου, ἐμουνώθησαν· μουνωθέντες δὲ ἂν καὶ ἀποδεξάμενοι ἔργα μεγάλα ἀπέθανον γενναίως. ἢ ταῦτα ἂν ἔπαθον ἢ πρὸ τοῦ ὁρῶντες ἂν καὶ τοὺς ἄλλους Ἕλληνας μηδίζοντας ὁμολογίῃ ἂν ἐχρήσαντο πρὸς Ξέρξην. καὶ οὕτω ἂν ἐπ᾽ ἀμφότερα ἡ Ἑλλὰς ἐγίνετο ὑπὸ Πέρσῃσι. τὴν γὰρ ὠφελίην τὴν τῶν τειχέων τῶν διὰ τοῦ Ἰσθμοῦ ἐληλαμένων οὐ δύναμαι πυθέσθαι ἥτις ἂν ἦν βασιλέος ἐπικρατέοντος τῆς θαλάσσης. νῦν δὲ Ἀθηναίους ἄν τις λέγων σωτῆρας γενέσθαι τῆς Ἑλλάδος οὐκ ἂν ἁμαρτάνοι τἀληθέος· οὗτοι γὰρ ἐπὶ ὁκότερα τῶν πρηγμάτων ἐτράποντο, ταῦτα ῥέψειν ἔμελλε. ἑλόμενοι δὲ τὴν Ἑλλάδα περιεῖναι ἐλευθέρην, τοῦτο τὸ Ἑλληνικὸν πᾶν τὸ λοιπόν, ὅσον μὴ ἐμήδισε, αὐτοὶ οὗτοι ἦσαν οἱ ἐπεγείραντες καὶ βασιλέα μετά γε θεοὺς ἀνωσάμενοι. οὐδέ σφεας χρηστήρια φοβερὰ ἐλθόντα ἐκ Δελφῶν καὶ ἐς δεῖμα βαλόντα ἔπεισε ἐκλιπεῖν τὴν Ἑλλάδα, ἀλλὰ καταμείναντες ἀνέσχοντο τὸν ἐπιόντα ἐπὶ τὴν χώρην δέξασθαι.

VII. 139.

Herodotus

229. ἐνθαῦτα Θεμιστοκλῆς ὡς ἐσσοῦτο τῇ γνώμῃ ὑπὸ τῶν Πελοποννησίων λαθὼν ἐξέρχεται ἐκ τοῦ συνεδρίου, ἐξελθὼν δὲ πέμπει ἐς τὸ στρατόπεδον τὸ Μήδων ἄνδρα πλοίῳ, ἐντειλάμενος τὰ λέγειν χρεόν, τῷ ὄνομα μὲν ἦν Σίκιννος, οἰκέτης δὲ καὶ παιδαγωγὸς ἦν τῶν Θεμιστοκλέος παίδων, τὸν δὴ ὕστερον τούτων τῶν πρηγμάτων Θεμιστο-κλῆς Θεσπιέα τε ἐποίησε, ὡς ἐπεδέκοντο οἱ Θεσπιέες πολιήτας, καὶ χρήμασι ὄλβιον. ὃς τότε πλοίῳ ἀπικόμενος ἔλεγε πρὸς τοὺς στρατηγοὺς τῶν βαρβάρων τάδε· "ἔπεμψέ με στρατηγὸς ὁ Ἀθηναίων λάθρῃ τῶν ἄλλων Ἑλλήνων (τυγ-χάνει γὰρ φρονέων τὰ βασιλέος καὶ βουλόμενος μᾶλλον τὰ ὑμέτερα κατύπερθε γίνεσθαι ἢ τὰ τῶν Ἑλλήνων πρήγματα) φράσοντα, ὅτι οἱ Ἕλληνες δρησμὸν βουλεύονται καταρρω-δηκότες, καὶ νῦν παρέχει κάλλιστον ὑμέας ἔργον ἁπάντων ἐξεργάσασθαι, ἢν μὴ περιίδητε διαδράντας αὐτούς. οὔτε γὰρ ἀλλήλοισι ὁμοφρονέουσι οὔτ' ἔτι ἀντιστήσονται ὑμῖν, πρὸς ἑωυτούς τε σφέας ὄψεσθε ναυμαχέοντας τοὺς τὰ ὑμέτερα φρονέοντας καὶ τοὺς μή."   VIII. 75.

230. ὡς δὲ ἐνέβαλέ τε καὶ κατέδυσε, εὐτυχίῃ χρησαμένη διπλόα ἑωυτὴν ἀγαθὰ ἐργάσατο· ὅ τε γὰρ τῆς Ἀττικῆς νεὸς τριήραρχος ὡς εἶδέ μιν ἐμβάλλουσαν νηὶ ἀνδρῶν βαρβάρων, νομίσας τὴν νέα τὴν Ἀρτεμισίης ἢ Ἑλληνίδα εἶναι ἢ αὐτομολεῖν ἐκ τῶν βαρβάρων καὶ αὐτοῖσι ἀμύνειν, ἀποστρέψας πρὸς ἄλλας ἐτράπετο. τοῦτο μὲν τοιοῦτο αὐτῇ συνήνεικε γενέσθαι διαφυγεῖν τε καὶ μὴ ἀπολέσθαι, τοῦτο δὲ συνέβη ὥστε κακὸν ἐργασαμένην ἀπὸ τούτων αὐτὴν μάλιστα εὐδοκιμῆσαι παρὰ Ξέρξῃ. λέγεται γὰρ βασιλέα θηεύμενον μαθεῖν τὴν νέα ἐμβαλοῦσαν καὶ δή τινι εἶπαι τῶν παρεόντων· "οἱ μὲν ἄνδρες γεγόνασί μοι γυναῖκες, αἱ δὲ γυναῖκες ἄνδρες."   id. 87.

231. ἐν δὲ Πλαταιῇσι ἐν τῷ στρατοπέδῳ τῶν Αἰγινη-
τέων ἦν Λάμπων ὁ Πυθέω, Αἰγινητέων τὰ πρῶτα,
ὃς ἀνοσιώτατον ἔχων λόγον ἵετο πρὸς Παυσανίην, ἀπικό-
μενος δὲ σπουδῇ ἔλεγε τάδε· "ὦ παῖ Κλεομβρότου, ἔργον
ἔργασταί τοι ὑπερφυὲς μέγαθός τε καὶ κάλλος, καί τοι
θεὸς παρέδωκε ῥυσάμενον τὴν Ἑλλάδα κλέος καταθέσθαι
μέγιστον Ἑλλήνων τῶν ἡμεῖς ἴδμεν. σὺ δὲ καὶ τὰ λοιπὰ
τὰ ἐπὶ τούτοισι ποίησον, ὅκως λόγος τέ σε ἔχῃ ἔτι μέζων
καί τις ὕστερον φυλάσσηται τῶν βαρβάρων μὴ ὑπάρχειν
ἔργα ἀτάσθαλα ποιέων ἐς τοὺς Ἕλληνας. Λεωνίδεω γὰρ
ἀποθανόντος ἐν Θερμοπύλῃσι Μαρδόνιός τε καὶ Ξέρξης
ἀποταμόντες τὴν κεφαλὴν ἀνεσταύρωσαν. τῷ σὺ τὴν
ὁμοίην ἀποδιδοὺς ἔπαινον ἕξεις πρῶτα μὲν ὑπὸ πάντων
Σπαρτιητέων, αὖτις δὲ καὶ πρὸς τῶν ἄλλων Ἑλλήνων.
Μαρδόνιον γὰρ ἀνασκολοπίσας τετιμωρήσεαι ἐς πάτρων
τὸν σὸν Λεωνίδην." ὁ μὲν δοκέων χαρίζεσθαι ἔλεγε τάδε,
ὁ δ' ἀνταμείβετο τοισίδε· "ὦ ξεῖνε Αἰγινῆτα, τὸ μὲν εὐνοεῖν
τε καὶ προορᾶν ἄγαμαί σευ, γνώμης μέντοι ἡμάρτηκας
χρηστῆς. ἐξαείρας γάρ με ὑψοῦ καὶ τὴν πάτρην καὶ τὸ
ἔργον, ἐς τὸ μηδὲν κατέβαλες παραινέων νεκρῷ λυμαίνεσθαι,
καὶ ἢν ταῦτα ποιέω, φὰς ἄμεινόν με ἀκούσεσθαι. τὰ
πρέπει μᾶλλον βαρβάροισι ποιεῖν ἤπερ Ἕλλησι· καὶ ἐκεί-
νοισι δὲ ἐπιφθονέομεν. ἐγὼ δ' ὦν τούτου εἵνεκεν μήτε
Αἰγινήτῃσι ἅδοιμι μήτε τοῖσι ταῦτὰ ἀρέσκεται, ἀποχρᾷ
δέ μοι Σπαρτιήτῃσι ἀρεσκόμενον ὅσια μὲν ποιεῖν, ὅσια δὲ
καὶ λέγειν. Λεωνίδῃ δέ, τῷ με κελεύεις τιμωρῆσαι, φημὶ
μεγάλως τετιμωρῆσθαι, ψυχῇσί τε τῇσι τῶνδε ἀναριθμήτοισι
τετίμηται αὐτός τε καὶ οἱ ἄλλοι οἱ ἐν Θερμοπύλῃσι τελευ-
τήσαντες. σὺ μέντοι ἔτι ἔχων λόγον τοιόνδε μήτε προσ-
έλθῃς ἔμοιγε μήτε συμβουλεύσῃς, χάριν τε ἴσθι ἐὼν
ἀπαθής."   IX. 78.

232. ὡς δὲ ἄρα παρεσκεύαστο τοῖσι Ἕλλησι, προσῇσαν πρὸς τοὺς βαρβάρους. ἰοῦσι δέ σφι φήμη τε ἐσέπτατο ἐς τὸ στρατόπεδον πᾶν καὶ κηρυκήιον ἐφάνη ἐπὶ τῆς κυματωγῆς κείμενον. ἡ δὲ φήμη διῆλθέ σφι ὧδε, ὡς οἱ Ἕλληνες τὴν Μαρδονίου στρατιὴν νικῷεν ἐν Βοιωτοῖσι μαχόμενοι. δῆλα δὴ πολλοῖσι τεκμηρίοισί ἐστι τὰ θεῖα τῶν πρηγμάτων, εἴ περ τότε, τῆς αὐτῆς ἡμέρης συμπίπτοντος τοῦ τε ἐν Πλαταιῇσι καὶ τοῦ ἐν Μυκάλῃ μέλλοντος ἔσεσθαι τρώματος, φήμη τοῖσι Ἕλλησι τοῖσι ταύτῃ ἐσαπίκετο, ὥστε θαρσῆσαί τε τὴν στρατιὴν πολλῷ μᾶλλον καὶ ἐθέλειν προθυμότερον κινδυνεύειν.

τοῖσι μέν νυν Ἀθηναίοισι καὶ τοῖσι προσεχέσι τούτοισι τεταγμένοισι μέχρι κου τῶν ἡμισέων ἡ ὁδὸς ἐγίνετο κατ' αἰγιαλόν τε καὶ ἄπεδον χῶρον, τοῖσι δὲ Λακεδαιμονίοισι καὶ τοῖσι ἐπεξῆς τούτοισι τεταγμένοισι κατά τε χαράδρην καὶ οὔρεα. ἐν ᾧ δὲ οἱ Λακεδαιμόνιοι περιῇσαν, οὗτοι οἱ ἐπὶ τῷ ἑτέρῳ κέρεϊ καὶ δὴ ἐμάχοντο. ἕως μέν νυν τοῖσι Πέρσῃσι ὄρθια ἦν τὰ γέρρα, ἠμύνοντό τε καὶ οὐδὲν ἔλασσον εἶχον τῇ μάχῃ, ἐπείτε δὲ τῶν Ἀθηναίων καὶ τῶν προσεχέων ὁ στρατός, ὅκως ἑωυτῶν γένηται τὸ ἔργον καὶ μὴ Λακεδαιμονίων, παρακελευσάμενοι ἔργου εἴχοντο προθυμότερον, ἐνθεῦτεν ἤδη ἑτεροιοῦτο τὸ πρῆγμα. διωσάμενοι γὰρ τὰ γέρρα οὗτοι φερόμενοι ἐσέπεσον ἀλέες ἐς τοὺς Πέρσας, οἱ δὲ δεξάμενοι καὶ χρόνον συχνὸν ἀμυνόμενοι τέλος ἔφευγον ἐς τὸ τεῖχος. Ἀθηναῖοι δὲ καὶ Κορίνθιοι καὶ Σικυώνιοι καὶ Τροιζήνιοι (οὗτοι γὰρ ἦσαν ἐπεξῆς τεταγμένοι) συνεπισπόμενοι συνεσέπιπτον ἐς τὸ τεῖχος. ὡς δὲ καὶ τὸ τεῖχος ἀραίρητο, οὔτ' ἔτι πρὸς ἀλκὴν ἐτράποντο οἱ βάρβαροι, πρὸς φυγήν τε ὁρμέατο οἱ ἄλλοι πλὴν Περσέων. οὗτοι δὲ κατ' ὀλίγους γινόμενοι ἐμάχοντο τοῖσι αἰεὶ ἐς τὸ τεῖχος ἐσπίπτουσι Ἑλλήνων.

IX. 100.

Thucydides.

233. καὶ ὅσα μὲν λόγῳ εἶπον ἕκαστοι ἢ μέλλοντες πολεμή-
σειν ἢ ἐν αὐτῷ ἤδη ὄντες, χαλεπὸν τὴν ἀκρίβειαν αὐτὴν τῶν
λεχθέντων διαμνημονεῦσαι ἦν ἐμοί τε ὧν αὐτὸς ἤκουσα
καὶ τοῖς ἄλλοθέν ποθεν ἐμοὶ ἀπαγγέλλουσιν· ὡς δ' ἂν
ἐδόκουν ἐμοὶ ἕκαστοι περὶ τῶν ἀεὶ παρόντων τὰ δέοντα
μάλιστ' εἰπεῖν, ἐχομένῳ ὅτι ἐγγύτατα τῆς ξυμπάσης γνώμης
τῶν ἀληθῶς λεχθέντων, οὕτως εἴρηται· τὰ δ' ἔργα τῶν
πραχθέντων ἐν τῷ πολέμῳ οὐκ ἐκ τοῦ παρατυχόντος πυνθα-
νόμενος ἠξίωσα γράφειν οὐδ' ὡς ἐμοὶ ἐδόκει, ἀλλ' οἷς τε
αὐτὸς παρῆν καὶ παρὰ τῶν ἄλλων ὅσον δυνατὸν ἀκριβείᾳ
περὶ ἑκάστου ἐπεξελθών. ἐπιπόνως δὲ ηὑρίσκετο, διότι
οἱ παρόντες τοῖς ἔργοις ἑκάστοις οὐ ταὐτὰ περὶ τῶν αὐτῶν
ἔλεγον, ἀλλ' ὡς ἑκατέρων τις εὐνοίας ἢ μνήμης ἔχοι. καὶ
ἐς μὲν ἀκρόασιν ἴσως τὸ μὴ μυθῶδες αὐτῶν ἀτερπέστερον
φανεῖται· ὅσοι δὲ βουλήσονται τῶν τε γενομένων τὸ σαφὲς
σκοπεῖν καὶ τῶν μελλόντων ποτὲ αὖθις κατὰ τὸ ἀνθρώπειον
τοιούτων καὶ παραπλησίων ἔσεσθαι, ὠφέλιμα κρίνειν αὐτὰ
ἀρκούντως ἕξει. κτῆμά τε ἐς ἀεὶ μᾶλλον ἢ ἀγώνισμα ἐς
τὸ παραχρῆμα ἀκούειν ξύγκειται.   I. 22.

234. δεκάτῳ δὲ ἔτει μετ' αὐτὴν αὖθις ὁ βάρβαρος τῷ
μεγάλῳ στόλῳ ἐπὶ τὴν Ἑλλάδα δουλωσόμενος ἦλθε. καὶ
μεγάλου κινδύνου ἐπικρεμασθέντος οἵ τε Λακεδαιμόνιοι
τῶν ξυμπολεμησάντων Ἑλλήνων ἡγήσαντο δυνάμει πρού-
χοντες, καὶ οἱ Ἀθηναῖοι ἐπιόντων τῶν Μήδων διανοηθέντες
ἐκλιπεῖν τὴν πόλιν καὶ ἀνασκευασάμενοι ἐς τὰς ναῦς ἐσ-
βάντες ναυτικοὶ ἐγένοντο. κοινῇ τε ἀπωσάμενοι τὸν βάρ-
βαρον ὕστερον οὐ πολλῷ διεκρίθησαν πρός τε Ἀθηναίους
καὶ Λακεδαιμονίους οἵ τε ἀποστάντες βασιλέως Ἕλληνες
καὶ οἱ ξυμπολεμήσαντες· δυνάμει γὰρ ταῦτα μέγιστα διε-
φάνη· ἴσχυον γὰρ οἱ μὲν κατὰ γῆν, οἱ δὲ ναυσί.   I. 18.

147

235. τοιαῦτα δὲ καὶ οἱ Κορίνθιοι εἶπον. Ἀθηναῖοι δὲ ἀκούσαντες ἀμφοτέρων, γενομένης καὶ δὶς ἐκκλησίας, τῇ μὲν προτέρᾳ οὐχ ἧσσον τῶν Κορινθίων ἀπεδέξαντο τοὺς λόγους, ἐν δὲ τῇ ὑστεραίᾳ μετέγνωσαν Κερκυραίοις ξυμμαχίαν μὲν μὴ ποιήσασθαι ὥστε τοὺς αὐτοὺς ἐχθροὺς καὶ φίλους νομίζειν· εἰ γὰρ ἐπὶ Κόρινθον ἐκέλευον σφίσιν οἱ Κερκυραῖοι ξυμπλεῖν, ἐλύοντ' ἂν αὐτοῖς αἱ πρὸς Πελοποννησίους σπονδαί· ἐπιμαχίαν δὲ ἐποιήσαντο τῇ ἀλλήλων βοηθεῖν ἐάν τις ἐπὶ Κέρκυραν ἴῃ ἢ Ἀθήνας ἢ τοὺς τούτων ξυμμάχους. ἐδόκει γὰρ ὁ πρὸς Πελοποννησίους πόλεμος καὶ ὣς ἔσεσθαι αὐτοῖς, καὶ τὴν Κέρκυραν ἐβούλοντο μὴ προέσθαι Κορινθίοις ναυτικὸν ἔχουσαν τοσοῦτον, ξυγκρούειν δὲ ὅτι μάλιστα αὐτοὺς ἀλλήλοις, ἵνα ἀσθενεστέροις οὖσιν, ἤν τι δέῃ, Κορινθίοις τε καὶ τοῖς ἄλλοις ναυτικὸν ἔχουσιν ἐς πόλεμον καθιστῶνται. ἅμα δὲ τῆς τε Ἰταλίας καὶ Σικελίας καλῶς ἐφαίνετο αὐτοῖς ἡ νῆσος ἐν παράπλῳ κεῖσθαι.

τοιαύτῃ μὲν γνώμῃ οἱ Ἀθηναῖοι τοὺς Κερκυραίους προσεδέξαντο, καὶ τῶν Κορινθίων ἀπελθόντων οὐ πολὺ ὕστερον δέκα ναῦς αὐτοῖς ἀπέστειλαν βοηθούς· ἐστρατήγει δὲ αὐτῶν Λακεδαιμόνιός τε ὁ Κίμωνος καὶ Διότιμος ὁ Στρομβίχου καὶ Πρωτέας ὁ Ἐπικλέους. προεῖπον δὲ αὐτοῖς μὴ ναυμαχεῖν Κορινθίοις, ἢν μὴ ἐπὶ Κέρκυραν πλέωσι καὶ μέλλωσιν ἀποβαίνειν ἢ ἐς τῶν ἐκείνων τι χωρίων· οὕτω δὲ κωλύειν κατὰ δύναμιν. προεῖπον δὲ ταῦτα τοῦ μὴ λύειν ἕνεκα τὰς σπονδάς. αἱ μὲν δὴ νῆες ἀφικνοῦνται ἐς τὴν Κέρκυραν. οἱ δὲ Κορίνθιοι, ἐπειδὴ αὐτοῖς παρεσκεύαστο, ἔπλεον ἐπὶ τὴν Κέρκυραν ναυσὶ πεντήκοντα καὶ ἑκατόν. οἱ δὲ Κερκυραῖοι ὡς ᾔσθοντο αὐτοὺς προσπλέοντας, πληρώσαντες δέκα καὶ ἑκατὸν ναῦς, ὧν ἦρχε Μεικιάδης καὶ Αἰσιμίδης καὶ Εὐρύβατος, ἐστρατοπεδεύσαντο ἐν μιᾷ τῶν νήσων αἳ καλοῦνται Σύβοτα· καὶ αἱ Ἀττικαὶ δέκα παρῆσαν.   I. 44.

236. ξυμμείξαντες δέ, ἐπειδὴ τὰ σημεῖα ἑκατέροις ἤρθη, ἐναυμάχουν, πολλοὺς μὲν ὁπλίτας ἔχοντες ἀμφότεροι ἐπὶ τῶν καταστρωμάτων, πολλοὺς δὲ τοξότας τε καὶ ἀκοντιστάς, τῷ παλαιῷ τρόπῳ ἀπειρότερον ἔτι παρεσκευασμένοι. ἦν τε ἡ ναυμαχία καρτερά, τῇ μὲν τέχνῃ οὐχ ὁμοίως, πεζομαχίᾳ δὲ τὸ πλέον προσφερὴς οὖσα. ἐπειδὴ γὰρ προσβάλλοιεν ἀλλήλοις, οὐ ῥᾳδίως ἀπελύοντο ὑπό τε πλήθους καὶ ὄχλου τῶν νεῶν καὶ μᾶλλόν τι πιστεύοντες τοῖς ἐπὶ τοῦ καταστρώματος ὁπλίταις ἐς τὴν νίκην, οἳ καταστάντες ἐμάχοντο ἡσυχαζουσῶν τῶν νεῶν· διέκπλοι δ' οὐκ ἦσαν, ἀλλὰ θυμῷ καὶ ῥώμῃ τὸ πλέον ἐναυμάχουν ἢ ἐπιστήμῃ. πανταχῇ μὲν οὖν πολὺς θόρυβος καὶ ταραχώδης ἦν ἡ ναυμαχία, ἐν ᾗ αἱ Ἀττικαὶ νῆες παραγιγνόμεναι τοῖς Κερκυραίοις εἴ πῃ πιέζοιντο φόβον μὲν παρεῖχον τοῖς ἐναντίοις, μάχης δὲ οὐκ ἦρχον δεδιότες οἱ στρατηγοὶ τὴν πρόρρησιν τῶν Ἀθηναίων.

I. 49.

237. καὶ ὁ μὲν Ἀρχίδαμος τοιαῦτα εἶπε· παρελθὼν δὲ Σθενελαΐδας τελευταῖος, εἷς τῶν ἐφόρων τότε ὤν, ἔλεξεν ἐν τοῖς Λακεδαιμονίοις ὧδε. "τοὺς μὲν λόγους τοὺς πολλοὺς τῶν Ἀθηναίων οὐ γιγνώσκω· ἐπαινέσαντες γὰρ πολλὰ ἑαυτοὺς οὐδαμοῦ ἀντεῖπον ὡς οὐκ ἀδικοῦσι τοὺς ἡμετέρους ξυμμάχους καὶ τὴν Πελοπόννησον· καίτοι εἰ πρὸς τοὺς Μήδους ἐγένοντο ἀγαθοὶ τότε, πρὸς δ' ἡμᾶς κακοὶ νῦν, διπλασίας ζημίας ἄξιοί εἰσιν, ὅτι ἀντ' ἀγαθῶν κακοὶ γεγένηνται. ἡμεῖς δὲ ὁμοῖοι καὶ τότε καὶ νῦν ἐσμεν, καὶ τοὺς ξυμμάχους, ἢν σωφρονῶμεν, οὐ περιοψόμεθα ἀδικουμένους οὐδὲ μελλήσομεν τιμωρεῖν· οἱ δ' οὐκέτι μέλλουσι κακῶς πάσχειν. ἄλλοις μὲν γὰρ χρήματά ἐστι πολλὰ καὶ νῆες καὶ ἵπποι, ἡμῖν δὲ ξύμμαχοι ἀγαθοί, οὓς οὐ παραδοτέα τοῖς Ἀθηναίοις ἐστίν, οὐδὲ δίκαις καὶ λόγοις διακριτέα μὴ λόγῳ καὶ αὐτοὺς βλαπτομένους, ἀλλὰ τιμωρητέα ἐν τάχει καὶ παντὶ σθένει."

id. 85.

Thucydides

238. Ἰνάρως δὲ ὁ Ψαμμιτίχου, Λίβυς, βασιλεὺς Λιβύων τῶν πρὸς Αἰγύπτῳ, ὁρμώμενος ἐκ Μαρείας τῆς ὑπὲρ Φάρου πόλεως ἀπέστησεν Αἰγύπτου τὰ πλέω ἀπὸ βασιλέως Ἀρταξέρξου, καὶ αὐτὸς ἄρχων γενόμενος Ἀθηναίους ἐπηγάγετο. οἱ δέ (ἔτυχον γὰρ ἐς Κύπρον στρατευόμενοι ναυσὶ διακοσίαις αὐτῶν τε καὶ τῶν ξυμμάχων) ἦλθον ἀπολιπόντες τὴν Κύπρον, καὶ ἀναπλεύσαντες ἀπὸ θαλάσσης ἐς τὸν Νεῖλον τοῦ τε ποταμοῦ κρατοῦντες καὶ τῆς Μέμφιδος τῶν δύο μερῶν πρὸς τὸ τρίτον μέρος ὃ καλεῖται Λευκὸν τεῖχος ἐπολέμουν· ἐνῆσαν δὲ αὐτόθι Περσῶν καὶ Μήδων οἱ καταφυγόντες καὶ Αἰγυπτίων οἱ μὴ ξυναποστάντες.

οἱ δ' ἐν τῇ Αἰγύπτῳ Ἀθηναῖοι καὶ οἱ ξύμμαχοι ἐπέμενον καὶ αὐτοῖς πολλαὶ ἰδέαι πολέμων κατέστησαν. τὸ μὲν γὰρ πρῶτον ἐκράτουν τῆς Αἰγύπτου οἱ Ἀθηναῖοι, καὶ βασιλεὺς πέμπει ἐς Λακεδαίμονα Μεγάβαζον ἄνδρα Πέρσην χρήματα ἔχοντα, ὅπως ἐς τὴν Ἀττικὴν ἐσβαλεῖν πεισθέντων τῶν Πελοποννησίων ἀπ' Αἰγύπτου ἀπαγάγοι Ἀθηναίους. ὡς δὲ αὐτῷ οὐ προυχώρει καὶ τὰ χρήματα ἄλλως ἀνηλοῦτο, ὁ μὲν Μεγάβαζος καὶ τὰ λοιπὰ τῶν χρημάτων πάλιν ἐς τὴν Ἀσίαν ἐκομίσθη, Μεγάβυζον δὲ τὸν Ζωπύρου πέμπει ἄνδρα Πέρσην μετὰ στρατιᾶς πολλῆς· ὃς ἀφικόμενος κατὰ γῆν τούς τε Αἰγυπτίους καὶ τοὺς ξυμμάχους μάχῃ ἐκράτησε καὶ ἐκ τῆς Μέμφιδος ἐξήλασε τοὺς Ἕλληνας καὶ τέλος ἐς Προσωπίτιδα τὴν νῆσον κατέκλῃσε καὶ ἐπολιόρκει ἐν αὐτῇ ἐνιαυτὸν καὶ ἓξ μῆνας, μέχρι οὗ ξηράνας τὴν διώρυχα καὶ παρατρέψας ἄλλῃ τὸ ὕδωρ τάς τε ναῦς ἐπὶ τοῦ ξηροῦ ἐποίησε καὶ τῆς νήσου τὰ πολλὰ ἤπειρον, καὶ διαβὰς εἷλε τὴν νῆσον πεζῇ. I. 104.

Thucydides

239. γενομένης δὲ μάχης ἐν Τανάγρᾳ τῆς Βοιωτίας ἐνίκων Λακεδαιμόνιοι καὶ οἱ ξύμμαχοι, καὶ φόνος ἐγένετο ἀμφοτέρων πολύς. καὶ Λακεδαιμόνιοι μὲν ἐς τὴν Μεγαρίδα ἐλθόντες καὶ δενδροτομήσαντες πάλιν ἀπῆλθον ἐπ' οἴκου διὰ Γερανείας καὶ Ἰσθμοῦ· Ἀθηναῖοι δὲ δευτέρᾳ καὶ ἑξηκοστῇ ἡμέρᾳ μετὰ τὴν μάχην ἐστράτευσαν ἐς Βοιωτοὺς Μυρωνίδου στρατηγοῦντος, καὶ μάχῃ ἐν Οἰνοφύτοις τοὺς Βοιωτοὺς νικήσαντες τῆς τε χώρας ἐκράτησαν τῆς Βοιωτίας καὶ Φωκίδος καὶ Ταναγραίων τὸ τεῖχος περιεῖλον καὶ Λοκρῶν τῶν Ὀπουντίων ἑκατὸν ἄνδρας ὁμήρους τοὺς πλουσιωτάτους ἔλαβον, τά τε τείχη τὰ ἑαυτῶν τὰ μακρὰ ἀπετέλεσαν. ὡμολόγησαν δὲ καὶ οἱ Αἰγινῆται μετὰ ταῦτα τοῖς Ἀθηναίοις τείχη τε περιελόντες καὶ ναῦς παραδόντες φόρον τε ταξάμενοι ἐς τὸν ἔπειτα χρόνον.   I. 108.

240. πλεύσαντες οὖν Ἀθηναῖοι ἐς Σάμον ναυσὶ τεσσαράκοντα δημοκρατίαν κατέστησαν καὶ ὁμήρους ἔλαβον τῶν Σαμίων πεντήκοντα μὲν παῖδας, ἴσους δὲ ἄνδρας, καὶ κατέθεντο ἐς Λῆμνον καὶ φρουρὰν ἐγκαταλιπόντες ἀνεχώρησαν. τῶν δὲ Σαμίων ἦσαν γάρ τινες οἳ οὐχ ὑπέμενον ἀλλ' ἔφυγον ἐς τὴν ἤπειρον, ξυνθέμενοι τῶν ἐν τῇ πόλει τοῖς δυνατωτάτοις καὶ Πισσούθνῃ τῷ Ὑστάσπου ξυμμαχίαν, ὃς εἶχε Σάρδεις τότε, ἐπικούρους τε ξυλλέξαντες ἐς ἑπτακοσίους διέβησαν ὑπὸ νύκτα ἐς τὴν Σάμον, καὶ πρῶτον μὲν τῷ δήμῳ ἐπανέστησαν καὶ ἐκράτησαν τῶν πλείστων, ἔπειτα τοὺς ὁμήρους κλέψαντες ἐκ Λήμνου τοὺς αὑτῶν ἀπέστησαν καὶ τοὺς φρουροὺς τοὺς Ἀθηναίων καὶ τοὺς ἄρχοντας οἳ ἦσαν παρὰ σφίσιν ἐξέδοσαν Πισσούθνῃ, ἐπί τε Μίλητον εὐθὺς παρεσκευάζοντο στρατεύειν. ξυναπέστησαν δὲ αὐτοῖς καὶ Βυζάντιοι.   id. 115.

Thucydides

241. Κύλων ἦν Ἀθηναῖος ἀνὴρ Ὀλυμπιονίκης τῶν πάλαι εὐγενής τε καὶ δυνατός· ἐγεγαμήκει δὲ θυγατέρα Θεαγένους Μεγαρέως ἀνδρός, ὃς κατ' ἐκεῖνον τὸν χρόνον ἐτυράννει Μεγάρων. χρωμένῳ δὲ τῷ Κύλωνι ἐν Δελφοῖς ἀνεῖλεν ὁ θεὸς ἐν τοῦ Διὸς τῇ μεγίστῃ ἑορτῇ καταλαβεῖν τὴν Ἀθηναίων ἀκρόπολιν. ὁ δὲ παρά τε τοῦ Θεαγένους δύναμιν λαβὼν καὶ τοὺς φίλους ἀναπείσας, ἐπειδὴ ἐπῆλθεν Ὀλύμπια τὰ ἐν Πελοποννήσῳ, κατέλαβε τὴν ἀκρόπολιν ὡς ἐπὶ τυραννίδι, νομίσας ἑορτήν τε τοῦ Διὸς μεγίστην εἶναι καὶ ἑαυτῷ τι προσήκειν Ὀλύμπια νενικηκότι. οἱ δ' Ἀθηναῖοι αἰσθόμενοι ἐβοήθησάν τε πανδημεὶ ἐκ τῶν ἀγρῶν ἐπ' αὐτοὺς καὶ προσκαθεζόμενοι ἐπολιόρκουν. χρόνου δὲ ἐγγιγνομένου οἱ Ἀθηναῖοι τρυχόμενοι τῇ προσεδρίᾳ ἀπῆλθον οἱ πολλοί, ἐπιτρέψαντες τοῖς ἐννέα ἄρχουσι τὴν φυλακὴν καὶ τὸ πᾶν αὐτοκράτορσι διαθεῖναι ᾗ ἂν ἄριστα διαγιγνώσκωσι· τότε δὲ τὰ πολλὰ τῶν πολιτικῶν οἱ ἐννέα ἄρχοντες ἔπρασσον. οἱ δὲ μετὰ τοῦ Κύλωνος πολιορκούμενοι φλαύρως εἶχον σίτου τε καὶ ὕδατος ἀπορίᾳ. ὁ μὲν οὖν Κύλων καὶ ὁ ἀδελφὸς αὐτοῦ ἐκδιδράσκουσιν· οἱ δ' ἄλλοι ὡς ἐπιέζοντο καί τινες καὶ ἀπέθνησκον ὑπὸ τοῦ λιμοῦ, καθίζουσιν ἐπὶ τὸν βωμὸν ἱκέται τὸν ἐν τῇ ἀκροπόλει. ἀναστήσαντες δὲ αὐτοὺς οἱ τῶν Ἀθηναίων ἐπιτετραμμένοι τὴν φυλακήν, ὡς ἑώρων ἀποθνήσκοντας ἐν τῷ ἱερῷ, ἐφ' ᾧ μηδὲν κακὸν ποιήσουσιν, ἀπαγαγόντες ἀπέκτειναν· καθεζομένους δέ τινας καὶ ἐπὶ τῶν σεμνῶν θεῶν τοῖς βωμοῖς ἐν τῇ παρόδῳ διεχρήσαντο. I. 126.

Thucydides

242. Βυζάντιον γὰρ ἑλὼν τῇ προτέρᾳ παρουσίᾳ μετὰ τὴν ἐκ Κύπρου ἀναχώρησιν (εἶχον δὲ Μῆδοι αὐτὸ καὶ βασιλέως προσήκοντές τινες καὶ ξυγγενεῖς οἳ ἑάλωσαν ἐν αὐτῷ), τότε τούτους οὓς ἔλαβεν ἀποπέμπει βασιλεῖ κρύφα τῶν ἄλλων ξυμμάχων, τῷ δὲ λόγῳ ἀπέδρασαν αὐτόν. ἔπρασσε δὲ ταῦτα μετὰ Γογγύλου τοῦ Ἐρετριῶς, ᾧπερ ἐπέτρεψε τό τε Βυζάντιον καὶ τοὺς αἰχμαλώτους. ἔπεμψε δὲ καὶ ἐπιστολὴν τὸν Γόγγυλον φέροντα αὐτῷ· ἐνεγέγραπτο δὲ τάδε ἐν αὐτῇ, ὡς ὕστερον ἀνευρέθη. "Παυσανίας ὁ ἡγεμὼν τῆς Σπάρτης τούσδε τέ σοι χαρίζεσθαι βουλόμενος ἀποπέμπει δορὶ ἑλών, καὶ γνώμην ποιοῦμαι, εἰ καὶ σοὶ δοκεῖ, θυγατέρα τε τὴν σὴν γῆμαι καί σοι Σπάρτην τε καὶ τὴν ἄλλην Ἑλλάδα ὑποχείριον ποιῆσαι. δυνατὸς δὲ δοκῶ εἶναι ταῦτα πρᾶξαι μετὰ σοῦ βουλευόμενος. εἰ οὖν τί σε τούτων ἀρέσκει, πέμπε ἄνδρα πιστὸν ἐπὶ θάλασσαν δι' οὗ τὸ λοιπὸν τοὺς λόγους ποιησόμεθα." τοσαῦτα μὲν ἡ γραφὴ ἐδήλου. Ξέρξης δὲ ἥσθη τε τῇ ἐπιστολῇ καὶ ἀποστέλλει Ἀρτάβαζον τὸν Φαρνάκου ἐπὶ θάλασσαν καὶ κελεύει αὐτὸν τήν τε Δασκυλῖτιν σατραπείαν παραλαβεῖν Μεγαβάτην ἀπαλλά- ξαντα, ὃς πρότερον ἦρχε, καὶ παρὰ Παυσανίαν ἐς Βυζάντιον. ἐπιστολὴν ἀντεπετίθει αὐτῷ ὡς τάχιστα διαπέμψαι καὶ τὴν σφραγῖδα ἀποδεῖξαι καί, ἤν τι αὐτῷ Παυσανίας παραγγέλλῃ περὶ τῶν ἑαυτοῦ πραγμάτων, πράσσειν ὡς ἄριστα καὶ πιστότατα. ὁ δὲ ἀφικόμενος τά τε ἄλλα ἐποίησεν ὥσπερ εἴρητο καὶ τὴν ἐπιστολὴν διέπεμψε.   I. 128.

Thucydides

243. θέμενοι δὲ ἐς τὴν ἀγορὰν τὰ ὅπλα τοῖς μὲν ἐπαγο-
μένοις οὐκ ἐπείθοντο ὥστ' εὐθὺς ἔργου ἔχεσθαι καὶ
ἰέναι ἐς τὰς οἰκίας τῶν ἐχθρῶν, γνώμην δὲ ἐποιοῦντο
κηρύγμασί τε χρήσασθαι ἐπιτηδείοις καὶ ἐς ξύμβασιν
μᾶλλον καὶ φιλίαν τὴν πόλιν ἀγαγεῖν (καὶ ἀνεῖπεν ὁ
κῆρυξ, εἴ τις βούλεται κατὰ τὰ πάτρια τῶν πάντων Βοιωτῶν
ξυμμαχεῖν, τίθεσθαι παρ' αὐτοὺς τὰ ὅπλα) νομίζοντες σφίσι
ῥᾳδίως τούτῳ τῷ τρόπῳ προσχωρήσειν τὴν πόλιν. οἱ δὲ
Πλαταιῆς ὡς ᾔσθοντο ἔνδον τε ὄντας τοὺς Θηβαίους καὶ
ἐξαπιναίως κατειλημμένην τὴν πόλιν, καταδείσαντες καὶ
νομίσαντες πολλῷ πλείους ἐσεληλυθέναι (οὐ γὰρ ἑώρων
ἐν τῇ νυκτί) πρὸς ξύμβασιν ἐχώρησαν καὶ τοὺς λόγους
δεξάμενοι ἡσύχαζον, ἄλλως τε καὶ ἐπειδὴ ἐς οὐδένα οὐδὲν
ἐνεωτέριζον. πράσσοντες δέ πως ταῦτα κατενόησαν οὐ
πολλοὺς τοὺς Θηβαίους ὄντας καὶ ἐνόμισαν ἐπιθέμενοι
ῥᾳδίως κρατήσειν· τῷ γὰρ πλήθει τῶν Πλαταιῶν οὐ βου-
λομένῳ ἦν τῶν Ἀθηναίων ἀφίστασθαι. ἐδόκει οὖν ἐπι-
χειρητέα εἶναι καὶ ξυνελέγοντο διορύσσοντες τοὺς κοινοὺς
τοίχους παρ' ἀλλήλους, ὅπως μὴ διὰ τῶν ὁδῶν φανεροὶ
ὦσιν ἰόντες, ἁμάξας τε ἄνευ τῶν ὑποζυγίων ἐς τὰς ὁδοὺς
καθίστασαν, ἵν' ἀντὶ τείχους ᾖ, καὶ τἆλλα ἐξήρτυον ᾖ
ἕκαστον ἐφαίνετο πρὸς τὰ παρόντα ξύμφορον ἔσεσθαι. ἐπεὶ
δὲ ὡς ἐκ τῶν δυνατῶν ἑτοῖμα ἦν, φυλάξαντες ἔτι νύκτα
καὶ αὐτὸ τὸ περίορθρον ἐχώρουν ἐκ τῶν οἰκιῶν ἐπ' αὐτούς,
ὅπως μὴ κατὰ φῶς θαρσαλεωτέροις οὖσι προσφέροιντο
καὶ σφίσιν ἐκ τοῦ ἴσου γίγνωνται, ἀλλ' ἐν νυκτὶ φοβερώ-
τεροι ὄντες ἥσσους ὦσι τῆς σφετέρας ἐμπειρίας τῆς κατὰ
τὴν πόλιν. προσέβαλόν τε εὐθὺς καὶ ἐς χεῖρας ᾖσαν
κατὰ τάχος.   II. 2.

Thucydides

244. ἐπειδὴ δὲ περὶ Ἀχαρνὰς εἶδον τὸν στρατὸν ἐξήκοντα σταδίους τῆς πόλεως ἀπέχοντα, οὐκέτι ἀνασχετὸν ἐποιοῦντο, ἀλλ' αὐτοῖς, ὡς εἰκός, γῆς τεμνομένης ἐν τῷ ἐμφανεῖ, ὃ οὔπω ἑωράκεσαν οἵ γε νεώτεροι, οὐδ' οἱ πρεσβύτεροι πλὴν τὰ Μηδικά, δεινὸν ἐφαίνετο καὶ ἐδόκει τοῖς τε ἄλλοις καὶ μάλιστα τῇ νεότητι ἐπεξιέναι καὶ μὴ περιορᾶν. κατὰ ξυστάσεις τε γιγνόμενοι ἐν πολλῇ ἔριδι ἦσαν, οἱ μὲν κελεύοντες ἐξιέναι, οἱ δέ τινες οὐκ ἐῶντες. χρησμολόγοι τε ᾖδον χρησμοὺς παντοίους, ὧν ἀκροᾶσθαι ἕκαστος ὥρμητο. οἵ τε Ἀχαρνῆς οἰόμενοι παρὰ σφίσιν αὐτοῖς οὐκ ἐλαχίστην μοῖραν εἶναι Ἀθηναίων, ὡς αὐτῶν ἡ γῆ ἐτέμνετο, ἐνῆγον τὴν ἔξοδον μάλιστα. παντί τε τρόπῳ ἀνηρέθιστο ἡ πόλις καὶ τὸν Περικλέα ἐν ὀργῇ εἶχον, καὶ ὧν παρῄνεσε πρότερον ἐμέμνηντο οὐδέν, ἀλλ' ἐκάκιζον ὅτι στρατηγὸς ὢν οὐκ ἐπεξάγοι, αἴτιόν τε σφίσιν ἐνόμιζον πάντων ὧν ἔπασχον. Περικλῆς δὲ ὁρῶν μὲν αὐτοὺς πρὸς τὸ παρὸν χαλεπαίνοντας καὶ οὐ τὰ ἄριστα φρονοῦντας, πιστεύων δὲ ὀρθῶς γιγνώσκειν περὶ τοῦ μὴ ἐπεξιέναι, ἐκκλησίαν τε οὐκ ἐποίει αὐτῶν οὐδὲ ξύλλογον οὐδένα, τοῦ μὴ ὀργῇ τι μᾶλλον ἢ γνώμῃ ξυνελθόντας ἐξαμαρτεῖν, τήν τε πόλιν ἐφύλασσε καὶ δι' ἡσυχίας μάλιστα ὅσον ἐδύνατο εἶχεν. ἱππέας μέντοι ἐξέπεμπεν αἰεὶ τοῦ μὴ προδρόμους ἀπὸ τῆς στρατιᾶς ἐσπίπτοντας ἐς τοὺς ἀγροὺς τοὺς ἐγγὺς τῆς πόλεως κακουργεῖν· καὶ ἱππομαχία τις ἐγένετο βραχεῖα ἐν Φρυγίοις τῶν τε Ἀθηναίων τέλει ἑνὶ τῶν ἱππέων καὶ Θεσσαλοῖς μετ' αὐτῶν πρὸς τοὺς Βοιωτῶν ἱππέας, ἐν ᾗ οὐκ ἔλασσον ἔσχον οἱ Ἀθηναῖοι καὶ Θεσσαλοί, μέχρι οὗ προσβοηθησάντων τοῖς Βοιωτοῖς τῶν ὁπλιτῶν τροπὴ ἐγένετο αὐτῶν καὶ ἀπέθανον τῶν Θεσσαλῶν καὶ Ἀθηναίων οὐ πολλοί· ἀνείλοντο μέντοι αὐτοὺς αὐθημερὸν ἀσπόνδους. καὶ οἱ Πελοποννήσιοι τροπαῖον τῇ ὑστεραίᾳ ἔστησαν.

II. 21.

Thucydides

245. πρὶν δὲ διαλῦσαι τὸ ἐς Κόρινθόν τε καὶ τὸν Κρισαῖον κόλπον ἀναχωρῆσαν ναυτικόν, ὁ Κνῆμος καὶ ὁ Βρασίδας καὶ οἱ ἄλλοι ἄρχοντες τῶν Πελοποννησίων ἀρχομένου τοῦ χειμῶνος ἐβούλοντο διδαξάντων Μεγαρέων ἀποπειρᾶσαι τοῦ Πειραιῶς τοῦ λιμένος τῶν Ἀθηναίων· ἦν δὲ ἀφύλακτος καὶ ἄκλῃστος εἰκότως διὰ τὸ ἐπικρατεῖν πολὺ τῷ ναυτικῷ. ἐδόκει δὲ λαβόντα τῶν ναυτῶν ἕκαστον τὴν κώπην καὶ τὸ ὑπηρέσιον καὶ τὸν τροπωτῆρα πεζῇ ἰέναι ἐκ Κορίνθου ἐπὶ τὴν πρὸς Ἀθήνας θάλασσαν, καὶ ἀφικομένους κατὰ τάχος ἐς Μέγαρα καθελκύσαντας ἐκ Νισαίας τοῦ νεωρίου αὐτῶν τεσσαράκοντα ναῦς, αἳ ἔτυχον αὐτόθι οὖσαι, πλεῦσαι εὐθὺς ἐπὶ τὸν Πειραιᾶ. ὡς δὲ ἔδοξεν αὐτοῖς, καὶ ἐχώρουν εὐθύς· καὶ ἀφικόμενοι νυκτὸς καὶ καθελκύσαντες ἐκ τῆς Νισαίας τὰς ναῦς ἔπλεον ἐπὶ μὲν τὸν Πειραιᾶ οὐκέτι, ὥσπερ διενοοῦντο, καταδείσαντες τὸν κίνδυνον (καί τις καὶ ἄνεμος λέγεται αὐτοὺς κωλῦσαι), ἐπὶ δὲ τῆς Σαλαμῖνος τὸ ἀκρωτήριον τὸ πρὸς Μέγαρα ὁρῶν· καὶ φρούριον ἐπ' αὐτοῦ ἦν καὶ νεῶν τριῶν φυλακὴ τοῦ μὴ ἐσπλεῖν Μεγαρεῦσι μηδ' ἐκπλεῖν μηδέν. τῷ τε φρουρίῳ προσέβαλον καὶ τὰς τριήρεις ἀφείλκυσαν κενάς, τήν τε ἄλλην Σαλαμῖνα ἀπροσδοκήτοις ἐπιπεσόντες ἐπόρθουν. ἐς δὲ τὰς Ἀθήνας φρυκτοί τε ἤροντο πολέμιοι καὶ ἔκπληξις ἐγένετο οὐδεμιᾶς τῶν κατὰ τὸν πόλεμον ἐλάσσων. οἱ μὲν γὰρ ἐν τῷ ἄστει ἐς τὸν Πειραιᾶ ᾤοντο τοὺς πολεμίους ἐσπεπλευκέναι ἤδη, οἱ δ' ἐν τῷ Πειραιεῖ τήν τε Σαλαμῖνα ᾑρῆσθαι ἐνόμιζον καὶ παρὰ σφᾶς ὅσον οὐκ ἐσπλεῖν αὐτούς· ὅπερ ἄν, εἰ ἐβουλήθησαν μὴ κατοκνῆσαι, ῥᾳδίως ἂν ἐγένετο, καὶ οὐκ ἂν ἄνεμος ἐκώλυσε. βοηθήσαντες δὴ ἅμ' ἡμέρᾳ πανδημεὶ οἱ Ἀθηναῖοι ἐς τὸν Πειραιᾶ ναῦς τε καθεῖλκον καὶ ἐσβάντες κατὰ σπουδὴν καὶ πολλῷ θορύβῳ ταῖς μὲν ναυσὶν ἐπὶ τὴν Σαλαμῖνα ἔπλεον, τῷ πεζῷ δὲ φυλακὰς τοῦ Πειραιῶς καθίσταντο.

II. 93.

156

Thucydides

246. τοῦ δ' αὐτοῦ χειμῶνος οἱ Πλαταιῆς (ἔτι γὰρ ἐπολιορκοῦντο ὑπὸ τῶν Πελοποννησίων καὶ Βοιωτῶν) ἐπειδὴ τῷ τε σίτῳ ἐπιλείποντι ἐπιέζοντο καὶ ἀπὸ τῶν Ἀθηνῶν οὐδεμία ἐλπὶς ἦν τιμωρίας οὐδὲ ἄλλη σωτηρία ἐφαίνετο, ἐπιβουλεύουσιν αὐτοί τε καὶ Ἀθηναίων οἱ ξυμπολιορκούμενοι πρῶτον μὲν πάντες ἐξελθεῖν καὶ ὑπερβῆναι τὰ τείχη τῶν πολεμίων, ἢν δύνωνται βιάσασθαι, ἐσηγησαμένων τὴν πεῖραν αὐτοῖς Θεαινέτου τε τοῦ Τολμίδου, ἀνδρὸς μάντεως, καὶ Εὐπομπίδου τοῦ Δαϊμάχου, ὃς καὶ ἐστρατήγει· ἔπειτα οἱ μὲν ἡμίσεις ἀπώκνησάν πως τὸν κίνδυνον μέγαν ἡγησάμενοι, ἐς δὲ ἄνδρας διακοσίους καὶ εἴκοσι μάλιστα ἐνέμειναν τῇ ἐξόδῳ ἐθελονταὶ τρόπῳ τοιῷδε. *III. 20.*

247. τοιαῦτα δὲ ὁ Διόδοτος εἶπε. ῥηθεισῶν δὲ τῶν γνωμῶν τούτων μάλιστα ἀντιπάλων πρὸς ἀλλήλας οἱ Ἀθηναῖοι ἦλθον μὲν ἐς ἀγῶνα ὅμως τῆς δόξης καὶ ἐγένοντο ἐν τῇ χειροτονίᾳ ἀγχώμαλοι, ἐκράτησε δὲ ἡ τοῦ Διοδότου. καὶ τριήρη εὐθὺς ἄλλην ἀπέστελλον κατὰ σπουδήν, ὅπως μὴ φθασάσης τῆς προτέρας εὕρωσι διεφθαρμένην τὴν πόλιν· προεῖχε δὲ ἡμέρᾳ καὶ νυκτὶ μάλιστα. παρασκευασάντων δὲ τῶν Μυτιληναίων πρέσβεων τῇ νηὶ οἶνον καὶ ἄλφιτα καὶ μεγάλα ὑποσχομένων, εἰ φθάσειαν, ἐγένετο σπουδὴ τοῦ πλοῦ τοιαύτη ὥστε ἤσθιόν τε ἅμα ἐλαύνοντες οἴνῳ καὶ ἐλαίῳ ἄλφιτα πεφυραμένα, καὶ οἱ μὲν ὕπνον ᾑροῦντο κατὰ μέρος, οἱ δὲ ἤλαυνον. κατὰ τύχην δὲ πνεύματος οὐδενὸς ἐναντιωθέντος καὶ τῆς μὲν προτέρας νεὼς οὐ σπουδῇ πλεούσης ἐπὶ πρᾶγμα ἀλλόκοτον, ταύτης δὲ τοιούτῳ τρόπῳ ἐπειγομένης, ἡ μὲν ἔφθασε τοσοῦτον ὅσον Πάχητα ἀνεγνωκέναι τὸ ψήφισμα καὶ μέλλειν δράσειν τὰ δεδογμένα, ἡ δ' ὑστέρα αὐτῆς ἐπικατάγεται καὶ διεκώλυσε μὴ διαφθεῖραι. παρὰ τοσοῦτον μὲν ἡ Μυτιλήνη ἦλθε κινδύνου. *id. 49.*

Thucydides

248. οἱ μὲν οὖν Πελοποννήσιοι τῆς νυκτὸς εὐθὺς κατὰ τάχος ἐκομίζοντο ἐπ' οἴκου παρὰ τὴν γῆν· καὶ ὑπερενεγκόντες τὸν Λευκαδίων ἰσθμὸν τὰς ναῦς, ὅπως μὴ περιπλέοντες ὀφθῶσιν, ἀποκομίζονται. Κερκυραῖοι δὲ αἰσθόμενοι τάς τε Ἀττικὰς ναῦς προσπλεούσας τάς τε τῶν πολεμίων οἰχομένας, λαβόντες τούς τε Μεσσηνίους ἐς τὴν πόλιν ἤγαγον πρότερον ἔξω ὄντας, καὶ τὰς ναῦς περιπλεῦσαι κελεύσαντες ἃς ἐπλήρωσαν ἐς τὸν Ὑλλαϊκὸν λιμένα, ἐν ὅσῳ περιεκομίζοντο, τῶν ἐχθρῶν εἴ τινα λάβοιεν ἀπέκτεινον· καὶ ἐκ τῶν νεῶν ὅσους ἔπεισαν ἐσβῆναι ἐκβιβάζοντες ἀπεχρῶντο, ἐς τὸ Ἡραῖόν τε ἐλθόντες τῶν ἱκετῶν ὡς πεντήκοντα ἄνδρας δίκην ὑποσχεῖν ἔπεισαν καὶ κατέγνωσαν πάντων θάνατον. οἱ δὲ πολλοὶ τῶν ἱκετῶν, ὅσοι οὐκ ἐπείσθησαν, ὡς ἑώρων τὰ γιγνόμενα, διέφθειραν αὐτοῦ ἐν τῷ ἱερῷ ἀλλήλους καὶ ἐκ τῶν δένδρων τινὲς ἀπήγχοντο, οἱ δ' ὡς ἕκαστοι ἐδύναντο ἀνηλοῦντο. ἡμέρας τε ἑπτά, ἃς ἀφικόμενος ὁ Εὐρυμέδων ταῖς ἑξήκοντα ναυσὶ παρέμεινε, Κερκυραῖοι σφῶν αὐτῶν τοὺς ἐχθροὺς δοκοῦντας εἶναι ἐφόνευον, τὴν μὲν αἰτίαν ἐπιφέροντες τοῖς τὸν δῆμον καταλύουσιν, ἀπέθανον δέ τινες καὶ ἰδίας ἔχθρας ἕνεκα, καὶ ἄλλοι χρημάτων σφίσιν ὀφειλομένων ὑπὸ τῶν λαβόντων· πᾶσά τε ἰδέα κατέστη θανάτου, καὶ οἷον φιλεῖ ἐν τῷ τοιούτῳ γίγνεσθαι, οὐδὲν ὅ τι οὐ ξυνέβη καὶ ἔτι περαιτέρω. καὶ γὰρ πατὴρ παῖδα ἀπέκτεινε καὶ ἀπὸ τῶν ἱερῶν ἀπεσπῶντο καὶ πρὸς αὐτοῖς ἐκτείνοντο, οἱ δέ τινες καὶ περιοικοδομηθέντες ἐν τοῦ Διονύσου τῷ ἱερῷ ἀπέθανον.

III. 81.

Thucydides

249. προσέβαλλε δὲ ᾗπερ ὁ Δημοσθένης προσεδέχετο.
καὶ οἱ μὲν Ἀθηναῖοι ἀμφοτέρωθεν, ἔκ τε γῆς καὶ ἐκ
θαλάσσης, ἠμύνοντο· οἱ δὲ κατ' ὀλίγας ναῦς διελόμενοι,
διότι οὐκ ἦν πλέοσι προσσχεῖν, καὶ ἀναπαύοντες ἐν τῷ
μέρει τοὺς ἐπίπλους ἐποιοῦντο, προθυμίᾳ τε πάσῃ χρώμενοι
καὶ παρακελευσμῷ, εἴ πως ὠσάμενοι ἕλοιεν τὸ τείχισμα·
πάντων δὲ φανερώτατος Βρασίδας ἐγένετο. τριηραρχῶν
γὰρ καὶ ὁρῶν τοῦ χωρίου χαλεποῦ ὄντος τοὺς τριηράρχους
καὶ κυβερνήτας, εἴ πῃ καὶ δοκοίη δυνατὸν εἶναι σχεῖν,
ἀποκνοῦντας καὶ φυλασσομένους τῶν νεῶν μὴ ξυντρί-
ψωσιν, ἐβόα λέγων ὡς οὐκ εἰκὸς εἴη ξύλων φειδομένους
τοὺς πολεμίους ἐν τῇ χώρᾳ περιιδεῖν τεῖχος πεποιημένους,
ἀλλὰ τάς τε σφετέρας ναῦς βιαζομένους τὴν ἀπόβασιν
καταγνύναι ἐκέλευε, καὶ τοὺς ξυμμάχους μὴ ἀποκνῆσαι
ἀντὶ μεγάλων εὐεργεσιῶν τὰς ναῦς τοῖς Λακεδαιμονίοις ἐν
τῷ παρόντι ἐπιδοῦναι, ὀκείλαντας δὲ καὶ παντὶ τρόπῳ
ἀποβάντας τῶν τε ἀνδρῶν καὶ τοῦ χωρίου κρατῆσαι. καὶ
ὁ μὲν τούς τε ἄλλους τοιαῦτα ἐπέσπερχε καὶ τὸν ἑαυτοῦ
κυβερνήτην ἀναγκάσας ὀκεῖλαι τὴν ναῦν ἐχώρει ἐπὶ τὴν
ἀποβάθραν· καὶ πειρώμενος ἀποβαίνειν ἀνεκόπη ὑπὸ τῶν
Ἀθηναίων, καὶ τραυματισθεὶς πολλὰ ἐλιποψύχησέ τε
καὶ πεσόντος αὐτοῦ ἐς τὴν παρεξειρεσίαν ἡ ἀσπὶς περιερρύη
ἐς τὴν θάλασσαν, καὶ ἐξενεχθείσης αὐτῆς ἐς τὴν γῆν οἱ
Ἀθηναῖοι ἀνελόμενοι ὕστερον πρὸς τὸ τροπαῖον ἐχρήσαντο
ὃ ἔστησαν τῆς προσβολῆς ταύτης.   IV. II.

Thucydides

250. Κλέων δὲ γνοὺς αὐτῶν τὴν ἐς αὑτὸν ὑποψίαν περὶ τῆς κωλύμης τῆς ξυμβάσεως οὐ τἀληθῆ ἔφη λέγειν τοὺς ἐξαγγέλλοντας. παραινούντων δὲ τῶν ἀφιγμένων, εἰ μὴ σφίσι πιστεύουσι, κατασκόπους τινὰς πέμψαι, ᾑρέθη κατάσκοπος αὐτὸς μετὰ Θεαγένους ὑπὸ Ἀθηναίων. καὶ ἐς Νικίαν τὸν Νικηράτου στρατηγὸν ὄντα ἀπεσήμαινεν, ἐχθρὸς ὢν καὶ ἐπιτιμῶν, ῥᾴδιον εἶναι παρασκευῇ, εἰ ἄνδρες εἶεν οἱ στρατηγοί, πλεύσαντας λαβεῖν τοὺς ἐν τῇ νήσῳ, καὶ αὐτός γ' ἄν, εἰ ἦρχε, ποιῆσαι τοῦτο. ὁ δὲ Νικίας τῶν τε Ἀθηναίων τι ὑποθορυβησάντων ἐς τὸν Κλέωνα, ὅ τι οὐ καὶ νῦν πλεῖ εἰ ῥᾴδιόν γε αὐτῷ φαίνεται, καὶ ἅμα ὁρῶν αὐτὸν ἐπιτιμῶντα, ἐκέλευεν ἥν τινα βούλεται δύναμιν λαβόντα τὸ ἐπὶ σφᾶς εἶναι ἐπιχειρεῖν. ὁ δὲ τὸ μὲν πρῶτον οἰόμενος αὐτὸν λόγῳ μόνον ἀφιέναι ἑτοῖμος ἦν, γνοὺς δὲ τῷ ὄντι παραδωσείοντα ἀνεχώρει καὶ οὐκ ἔφη αὐτὸς ἀλλ' ἐκεῖνον στρατηγεῖν, δεδιὼς ἤδη καὶ οὐκ ἂν οἰόμενός οἱ αὐτὸν τολμῆσαι ὑποχωρῆσαι· αὖθις δὲ ὁ Νικίας ἐκέλευε καὶ ἐξίστατο τῆς ἐπὶ Πύλῳ ἀρχῆς καὶ μάρτυρας τοὺς Ἀθηναίους ἐποιεῖτο. οἱ δέ, οἷον ὄχλος φιλεῖ ποιεῖν, ὅσῳ μᾶλλον ὁ Κλέων ὑπέφευγε τὸν πλοῦν καὶ ἐξανεχώρει τὰ εἰρημένα, τόσῳ ἐπεκελεύοντο τῷ Νικίᾳ παραδιδόναι τὴν ἀρχὴν καὶ ἐκείνῳ ἐπεβόων πλεῖν. ὥστε οὐκ ἔχων ὅπως τῶν εἰρημένων ἔτι ἐξαπαλλαγῇ, ὑφίσταται τὸν πλοῦν, καὶ παρελθὼν οὔτε φοβεῖσθαι ἔφη Λακεδαιμονίους πλεύσεσθαί τε λαβὼν ἐκ μὲν τῆς πόλεως οὐδένα, Λημνίους δὲ καὶ Ἰμβρίους τοὺς παρόντας καὶ πελταστὰς οἳ ἦσαν ἔκ τε Αἴνου βεβοηθηκότες καὶ ἄλλοθεν τοξότας τετρακοσίους· ταῦτα δὲ ἔχων ἔφη πρὸς τοῖς ἐν Πύλῳ στρατιώταις ἐντὸς ἡμερῶν εἴκοσιν ἢ ἄξειν Λακεδαιμονίους ζῶντας ἢ αὐτοῦ ἀποκτενεῖν.　　　　　　　　　　　IV. 27.

Thucydides

251. τοῦ δ᾽ αὐτοῦ χειμῶνος Βρασίδας ἔχων τοὺς ἐπὶ Θρᾴκης ξυμμάχους ἐστράτευσεν ἐς Ἀμφίπολιν τὴν ἐπὶ Στρυμόνι ποταμῷ Ἀθηναίων ἀποικίαν. καὶ ἀπροσδόκητος προσπεσών, διέβη τὴν γέφυραν καὶ τὰ ἔξω, τῶν Ἀμφιπολιτῶν οἰκούντων κατὰ πᾶν τὸ χωρίον, εὐθὺς εἶχε. τῆς δὲ διαβάσεως αὐτοῦ ἄφνω τοῖς ἐν τῇ πόλει γεγενημένης, καὶ τῶν ἔξω πολλῶν μὲν ἁλισκομένων, τῶν δὲ καὶ καταφευγόντων ἐς τὸ τεῖχος, οἱ Ἀμφιπολῖται ἐς θόρυβον μέγαν κατέστησαν, ἄλλως τε καὶ ἀλλήλοις ὕποπτοι ὄντες. καὶ λέγεται Βρασίδαν, εἰ ἠθέλησε μὴ ἐφ᾽ ἁρπαγὴν τῷ στρατῷ τραπέσθαι ἀλλ᾽ εὐθὺς χωρῆσαι πρὸς τὴν πόλιν, δοκεῖν ἂν ἑλεῖν. νῦν δὲ ὁ μὲν ἱδρύσας τὸν στρατόν, ἐπεὶ τὰ ἔξω ἐπέδραμε καὶ οὐδὲν αὐτῷ ἀπὸ τῶν ἔνδον ὡς προσεδέχετο ἀπέβαινεν, ἡσύχαζεν· οἱ δ᾽ ἐναντίοι τοῖς προδιδοῦσι, κρατοῦντες τῷ πλήθει ὥστε μὴ αὐτίκα τὰς πύλας ἀνοίγεσθαι, πέμπουσι μετὰ Εὐκλέους τοῦ στρατηγοῦ, ὃς ἐκ τῶν Ἀθηναίων παρῆν αὐτοῖς φύλαξ τοῦ χωρίου, ἐπὶ τὸν ἕτερον στρατηγὸν τῶν ἐπὶ Θρᾴκης, Θουκυδίδην τὸν Ὀλόρου, ὃς τάδε ξυνέγραψεν, ὄντα περὶ Θάσον (ἔστι δὲ ἡ νῆσος Παρίων ἀποικία, ἀπέχουσα τῆς Ἀμφιπόλεως ἡμίσεος ἡμέρας μάλιστα πλοῦν), κελεύοντες σφίσι βοηθεῖν. καὶ ὁ μὲν ἀκούσας κατὰ τάχος ἑπτὰ ναυσὶν αἳ ἔτυχον παροῦσαι ἔπλει καὶ ἐβούλετο φθάσαι μάλιστα μὲν οὖν τὴν Ἀμφίπολιν, πρίν τι ἐνδοῦναι, εἰ δὲ μή, τὴν Ἠϊόνα προκαταλαβών. ἐν τούτῳ δὲ ὁ Βρασίδας δεδιὼς καὶ τὴν ἀπὸ τῆς Θάσου τῶν νεῶν βοήθειαν καὶ πυνθανόμενος τὸν Θουκυδίδην κτῆσίν τε ἔχειν τῶν χρυσείων μετάλλων ἐργασίας ἐν τῇ περὶ ταῦτα Θρᾴκῃ καὶ ἀπ᾽ αὐτοῦ δύνασθαι ἐν τοῖς πρώτοις τῶν ἠπειρωτῶν, ἠπείγετο προκατασχεῖν, εἰ δύναιτο, τὴν πόλιν.   IV. 102.

Thucydides

252. ὁ δὲ Κλέων τέως μὲν ἡσύχαζεν, ἔπειτα ἠναγκάσθη ποιῆσαι ὅπερ ὁ Βρασίδας προσεδέχετο. τῶν γὰρ στρατιωτῶν ἀχθομένων μὲν τῇ ἕδρᾳ, ἀναλογιζομένων δὲ τὴν ἐκείνου ἡγεμονίαν πρὸς οἵαν ἐμπειρίαν καὶ τόλμαν μετὰ οἵας ἀνεπιστημοσύνης καὶ μαλακίας γενήσοιτο καὶ οἴκοθεν ὡς ἄκοντες αὐτῷ ξυνεξῆλθον, αἰσθόμενος τὸν θροῦν καὶ οὐ βουλόμενος αὐτοὺς διὰ τὸ ἐν τῷ αὐτῷ καθημένους βαρύνεσθαι, ἀναλαβὼν ἦγε. καὶ ἐχρήσατο τῷ τρόπῳ ᾧπερ καὶ ἐς τὴν Πύλον εὐτυχήσας ἐπίστευσέ τι φρονεῖν· ἐς μάχην μὲν γὰρ οὐδὲ ἤλπισέν οἱ ἐπεξιέναι οὐδένα, κατὰ θέαν δὲ μᾶλλον ἔφη ἀναβαίνειν τοῦ χωρίου, καὶ τὴν μείζω παρασκευὴν περιέμενεν, οὐχ ὡς τῷ ἀσφαλεῖ, ἢν ἀναγκάζηται, περισχήσων, ἀλλ' ὡς κύκλῳ περιστὰς βίᾳ αἱρήσων τὴν πόλιν. ἐλθών τε καὶ καθίσας ἐπὶ λόφου καρτεροῦ πρὸ τῆς Ἀμφιπόλεως τὸν στρατόν, αὐτὸς ἐθεᾶτο τὸ λιμνῶδες τοῦ Στρυμόνος καὶ τὴν θέσιν τῆς πόλεως ἐπὶ τῇ Θρᾴκῃ ὡς ἔχοι. ἀπιέναι τε ἐνόμιζεν, ὁπόταν βούληται, ἀμαχεί· καὶ γὰρ οὐδὲ ἐφαίνετο οὔτ' ἐπὶ τοῦ τείχους οὐδεὶς οὔτε κατὰ πύλας ἐξῄει, κεκλῃμέναι τε ἦσαν πᾶσαι. ὥστε καὶ μηχανὰς ὅτι οὐκ ἀνῆλθεν ἔχων, ἁμαρτεῖν ἐδόκει· ἑλεῖν γὰρ ἂν τὴν πόλιν διὰ τὸ ἐρῆμον.   v. 7.

253. καὶ ὁ Βρασίδας ὑποχωροῦντος ἤδη αὐτοῦ ἐπιπαριὼν τῷ δεξιῷ τιτρώσκεται, καὶ πεσόντα αὐτὸν οἱ μὲν Ἀθηναῖοι οὐκ αἰσθάνονται, οἱ δὲ πλησίον ἄραντες ἀπήνεγκαν. τὸ δὲ δεξιὸν τῶν Ἀθηναίων ἔμενε μᾶλλον. καὶ ὁ μὲν Κλέων, ὡς τὸ πρῶτον οὐ διενοεῖτο μένειν, εὐθὺς φεύγων καὶ καταληφθεὶς ὑπὸ Μυρκινίου πελταστοῦ ἀποθνῄσκει, οἱ δὲ αὐτοῦ ξυστραφέντες ὁπλῖται ἐπὶ τὸν λόφον τόν τε Κλεαρίδαν ἠμύνοντο καὶ δὶς ἢ τρὶς προσβαλόντα, καὶ οὐ πρότερον ἐνέδοσαν πρὶν ἥ τε Μυρκινία καὶ ἡ Χαλκιδικὴ ἵππος καὶ οἱ πελτασταὶ περιστάντες καὶ ἐσακοντίζοντες αὐτοὺς ἔτρεψαν.
                    id. 10.

254. ἀφίκοντο δὲ καὶ Λακεδαιμονίων πρέσβεις κατὰ τάχος, δοκοῦντες ἐπιτήδειοι εἶναι τοῖς Ἀθηναίοις, Φιλοχαρίδας καὶ Λέων καὶ Ἔνδιος, δείσαντες μὴ τήν τε ξυμμαχίαν ὀργιζόμενοι πρὸς τοὺς Ἀργείους ποιήσωνται, καὶ ἅμα Πύλον ἀπαιτήσοντες ἀντὶ Πανάκτου, καὶ περὶ τῆς Βοιωτῶν ξυμμαχίας ἀπολογησόμενοι ὡς οὐκ ἐπὶ κακῷ τῶν Ἀθηναίων ἐποιήσαντο. καὶ λέγοντες ἐν τῇ βουλῇ περί τε τούτων καὶ ὡς αὐτοκράτορες ἥκουσι περὶ πάντων ξυμβῆναι τῶν διαφόρων, τὸν Ἀλκιβιάδην ἐφόβουν μὴ καί, ἢν ἐς τὸν δῆμον ταῦτα λέγωσιν, ἐπαγάγωνται τὸ πλῆθος κλ ἀπωσθῇ ἡ Ἀργείων ξυμμαχία. μηχανᾶται δὲ πρὸς αὐτοὺς τοιόνδε τι ὁ Ἀλκιβιάδης· τοὺς Λακεδαιμονίους πείθει, πίστιν αὐτοῖς δούς, ἢν μὴ ὁμολογήσωσιν ἐν τῷ δήμῳ αὐτοκράτορες ἥκειν, Πύλον τε αὐτοῖς ἀποδώσειν (πείσειν γὰρ αὐτὸς Ἀθηναίους, ὥσπερ καὶ νῦν ἀντιλέγειν) καὶ τἆλλα ξυναλλάξειν. βουλόμενος δὲ αὐτοὺς Νικίου τε ἀποστῆσαι ταῦτα ἔπρασσε καὶ ὅπως, ἐν τῷ δήμῳ διαβαλὼν αὐτοὺς ὡς οὐδὲν ἀληθὲς ἐν νῷ ἔχουσιν οὐδὲ λέγουσιν οὐδέποτε ταὐτά, τοὺς Ἀργείους καὶ Ἠλείους καὶ Μαντινέας ξυμμάχους ποιήσῃ· καὶ ἐγένετο οὕτως. ἐπειδὴ γὰρ ἐς τὸν δῆμον παρελθόντες καὶ ἐπερωτώμενοι οὐκ ἔφασαν ὥσπερ ἐν τῇ βουλῇ αὐτοκράτορες ἥκειν, οἱ Ἀθηναῖοι οὐκέτι ἠνείχοντο, ἀλλὰ τοῦ Ἀλκιβιάδου πολλῷ μᾶλλον ἢ πρότερον καταβοῶντος τῶν Λακεδαιμονίων ἐσήκουόν τε καὶ ἕτοιμοι ἦσαν εὐθὺς παραγαγόντες τοὺς Ἀργείους καὶ τοὺς μετ' αὐτῶν ξυμμάχους ποιεῖσθαι· σεισμοῦ δὲ γενομένου πρίν τι ἐπικυρωθῆναι, ἡ ἐκκλησία αὕτη ἀνεβλήθη. τῇ δ' ὑστεραίᾳ ἐκκλησίᾳ ὁ Νικίας, καίπερ τῶν Λακεδαιμονίων αὐτῶν ἠπατημένων καὶ αὐτὸς ἐξηπατημένος περὶ τοῦ μὴ αὐτοκράτορας ὁμολογῆσαι ἥκειν, ὅμως τοῖς Λακεδαιμονίοις ἔφη χρῆναι φίλους μᾶλλον γίγνεσθαι, καὶ ἐπισχόντας τὰ πρὸς Ἀργείους πέμψαι ἔτι ὡς αὐτοὺς καὶ εἰδέναι ὅ τι διανοοῦνται.

V. 44.

255. καὶ οἱ μὲν Ἀθηναῖοι μετεχώρησαν ἐκ τῶν λόγων· οἱ δὲ Μήλιοι κατὰ σφᾶς αὐτοὺς γενόμενοι, ὡς ἔδοξεν αὐτοῖς παραπλήσια καὶ ἀντέλεγον, ἀπεκρίναντο τάδε. "οὔτε ἄλλα δοκεῖ ἡμῖν ἢ ἅπερ καὶ τὸ πρῶτον, ὦ Ἀθηναῖοι, οὔτ' ἐν ὀλίγῳ χρόνῳ πόλεως ἑπτακόσια ἔτη ἤδη οἰκουμένης τὴν ἐλευθερίαν ἀφαιρησόμεθα, ἀλλὰ τῇ τε μέχρι τοῦδε σῳζούσῃ τύχῃ ἐκ τοῦ θείου αὐτὴν καὶ τῇ ἀπὸ τῶν ἀνθρώπων καὶ Λακεδαιμονίων τιμωρίᾳ πιστεύοντες πειρασόμεθα σῴζεσθαι. καὶ φίλοι μὲν εἶναι βουλόμεθα, πολέμιοι δὲ μηδετέροις, προκαλούμεθα δὲ ὑμᾶς ἐκ τῆς γῆς ἡμῶν ἀναχωρῆσαι σπονδὰς ποιησαμένους αἵτινες δοκοῦσιν ἐπιτήδειοι εἶναι ἀμφοτέροις."

V. 112.

256. ἐν δὲ τούτῳ, ὅσοι Ἑρμαῖ ἦσαν λίθινοι ἐν τῇ πόλει τῇ Ἀθηναίων (εἰσὶ δὲ κατὰ τὸ ἐπιχώριον, ἡ τετράγωνος ἐργασία, πολλοὶ καὶ ἐν ἰδίοις προθύροις καὶ ἐν ἱεροῖς) μιᾷ νυκτὶ οἱ πλεῖστοι περιεκόπησαν τὰ πρόσωπα. καὶ τοὺς δράσαντας ᾔδει οὐδείς, ἀλλὰ μεγάλοις μηνύτροις δημοσίᾳ οὗτοί τε ἐζητοῦντο καὶ προσέτι ἐψηφίσαντο, καὶ εἴ τις ἄλλο τι οἶδεν ἀσέβημα γεγενημένον, μηνύειν ἀδεῶς τὸν βουλόμενον καὶ ἀστῶν καὶ ξένων καὶ δούλων. καὶ τὸ πρᾶγμα μειζόνως ἐλάμβανον· τοῦ τε γὰρ ἔκπλου οἰωνὸς ἐδόκει εἶναι, καὶ ἐπὶ ξυνωμοσίᾳ ἅμα νεωτέρων πραγμάτων καὶ δήμου καταλύσεως γεγενῆσθαι. μηνύεται οὖν ἀπὸ μετοίκων τέ τινων καὶ ἀκολούθων περὶ μὲν τῶν Ἑρμῶν οὐδέν, ἄλλων δὲ ἀγαλμάτων περικοπαί τινες πρότερον ὑπὸ νεωτέρων μετὰ παιδιᾶς καὶ οἴνου γεγενημέναι, καὶ τὰ μυστήρια ἅμα ὡς ποιεῖται ἐν οἰκίαις ἐφ' ὕβρει· ὧν καὶ τὸν Ἀλκιβιάδην ἐπῃτιῶντο. καὶ αὐτὰ ὑπολαμβάνοντες οἱ μάλιστα τῷ Ἀλκιβιάδῃ ἀχθόμενοι ἐμποδὼν ὄντι σφίσι μὴ αὐτοῖς τοῦ δήμου βεβαίως προεστάναι, καὶ νομίσαντες, εἰ αὐτὸν ἐξελάσειαν, πρῶτοι ἂν εἶναι, ἐμεγάλυνον καὶ ἐβόων ὡς ἐπὶ δήμου καταλύσει τά τε μυστικὰ καὶ ἡ τῶν Ἑρμῶν περικοπὴ γένοιτο.

VI. 27.

Thucydides

257. ἐπειδὴ δὲ αἱ νῆες πλήρεις ἦσαν καὶ ἐσέκειτο πάντα ἤδη ὅσα ἔχοντες ἔμελλον ἀνάξεσθαι, τῇ μὲν σάλπιγγι σιωπὴ ὑπεσημάνθη, εὐχὰς δὲ τὰς νομιζομένας πρὸ τῆς ἀναγωγῆς οὐ κατὰ ναῦν ἑκάστην, ξύμπαντες δὲ ὑπὸ κήρυκος ἐποιοῦντο, κρατῆράς τε κεράσαντες παρ' ἅπαν τὸ στράτευμα καὶ ἐκπώμασι χρυσοῖς τε καὶ ἀργυροῖς οἵ τε ἐπιβάται καὶ οἱ ἄρχοντες σπένδοντες. ξυνεπηύχοντο δὲ καὶ ὁ ἄλλος ὅμιλος ὁ ἐκ τῆς γῆς τῶν τε πολιτῶν καὶ εἴ τις ἄλλος εὔνους παρῆν σφίσι. παιανίσαντες δὲ καὶ τελεώσαντες τὰς σπονδὰς ἀνήγοντο, καὶ ἐπὶ κέρως τὸ πρῶτον ἐκπλεύσαντες ἅμιλλαν ἤδη μέχρι Αἰγίνης ἐποιοῦντο. καὶ οἱ μὲν ἐς τὴν Κέρκυραν, ἔνθαπερ καὶ τὸ ἄλλο στράτευμα τῶν ξυμμάχων ξυνελέγετο, ἠπείγοντο ἀφικέσθαι. VI. 32.

258. οἱ δὲ Ἐγεσταῖοι τοιόνδε τι ἐξετεχνήσαντο τότε ὅτε οἱ πρῶτοι πρέσβεις τῶν Ἀθηναίων ἦλθον αὐτοῖς ἐς τὴν κατασκοπὴν τῶν χρημάτων· ἔς τε τὸ ἐν Ἔρυκι ἱερὸν τῆς Ἀφροδίτης ἀγαγόντες αὐτοὺς ἐπέδειξαν τὰ ἀναθήματα, φιάλας τε καὶ οἰνοχόας καὶ θυμιατήρια καὶ ἄλλην κατασκευὴν οὐκ ὀλίγην, ἃ ὄντα ἀργυρᾶ πολλῷ πλείω τὴν ὄψιν ἀπ' ὀλίγης δυνάμεως χρημάτων παρείχετο, καὶ ἰδίᾳ ξενίσεις ποιούμενοι τῶν τριηριτῶν τά τε ἐξ αὐτῆς Ἐγέστης ἐκπώματα καὶ χρυσᾶ καὶ ἀργυρᾶ ξυλλέξαντες καὶ τὰ ἐκ τῶν ἐγγὺς πόλεων καὶ Φοινικικῶν καὶ Ἑλληνίδων αἰτησάμενοι ἐσέφερον ἐς τὰς ἑστιάσεις ὡς οἰκεῖα ἕκαστοι. καὶ πάντων ὡς ἐπὶ τὸ πολὺ τοῖς αὐτοῖς χρωμένων καὶ πανταχοῦ πολλῶν φαινομένων μεγάλην τὴν ἔκπληξιν τοῖς ἐκ τῶν τριήρων Ἀθηναίοις παρεῖχε, καὶ ἀφικόμενοι ἐς τὰς Ἀθήνας διεθρόησαν ὡς χρήματα πολλὰ ἴδοιεν. id. 46.

Thucydides

259. καὶ παρελθὼν αὐτοῖς Ἑρμοκράτης ὁ Ἕρμωνος, ἀνὴρ καὶ ἐς τἆλλα ξύνεσιν οὐδενὸς λειπόμενος καὶ κατὰ τὸν πόλεμον ἐμπειρίᾳ τε ἱκανὸς γενόμενος καὶ ἀνδρείᾳ ἐπιφανής, ἐθάρσυνέ τε καὶ οὐκ εἴα τῷ γεγενημένῳ ἐνδιδόναι· τὴν μὲν γὰρ γνώμην αὐτῶν οὐχ ἡσσῆσθαι, τὴν δὲ ἀταξίαν βλάψαι. οὐ μέντοι τοσοῦτόν γε λειφθῆναι ὅσον εἰκὸς εἶναι, ἄλλως τε καὶ τοῖς πρώτοις τῶν Ἑλλήνων ἐμπειρίᾳ, ἰδιώτας, ὡς εἰπεῖν, χειροτέχναις ἀνταγωνισαμένους. μέγα δὲ βλάψαι καὶ τὸ πλῆθος τῶν στρατηγῶν καὶ τὴν πολυαρχίαν (ἦσαν γὰρ πέντε καὶ δέκα οἱ στρατηγοὶ αὐτοῖς), τῶν τε πολλῶν τὴν ἀξύντακτον ἀναρχίαν. ἢν δὲ ὀλίγοι τε στρατηγοὶ γένωνται ἔμπειροι καὶ ἐν τῷ χειμῶνι τούτῳ παρασκευάσωσι τὸ ὁπλιτικόν, οἷς τε ὅπλα μὴ ἔστιν ἐκπορίζοντες, ὅπως ὡς πλεῖστοι ἔσονται, καὶ τῇ ἄλλῃ μελέτῃ προσαναγκάζοντες, ἔφη κατὰ τὸ εἰκὸς κρατήσειν σφᾶς τῶν ἐναντίων, ἀνδρείας μὲν σφίσιν ὑπαρχούσης, εὐταξίας δὲ ἐς τὰ ἔργα προσγενομένης· ἐπιδώσειν γὰρ ἀμφότερα αὐτά, τὴν μὲν μετὰ κινδύνων μελετωμένην, τὴν δ' εὐψυχίαν αὐτὴν ἑαυτῆς μετὰ τοῦ πιστοῦ τῆς ἐπιστήμης θαρσαλεωτέραν ἔσεσθαι.

VI. 72.

260. ὁ μὲν Ἀλκιβιάδης τοσαῦτα εἶπεν. οἱ δὲ Λακεδαιμόνιοι διανοούμενοι μὲν καὶ αὐτοὶ πρότερον στρατεύειν ἐπὶ τὰς Ἀθήνας, μέλλοντες δ' ἔτι καὶ περιορώμενοι, πολλῷ μᾶλλον ἐπερρώσθησαν διδάξαντος ταῦτα ἕκαστα αὐτοῦ καὶ νομίσαντες παρὰ τοῦ σαφέστατα εἰδότος ἀκηκοέναι· ὥστε τῇ ἐπιτειχίσει τῆς Δεκελείας προσεῖχον ἤδη τὸν νοῦν καὶ τὸ παραυτίκα καὶ τοῖς ἐν τῇ Σικελίᾳ πέμπειν τινὰ τιμωρίαν. καὶ Γύλιππον τὸν Κλεανδρίδου προστάξαντες ἄρχοντα τοῖς Συρακοσίοις, ἐκέλευον μετ' ἐκείνων καὶ τῶν Κορινθίων βουλευόμενον ποιεῖν ὅπῃ ἐκ τῶν παρόντων μάλιστα καὶ τάχιστά τις ὠφελία ἥξει τοῖς ἐκεῖ.

id. 93.

Thucydides

261. "τούτων ἐγὼ ἡδίω μὲν ἂν εἶχον ὑμῖν ἕτερα ἐπιστέλλειν, οὐ μέντοι χρησιμώτερά γε, εἰ δεῖ σαφῶς εἰδότας τὰ ἐνθάδε βουλεύσασθαι. καὶ ἅμα τὰς φύσεις ἐπιστάμενος ὑμῶν, βουλομένων μὲν τὰ ἥδιστα ἀκούειν, αἰτιωμένων δὲ ὕστερον, ἤν τι ὑμῖν ἀπ' αὐτῶν μὴ ὅμοιον ἐκβῇ, ἀσφαλέστερον ἡγησάμην τὸ ἀληθὲς δηλῶσαι. καὶ νῦν ὡς ἐφ' ἃ μὲν ἤλθομεν τὸ πρῶτον καὶ τῶν στρατιωτῶν καὶ τῶν ἡγεμόνων ὑμῖν μὴ μεμπτῶν γεγενημένων, οὕτω τὴν γνώμην ἔχετε· ἐπειδὴ δὲ Σικελία τε ἅπασα ξυνίσταται καὶ ἐκ Πελοποννήσου ἄλλη στρατιὰ προσδόκιμος αὐτοῖς, βουλεύεσθε ἤδη ὡς τῶν γ' ἐνθάδε μηδὲ τοῖς παροῦσιν ἀνταρκούντων, ἀλλ' ἢ τούτους μεταπέμπειν δέον ἢ ἄλλην στρατιὰν μὴ ἐλάσσω ἐπιπέμπειν καὶ πεζὴν καὶ ναυτικὴν καὶ χρήματα μὴ ὀλίγα, ἐμοὶ δὲ διάδοχόν τινα, ὡς ἀδύνατός εἰμι διὰ νόσον νεφρῖτιν παραμένειν. ἀξιῶ δ' ὑμῶν ξυγγνώμης τυγχάνειν· καὶ γὰρ ὅτ' ἐρρώμην πολλὰ ἐν ἡγεμονίαις ὑμᾶς εὖ ἐποίησα. ὅ τι δὲ μέλλετε, ἅμα τῷ ἦρι εὐθὺς καὶ μὴ ἐς ἀναβολὰς πράσσετε, ὡς τῶν πολεμίων τὰ μὲν ἐν Σικελίᾳ δι' ὀλίγου ποριουμένων, τὰ δ' ἐκ Πελοποννήσου σχολαίτερον μέν, ὅμως δ', ἢν μὴ προσέχητε τὴν γνώμην, τὰ μὲν λήσουσιν ὑμᾶς, ὥσπερ καὶ πρότερον, τὰ δὲ φθήσονται." VII. 14.

262. ὁ δὲ Δημοσθένης ἰδὼν ὡς εἶχε τὰ πράγματα καὶ νομίσας οὐχ οἷόν τε εἶναι διατρίβειν οὐδὲ παθεῖν ὅπερ ὁ Νικίας ἔπαθεν (ἀφικόμενος γὰρ τὸ πρῶτον ὁ Νικίας φοβερός, ὡς οὐκ εὐθὺς προσέκειτο ταῖς Συρακούσαις ἀλλ' ἐν Κατάνῃ διεχείμαζεν, ὑπερώφθη τε καὶ ἔφθασεν αὐτὸν ἐκ τῆς Πελοποννήσου στρατιᾷ ὁ Γύλιππος ἀφικόμενος), ταῦτα οὖν ἀνασκοπῶν ὁ Δημοσθένης καὶ γιγνώσκων ὅτι καὶ αὐτὸς ἐν τῷ παρόντι τῇ πρώτῃ ἡμέρᾳ μάλιστα δεινότατός ἐστι τοῖς ἐναντίοις, ἐβούλετο ὅ τι τάχος ἀποχρήσασθαι τῇ παρούσῃ τοῦ στρατεύματος ἐκπλήξει. *id.* 42.

Thucydides

263. οἱ δ' οὖν Συρακόσιοι καὶ οἱ ξύμμαχοι εἰκότως ἐνόμισαν καλὸν ἀγώνισμα σφίσιν εἶναι ἐπὶ τῇ γεγενημένῃ νίκῃ τῆς ναυμαχίας ἑλεῖν τε τὸ στρατόπεδον ἅπαν τῶν Ἀθηναίων τοσοῦτον ὄν, καὶ μηδὲ καθ' ἕτερα αὐτούς, μήτε διὰ θαλάσσης μήτε τῷ πεζῷ, διαφυγεῖν. ἔκλῃον οὖν τόν τε λιμένα εὐθὺς τὸν μέγαν, ἔχοντα τὸ στόμα ὀκτὼ σταδίων μάλιστα, τριήρεσι πλαγίαις καὶ πλοίοις καὶ ἀκάτοις ἐπ' ἀγκυρῶν ὁρμίζοντες, καὶ τἆλλα, ἢν ἔτι ναυμαχεῖν οἱ Ἀθηναῖοι τολμήσωσι, παρεσκευάζοντο, καὶ ὀλίγον οὐδὲν ἐς οὐδὲν ἐπενόουν. τοῖς δὲ Ἀθηναίοις τήν τε ἀπόκλῃσιν ὁρῶσι καὶ τὴν ἄλλην διάνοιαν αὐτῶν αἰσθομένοις βουλευτέα ἐδόκει. καὶ ξυνελθόντες οἵ τε στρατηγοὶ καὶ οἱ ταξίαρχοι πρὸς τὴν παροῦσαν ἀπορίαν τῶν τε ἄλλων καὶ ὅτι τὰ ἐπιτήδεια οὔτε αὐτίκα ἔτι εἶχον (προπέμψαντες γὰρ ἐς Κατάνην ὡς ἐκπλευσόμενοι ἀπεῖπον μὴ ἐπάγειν) οὔτε τὸ λοιπὸν ἔμελλον ἕξειν, εἰ μὴ ναυκρατήσουσιν, ἐβουλεύσαντο τὰ μὲν τείχη τὰ ἄνω ἐκλιπεῖν, πρὸς δὲ αὐταῖς ταῖς ναυσὶν ἀπολαβόντες διατειχίσματι ὅσον οἷόν τε ἐλάχιστον τοῖς τε σκεύεσι καὶ τοῖς ἀσθενοῦσιν ἱκανὸν γενέσθαι, τοῦτο μὲν φρουρεῖν, ἀπὸ δὲ τοῦ ἄλλου πεζοῦ τὰς ναῦς ἁπάσας, ὅσαι ἦσαν καὶ δυναταὶ καὶ ἀπλοώτεραι, πάντα τινὰ ἐσβιβάζοντες πληρῶσαι, καὶ διαναυμαχήσαντες, ἢν μὲν νικῶσιν, ἐς Κατάνην κομίζεσθαι, ἢν δὲ μή, ἐμπρήσαντες τὰς ναῦς πεζῇ ξυνταξάμενοι ἀποχωρεῖν ᾗ ἂν τάχιστα μέλλωσί τινος χωρίου ἢ βαρβαρικοῦ ἢ Ἑλληνικοῦ φιλίου ἀντιλήψεσθαι.   VII. 59.

Thucydides

264. οἱ δὲ Συρακόσιοι τῇ ὑστεραίᾳ καταλαβόντες αὐτὸν ἔλεγον ὅτι οἱ μετὰ Δημοσθένους παραδεδώκοιεν σφᾶς αὐτούς, κελεύοντες κἀκεῖνον τὸ αὐτὸ δρᾶν· ὁ δ' ἀπιστῶν σπένδεται ἱππέα πέμψαι σκεψόμενον. ὡς δ' οἰχόμενος ἀπήγγειλε πάλιν παραδεδωκότας, ἐπικηρυκεύεται Γυλίππῳ καὶ Συρακοσίοις εἶναι ἑτοῖμος ὑπὲρ Ἀθηναίων ξυμβῆναι ὅσα ἀνήλωσαν χρήματα Συρακόσιοι ἐς τὸν πόλεμον, ταῦτα ἀποδοῦναι, ὥστε τὴν μετ' αὐτοῦ στρατιὰν ἀφεῖναι αὐτούς· μέχρι οὗ δ' ἂν τὰ χρήματα ἀποδοθῇ, ἄνδρας δώσειν Ἀθηναίων ὁμήρους, ἕνα κατὰ τάλαντον. οἱ δὲ Συρακόσιοι καὶ Γύλιππος οὐ προσεδέχοντο τοὺς λόγους, ἀλλὰ προσπεσόντες καὶ περιστάντες πανταχόθεν ἔβαλλον καὶ τούτους μέχρι ὀψέ. εἶχον δὲ καὶ οὗτοι πονήρως σίτου τε καὶ τῶν ἐπιτηδείων ἀπορίᾳ. ὅμως δὲ τῆς νυκτὸς φυλάξαντες τὸ ἡσυχάζον ἔμελλον πορεύεσθαι. καὶ ἀναλαμβάνουσί τε τὰ ὅπλα, καὶ οἱ Συρακόσιοι αἰσθάνονται καὶ ἐπαιάνισαν. γνόντες δὲ οἱ Ἀθηναῖοι ὅτι οὐ λανθάνουσι, κατέθεντο πάλιν πλὴν τριακοσίων μάλιστα ἀνδρῶν· οὗτοι δὲ διὰ τῶν φυλάκων βιασάμενοι ἐχώρουν τῆς νυκτὸς ᾗ ἐδύναντο. Νικίας δὲ ἐπειδὴ ἡμέρα ἐγένετο ἦγε τὴν στρατιάν· οἱ δὲ Συρακόσιοι καὶ οἱ ξύμμαχοι προσέκειντο τὸν αὐτὸν τρόπον πανταχόθεν βάλλοντές τε καὶ κατακοντίζοντες. καὶ οἱ Ἀθηναῖοι ἠπείγοντο πρὸς τὸν Ἀσσίναρον ποταμόν, ἅμα μὲν βιαζόμενοι ὑπὸ τῆς πανταχόθεν προσβολῆς ἱππέων τε πολλῶν καὶ τοῦ ἄλλου ὄχλου, οἰόμενοι ῥᾷόν τι σφίσιν ἔσεσθαι, ἢν διαβῶσι τὸν ποταμόν, ἅμα δὲ ὑπὸ τῆς ταλαιπωρίας καὶ τοῦ πιεῖν ἐπιθυμίᾳ. ὡς δὲ γίγνονται ἐπ' αὐτῷ, ἐσπίπτουσιν οὐδενὶ κόσμῳ ἔτι, ἀλλὰ πᾶς τέ τις διαβῆναι αὐτὸς πρῶτος βουλόμενος καὶ οἱ πολέμιοι ἐπικείμενοι χαλεπὴν ἤδη τὴν διάβασιν ἐποίουν.　　　VII. 83.

285. ἐς δὲ τὰς Ἀθήνας ἐπειδὴ ἠγγέλθη, χαλεποὶ μὲν ἦσαν
τοῖς ξυμπροθυμηθεῖσι τῶν ῥητόρων τὸν ἔκπλουν, ὥσπερ
οὐκ αὐτοὶ ψηφισάμενοι, ὠργίζοντο δὲ καὶ τοῖς χρησμολόγοις
τε καὶ μάντεσι καὶ ὁπόσοι τι τότε αὐτοὺς θειάσαντες
ἐπήλπισαν ὡς λήψονται Σικελίαν. πάντα δὲ πανταχόθεν
αὐτοὺς ἐλύπει τε καὶ περιειστήκει ἐπὶ τῷ γεγενημένῳ
φόβος τε καὶ κατάπληξις μεγίστη δή. ἅμα μὲν γὰρ
στερόμενοι καὶ ἰδίᾳ ἕκαστος καὶ ἡ πόλις ὁπλιτῶν τε
πολλῶν καὶ ἱππέων καὶ ἡλικίας οἵαν οὐχ ἑτέραν ἑώρων
ὑπάρχουσαν ἐβαρύνοντο· ἅμα δὲ ναῦς οὐχ ὁρῶντες ἐν τοῖς
νεωσοίκοις ἱκανὰς οὐδὲ χρήματα ἐν τῷ κοινῷ οὐδ᾽ ὑπηρεσίας
ταῖς ναυσὶν ἀνέλπιστοι ἦσαν ἐν τῷ παρόντι σωθήσεσθαι,
τούς τε ἀπὸ τῆς Σικελίας πολεμίους εὐθὺς σφίσιν ἐνόμιζον
τῷ ναυτικῷ ἐπὶ τὸν Πειραιᾶ πλεύσεσθαι, ἄλλως τε καὶ
τοσοῦτον κρατήσαντας, καὶ τοὺς αὐτόθεν πολεμίους τότε δὴ
καὶ διπλασίως πάντα παρεσκευασμένους κατὰ κράτος ἤδη καὶ
ἐκ γῆς καὶ ἐκ θαλάσσης ἐπικείσεσθαι, καὶ τοὺς ξυμμάχους
σφῶν μετ᾽ αὐτῶν ἀποστάντας. ὅμως δὲ ὡς ἐκ τῶν ὑπαρ-
χόντων ἐδόκει χρῆναι μὴ ἐνδιδόναι, ἀλλὰ παρασκευάζεσθαι
καὶ ναυτικὸν ὅθεν ἂν δύνωνται ξύλα ξυμπορισαμένους
καὶ χρήματα, καὶ τὰ τῶν ξυμμάχων ἐς ἀσφάλειαν ποι-
εῖσθαι, καὶ μάλιστα τὴν Εὔβοιαν, τῶν τε κατὰ τὴν πόλιν
τι ἐς εὐτέλειαν σωφρονίσαι καὶ ἀρχήν τινα πρεσβυτέρων
ἀνδρῶν ἑλέσθαι, οἵτινες περὶ τῶν παρόντων ὡς ἂν καιρὸς
ᾖ προβουλεύσουσι. πάντα τε πρὸς τὸ παραχρῆμα περιδεές,
ὅπερ φιλεῖ δῆμος ποιεῖν, ἕτοιμοι ἦσαν εὐτακτεῖν.

VIII. I.

266. παρῄνει δὲ καὶ τῷ Τισσαφέρνει μὴ ἄγαν ἐπείγεσθαι
τὸν πόλεμον διαλῦσαι, μηδὲ βουληθῆναι κομίσαντα ἢ
ναῦς Φοινίσσας ἅσπερ παρεσκευάζετο ἢ Ἕλλησι πλέοσι
μισθὸν πορίζοντα τοῖς αὐτοῖς τῆς τε γῆς καὶ τῆς θαλάσσης
τὸ κράτος δοῦναι, ἔχειν δ' ἀμφοτέρους ἐᾶν δίχα τὴν ἀρχήν,
καὶ βασιλεῖ ἐξεῖναι αἰεὶ ἐπὶ τοὺς αὐτῷ λυπηροὺς τοὺς
ἑτέρους ἐπάγειν. γενομένης δ' ἂν καθ' ἓν τῆς ἐς γῆν καὶ
θάλασσαν ἀρχῆς ἀπορεῖν ἂν αὐτὸν οἷς τοὺς κρατοῦντας
ξυγκαθαιρήσει, ἢν μὴ αὐτὸς βούληται μεγάλῃ δαπάνῃ καὶ
κινδύνῳ ἀναστάς ποτε διαγωνίσασθαι. εὐτελέστερα δὲ
τάδ' εἶναι, βραχεῖ μορίῳ τῆς δαπάνης καὶ ἅμα μετὰ τῆς
ἑαυτοῦ ἀσφαλείας αὐτοὺς περὶ ἑαυτοὺς τοὺς Ἕλληνας
κατατρῖψαι. ἐπιτηδειοτέρους τε ἔφη τοὺς Ἀθηναίους εἶναι
κοινωνοὺς αὐτῷ τῆς ἀρχῆς· ἧσσον γὰρ τῶν κατὰ γῆν
ἐφίεσθαι, τὸν λόγον τε ξυμφορώτατον καὶ τὸ ἔργον
ἔχοντας πολεμεῖν. τοὺς μὲν γὰρ ξυγκαταδουλοῦν ἂν σφίσι
τε αὐτοῖς τὸ τῆς θαλάσσης μέρος καὶ ἐκείνῳ ὅσοι ἐν τῇ
βασιλέως Ἕλληνες οἰκοῦσι, τοὺς δὲ τοὐναντίον ἐλευθερώ-
σοντας ἥκειν· καὶ οὐκ εἰκὸς εἶναι Λακεδαιμονίους ἀπὸ
μὲν σφῶν τῶν Ἑλλήνων ἐλευθεροῦν νῦν τοὺς Ἕλληνας,
ἀπὸ δ' ἐκείνων τῶν βαρβάρων μὴ ἐλευθερῶσαι. τρίβειν
οὖν ἐκέλευε πρῶτον ἀμφοτέρους, καὶ ἀποτεμόμενον ὡς
μέγιστα ἀπὸ τῶν Ἀθηναίων ἔπειτ' ἤδη τοὺς Πελοπον-
νησίους ἀπαλλάξαι ἐκ τῆς χώρας. καὶ διενοεῖτο τὸ πλέον
οὕτως ὁ Τισσαφέρνης, ὅσα γε ἀπὸ τῶν ποιουμένων ἦν
εἰκάσαι.   VIII. 46.

Thucydides

267. ἦν δὲ ὁ μὲν τὴν γνώμην ταύτην εἰπὼν Πείσανδρος, καὶ τἆλλα ἐκ τοῦ προφανοῦς προθυμότατα ξυγκαταλύσας τὸν δῆμον· ὁ μέντοι ἅπαν τὸ πρᾶγμα ξυνθεὶς ὅτῳ τρόπῳ κατέστη ἐς τοῦτο καὶ ἐκ πλείστου ἐπιμεληθεὶς Ἀντιφῶν ἦν, ἀνὴρ Ἀθηναίων τῶν καθ᾽ ἑαυτὸν ἀρετῇ τε οὐδενὸς δεύτερος καὶ κράτιστος ἐνθυμηθῆναι γενόμενος καὶ ἃ γνοίη εἰπεῖν, καὶ ἐς μὲν δῆμον οὐ παριὼν οὐδ᾽ ἐς ἄλλον ἀγῶνα ἑκούσιος οὐδένα, ἀλλ᾽ ὑπόπτως τῷ πλήθει διὰ δόξαν δεινότητος διακείμενος, τοὺς μέντοι ἀγωνιζομένους καὶ ἐν δικαστηρίῳ καὶ ἐν δήμῳ πλεῖστα εἷς ἀνήρ, ὅστις ξυμβουλεύσαιτό τι, δυνάμενος ὠφελεῖν. καὶ αὐτὸς δέ, ἐπειδὴ τὰ τῶν τετρακοσίων ἐν ὑστέρῳ μεταπεσόντα ὑπὸ τοῦ δήμου ἐκακοῦτο, ἄριστα φαίνεται τῶν μέχρι ἐμοῦ ὑπὲρ αὐτῶν τούτων, αἰτιαθεὶς ὡς ξυγκατέστησε, θανάτου δίκην ἀπολογησάμενος. παρέσχε δὲ καὶ ὁ Φρύνιχος ἑαυτὸν πάντων διαφερόντως προθυμότατον ἐς τὴν ὀλιγαρχίαν, δεδιὼς τὸν Ἀλκιβιάδην καὶ ἐπιστάμενος εἰδότα αὐτὸν ὅσα ἐν τῇ Σάμῳ πρὸς τὸν Ἀστύοχον ἔπραξε, νομίζων οὐκ ἄν ποτε αὐτὸν κατὰ τὸ εἰκὸς ὑπ᾽ ὀλιγαρχίας κατελθεῖν· πολύ τε πρὸς τὰ δεινά, ἐπειδήπερ ὑπέστη, φερεγγυώτατος ἐφάνη. καὶ Θηραμένης ὁ τοῦ Ἅγνωνος ἐν τοῖς ξυγκαταλύουσι τὸν δῆμον πρῶτος ἦν, ἀνὴρ οὔτε εἰπεῖν οὔτε γνῶναι ἀδύνατος. ὥστε ἀπ᾽ ἀνδρῶν πολλῶν καὶ ξυνετῶν πραχθὲν τὸ ἔργον οὐκ ἀπεικότως καίπερ μέγα ὂν προυχώρησε· χαλεπὸν γὰρ ἦν τὸν Ἀθηναίων δῆμον ἐπ᾽ ἔτει ἑκατοστῷ μάλιστα ἐπειδὴ οἱ τύραννοι κατελύθησαν ἐλευθερίας παῦσαι, καὶ οὐ μόνον μὴ ὑπήκοον ὄντα, ἀλλὰ καὶ ὑπὲρ ἥμισυ τοῦ χρόνου τούτου αὐτὸν ἄλλων ἄρχειν εἰωθότα.

VIII. 68.

268. λαβόντες δὲ οἱ Πελοποννήσιοι δύο καὶ εἴκοσι ναῦς τῶν
Ἀθηναίων καὶ ἄνδρας τοὺς μὲν ἀποκτείναντες τοὺς δὲ
ζωγρήσαντες τροπαῖον ἔστησαν. καὶ ὕστερον οὐ πολλῷ
Εὔβοιαν ἅπασαν ἀποστήσαντες πλὴν Ὠρεοῦ (ταύτην δὲ
αὐτοὶ Ἀθηναῖοι εἶχον) καὶ τἆλλα τὰ περὶ αὐτὴν καθι-
σταντο. τοῖς δ' Ἀθηναίοις ὡς ἦλθε τὰ περὶ τὴν Εὔβοιαν
γεγενημένα, ἔκπληξις μεγίστη δὴ τῶν πρὶν παρέστη.
οὔτε γὰρ ἡ ἐν τῇ Σικελίᾳ ξυμφορά, καίπερ μεγάλη τότε
δόξασα εἶναι, οὔτε ἄλλο οὐδέν πω οὕτως ἐφόβησεν. ὅπου
γὰρ στρατοπέδου τε τοῦ ἐν Σάμῳ ἀφεστηκότος, ἄλλων τε
νεῶν οὐκ οὐσῶν οὐδὲ τῶν ἐσβησομένων, αὐτῶν τε στασια-
ζόντων καὶ ἄδηλον ὂν ὁπότε σφίσιν αὐτοῖς ξυρράξουσι,
τοσαύτη ἡ ξυμφορὰ ἐπεγεγένητο, ἐν ᾗ ναῦς τε καὶ τὸ
μέγιστον Εὔβοιαν ἀπωλωλέκεσαν, ἐξ ἧς πλείω ἢ τῆς
Ἀττικῆς ὠφελοῦντο, πῶς οὐκ εἰκότως ἠθύμουν; μάλιστα
δ' αὐτοὺς καὶ δι' ἐγγυτάτου ἐθορύβει, εἰ οἱ πολέμιοι
τολμήσουσι νενικηκότες εὐθὺ σφῶν ἐπὶ τὸν Πειραιᾶ
ἔρημον ὄντα νεῶν πλεῖν· καὶ ὅσον οὐκ ἤδη ἐνόμιζον
αὐτοὺς παρεῖναι. ὅπερ ἄν, εἰ τολμηρότεροι ἦσαν, ῥᾳδίως
ἂν ἐποίησαν, καὶ ἢ διέστησαν ἂν ἔτι μᾶλλον τὴν πόλιν
ἐφορμοῦντες ἤ, εἰ ἐπολιόρκουν μένοντες, καὶ τὰς ἀπ'
Ἰωνίας ναῦς ἠνάγκασαν ἂν καίπερ πολεμίας οὔσας τῇ
ὀλιγαρχίᾳ τοῖς σφετέροις οἰκείοις καὶ τῇ ξυμπάσῃ πόλει
βοηθῆσαι· καὶ ἐν τούτῳ Ἑλλήσποντός τε ἂν ἦν αὐτοῖς
καὶ Ἰωνία καὶ αἱ νῆσοι καὶ τὰ μέχρι Εὐβοίας καὶ ὡς
εἰπεῖν ἡ Ἀθηναίων ἀρχὴ πᾶσα. ἀλλ' οὐκ ἐν τούτῳ
μόνῳ Λακεδαιμόνιοι Ἀθηναίοις πάντων δὴ ξυμφορώτατοι
προσπολεμῆσαι ἐγένοντο, ἀλλὰ καὶ ἐν ἄλλοις πολλοῖς·
διάφοροι γὰρ πλεῖστον ὄντες τὸν τρόπον, οἱ μὲν ὀξεῖς οἱ
δὲ βραδεῖς, καὶ οἱ μὲν ἐπιχειρηταὶ οἱ δὲ ἄτολμοι, ἄλλως
τε καὶ ἐν ἀρχῇ ναυτικῇ πλεῖστα ὠφέλουν. ἔδειξαν δὲ οἱ
Συρακόσιοι· μάλιστα γὰρ ὁμοιότροποι γενόμενοι ἄριστα
καὶ προσεπολέμησαν.   VIII. 95.

Xenophon

269. ἐν δὲ ταῖς Ἀθήναις τῆς Παράλου ἀφικομένης νυκτὸς ἐλέγετο ἡ ξυμφορά, καὶ οἰμωγὴ ἐκ τοῦ Πειραιῶς διὰ τῶν μακρῶν τειχῶν ἐς ἄστυ διῆκεν, ὁ ἕτερος τῷ ἑτέρῳ παραγγέλλων· ὥστ' ἐκείνης τῆς νυκτὸς οὐδεὶς ἐκοιμήθη, οὐ μόνον τοὺς ἀπολωλότας πενθοῦντες, ἀλλὰ πολὺ μᾶλλον ἔτι αὐτοὶ ἑαυτούς, πείσεσθαι νομίζοντες οἷα ἐποίησαν Μηλίους τε Λακεδαιμονίων ἀποίκους ὄντας κρατήσαντες πολιορκίᾳ, καὶ Αἰγινήτας καὶ ἄλλους πολλοὺς τῶν Ἑλλήνων. τῇ δ' ὑστεραίᾳ ἐκκλησίαν ἐποίησαν, ἐν ᾗ ἔδοξε τούς τε λιμένας ἀποχῶσαι πλὴν ἑνὸς καὶ τὰ <u>τείχη</u> εὐτρεπίζειν καὶ φυλακὰς ἐφιστάναι καὶ τἆλλα πάντα ὡς ἐς πολιορκίαν παρασκευάζειν τὴν πόλιν. *Hellenica* II. ii. 3.

270. οἱ δ' ἐξέτασιν ποιήσαντες τῶν μὲν τρισχιλίων ἐν τῇ ἀγορᾷ, τῶν δ' ἔξω τοῦ καταλόγου ἄλλων ἀλλαχοῦ, ἔπειτα κελεύσαντες ἐπὶ τὰ ὅπλα, ἐν ᾧ ἐκεῖνοι ἀπεληλύθεσαν πέμψαντες τοὺς φρουροὺς καὶ τῶν πολιτῶν τοὺς ὁμογνώμονας αὐτοῖς, τὰ ὅπλα πάντων πλὴν τῶν τρισχιλίων παρείλοντο, καὶ ἀνακομίσαντες ταῦτα εἰς τὴν ἀκρόπολιν ξυνέθηκαν ἐν τῷ ναῷ. τούτων δὲ γενομένων, ὡς ἐξὸν ἤδη ποιεῖν αὐτοῖς ὅ τι βούλοιντο, πολλοὺς μὲν ἔχθρας ἕνεκα ἀπέκτεινον, πολλοὺς δὲ χρημάτων. ἔδοξε δ' αὐτοῖς, ὅπως ἔχοιεν καὶ τοῖς φρουροῖς χρήματα διδόναι, καὶ τῶν μετοίκων ἕνα ἕκαστον λαβεῖν, καὶ αὐτοὺς μὲν ἀποκτεῖναι, τὰ δὲ χρήματα αὐτῶν ἀποσημήνασθαι. ἐκέλευον δὲ καὶ τὸν Θηραμένην λαβεῖν ὅντινα βούλοιτο. ὁ δ' ἀπεκρίνατο· "ἀλλ' οὐ δοκεῖ μοι," ἔφη, "καλὸν εἶναι φάσκοντας βελτίστους εἶναι ἀδικώτερα τῶν συκοφαντῶν ποιεῖν. ἐκεῖνοι μὲν γὰρ παρ' ὧν χρήματα λαμβάνοιεν ζῆν εἴων, ἡμεῖς δὲ ἀποκτενοῦμεν μηδὲν ἀδικοῦντας, ἵνα χρήματα λαμβάνωμεν; πῶς οὐ ταῦτα τῷ παντὶ ἐκείνων ἀδικώτερα;" οἱ δ' ἐμποδὼν νομίζοντες αὐτὸν εἶναι τῷ ποιεῖν ὅ τι βούλοιντο, ἐπιβουλεύουσιν αὐτῷ, καὶ ἰδίᾳ πρὸς τοὺς βουλευτὰς ἄλλος πρὸς ἄλλον διέβαλλον ὡς λυμαινόμενον τὴν πολιτείαν.

id. II. iii. 20.

Xenophon

271. ἐκ δὲ τούτου ἐπειδὴ ἔαρ ὑπέφαινε, συνήγαγε μὲν ἅπαν τὸ στράτευμα εἰς Ἔφεσον· ἀσκῆσαι δ' αὐτὸ βουλόμενος ἆθλα προύθηκε ταῖς τε ὁπλιτικαῖς τάξεσιν, ἥτις ἄριστα σωμάτων ἔχοι, καὶ ταῖς ἱππικαῖς, ἥτις κράτιστα ἱππεύοι· καὶ πελτασταῖς δὲ καὶ τοξόταις ἆθλα προύθηκεν, ὅσοι κράτιστοι πρὸς τὰ προσήκοντα ἔργα φανεῖεν. ἐκ τούτου δὲ παρῆν ὁρᾶν τὰ μὲν γυμνάσια πάντα μεστὰ ἀνδρῶν τῶν γυμναζομένων, τὸν δ' ἱππόδρομον τῶν ἱππαζομένων, τοὺς δὲ ἀκοντιστὰς καὶ τοὺς τοξότας μελετῶντας. ἀξίαν δὲ καὶ ὅλην τὴν πόλιν ἐν ᾗ ἦν θέας ἐποίησεν· ἥ τε γὰρ ἀγορὰ ἦν μεστὴ παντοδαπῶν καὶ ἵππων καὶ ὅπλων ὠνίων, οἵ τε χαλκοτύποι καὶ οἱ τέκτονες καὶ οἱ χαλκεῖς καὶ οἱ σκυτοτόμοι καὶ οἱ ζωγράφοι πάντες πολεμικὰ ὅπλα κατεσκεύαζον, ὥστε τὴν πόλιν ὄντως οἴεσθαι πολέμου ἐργαστήριον εἶναι. ἐπερρώσθη δ' ἄν τις καὶ ἐκεῖνο ἰδών, Ἀγησίλαον μὲν πρῶτον, ἔπειτα δὲ καὶ τοὺς ἄλλους στρατιώτας ἐστεφανωμένους ἀπὸ τῶν γυμνασίων ἀπιόντας καὶ ἀνατιθέντας τοὺς στεφάνους τῇ Ἀρτέμιδι. ὅπου γὰρ ἄνδρες θεοὺς μὲν σέβοιντο, τὰ δὲ πολεμικὰ ἀσκοῖεν, πειθαρχεῖν δὲ μελετῷεν, πῶς οὐκ εἰκὸς ἐνταῦθα πάντα μεστὰ ἐλπίδων ἀγαθῶν εἶναι; ἡγούμενος δὲ καὶ τὸ καταφρονεῖν τῶν πολεμίων ῥώμην τινὰ ἐμβάλλειν πρὸς τὸ μάχεσθαι, προεῖπε τοῖς κήρυξι τοὺς ὑπὸ τῶν λῃστῶν ἁλισκομένους βαρβάρους γυμνοὺς πωλεῖν. ὁρῶντες οὖν οἱ στρατιῶται λευκοὺς μὲν διὰ τὸ μηδέποτε ἐκδύεσθαι, μαλακοὺς δὲ καὶ ἀπόνους διὰ τὸ ἀεὶ ἐπ' ὀχημάτων εἶναι, ἐνόμισαν οὐδὲν διοίσειν τὸν πόλεμον ἢ εἰ γυναιξὶ δέοι μάχεσθαι. *Hellenica* III. iv. 16.

Xenophon

272. κἀνταῦθα οἱ μέν τινες τῶν ξένων ἐστεφάνουν ἤδη τὸν Ἀγησίλαον, ἀγγέλλει δέ τις αὐτῷ ὅτι οἱ Θηβαῖοι τοὺς Ὀρχομενίους διακόψαντες ἐν τοῖς σκευοφόροις εἶεν. καὶ ὁ μὲν εὐθὺς ἐξελίξας τὴν φάλαγγα ἦγεν ἐπ' αὐτούς· οἱ δ' αὖ Θηβαῖοι ὡς εἶδον τοὺς συμμάχους πρὸς Ἑλικῶνι πεφευγότας, διαπεσεῖν βουλόμενοι πρὸς τοὺς ἑαυτῶν, συσπειραθέντες ἐχώρουν ἐρρωμένως. ἐνταῦθα δὴ Ἀγησίλαον ἀνδρεῖον μὲν ἔξεστιν εἰπεῖν ἀναμφισβητήτως· οὐ μέντοι εἵλετό γε τὰ ἀσφαλέστατα. ἐξὸν γὰρ αὐτῷ παρέντι τοὺς διαπίπτοντας ἀκολουθοῦντι χειροῦσθαι τοὺς ὄπισθεν, οὐκ ἐποίησε τοῦτο, ἀλλ' ἀντιμέτωπος συνέρραξε τοῖς Θηβαίοις· καὶ συμβαλόντες τὰς ἀσπίδας ἐωθοῦντο, ἐμάχοντο, ἀπέκτεινον, ἀπέθνῃσκον. τέλος δὲ τῶν Θηβαίων οἱ μὲν διαπίπτουσι πρὸς τὸν Ἑλικῶνα, πολλοὶ δ' ἀποχωροῦντες ἀπέθανον. ἐπεὶ δ' ἡ μὲν νίκη Ἀγησιλάου ἐγεγένητο, τετρωμένος δ' αὐτὸς προσενήνεκτο πρὸς τὴν φάλαγγα, προσελάσαντές τινες τῶν ἱππέων λέγουσιν αὐτῷ ὅτι τῶν πολεμίων ὡς ὀγδοήκοντα σὺν ὅπλοις ὑπὸ τῷ νεῷ εἰσι, καὶ ἠρώτων τί χρὴ ποιεῖν. ὁ δέ, καίπερ πολλὰ τραύματα ἔχων, ὅμως οὐκ ἐπελάθετο τοῦ θείου, ἀλλ' ἐᾶν τε ἀπιέναι ᾗ βούλοιντο ἐκέλευε καὶ ἀδικεῖν οὐκ εἴα. τότε μὲν οὖν, καὶ γὰρ ἦν ἤδη ὀψέ, δειπνοποιησάμενοι ἐκοιμήθησαν. πρῲ δὲ Γῦλιν τὸν πολέμαρχον παρατάξαι τε ἐκέλευε τὸ στράτευμα καὶ τροπαῖον ἵστασθαι, καὶ στεφανοῦσθαι πάντας τῷ θεῷ καὶ τοὺς αὐλητὰς πάντας αὐλεῖν. καὶ οἱ μὲν ταῦτ' ἐποίουν. οἱ δὲ Θηβαῖοι ἔπεμψαν κήρυκας, ὑποσπόνδους τοὺς νεκροὺς αἰτοῦντες θάψαι. καὶ οὕτω δὴ αἵ τε σπονδαὶ γίγνονται καὶ Ἀγησίλαος μὲν εἰς Δελφοὺς ἀφικόμενος δεκάτην τῶν ἐκ τῆς λείας τῷ θεῷ ἀπέθυσεν οὐκ ἐλάττω ἑκατὸν ταλάντων. *Hellenica* IV. iii. 18.

273. ἐπεὶ δὲ συνῆλθον, ἐπιδείξας ὁ Τιρίβαζος τὰ βασιλέως σημεῖα ἀνεγίγνωσκε τὰ γεγραμμένα. εἶχε δὲ ὧδε. "'Αρταξέρξης βασιλεὺς νομίζει δίκαιον τὰς μὲν ἐν τῇ 'Ασίᾳ πόλεις ἑαυτοῦ εἶναι καὶ τῶν νήσων Κλαζομενὰς καὶ Κύπρον, τὰς δὲ ἄλλας 'Ελληνίδας πόλεις καὶ μικρὰς καὶ μεγάλας αὐτονόμους ἀφεῖναι πλὴν Λήμνου καὶ 'Ίμβρου καὶ Σκύρου· ταύτας δὲ ὥσπερ τὸ ἀρχαῖον εἶναι 'Αθηναίων. ὁπότεροι δὲ ταύτην τὴν εἰρήνην μὴ δέξονται, τούτοις ἐγὼ πολεμήσω μετὰ τῶν ταῦτα βουλομένων καὶ πεζῇ καὶ κατὰ θάλατταν καὶ ναυσὶ καὶ χρήμασιν." ἀκούοντες οὖν ταῦτα οἱ μὲν ἄλλοι ἅπαντες ὤμνυσαν ἐμπεδώσειν ταῦτα, οἱ δὲ Θηβαῖοι ἠξίουν ὑπὲρ πάντων Βοιωτῶν ὀμνύναι. ὁ δὲ 'Αγησίλαος οὐκ ἔφη δέξεσθαι τοὺς ὅρκους, ἐὰν μὴ ὀμνύωσιν, ὥσπερ τὰ βασιλέως γράμματα ἔλεγεν, αὐτονόμους εἶναι καὶ μικρὰν καὶ μεγάλην πόλιν. οἱ δὲ τῶν Θηβαίων πρέσβεις ἔλεγον ὅτι οὐκ ἐπεσταλμένα σφίσι ταῦτ' εἴη. "ἴτε νυν," ἔφη ὁ 'Αγησίλαος, "καὶ ἐρωτᾶτε· ἀπαγγέλλετε δ' αὐτοῖς καὶ ταῦτα, ὅτι εἰ μὴ ποιήσουσι ταῦτα, ἔκσπονδοι ἔσονται."

Hellenica v. i. 30.

274. ἐξελθόντες οἱ 'Ολύνθιοι ἱππεῖς ἥσυχοι πορευόμενοι διέβησαν τὸν παρὰ τὴν πόλιν ῥέοντα ποταμόν, καὶ ἐπορεύοντο πρὸς τὸ ἐναντίον στράτευμα. ὡς δ' εἶδεν ὁ Τελευτίας, ἀγανακτήσας τῇ τόλμῃ αὐτῶν εὐθὺς Τλημονίδαν τὸν τῶν πελταστῶν ἄρχοντα δρόμῳ φέρεσθαι εἰς αὐτοὺς ἐκέλευσεν. οἱ δὲ 'Ολύνθιοι ὡς εἶδον προθέοντας τοὺς πελταστάς, ἀναστρέψαντες ἀπεχώρουν ἥσυχοι καὶ διέβησαν πάλιν τὸν ποταμόν. οἱ δ' ἠκολούθουν μάλα θρασέως καὶ ὡς φεύγουσι διώξοντες ἐπιδιέβαινον. ἔνθα δὴ οἱ 'Ολύνθιοι ἱππεῖς, ἡνίκα ἔτι εὐχείρωτοι αὐτοῖς ἐδόκουν εἶναι οἱ διαβεβηκότες, ἀναστρέψαντες ἐμβάλλουσιν αὐτοῖς, καὶ αὐτόν τε ἀπέκτειναν τὸν Τλημονίδαν καὶ τῶν ἄλλων πλείους ἢ ἑκατόν.

id. v. iii. 3.

275. ἐπεὶ δὲ ἐδείπνησαν Ἀρχίας τε καὶ οἱ ἄλλοι πολέμαρχοι
καὶ συμπροθυμουμένου ἐκείνου ταχὺ ἐμεθύσθησαν, ἐξελθὼν
ὁ Φιλλίδας ἤγαγε τοὺς περὶ Μέλωνα, τρεῖς μὲν στείλας
ὡς δεσποίνας, τοὺς δὲ ἄλλους ὡς θεραπαίνας. κἀκείνους
μὲν εἰσήγαγεν εἰς τὸ πρόθυρον τοῦ πολεμαρχείου, αὐτὸς
δ' εἰσελθὼν εἶπε τοῖς περὶ Ἀρχίαν ὅτι οὐκ ἄν φασιν
εἰσελθεῖν αἱ γυναῖκες, εἴ τις τῶν διακόνων ἔνδον ἔσοιτο.
ἐκ δὲ τούτου εἰσήγαγε τὰς γυναῖκας δή, καὶ ἐκάθιζε παρ'
ἑκάστῳ. ἦν δὲ σύνθημα, ἐπεὶ καθίζοιντο, παίειν εὐθὺς
ἀνακαλυψαμένους. οἱ μὲν δὴ οὕτω λέγουσιν αὐτοὺς ἀπο-
θανεῖν, οἱ δὲ καὶ ὡς κωμαστὰς εἰσελθόντας τοὺς ἀμφὶ
Μέλωνα ἀποκτεῖναι τοὺς πολεμάρχους. λαβὼν δὲ ὁ Φιλ-
λίδας τρεῖς αὐτῶν ἐπορεύετο ἐπὶ τὴν τοῦ Λεοντιάδου
οἰκίαν· κόψας δὲ τὴν θύραν εἶπεν ὅτι παρὰ τῶν πολε-
μάρχων ἀπαγγεῖλαί τι βούλοιτο. ὁ δὲ ἐτύγχανε μὲν χωρὶς
κατακείμενος ἔτι μετὰ δεῖπνον, καὶ ἡ γυνὴ ἐριουργοῦσα
παρεκάθητο. ἐκέλευσε δὲ τὸν Φιλλίδαν πιστὸν νομίζων
εἰσιέναι. οἱ δ' ἐπεὶ εἰσῆλθον, τὸν μὲν ἀπέκτειναν, τὴν δὲ
γυναῖκα φοβήσαντες κατεσιώπησαν. ἐξιόντες δὲ εἶπον τὴν
θύραν κεκλεῖσθαι· εἰ δὲ λήψονται ἀνεῳγμένην, ἠπείλησαν
ἀποκτεῖναι ἅπαντας τοὺς ἐν τῇ οἰκίᾳ. ἐπεὶ δὲ ταῦτα ἐπέ-
πρακτο, λαβὼν δύο ὁ Φιλλίδας τῶν ἀνδρῶν ἦλθε πρὸς τὸ
δεσμωτήριον, καὶ εἶπε τῷ εἰργμοφύλακι ὅτι ἄνδρα ἄγοι
παρὰ τῶν πολεμάρχων ὃν εἶρξαι δέοι. ὡς δὲ ἀνέῳξε,
τοῦτον μὲν εὐθὺς ἀπέκτειναν, τοὺς δὲ δεσμώτας ἔλυσαν.
καὶ τούτους μὲν ταχὺ τῶν ἐκ τῆς στοᾶς ὅπλων καθελόντες
ὥπλισαν, καὶ ἀγαγόντες ἐπὶ τὸ Ἀμφεῖον θέσθαι ἐκέλευον
τὰ ὅπλα. ἐκ δὲ τούτου εὐθὺς ἐκήρυττον ἐξιέναι πάντας
Θηβαίους, ἱππέας τε καὶ ὁπλίτας, ὡς τῶν τυράννων
τεθνεώτων.   *Hellenica* V. iv. 5.

Xenophon

276. γενομένων δὲ τούτων, ὁ μὲν εἰς τὴν Λακεδαίμονα ἀγγέλλων τὸ πάθος ἀφικνεῖται γυμνοπαιδιῶν τε οὔσης τῆς τελευταίας καὶ τοῦ ἀνδρικοῦ χοροῦ ἔνδον ὄντος· οἱ δὲ ἔφοροι ἐπεὶ ἤκουσαν τὸ πάθος, ἐλυποῦντο μέν, ὥσπερ, οἶμαι, ἀνάγκη· τὸν μέντοι χορὸν οὐκ ἐξήγαγον, ἀλλὰ διαγωνίσασθαι εἴων. καὶ τὰ μὲν ὀνόματα πρὸς τοὺς οἰκείους ἑκάστου τῶν τεθνεώτων ἀπέδοσαν· προεῖπον δὲ ταῖς γυναιξὶ μὴ ποιεῖν κραυγήν, ἀλλὰ σιγῇ τὸ πάθος φέρειν. τῇ δ' ὑστεραίᾳ ἦν ὁρᾶν, ὧν μὲν ἐτέθνασαν οἱ προσήκοντες, λιπαροὺς καὶ φαιδροὺς ἐν τῷ φανερῷ ἀναστρεφομένους, ὧν δὲ ζῶντες ἠγγελμένοι ἦσαν, ὀλίγους ἂν εἶδες, τούτους δὲ σκυθρωποὺς καὶ ταπεινοὺς περιιόντας. οἱ δὲ Θηβαῖοι εὐθὺς μὲν μετὰ τὴν μάχην ἔπεμψαν εἰς Ἀθήνας ἄγγελον ἐστεφανωμένον, καὶ ἅμα μὲν τῆς νίκης τὸ μέγεθος ἔφραζον, ἅμα δὲ βοηθεῖν ἐκέλευον, λέγοντες ὡς νῦν ἐξείη Λακεδαιμονίους πάντων ὧν ἐπεποιήκεσαν αὐτοὺς τιμωρήσασθαι. τῶν δὲ Ἀθηναίων ἡ βουλὴ ἐτύγχανεν ἐν ἀκροπόλει καθημένη. ἐπεὶ δ' ἤκουσαν τὸ γεγενημένον, ὅτι μὲν σφόδρα ἐλυπήθησαν πᾶσι δῆλον ἐγένετο· οὔτε γὰρ ἐπὶ ξένια τὸν κήρυκα ἐκάλεσαν, περί τε τῆς βοηθείας οὐδὲν ἀπεκρίναντο. καὶ Ἀθήνηθεν μὲν οὕτως ἀπῆλθεν ὁ κῆρυξ. πρὸς μέντοι Ἰάσονα, σύμμαχον ὄντα, ἔπεμπον σπουδῇ οἱ Θηβαῖοι, κελεύοντες βοηθεῖν, διαλογιζόμενοι πῇ τὸ μέλλον ἀποβήσοιτο. ὁ δ' εὐθὺς τριήρεις μὲν ἐπλήρου, ὡς βοηθήσων κατὰ θάλατταν, συλλαβὼν δὲ τό τε ξενικὸν καὶ τοὺς περὶ αὐτὸν ἱππέας, καίπερ ἀκηρύκτῳ πολέμῳ τῶν Φωκέων χρωμένων, πεζῇ διεπορεύθη εἰς τὴν Βοιωτίαν, ἐν πολλαῖς τῶν πόλεων πρότερον ὀφθεὶς ἢ ἀγγελθεὶς ὅτι πορεύοιτο.

Hellenica VI. iv. 16.

Xenophon

277. οἱ δὲ Θηβαῖοι ἐπεὶ ἤσθοντο τὰ πεπραγμένα ὑπὸ τῶν
Ἀρκάδων, πολὺ δὴ θρασύτερον κατέβαινον. καὶ τὴν μὲν
Σελλασίαν εὐθὺς ἔκαον καὶ ἐπόρθουν. ἐπεὶ δὲ ἐν τῷ
πεδίῳ ἐγένοντο ἐν τῷ τεμένει τοῦ Ἀπόλλωνος, ἐνταῦθα
ἐστρατοπεδεύσαντο· τῇ δ' ὑστεραίᾳ ἐπορεύοντο. καὶ διὰ
μὲν τῆς γεφύρας οὐδ' ἐπεχείρουν διαβαίνειν ἐπὶ τὴν πόλιν·
καὶ γὰρ ἐν τῷ τῆς Ἀλέας ἱερῷ ἐφαίνοντο ἐναντίοι οἱ
ὁπλῖται. ἐν δεξιᾷ δ' ἔχοντες τὸν Εὐρώταν παρῇσαν
κάοντες καὶ πορθοῦντες πολλῶν κἀγαθῶν μεστὰς οἰκίας.
τῶν δ' ἐκ τῆς πόλεως αἱ μὲν γυναῖκες οὐδὲ τὸν καπνὸν
ὁρῶσαι ἠνείχοντο, ἅτε οὐδέποτε ἰδοῦσαι πολεμίους· οἱ δὲ
Σπαρτιᾶται ἀτείχιστον ἔχοντες τὴν πόλιν, ἄλλος ἄλλῃ
διαταχθείς, μάλα ὀλίγοι καὶ ὄντες καὶ φαινόμενοι ἐφύ-
λαττον. *Hellenica* VI. v. 27.

278. τούτων δὲ πραχθέντων τοὐναντίον ἐγεγένητο οὗ ἐνόμισαν
πάντες ἄνθρωποι ἔσεσθαι. συνεληλυθυίας γὰρ σχεδὸν
ἁπάσης τῆς Ἑλλάδος καὶ ἀντιτεταγμένων, οὐδεὶς ἦν ὅστις
οὐκ ᾤετο, εἰ μάχη ἔσοιτο, τοὺς μὲν κρατήσαντας ἄρξειν,
τοὺς δὲ κρατηθέντας ὑπηκόους ἔσεσθαι· ὁ δὲ θεὸς οὕτως
ἐποίησεν ὥστε ἀμφότεροι μὲν τροπαῖον ὡς νενικηκότες
ἐστήσαντο, τοὺς δὲ ἱσταμένους οὐδέτεροι ἐκώλυον, νεκροὺς
δὲ ἀμφότεροι μὲν ὡς νενικηκότες ὑποσπόνδους ἀπέδοσαν,
ἀμφότεροι δὲ ὡς ἡττημένοι ὑποσπόνδους ἀπελάμβανον,
νενικηκέναι δὲ φάσκοντες ἑκάτεροι οὔτε χώρᾳ οὔτε πόλει
οὔτ' ἀρχῇ οὐδέτεροι οὐδὲν πλέον ἔχοντες ἐφάνησαν ἢ πρὶν
τὴν μάχην γενέσθαι· ἀκρισία δὲ καὶ ταραχὴ ἔτι πλείων
μετὰ τὴν μάχην ἐγένετο ἢ πρόσθεν ἐν τῇ Ἑλλάδι. ἐμοὶ
μὲν δὴ μέχρι τούτου γραφέσθω· τὰ δὲ μετὰ ταῦτα ἴσως
ἄλλῳ μελήσει. *id.* VII. v. 26.

Xenophon

279. σὺν τούτοις δὲ ὢν καθορᾷ βασιλέα καὶ τὸ ἀμφ' ἐκεῖνον στῖφος· καὶ εὐθὺς οὐκ ἠνέσχετο, ἀλλ' εἰπὼν "τὸν ἄνδρα ὁρῶ" ἵετο ἐπ' αὐτὸν καὶ παίει κατὰ τὸ στέρνον καὶ τιτρώσκει διὰ τοῦ θώρακος, ὥς φησι Κτησίας ὁ ἰατρός, καὶ ἰᾶσθαι αὐτὸς τὸ τραῦμά φησι. παίοντα δ' αὐτὸν ἀκοντίζει τις παλτῷ ὑπὸ τὸν ὀφθαλμὸν βιαίως· καὶ ἐνταῦθα μαχόμενοι καὶ βασιλεὺς καὶ Κῦρος καὶ οἱ ἀμφ' αὐτοὺς ὑπὲρ ἑκατέρου, ὁπόσοι μὲν τῶν ἀμφὶ βασιλέα ἀπέθνησκον Κτησίας λέγει· παρ' ἐκείνῳ γὰρ ἦν· Κῦρος δὲ αὐτός τε ἀπέθανε καὶ ὀκτὼ οἱ ἄριστοι τῶν περὶ αὐτὸν ἔκειντο ἐπ' αὐτῷ. Ἀρταπάτης δ' ὁ πιστότατος αὐτῷ τῶν σκηπτούχων λέγεται, ἐπειδὴ πεπτωκότα εἶδε Κῦρον, καταπηδήσας ἀπὸ τοῦ ἵππου περιπεσεῖν αὐτῷ. καὶ οἱ μέν φασι βασιλέα κελεῦσαί τινα ἐπισφάξαι αὐτὸν Κύρῳ, οἱ δὲ αὐτὸν ἐπισφάξασθαι σπασάμενον τὸν ἀκινάκην· εἶχε γὰρ χρυσοῦν· καὶ στρεπτὸν δ' ἐφόρει καὶ ψέλια καὶ τἆλλα ὥσπερ οἱ ἄριστοι Περσῶν· ἐτετίμητο γὰρ ὑπὸ Κύρου δι' εὔνοιάν τε καὶ πιστότητα.

Anabasis I. viii. 26.

280. Κῦρος μὲν οὖν οὕτως ἐτελεύτησεν, ἀνὴρ ὢν Περσῶν τῶν μετὰ Κῦρον τὸν ἀρχαῖον γενομένων βασιλικώτατός τε καὶ ἄρχειν ἀξιώτατος, ὡς παρὰ πάντων ὁμολογεῖται τῶν Κύρου δοκούντων ἐν πείρᾳ γενέσθαι. πρῶτον μὲν γὰρ ἔτι παῖς ὢν ὅτ' ἐπαιδεύετο καὶ σὺν τῷ ἀδελφῷ καὶ σὺν τοῖς ἄλλοις παισί, πάντων πάντα κράτιστος ἐνομίζετο. πάντες γὰρ οἱ τῶν ἀρίστων Περσῶν παῖδες ἐπὶ ταῖς βασιλέως θύραις παιδεύονται· ἔνθα πολλὴν μὲν σωφροσύνην καταμάθοι ἄν τις, αἰσχρὸν δ' οὐδὲν οὔτ' ἀκοῦσαι οὔτ' ἰδεῖν ἔστι. θεῶνται δ' οἱ παῖδες καὶ τιμωμένους ὑπὸ βασιλέως καὶ ἀκούουσι, καὶ ἄλλους ἀτιμαζομένους· ὥστε εὐθὺς παῖδες ὄντες μανθάνουσιν ἄρχειν τε καὶ ἄρχεσθαι.

id. I. ix. I.

281. καὶ γὰρ αὐτὸ τοῦτο οὗπερ αὐτὸς ἕνεκα φίλων ᾤετο
δεῖσθαι, ὡς συνεργοὺς ἔχοι, καὶ αὐτὸς ἐπειρᾶτο συνεργὸς
τοῖς φίλοις κράτιστος εἶναι τούτου ὅτου αἰσθάνοιτο ἕκασ-
τον ἐπιθυμοῦντα. δῶρα δὲ πλεῖστα μὲν οἶμαι εἷς γε ἀνὴρ
ἐλάμβανε διὰ πολλά· ταῦτα δὲ πάντων δὴ μάλιστα τοῖς
φίλοις διεδίδου, πρὸς τοὺς τρόπους ἑκάστου σκοπῶν
καὶ ὅτου μάλιστα ὁρῴη ἕκαστον δεόμενον. καὶ ὅσα τῷ
σώματι αὐτοῦ πέμποι τις ἢ ὡς εἰς πόλεμον ἢ ὡς εἰς καλ-
λωπισμόν, καὶ περὶ τούτων λέγειν αὐτὸν ἔφασαν ὅτι τὸ
μὲν ἑαυτοῦ σῶμα οὐκ ἂν δύναιτο τούτοις πᾶσι κοσμη-
θῆναι, φίλους δὲ καλῶς κεκοσμημένους μέγιστον κόσμον
ἀνδρὶ νομίζοι. καὶ τὸ μὲν τὰ μεγάλα νικᾶν τοὺς φίλους
εὖ ποιοῦντα οὐδὲν θαυμαστόν, ἐπειδή γε καὶ δυνατώτερος
ἦν· τὸ δὲ τῇ ἐπιμελείᾳ περιεῖναι τῶν φίλων καὶ τῷ προ-
θυμεῖσθαι χαρίζεσθαι, ταῦτα ἔμοιγε μᾶλλον δοκεῖ ἀγαστὰ
εἶναι. *Anabasis* I. ix. 21.

282. Κλέαρχος δὲ τοῖς ἄλλοις ἡγεῖτο κατὰ τὰ παρηγγελμένα,
οἱ δ' εἵποντο· καὶ ἀφικνοῦνται εἰς τὸν πρῶτον σταθμὸν
παρ' Ἀριαῖον καὶ τὴν ἐκείνου στρατιὰν ἀμφὶ μέσας νύκτας·
καὶ ἐν τάξει θέμενοι τὰ ὅπλα συνῆλθον οἱ στρατηγοὶ καὶ
λοχαγοὶ τῶν Ἑλλήνων παρ' Ἀριαῖον· καὶ ὤμοσαν οἵ τε
Ἕλληνες καὶ ὁ Ἀριαῖος καὶ τῶν σὺν αὐτῷ οἱ κράτιστοι
μήτε προδώσειν ἀλλήλους σύμμαχοί τε ἔσεσθαι· οἱ δὲ
βάρβαροι προσώμοσαν καὶ ἡγήσεσθαι ἀδόλως. ταῦτα δ'
ὤμοσαν, σφάξαντες ταῦρον καὶ κάπρον καὶ κριὸν εἰς
ἀσπίδα, οἱ μὲν Ἕλληνες βάπτοντες ξίφος, οἱ δὲ βάρβαροι
λόγχην. ἐπεὶ δὲ τὰ πιστὰ ἐγένετο, εἶπεν ὁ Κλέαρχος,
"ἄγε δή, ὦ Ἀριαῖε, ἐπείπερ ὁ αὐτὸς ὑμῖν στόλος ἐστὶ καὶ
ἡμῖν, εἰπὲ τίνα γνώμην ἔχεις περὶ τῆς πορείας, πότερον
ἄπιμεν ἥνπερ ἤλθομεν ἢ ἄλλην τινὰ ἐννενοηκέναι δοκεῖς
ὁδὸν κρείττω." *id.* II. ii. 8.

283. ἐπεὶ δὲ ἦσαν ἐπὶ ταῖς θύραις ταῖς Τισσαφέρνους, οἱ μὲν στρατηγοὶ παρεκλήθησαν εἴσω, Πρόξενος Βοιώτιος, Μένων Θετταλός, Ἀγίας Ἀρκάς, Κλέαρχος Λάκων, Σωκράτης Ἀχαιός· οἱ δὲ λοχαγοὶ ἐπὶ ταῖς θύραις ἔμενον. οὐ πολλῷ δὲ ὕστερον ἀπὸ τοῦ αὐτοῦ σημείου οἵ τ' ἔνδον συνελαμβάνοντο καὶ οἱ ἔξω κατεκόπησαν. μετὰ δὲ ταῦτα τῶν βαρβάρων τινὲς ἱππέων διὰ τοῦ πεδίου ἐλαύνοντες ᾧτινι ἐντυγχάνοιεν Ἕλληνι ἢ δούλῳ ἢ ἐλευθέρῳ πάντας ἔκτεινον. οἱ δὲ Ἕλληνες τήν τε ἱππασίαν ἐθαύμαζον ἐκ τοῦ στρατοπέδου ὁρῶντες καὶ ὅ τι ἐποίουν ἠμφεγνόουν, πρὶν Νίκαρχος Ἀρκὰς ἧκε φεύγων τετρωμένος εἰς τὴν γαστέρα καὶ εἶπε πάντα τὰ γεγενημένα. ἐκ τούτου δὴ οἱ Ἕλληνες ἔθεον ἐπὶ τὰ ὅπλα πάντες ἐκπεπληγμένοι καὶ νομίζοντες αὐτίκα ἥξειν αὐτοὺς ἐπὶ τὸ στρατόπεδον.

Anabasis II. v. 31.

284. ἐντεῦθεν ἐπορεύοντο ὡς ἐδύναντο τάχιστα. οἱ δ' ἐπὶ τοῦ λόφου πολέμιοι ὡς ἐνόησαν αὐτῶν τὴν πορείαν ἐπὶ τὸ ἄκρον, εὐθὺς καὶ αὐτοὶ ὥρμησαν ἁμιλλᾶσθαι ἐπὶ τὸ ἄκρον. Ξενοφῶν δὲ παρελαύνων ἐπὶ τοῦ ἵππου παρεκελεύετο, "ἄνδρες, νῦν ἐπὶ τὴν Ἑλλάδα νομίζετε ἁμιλλᾶσθαι, νῦν πρὸς τοὺς παῖδας καὶ τὰς γυναῖκας, νῦν ὀλίγον πονήσαντες ἀμαχεὶ τὴν λοιπὴν πορευσόμεθα." Σωτηρίδας δὲ ὁ Σικυώνιος εἶπεν, "οὐκ ἐξ ἴσου, ὦ Ξενοφῶν, ἐσμέν· σὺ μὲν γὰρ ἐφ' ἵππου ὀχῇ, ἐγὼ δὲ χαλεπῶς κάμνω τὴν ἀσπίδα φέρων." καὶ ὃς ἀκούσας ταῦτα καταπηδήσας ἀπὸ τοῦ ἵππου ὠθεῖται αὐτὸν ἐκ τῆς τάξεως καὶ τὴν ἀσπίδα ἀφελόμενος ὡς ἐδύνατο τάχιστα ἔχων ἐπορεύετο· ἐτύγχανε δὲ καὶ θώρακα ἔχων τὸν ἱππικόν· ὥστ' ἐπιέζετο. οἱ δ' ἄλλοι στρατιῶται παίουσι καὶ βάλλουσι καὶ λοιδοροῦσι τὸν Σωτηρίδαν, ἔστε ἠνάγκασαν ἀναλαβόντα τὴν ἀσπίδα πορεύεσθαι. καὶ φθάνουσιν ἐπὶ τῷ ἄκρῳ γενόμενοι τοὺς πολεμίους.

id. III. iv. 44.

Xenophon

285. ἐπεὶ δὲ οἱ πρῶτοι ἐγένοντο ἐπὶ τοῦ ὄρους, κραυγὴ
πολλὴ ἐγένετο. ἀκούσας δὲ ὁ Ξενοφῶν καὶ οἱ ὀπισθοφύ-
λακες ᾠήθησαν ἔμπροσθεν ἄλλους ἐπιτίθεσθαι πολεμίους·
εἵποντο γὰρ ὄπισθεν οἱ ἐκ τῆς καομένης χώρας, καὶ
αὐτῶν οἱ ὀπισθοφύλακες ἀπέκτεινάν τέ τινας καὶ ἐζώγρησαν
ἐνέδραν ποιησάμενοι, καὶ γέρρα ἔλαβον δασειῶν βοῶν
ὠμοβόεια ἀμφὶ τὰ εἴκοσιν. ἐπειδὴ δ' ἡ βοὴ πλείων τε
ἐγίγνετο καὶ ἐγγύτερον καὶ οἱ ἀεὶ ἐπιόντες ἔθεον δρόμῳ
ἐπὶ τοὺς ἀεὶ βοῶντας καὶ πολλῷ μείζων ἐγίγνετο ἡ βοὴ
ὅσῳ δὴ πλείους ἐγίγνοντο, ἐδόκει δὴ μεῖζόν τι εἶναι τῷ
Ξενοφῶντι, καὶ ἀναβὰς ἐφ' ἵππον καὶ Λύκιον καὶ τοὺς
ἱππέας ἀναλαβὼν παρεβοήθει· καὶ τάχα δὴ ἀκούουσι
βοώντων τῶν στρατιωτῶν "θάλαττα θάλαττα" καὶ παρεγ-
γυώντων. ἔνθα δὴ ἔθεον πάντες καὶ οἱ ὀπισθοφύλακες,
καὶ τὰ ὑποζύγια ἠλαύνετο καὶ οἱ ἵπποι. ἐπεὶ δὲ ἀφίκοντο
πάντες ἐπὶ τὸ ἄκρον, ἐνταῦθα δὴ περιέβαλλον ἀλλήλους
καὶ στρατηγοὺς καὶ λοχαγοὺς δακρύοντες. καὶ ἐξαπίνης
ὅτου δὴ παρεγγυήσαντος οἱ στρατιῶται φέρουσι λίθους
καὶ ποιοῦσι κολωνὸν μέγαν. ἐνταῦθα ἀνετίθεσαν δερμάτων
πλῆθος ὠμοβοείων καὶ βακτηρίας καὶ τὰ αἰχμάλωτα
γέρρα, καὶ ὁ ἡγεμὼν αὐτός τε κατέτεμνε τὰ γέρρα καὶ
τοῖς ἄλλοις διεκελεύετο. μετὰ ταῦτα τὸν ἡγεμόνα οἱ
Ἕλληνες ἀποπέμπουσι δῶρα δόντες ἀπὸ κοινοῦ ἵππον καὶ
φιάλην ἀργυρᾶν καὶ σκευὴν Περσικὴν καὶ δαρεικοὺς δέκα·
ᾔτει δὲ μάλιστα τοὺς δακτυλίους, καὶ ἔλαβε πολλοὺς
παρὰ τῶν στρατιωτῶν. κώμην δὲ δείξας αὐτοῖς οὗ σκηνή-
σουσι καὶ τὴν ὁδὸν ἣν πορεύσονται εἰς Μάκρωνας, ἐπεὶ
ἑσπέρα ἐγένετο, ᾤχετο ἀπιών.   *Anabasis* IV. vii. 21.

184

Xenophon

286. ἐκ δὲ τούτου συνελθόντες ἐβουλεύοντο περὶ τῆς λοιπῆς πορείας· ἀνέστη δὲ πρῶτος Λέων Θούριος καὶ ἔλεξεν ὧδε· "ἐγὼ μὲν τοίνυν," ἔφη, "ὦ ἄνδρες, ἀπείρηκα ἤδη συσκευαζόμενος καὶ βαδίζων καὶ τρέχων καὶ τὰ ὅπλα φέρων καὶ ἐν τάξει ἰὼν καὶ φυλακὰς φυλάττων καὶ μαχόμενος, ἐπιθυμῶ δὲ ἤδη παυσάμενος τούτων τῶν πόνων, ἐπεὶ θάλατταν ἔχομεν, πλεῖν τὸ λοιπὸν καὶ ἐκταθεὶς ὥσπερ Ὀδυσσεὺς ἀφικέσθαι εἰς τὴν Ἑλλάδα." ταῦτα ἀκούσαντες οἱ στρατιῶται ἀνεθορύβησαν ὡς εὖ λέγοι· καὶ ἄλλος ταῦτ' ἔλεγε, καὶ πάντες οἱ παριόντες. ἔπειτα δὲ Χειρίσοφος ἀνέστη καὶ εἶπεν ὧδε· "φίλος μοί ἐστιν, ὦ ἄνδρες, Ἀναξίβιος, ναυαρχῶν δὲ καὶ τυγχάνει. ἢν οὖν πέμψητέ με, οἶμαι ἂν ἐλθεῖν καὶ τριήρεις ἔχων καὶ πλοῖα τὰ ἡμᾶς ἄξοντα· ὑμεῖς δὲ εἴπερ πλεῖν βούλεσθε, περιμένετε ἔστ' ἂν ἐγὼ ἔλθω· ἥξω δὲ ταχέως." ἀκούσαντες ταῦτα οἱ στρατιῶται ἤσθησάν τε καὶ ἐψηφίσαντο πλεῖν αὐτὸν ὡς τάχιστα. *Anabasis* v. i. 2.

287. ἐσκήνουν δ' ἐν τῷ αἰγιαλῷ πρὸς τῇ θαλάττῃ· εἰς δὲ τὸ πόλισμα ἂν γενόμενον οὐκ ἐβούλοντο στρατοπεδεύεσθαι, ἀλλὰ ἐδόκει καὶ τὸ ἐλθεῖν ἐνταῦθα ἐξ ἐπιβουλῆς εἶναι, βουλομένων τινῶν κατοικίσαι πόλιν. τῶν γὰρ στρατιωτῶν οἱ πλεῖστοι ἦσαν οὐ σπάνει βίου ἐκπεπλευκότες ἐπὶ ταύτην τὴν μισθοφοράν, ἀλλὰ τὴν Κύρου ἀρετὴν ἀκούοντες, οἱ μὲν καὶ ἄνδρας ἄγοντες, οἱ δὲ καὶ προσανηλωκότες χρήματα, καὶ τούτων ἕτεροι ἀποδεδρακότες πατέρας καὶ μητέρας, οἱ δὲ καὶ τέκνα καταλιπόντες ὡς χρήματ' αὐτοῖς κτησάμενοι ἥξοντες πάλιν, ἀκούοντες καὶ τοὺς ἄλλους τοὺς παρὰ Κύρῳ πολλὰ καὶ ἀγαθὰ πράττειν. τοιοῦτοι οὖν ὄντες ἐπόθουν εἰς τὴν Ἑλλάδα σῴζεσθαι. *id.* VI. iv. 7.

288. ἐν ᾧ δὲ ταῦτα διελέγοντο οἱ στρατιῶται ἀναρπάσαντες
τὰ ὅπλα θέουσι δρόμῳ πρὸς τὰς πύλας, ὡς πάλιν εἰς τὸ
τεῖχος εἰσιόντες. ὁ δὲ Ἐτεόνικος καὶ οἱ σὺν αὐτῷ ὡς
εἶδον προσθέοντας τοὺς ὁπλίτας, συγκλείουσι τὰς πύλας
καὶ τὸν μοχλὸν ἐμβάλλουσιν. οἱ δὲ στρατιῶται ἔκοπτον
τὰς πύλας καὶ ἔλεγον ὅτι ἀδικώτατα πάσχοιεν ἐκβαλ-
λόμενοι εἰς τοὺς πολεμίους· κατασχίσειν τε τὰς πύλας
ἔφασαν, εἰ μὴ ἑκόντες ἀνοίξοισιν. ἄλλοι δὲ ἔθεον ἐπὶ
θάλατταν καὶ παρὰ τὴν χηλὴν ὑπερβαίνουσιν εἰς τὴν
πόλιν. ὁ δὲ Ξενοφῶν ὡς εἶδε τὰ γιγνόμενα, δείσας μὴ
ἐφ' ἁρπαγὴν τράποιτο τὸ στράτευμα καὶ ἀνήκεστα κακὰ
γένοιτο τῇ πόλει καὶ ἑαυτῷ καὶ τοῖς στρατιώταις, ἔθει
καὶ συνεισπίπτει εἴσω τῶν πυλῶν σὺν τῷ ὄχλῳ. οἱ
δὲ Βυζάντιοι ὡς εἶδον τὸ στράτευμα βίᾳ εἰσπῖπτον,
φεύγουσιν ἐκ τῆς ἀγορᾶς, οἱ μὲν εἰς τὰ πλοῖα, οἱ δὲ
οἴκαδε, ὅσοι δὲ ἔνδον ἐτύγχανον ὄντες, ἔξω, οἱ δὲ καθεῖλκον
τὰς τριήρεις, ὡς ἐν ταῖς τριήρεσι σῴζοιντο, πάντες δὲ
ᾤοντο ἀπολωλέναι, ὡς ἑαλωκυίας τῆς πόλεως. ὁ δὲ
Ἐτεόνικος εἰς τὴν ἄκραν ἀποφεύγει. ὁ δὲ Ἀναξίβιος
καταδραμὼν ἐπὶ θάλατταν ἐν ἁλιευτικῷ πλοίῳ περιέπλει
εἰς τὴν ἀκρόπολιν, καὶ εὐθὺς μεταπέμπεται ἐκ Καλχηδόνος
φρουρούς· οὐ γὰρ ἱκανοὶ ἐδόκουν εἶναι οἱ ἐν τῇ ἀκροπόλει
σχεῖν τοὺς ἄνδρας. οἱ δὲ στρατιῶται ὡς εἶδον Ξενοφῶντα,
προσπίπτουσιν πολλοὶ αὐτῷ καὶ λέγουσι· "νῦν σοι ἔξεστιν,
ὦ Ξενοφῶν, ἀνδρὶ γενέσθαι. ἔχεις πόλιν, ἔχεις τριήρεις,
ἔχεις χρήματα, ἔχεις ἄνδρας τοσούτους. νῦν ἄν, εἰ
βούλοιο, σύ τε ἡμᾶς ὀνήσειας καὶ ἡμεῖς σὲ μέγαν ποιή-
σαιμεν." ὁ δ' ἀπεκρίνατο "ἀλλ' εὖ γε λέγετε καὶ ποιήσω
ταῦτα· εἰ δὲ τούτων ἐπιθυμεῖτε, θέσθε τὰ ὅπλα ἐν τάξει
ὡς τάχιστα", βουλόμενος αὐτοὺς κατηρεμίσαι· καὶ αὐτός
τε παρηγγύα ταῦτα καὶ τοὺς ἄλλους ἐκέλευε παρεγγυᾶν.

Anabasis VII. i. 15.

289. τῇ δ' ὑστεραίᾳ κατακαύσας ὁ Σεύθης τὰς κώμας παντελῶς καὶ οἰκίαν οὐδεμίαν λιπών, ὅπως φόβον ἐνθείη καὶ τοῖς ἄλλοις οἷα πείσονται, ἂν μὴ πείθωνται, ἀπῄει πάλιν. καὶ τὴν μὲν λείαν ἀπέπεμψε διατίθεσθαι Ἡρακλείδην εἰς Πέρινθον, ὅπως ἂν μισθὸς γένοιτο τοῖς στρατιώταις· αὐτὸς δὲ καὶ οἱ Ἕλληνες ἐστρατοπεδεύοντο ἀνὰ τὸ Θυνῶν πεδίον. οἱ δ' ἐκλιπόντες ἔφευγον εἰς τὰ ὄρη. ἦν δὲ χιὼν πολλὴ καὶ ψῦχος οὕτως ὥστε τὸ ὕδωρ ὃ ἐφέροντο ἐπὶ δεῖπνον ἐπήγνυτο καὶ ὁ οἶνος ὁ ἐν τοῖς ἀγγείοις, καὶ τῶν Ἑλλήνων πολλῶν καὶ ῥῖνες ἀπεκάοντο καὶ ὦτα. καὶ τότε δῆλον ἐγένετο οὗ ἕνεκα οἱ Θρᾷκες τὰς ἀλωπεκᾶς ἐπὶ ταῖς κεφαλαῖς φοροῦσι καὶ τοῖς ὠσί, καὶ χιτῶνας οὐ μόνον περὶ τοῖς στέρνοις ἀλλὰ καὶ περὶ τοῖς μηροῖς, καὶ ζειρὰς μέχρι τῶν ποδῶν ἐπὶ τῶν ἵππων ἔχουσιν, ἀλλ' οὐ χλαμύδας.   *Anabasis* VII. iv. I.

290. Χαρμῖνος δὲ ὁ Λακεδαιμόνιος ἀναστὰς εἶπεν· "οὐ τὼ σιώ, ἀλλ' ἐμοὶ μέντοι οὐ δικαίως δοκεῖτε τῷ ἀνδρὶ τούτῳ χαλεπαίνειν· ἔχω γὰρ καὶ αὐτὸς αὐτῷ μαρτυρῆσαι. Σεύθης γὰρ ἐρωτῶντος ἐμοῦ καὶ Πολυνίκου περὶ Ξενοφῶντος τίς ἀνὴρ εἴη ἄλλο μὲν οὐδὲν εἶχε μέμψασθαι, ἄγαν δὲ φιλοστρατιώτην ἔφη αὐτὸν εἶναι καὶ δημαγωγεῖν τοὺς ἄνδρας." ἀναστὰς ἐπὶ τούτῳ Εὐρύλοχος Λουσιάτης Ἀρκὰς εἶπε· "καὶ δοκεῖ γέ μοι, ἄνδρες Λακεδαιμόνιοι, ὑμᾶς παρὰ Σεύθου ἡμῖν τὸν μισθὸν ἀναπρᾶξαι ἢ ἑκόντος ἢ ἄκοντος, καὶ μὴ πρότερον ἡμᾶς ἀπαγαγεῖν." Πολυκράτης δὲ Ἀθηναῖος "ὁρῶ γε μήν," ἔφη, "ὦ ἄνδρες, καὶ Ἡρακλείδην ἐνταῦθα παρόντα, ὃς παραλαβὼν τὰ χρήματα ἃ ἡμεῖς ἐπονήσαμεν, ταῦτα ἀποδόμενος οὔτε Σεύθῃ ἀπέδωκεν οὔτε ἡμῖν τὰ γιγνόμενα, ἀλλ' αὐτὸς κλέψας πέπαται. ἢν οὖν σωφρονῶμεν, ἑξόμεθα αὐτοῦ· οὐ γὰρ δὴ οὗτός γε," ἔφη, "Θρᾷξ ἐστιν, ἀλλ' Ἕλλην ὢν Ἕλληνας ἀδικεῖ."   *id.* VII. vi. 39.

Xenophon

291. ἐντεῦθεν διέπλευσαν εἰς Λάμψακον, καὶ ἀπαντᾷ τῷ
Ξενοφῶντι Εὐκλείδης μάντις Φλιάσιος ὁ Κλεαγόρου υἱὸς
τοῦ τὰ ἐντοίχια ἐν Λυκείῳ γεγραφότος. οὗτος συνήδετο
τῷ Ξενοφῶντι ὅτι ἐσέσωστο, καὶ ἠρώτα αὐτὸν πόσον
χρυσίον ἔχοι. ὁ δ' αὐτῷ ἐπομόσας εἶπεν ἦ μὴν ἔσεσθαι
μηδὲ ἐφόδιον ἱκανὸν οἴκαδε ἀπιόντι, εἰ μὴ ἀπόδοιτο τὸν
ἵππον καὶ ἃ ἀμφ' αὐτὸν εἶχεν. ὁ δ' αὐτῷ οὐκ ἐπίστευεν.
ἐπεὶ δ' ἔπεμψαν Λαμψακηνοὶ ξένια τῷ Ξενοφῶντι καὶ
ἔθυε τῷ Ἀπόλλωνι, παρεστήσατο τὸν Εὐκλείδην· ἰδὼν δὲ
τὰ ἱερὰ ὁ Εὐκλείδης εἶπεν ὅτι πείθοιτο αὐτῷ μὴ εἶναι
χρήματα. "ἀλλ' οἶδα," ἔφη, "ὅτι κἂν μέλλῃ ποτὲ ἔσεσθαι,
φαίνεταί τι ἐμπόδιον, ἂν μηδὲν ἄλλο, σὺ σαυτῷ." συνω-
μολόγει ταῦτα ὁ Ξενοφῶν. ὁ δὲ εἶπεν "Ἐμπόδιος γάρ σοι
ὁ Ζεὺς ὁ μειλίχιός ἐστι," καὶ ἐπήρετο εἰ ἤδη θύσειεν·
"ὥσπερ οἴκοι," ἔφη, "εἰώθη ἐγὼ ὑμῖν θύεσθαι καὶ ὁλοκαυ-
τεῖν." ὁ δ' οὐκ ἔφη ἐξ ὅτου ἀπεδήμησε τεθυκέναι τούτῳ τῷ
θεῷ. συνεβούλευσεν οὖν αὐτῷ θύεσθαι καθ' ἃ εἰώθει, καὶ
ἔφη συνοίσειν ἐπὶ τὸ βέλτιον. τῇ δὲ ὑστεραίᾳ ὁ Ξενοφῶν
προελθὼν εἰς Ὀφρύνιον ἐθύετο καὶ ὡλοκαύτει χοίρους τῷ
πατρίῳ νόμῳ, καὶ ἐκαλλιέρει. καὶ ταύτῃ τῇ ἡμέρᾳ
ἀφικνεῖται Βίων καὶ Ναυσικλείδης χρήματα δώσοντες τῷ
στρατεύματι, καὶ ξενοῦνται τῷ Ξενοφῶντι, καὶ ἵππον ὃν ἐν
Λαμψάκῳ ἀπέδοτο πεντήκοντα δαρεικῶν, ὑποπτεύοντες αὐτὸν
δι' ἔνδειαν πεπρακέναι, ὅτι ἤκουον αὐτὸν ἥδεσθαι τῷ ἵππῳ,
λυσάμενοι ἀπέδοσαν καὶ τὴν τιμὴν οὐκ ἤθελον ἀπολαβεῖν.

Anabasis VII. viii. 1.

Xenophon

292. ἀλλ' οἱ μὲν πλεῖστοί φασιν ὑπό τε τῶν ὀρνίθων καὶ τῶν ἀπαντώντων ἀποτρέπεσθαί τε καὶ προτρέπεσθαι. Σωκράτης δ' ὥσπερ ἐγίγνωσκεν, οὕτως ἔλεγε· τὸ δαιμόνιον γὰρ ἔφη σημαίνειν. καὶ πολλοῖς τῶν συνόντων προηγόρευε τὰ μὲν ποιεῖν, τὰ δὲ μὴ ποιεῖν, ὡς τοῦ δαιμονίου προσημαίνοντος. καὶ τοῖς μὲν πειθομένοις αὐτῷ συνέφερε, τοῖς δὲ μὴ πειθομένοις μετέμελε. καίτοι τίς οὐκ ἂν ὁμολογήσειεν αὐτὸν βούλεσθαι μήτ' ἠλίθιον μήτ' ἀλαζόνα φαίνεσθαι τοῖς συνοῦσιν; ἐδόκει δ' ἂν ἀμφότερα ταῦτα, εἰ προαγορεύων ὡς ὑπὸ θεοῦ φαινόμενα ψευδόμενος ἐφαίνετο. δῆλον οὖν ὅτι οὐκ ἂν προύλεγεν, εἰ μὴ ἐπίστευεν ἀληθεύσειν. ταῦτα δὲ τίς ἂν ἄλλῳ πιστεύσειεν ἢ θεῷ; πιστεύων δὲ θεοῖς πῶς οὐκ εἶναι θεοὺς ἐνόμιζεν;   *Memorabilia* I. i. 4.

293. σίτῳ μὲν γὰρ τοσούτῳ ἐχρῆτο ὅσον ἡδέως ἤσθιε· καὶ ἐπὶ τοῦτο οὕτω παρεσκευασμένος ᾔει ὥστε τὴν ἐπιθυμίαν τοῦ σίτου ὄψον αὐτῷ εἶναι· ποτὸν δὲ πᾶν ἡδὺ ἦν αὐτῷ διὰ τὸ μὴ πίνειν, εἰ μὴ διψῴη. εἰ δέ ποτε κληθεὶς ἐθελήσειεν ἐπὶ δεῖπνον ἐλθεῖν, ὃ τοῖς πλείστοις ἐργωδέστατόν ἐστιν, ὥστε φυλάξασθαι τὸ ὑπὲρ τὸν κόρον ἐμπίμπλασθαι, τοῦτο ῥᾳδίως πάνυ ἐφυλάττετο. τοῖς δὲ μὴ δυναμένοις τοῦτο ποιεῖν συνεβούλευε φυλάττεσθαι τὰ πείθοντα μὴ πεινῶντας ἐσθίειν μηδὲ διψῶντας πίνειν· καὶ γὰρ τὰ λυμαινόμενα γαστέρας καὶ κεφαλὰς καὶ ψυχὰς ταῦτ' ἔφη εἶναι. οἴεσθαι δ' ἔφη ἐπισκώπτων καὶ τὴν Κίρκην ὗς ποιεῖν τοιούτοις πολλοῖς δειπνίζουσαν· τὸν δὲ Ὀδυσσέα Ἑρμοῦ τε ὑποθημοσύνῃ καὶ αὐτὸν ἐγκρατῆ ὄντα καὶ ἀποσχόμενον τοῦ ὑπὲρ τὸν κόρον τῶν τοιούτων ἅπτεσθαι, διὰ ταῦτα οὐ γενέσθαι ὗν. τοιαῦτα μὲν περὶ τούτων ἔπαιζεν ἅμα σπουδάζων.   *id.* I. iii. 5.

Xenophon

294. καὶ ἐν τούτῳ ἡ ἑτέρα γυνὴ προσελθοῦσα εἶπε· "καὶ ἐγὼ ἥκω πρὸς σέ, ὦ Ἡράκλεις, εἰδυῖα τοὺς γεννήσαντάς σε καὶ τὴν φύσιν τὴν σὴν ἐν τῇ παιδείᾳ καταμαθοῦσα, ἐξ ὧν ἐλπίζω, εἰ τὴν πρὸς ἐμὲ ὁδὸν τράποιο, σφόδρ' ἄν σε τῶν καλῶν καὶ σεμνῶν ἀγαθὸν ἐργάτην γενέσθαι καὶ ἐμὲ ἔτι πολὺ ἐντιμοτέραν καὶ ἐπ' ἀγαθοῖς διαπρεπεστέραν φανῆναι. οὐκ ἐξαπατήσω δέ σε προοιμίοις ἡδονῆς, ἀλλ' ᾗπερ οἱ θεοὶ διέθεσαν τὰ ὄντα διηγήσομαι μετ' ἀληθείας. τῶν γὰρ ὄντων ἀγαθῶν καὶ καλῶν οὐδὲν ἄνευ πόνου καὶ ἐπιμελείας θεοὶ διδόασιν ἀνθρώποις, ἀλλ' εἴτε τοὺς θεοὺς ἵλεως εἶναί σοι βούλει, θεραπευτέον τοὺς θεούς, εἴτε ὑπὸ φίλων ἐθέλεις ἀγαπᾶσθαι, τοὺς φίλους εὐεργετητέον, εἴτε ὑπό τινος πόλεως ἐπιθυμεῖς τιμᾶσθαι, τὴν πόλιν ὠφελητέον, εἴτε ὑπὸ τῆς Ἑλλάδος πάσης ἀξιοῖς ἐπ' ἀρετῇ θαυμάζεσθαι, τὴν Ἑλλάδα πειρατέον εὖ ποιεῖν, εἴτε γῆν βούλει σοι καρποὺς ἀφθόνους φέρειν, τὴν γῆν θεραπευτέον, εἴτε ἀπὸ βοσκημάτων οἴει δεῖν πλουτίζεσθαι, τῶν βοσκημάτων ἐπιμελητέον, εἴτε διὰ πολέμου ὁρμᾷς αὔξεσθαι καὶ βούλει δύνασθαι τούς τε φίλους ἐλευθεροῦν καὶ τοὺς ἐχθροὺς χειροῦσθαι, τὰς πολεμικὰς τέχνας αὐτάς τε παρὰ τῶν ἐπισταμένων μαθητέον καὶ ὅπως αὐταῖς δεῖ χρῆσθαι ἀσκητέον· εἰ δὲ καὶ τῷ σώματι βούλει δυνατὸς εἶναι, τῇ γνώμῃ ὑπηρετεῖν ἐθιστέον τὸ σῶμα καὶ γυμναστέον πόνοις καὶ ἱδρῶτι." καὶ ἡ Κακία ὑπολαβοῦσα εἶπεν, ὥς φησι Πρόδικος· "ἐννοεῖς, ὦ Ἡράκλεις, ὡς χαλεπὴν καὶ μακρὰν ὁδὸν ἐπὶ τὰς εὐφροσύνας ἡ γυνή σοι αὕτη διηγεῖται; ἐγὼ δὲ ῥᾳδίαν καὶ βραχεῖαν ὁδὸν ἐπὶ τὴν εὐδαιμονίαν ἄξω σε."

Memorabilia II. i. 27.

295. "ἔπειτ'," ἔφη, "ὅτι ἐλεύθεροί τ' εἰσὶ καὶ συγγενεῖς σοι, οἴει χρῆναι αὐτοὺς μηδὲν ἄλλο ποιεῖν ἢ ἐσθίειν καὶ καθεύδειν; ἀλλὰ καὶ νῦν μέν, ὡς ἐγῷμαι, οὔτε σὺ ἐκείνας φιλεῖς οὔτ' ἐκεῖναι σέ, σὺ μὲν ἡγούμενος αὐτὰς ἐπιζημίους εἶναι σεαυτῷ, ἐκεῖναι δὲ σὲ ὁρῶσαι ἀχθόμενον ἐφ' ἑαυταῖς. ἐκ δὲ τούτων κίνδυνος μείζω τε ἀπέχθειαν γίγνεσθαι καὶ τὴν προγεγονυῖαν χάριν μειοῦσθαι. ἐὰν δὲ προστατήσῃς ὅπως ἐνεργοὶ ὦσι, σὺ μὲν ἐκείνας φιλήσεις, ὁρῶν ὠφελίμους σεαυτῷ οὔσας, ἐκεῖναι δὲ σὲ ἀγαπήσουσιν, αἰσθόμεναι χαίροντά σε αὐταῖς· εἰ μὲν τοίνυν αἰσχρόν τι ἔμελλον ἐργάσεσθαι, θάνατον ἀντ' αὐτοῦ προαιρετέον ἦν· νῦν δὲ ἃ μὲν δοκεῖ κάλλιστα καὶ πρεπωδέστατα γυναικὶ εἶναι ἐπίστανται, ὡς ἔοικε. πάντες δὲ ἃ ἐπίστανται ῥᾷστά τε καὶ τάχιστα καὶ κάλλιστα καὶ ἥδιστα ἐργάζονται."

Memorabilia II. vii. 7.

296. "τοῦ ἕνεκεν," ἔφη, "Ὅμηρον οἴει τὸν Ἀγαμέμνονα προσαγορεῦσαι ποιμένα λαῶν; ἆρά γε ὅτι ὥσπερ τὸν ποιμένα δεῖ ἐπιμελεῖσθαι ὅπως σῶαί τε ἔσονται αἱ οἶες καὶ τὰ ἐπιτήδεια ἕξουσι καί, οὗ ἕνεκα τρέφονται, τοῦτο ἔσται, οὕτω καὶ τὸν στρατηγὸν ἐπιμελεῖσθαι δεῖ ὅπως σῶοί τε οἱ στρατιῶται ἔσονται καὶ τὰ ἐπιτήδεια ἕξουσι καί, οὗ ἕνεκα στρατεύονται, τοῦτο ἔσται; στρατεύονται δέ, ἵνα κρατοῦντες τῶν πολεμίων εὐδαιμονέστεροι ὦσιν. ἢ τί δήποτε οὕτως ἐπῄνεσε τὸν Ἀγαμέμνονα εἰπών,

> ἀμφότερον, βασιλεύς τ' ἀγαθὸς κρατερός τ' αἰχμητής;

ἆρά γε ὅτι αἰχμητής τε κρατερὸς ἂν εἴη, οὐκ εἰ μόνος αὐτὸς εὖ ἀγωνίζοιτο πρὸς τοὺς πολεμίους, ἀλλ' εἰ καὶ παντὶ τῷ στρατοπέδῳ τούτου αἴτιος εἴη· καὶ βασιλεὺς ἀγαθός, οὐκ εἰ μόνου τοῦ ἑαυτοῦ βίου καλῶς προεστήκοι, ἀλλ' εἰ καὶ ὧν βασιλεύοι τούτοις εὐδαιμονίας αἴτιος εἴη; καὶ γὰρ βασιλεὺς αἱρεῖται οὐχ ἵνα ἑαυτοῦ καλῶς ἐπιμελῆται, ἀλλ' ἵνα καὶ οἱ ἑλόμενοι δι' αὐτὸν εὖ πράττωσι." *id.* III. ii. I.

297. ... ... δῆλον οὖν ὅτι καὶ ἐπιμελείας ἔσονται πλέονος καὶ ἰσχυροτέρας οἱ τούτων ἐσόμενα ἢ οἱ ἐκείνων." *Memorabilia* IV. ii. 6.

298. διὰ χρόνου γὰρ ἀφικόμενος ὁ Ἱππίας Ἀθήναζε παρεγένετο τῷ Σωκράτει λέγοντι πρός τινας ὡς θαυμαστὸν εἴη τό, εἰ μέν τις βούλοιτο σκυτέα διδάξασθαί τινα εἶναι ἢ τέκτονα ἢ χαλκέα ἢ ἱππέα, μὴ ἀπορεῖν ὅποι ἂν πέμψας τούτου τύχοι, ἐὰν δέ τις βούληται ἢ αὐτὸς μαθεῖν τὸ δίκαιον ἢ υἱὸν ἢ οἰκέτην διδάξασθαι, μὴ εἰδέναι ὅποι ἂν ἐλθὼν τύχοι τούτου. καὶ ὁ μὲν Ἱππίας ἀκούσας ταῦτα ὥσπερ ἐπισκώπτων αὐτόν· "ἔτι γὰρ σύ," ἔφη, "ὦ Σώκρατες, ἐκεῖνα τὰ αὐτὰ λέγεις ἃ ἐγὼ πάλαι ποτέ σου ἤκουσα;" καὶ ὁ Σωκράτης, "ὃ δέ γε τούτου δεινότερον," ἔφη, "ὦ Ἱππία, οὐ μόνον ἀεὶ τὰ αὐτὰ λέγω, ἀλλὰ καὶ περὶ τῶν αὐτῶν· σὺ δ' ἴσως διὰ τὸ πολυμαθὴς εἶναι περὶ τῶν αὐτῶν οὐδέποτε τὰ αὐτὰ λέγεις." "ἀμέλει," ἔφη, "πειρῶμαι καινόν τι λέγειν ἀεί." "πότερον," ἔφη, "καὶ περὶ ὧν ἐπίστασαι; οἷον περὶ γραμμάτων ἐάν τις ἔρηταί σε πόσα καὶ ποῖα Σωκράτους ἐστίν, ἄλλα μὲν πρότερον, ἄλλα δὲ νῦν πειρᾷ λέγειν; ἢ περὶ ἀριθμῶν τοῖς ἐρωτῶσιν εἰ τὰ δὶς πέντε δέκα ἐστίν, οὐ τὰ αὐτὰ νῦν ἃ καὶ πρότερον ἀποκρίνῃ;"

id. IV. iv. 5.

299. διδάσκουσι δὲ τοὺς παῖδας καὶ σωφροσύνην· μέγα δὲ συμβάλλεται εἰς τὸ μανθάνειν σωφρονεῖν αὐτοὺς ὅτι καὶ τοὺς πρεσβυτέρους ὁρῶσιν ἀνὰ πᾶσαν ἡμέραν σωφρόνως διάγοντας. διδάσκουσι δὲ αὐτοὺς καὶ πείθεσθαι τοῖς ἄρχουσι· μέγα δὲ καὶ εἰς τοῦτο συμβάλλεται ὅτι ὁρῶσι τοὺς πρεσβυτέρους πειθομένους τοῖς ἄρχουσιν ἰσχυρῶς. διδάσκουσι δὲ καὶ ἐγκράτειαν γαστρὸς καὶ ποτοῦ· μέγα δὲ καὶ εἰς τοῦτο συμβάλλεται ὅτι ὁρῶσι τοὺς πρεσβυτέρους οὐ πρόσθεν ἀπιόντας γαστρὸς ἕνεκα πρὶν ἂν ἀφῶσιν οἱ ἄρχοντες, καὶ ὅτι οὐ παρὰ μητρὶ σιτοῦνται οἱ παῖδες, ἀλλὰ παρὰ τῷ διδασκάλῳ, ὅταν οἱ ἄρχοντες σημήνωσι. πρὸς δὲ τούτοις μανθάνουσι καὶ τοξεύειν καὶ ἀκοντίζειν. μέχρι μὲν δὴ ἓξ ἢ ἑπτακαίδεκα ἐτῶν ἀπὸ γενεᾶς οἱ παῖδες ταῦτα πράττουσιν, ἐκ τούτου δὲ εἰς τοὺς ἐφήβους ἐξέρχονται.   *Cyropaedeia* I. ii. 8.

300. ἐνταῦθα δὴ εἰπεῖν λέγεται ὁ Κῦρος συναγαγὼν αὐτούς, "ἄνδρες φίλοι, ἐγὼ ὑμᾶς ὁρῶν αὐτοὺς μὲν καθωπλισμένους οὕτω καὶ ταῖς ψυχαῖς παρεσκευασμένους ὡς εἰς χεῖρας συμμείξοντας τοῖς πολεμίοις, τοὺς δὲ ἑπομένους ὑμῖν Πέρσας γιγνώσκων ὅτι οὕτως ὡπλισμένοι εἰσὶν ὥστε ὅτι προσωτάτω ταχθέντες μάχεσθαι, ἔδεισα μὴ ὀλίγοι καὶ ἔρημοι συμμάχων συμπίπτοντες πολεμίοις πολλοῖς πάθοιτέ τι. νῦν οὖν," ἔφη, "σώματα μὲν ἔχοντες ἀνδρῶν ἥκετε οὐ μεμπτά· ὅπλα δὲ ἔσται αὐτοῖς ὅμοια τοῖς ἡμετέροις· τάς γε μέντοι ψυχὰς θήγειν αὐτῶν ἡμέτερον ἔργον. ἄρχοντος γάρ ἐστιν οὐχ ἑαυτὸν μόνον ἀγαθὸν παρέχειν, ἀλλὰ δεῖ καὶ τῶν ἀρχομένων ἐπιμελεῖσθαι ὅπως ὡς βέλτιστοι ἔσονται." ὁ μὲν οὕτως εἶπεν· οἱ δ' ἥσθησαν μὲν πάντες, νομίζοντες μετὰ πλεόνων ἀγωνιεῖσθαι.   *id.* II. i. 11.

Xenophon

301 ἐκάλεσε δ᾽ ἐπὶ δεῖπνον ὁ Κῦρος καὶ ὅλην ποτὲ τάξιν σὺν τῷ ταξιάρχῳ· ἰδὼν γὰρ ἰδὼν αὐτὸν τοῖς μὲν ἡμίσεις τῶν ἀνδρῶν τῆς τάξεως ἀντιτάξαντα ἑκατέρωθεν εἰς ἐμβολήν, θώρακας μὲν ἀμφοτέροις ἔχοντας καὶ γέρρα ἐν ταῖς ἀριστεραῖς, εἰς δὲ τὰς δεξιὰς νάρθηκας παχεῖς τοῖς ἡμίσεσιν ἔδωκε—τοῖς δ᾽ ἑτέροις εἶπεν ὅτι βάλλειν δεήσοι ἀναιρουμένοις ταῖς βώλοις. ἐπεὶ δὲ παρεσκευασμένοι οὕτως ἔστησαν, ἐσήμηνεν αὐτοῖς μάχεσθαι. ἐνταῦθα δὴ οἱ μὲν ἔβαλλον ταῖς βώλοις καὶ ἔστιν οἳ ἐτύγχανον καὶ θωράκων καὶ γέρρων, οἱ δὲ καὶ μηροῦ καὶ κνημῖδος. ἐπεὶ δὲ ὁμοῦ ἐγένοντο, οἱ τοὺς νάρθηκας ἔχοντες ἔπαιον τῶν μὲν μηρούς, τῶν δὲ χεῖρας, τῶν δὲ κνήμας, τῶν δὲ καὶ ἐπικυπτόντων ἐπὶ βώλους ἔπαιον τοὺς τραχήλους καὶ τὰ νῶτα. τέλος δὲ τρεψάμενοι ἐδίωκον οἱ ναρθηκοφόροι παίοντες σὺν πολλῷ γέλωτι καὶ παιδιᾷ. ἐν μέρει γε μὴν οἱ ἕτεροι λαβόντες πάλιν τοὺς νάρθηκας ταὐτὰ ἐποίησαν τοὺς ταῖς βώλοις βάλλοντας.   *Cyropaedeia* II. iii. 17.

302. "ἄνδρες Ἀσσύριοι, νῦν δεῖ ἄνδρας ἀγαθοὺς εἶναι· νῦν γὰρ ὑπὲρ ψυχῶν τῶν ὑμετέρων ὁ ἀγὼν καὶ ὑπὲρ γῆς ἐν ᾗ ἔφυτε καὶ οἴκων ἐν οἷς ἐτράφητε, καὶ ὑπὲρ γυναικῶν τε καὶ τέκνων καὶ περὶ πάντων ὧν πέπασθε ἀγαθῶν. νικήσαντες μὲν γὰρ ἁπάντων τούτων ὑμεῖς ὥσπερ πρόσθεν κύριοι ἔσεσθε· εἰ δ᾽ ἡττηθήσεσθε, εὖ ἴστε ὅτι παραδώσετε ταῦτα πάντα τοῖς πολεμίοις. ἅτε οὖν νίκης ἐρῶντες μένοντες μάχεσθε. μῶρον γὰρ τὸ κρατεῖν βουλομένους τὰ τυφλὰ τοῦ σώματος καὶ ἄοπλα καὶ ἄχειρα ταῦτα ἐναντία τάττειν τοῖς πολεμίοις φεύγοντας· μῶρος δὲ καὶ εἴ τις ζῆν βουλόμενος φεύγειν ἐπιχειροίη, εἰδὼς ὅτι οἱ μὲν νικῶντες σῴζονται, οἱ δὲ φεύγοντες ἀποθνῄσκουσι μᾶλλον τῶν μενόντων· μῶρος δὲ καὶ εἴ τις χρημάτων ἐπιθυμῶν ἧτταν προσίεται. τίς γὰρ οὐκ οἶδεν ὅτι οἱ μὲν νικῶντες τά τε ἑαυτῶν σῴζουσι καὶ τὰ τῶν ἡττωμένων προσλαμβάνουσιν, οἱ δὲ ἡττώμενοι ἅμα ἑαυτούς τε καὶ τὰ ἑαυτῶν πάντα ἀποβάλλουσιν;"   *id.* III. iii. 44.

Xenophon

303. καὶ αἱ μὲν τάφροι ἤδη ὀρωρυγμέναι ἦσαν. ὁ δὲ Κῦρος ἐπειδὴ ἑορτὴν τοιαύτην ἐν τῇ Βαβυλῶνι ἤκουσεν εἶναι, ἐν ᾗ πάντες Βαβυλώνιοι ὅλην τὴν νύκτα πίνουσι καὶ κωμάζουσιν, ἐν ταύτῃ, ἐπειδὴ τάχιστα συνεσκότασε, λαβὼν πολλοὺς ἀνθρώπους ἀνεστόμωσε τὰς τάφρους πρὸς τὸν ποταμόν. ὡς δὲ τοῦτο ἐγένετο, τὸ ὕδωρ κατὰ τὰς τάφρους ἐχώρει ἐν τῇ νυκτί, ἡ δὲ διὰ τῆς πόλεως τοῦ ποταμοῦ ὁδὸς πορεύσιμος ἀνθρώποις ἐγίγνετο. ὡς δὲ τὸ τοῦ ποταμοῦ οὕτως ἐπορσύνετο, παρηγγύησεν ὁ Κῦρος Πέρσαις χιλιάρχοις καὶ πεζῶν καὶ ἱππέων ἄγοντας ἕκαστον τὴν χιλιοστὺν παρεῖναι πρὸς αὐτόν, τοὺς δὲ ἄλλους συμμάχους κατ᾽ οὐρὰν τούτων ἕπεσθαι ᾗπερ πρόσθεν τεταγμένους. οἱ μὲν δὴ παρῆσαν· ὁ δὲ καταβιβάσας εἰς τὸ ξηρὸν τοῦ ποταμοῦ τοὺς ὑπηρέτας καὶ πεζοὺς καὶ ἱππέας, ἐκέλευσε σκέψασθαι εἰ πορεύσιμον εἴη τὸ ἔδαφος τοῦ ποταμοῦ.

Cyropaedeia VII. v. 15.

304. "παῖδες ἐμοὶ καὶ πάντες οἱ παρόντες φίλοι, ἐμοὶ μὲν τοῦ βίου τὸ τέλος ἤδη πάρεστιν· ἐκ πολλῶν τοῦτο σαφῶς γιγνώσκω· ὑμᾶς δὲ χρή, ὅταν τελευτήσω, ὡς περὶ εὐδαίμονος ἐμοῦ καὶ λέγειν καὶ ποιεῖν πάντα. ἐγὼ γὰρ παῖς τε ὢν τὰ ἐν παισὶ νομιζόμενα καλὰ δοκῶ κεκαρπῶσθαι, ἐπεί τε ἥβησα τὰ ἐν νεανίσκοις, τέλειός τε ἀνὴρ γενόμενος τὰ ἐν ἀνδράσι· σὺν τῷ χρόνῳ τε προϊόντι ἀεὶ συναυξανομένην ἐπιγιγνώσκειν ἐδόκουν καὶ τὴν ἐμὴν δύναμιν, ὥστε καὶ τοὐμὸν γῆρας οὐδεπώποτε ᾐσθόμην τῆς ἐμῆς νεότητος ἀσθενέστερον γιγνόμενον, καὶ οὔτ᾽ ἐπιχειρήσας οὔτ᾽ ἐπιθυμήσας οἶδα ὅτου ἠτύχησα. καὶ τοὺς μὲν φίλους ἐπεῖδον δι᾽ ἐμοῦ εὐδαίμονας γενομένους, τοὺς δὲ πολεμίους ὑπ᾽ ἐμοῦ δουλωθέντας· καὶ τὴν πατρίδα πρόσθεν ἰδιωτεύουσαν ἐν τῇ Ἀσίᾳ νῦν προτετιμημένην καταλείπω· ὧν τ᾽ ἐκτησάμην οὐδὲν ὅ τι οὐ διεσωσάμην."

id. VIII. vii. 6.

Xenophon

Ἱέρων.

305. νῦν δὲ ἀπεστέρημαι μὲν τῶν ἡδομένων ἐμοὶ διὰ τὸ δού-
λους ἀντὶ φίλων ἔχειν τοὺς ἑταίρους, ἀπεστέρημαι δ᾽
αὐτὸς τοῦ ἡδέως ἐκείνοις ὁμιλεῖν διὰ τὸ μηδεμίαν ἐνορᾶν
εὔνοιαν ἐμοὶ παρ᾽ αὐτῶν· μέθην δὲ καὶ ὕπνον ὁμοίως
ἐνέδρᾳ φυλάττομαι. τὸ δὲ φοβεῖσθαι μὲν ὄχλον, φο-
βεῖσθαι δ᾽ ἐρημίαν, φοβεῖσθαι δὲ ἀφυλαξίαν, φοβεῖσθαι δὲ καὶ
αὐτοὺς τοὺς φυλάττοντας, καὶ μήτ᾽ ἀνόπλους ἔχειν ἐθέλειν
περὶ αὑτὸν μήθ᾽ ὡπλισμένους ἡδέως θεᾶσθαι, πῶς οὐκ
ἀργαλέον ἐστὶ πρᾶγμα; ἔτι δὲ ξένοις μὲν μᾶλλον ἢ πολί-
ταις πιστεύειν, βαρβάροις δὲ μᾶλλον ἢ Ἕλλησιν, ἐπιθυμεῖν
δὲ τοὺς μὲν ἐλευθέρους δούλους ἔχειν, τοὺς δὲ δούλους
ἀναγκάζεσθαι ποιεῖν ἐλευθέρους, οὐ πάντα σοι ταῦτα δοκεῖ
ψυχῆς ὑπὸ φόβων καταπεπληγμένης τεκμήρια εἶναι; εἰ
δὲ καὶ σὺ πολεμικῶν ἔμπειρος εἶ, ὦ Σιμωνίδη, καὶ ἤδη ποτὲ
πολεμίᾳ φάλαγγι πλησίον ἀντετάξω, ἀναμνήσθητι ποῖον
μέν τινα σῖτον ᾑροῦ ἐν ἐκείνῳ τῷ χρόνῳ, ποῖον δέ τινα
ὕπνον ἐκοιμῶ. οἷα μέντοι σοὶ τότ᾽ ἦν τὰ λυπηρά, τοιαῦτά
ἐστι τὰ τῶν τυράννων καὶ ἔτι δεινότερα· οὐ γὰρ ἐξ
ἐναντίας μόνον, ἀλλὰ καὶ πάντοθεν πολεμίους ὁρᾶν νομί-
ζουσιν οἱ τύραννοι.   *Hiero* VI. 3.

306. τῶν μὲν τοίνυν ἄλλων Ἑλλήνων οἱ φάσκοντες κάλ-
λιστα τοὺς υἱεῖς παιδεύειν, ἐπειδὰν τάχιστα αὐτοῖς οἱ
παῖδες τὰ λεγόμενα συνιῶσιν, εὐθὺς μὲν ἐπ᾽ αὐτοῖς
παιδαγωγοὺς θεράποντας ἐφιστᾶσιν, εὐθὺς δὲ πέμπουσιν
εἰς διδασκάλων μαθησομένους καὶ γράμματα καὶ μουσικὴν
καὶ τὰ ἐν παλαίστρᾳ. πρὸς δὲ τούτοις τῶν παίδων πόδας
μὲν ὑποδήμασιν ἀπαλύνουσι, σώματα δὲ ἱματίων μετα-
βολαῖς διαθρύπτουσι· σίτου γε μὴν αὐτοῖς γαστέρα
μέτρον νομίζουσιν. ὁ δὲ Λυκοῦργος ἀντὶ μὲν τοῦ ἰδίᾳ
ἕκαστον παιδαγωγοὺς δούλους ἐφιστάναι ἄνδρα ἐπέστησε
κρατεῖν αὐτῶν ἐξ ὧνπερ αἱ μέγισται ἀρχαὶ καθίστανται,
ὃς δὴ καὶ παιδονόμος καλεῖται.   *Rep. Laced.* II. I.

Xenophon

307. οἶδα γὰρ πρότερον μὲν Λακεδαιμονίους αἱρουμένους οἴκοι τὰ μέτρια ἔχοντας ἀλλήλοις συνεῖναι μᾶλλον ἢ ἁρμόζοντας ἐν ταῖς πόλεσι καὶ κολακευομένους διαφθείρεσθαι. καὶ πρόσθεν μὲν οἶδα αὐτοὺς φοβουμένους χρυσίον ἔχοντας φαίνεσθαι· νῦν δ' ἔστιν οὓς καὶ καλλωπιζομένους ἐπὶ τῷ κεκτῆσθαι. ἐπίσταμαι δὲ καὶ πρόσθεν τούτου ἕνεκα ξενηλασίας γιγνομένας καὶ ἀποδημεῖν οὐκ ἐξόν, ὅπως μὴ ῥᾳδιουργίας οἱ πολῖται ἀπὸ τῶν ξένων ἐμπίπλαιντο· νῦν δ' ἐπίσταμαι τοὺς δοκοῦντας πρώτους εἶναι ἐσπουδακότας ὡς μηδέποτε παύωνται ἁρμόζοντες ἐπὶ ξένης. καὶ ἦν μὲν ὅτε ἐπεμελοῦντο ὅπως ἄξιοι εἶεν ἡγεῖσθαι· νῦν δὲ πολὺ μᾶλλον πραγματεύονται ὅπως ἄρξουσιν ἢ ὅπως ἄξιοι τούτου ἔσονται. τοιγαροῦν οἱ Ἕλληνες πρότερον μὲν ἰόντες εἰς Λακεδαίμονα ἐδέοντο αὐτῶν ἡγεῖσθαι ἐπὶ τοὺς δοκοῦντας ἀδικεῖν· νῦν δὲ πολλοὶ παρακαλοῦσιν ἀλλήλους ἐπὶ τὸ διακωλύειν ἄρξαι πάλιν αὐτούς. οὐδὲν μέντοι δεῖ θαυμάζειν τούτων τῶν ἐπιψόγων αὐτοῖς γιγνομένων, ἐπειδὴ φανεροί εἰσιν οὔτε τῷ θεῷ πειθόμενοι οὔτε τοῖς Λυκούργου νόμοις.

Rep. Laced. XIV. 2.

308. περὶ δὲ τῶν ξυμμάχων, οἱ ἐκπλέοντες συκοφαντοῦσιν, ὡς δοκοῦσι, καὶ μισοῦσι τοὺς χρηστούς, γιγνώσκοντες ὅτι μισεῖσθαι μὲν ἀνάγκη τὸν ἄρχοντα ὑπὸ τοῦ ἀρχομένου. εἰ δὲ ἰσχύσουσιν οἱ πλούσιοι καὶ οἱ ἰσχυροὶ ἐν ταῖς πόλεσιν, ὀλίγιστον χρόνον ἡ ἀρχὴ ἔσται τοῦ δήμου τοῦ Ἀθήνησι. διὰ ταῦτα οὖν τοὺς μὲν χρηστοὺς ἀτιμοῦσι καὶ χρήματα ἀφαιροῦνται καὶ ἐξελαύνουσι καὶ ἀποκτείνουσι, τοὺς δὲ πονηροὺς αὔξουσιν. οἱ δὲ χρηστοὶ Ἀθηναίων τοὺς χρηστοὺς ἐν ταῖς ξυμμαχίσι πόλεσι σῴζουσι, γιγνώσκοντες ὅτι σφίσιν ἀγαθόν ἐστι τοὺς βελτίστους σῴζειν ἀεὶ ἐν ταῖς πόλεσιν.

Rep. Ath. I. 14.

Xenophon

309. ἔπειτα δὲ τοῖς ἄρχουσι τῆς θαλάσσης οἷόν τ' ἐστὶ ποιεῖν ἅπερ οὐ τοῖς τῆς γῆς, ἐνίοτε τέμνειν τὴν γῆν τῶν κρεισσόνων· παραπλεῖν γὰρ ἔξεστιν ὅπου ἂν μηδεὶς ᾖ πολέμιος ἢ ὅπου ἂν ὀλίγοι, ἐὰν δὲ προσίωσιν, ἀναβάντα ἀποπλεῖν. καὶ τοῦτο ποιῶν ἧσσον ἀπορεῖ ἢ ὁ πεζῇ παραβοηθῶν. ἔπειτα δὲ τοῖς μὲν κατὰ θάλασσαν ἄρχουσιν οἷόν τ' ἀποπλεῦσαι ἀπὸ τῆς σφετέρας αὐτῶν ὁπόσον βούλει πλοῦν, τοῖς δὲ κατὰ γῆν οὐχ οἷόν τε ἀπὸ τῆς σφετέρας αὐτῶν ἀπελθεῖν πολλῶν ἡμερῶν ὁδόν. βραδεῖαί τε γὰρ αἱ πορεῖαι καὶ σῖτον οὐχ οἷόν τε ἔχειν πολλοῦ χρόνου πεζῇ ἰόντα. καὶ τὸν μὲν πεζῇ ἰόντα δεῖ διὰ φιλίας ἰέναι ἢ νικᾶν μαχόμενον· τὸν δὲ πλέοντα, οὗ μὲν ἂν ὦσί τινες κρείσσους, ἔξεστιν ἀποβῆναι ταύτης τῆς γῆς, ἀλλὰ παραπλεῦσαι, ἕως ἂν ἐπὶ φιλίαν χώραν ἀφίκηται ἢ ἐπὶ ἥσσους αὐτοῦ. ἔπειτα νόσους τῶν καρπῶν, αἳ ἐκ Διός εἰσιν, οἱ μὲν κατὰ γῆν κράτιστοι χαλεπῶς φέρουσιν, οἱ δὲ κατὰ θάλασσαν ῥᾳδίως. οὐ γὰρ ἅμα πᾶσα γῆ νοσεῖ· ὥστε ἐκ τῆς εὖ ἐχούσης ἀφικνεῖται τοῖς τῆς θαλάσσης ἄρχουσιν. εἰ δὲ δεῖ καὶ σμικροτέρων μνησθῆναι, διὰ τὴν ἀρχὴν τῆς θαλάσσης πρῶτον μὲν τρόπους εὐωχιῶν ἐξηῦρον ἐπιμισγόμενοι ἀλλήλοις, ὥστε, ὅ τι ἐν Σικελίᾳ ἡδὺ ἢ ἐν Ἰταλίᾳ ἢ ἐν Κύπρῳ ἢ ἐν Αἰγύπτῳ ἢ ἐν Λυδίᾳ ἢ ἐν τῷ Πόντῳ ἢ ἐν Πελοποννήσῳ ἢ ἄλλοθί που, ταῦτα πάντα εἰς ἓν ἠθροῖσθαι διὰ τὴν ἀρχὴν τῆς θαλάσσης. ἔπειτα φωνὴν πᾶσαν ἀκούοντες ἐξελέξαντο τοῦτο μὲν ἐκ τῆς τοῦτο δὲ ἐκ τῆς. καὶ οἱ μὲν Ἕλληνες ἰδίᾳ μᾶλλον καὶ φωνῇ καὶ διαίτῃ καὶ σχήματι χρῶνται, Ἀθηναῖοι δὲ κεκραμένῃ ἐξ ἁπάντων τῶν Ἑλλήνων καὶ βαρβάρων.   *Rep. Ath.* II. 4.

Plato

310. ἐγὼ γάρ, ὦ ἄνδρες Ἀθηναῖοι, ἄλλην μὲν ἀρχὴν οὐδεμίαν πώποτε ἦρξα ἐν τῇ πόλει, ἐβούλευσα δέ· καὶ ἔτυχεν ἡμῶν ἡ φυλὴ Ἀντιοχὶς πρυτανεύουσα, ὅτε ὑμεῖς τοὺς δέκα στρατηγοὺς τοὺς οὐκ ἀνελομένους τοὺς ἐκ τῆς ναυμαχίας ἐβούλεσθε ἀθρόους κρίνειν, παρανόμως, ὡς ἐν τῷ ὑστέρῳ χρόνῳ πᾶσιν ὑμῖν ἔδοξε. τότ' ἐγὼ μόνος τῶν πρυτάνεων ἠναντιώθην ὑμῖν μηδὲν ποιεῖν παρὰ τοὺς νόμους, καὶ ἐναντία ἐψηφισάμην· καὶ ἑτοίμων ὄντων ἐνδεικνύναι με καὶ ἀπάγειν τῶν ῥητόρων, καὶ ὑμῶν κελευόντων καὶ βοώντων, μετὰ τοῦ νόμου καὶ τοῦ δικαίου ᾤμην μᾶλλόν με δεῖν διακινδυνεύειν ἢ μεθ' ὑμῶν γενέσθαι μὴ δίκαια βουλευομένων, φοβηθέντα δεσμὸν ἢ θάνατον. καὶ ταῦτα μὲν ἦν ἔτι δημοκρατουμένης τῆς πόλεως. ἐπειδὴ δὲ ὀλιγαρχία ἐγένετο, οἱ τριάκοντα αὖ μεταπεμψάμενοί με πέμπτον αὐτὸν εἰς τὴν θόλον προσέταξαν ἀγαγεῖν ἐκ Σαλαμῖνος Λέοντα τὸν Σαλαμίνιον, ἵν' ἀποθάνοι· οἷα δὴ καὶ ἄλλοις ἐκεῖνοι πολλοῖς πολλὰ προσέταττον, βουλόμενοι ὡς πλείστους ἀναπλῆσαι αἰτιῶν. τότε μέντοι ἐγὼ οὐ λόγῳ, ἀλλ' ἔργῳ αὖ ἐνεδειξάμην, ὅτι ἐμοὶ θανάτου μὲν μέλει—εἰ μὴ ἀγροικότερον ἦν εἰπεῖν—οὐδ' ὁτιοῦν, τοῦ δὲ μηδὲν ἄδικον μηδ' ἀνόσιον ἐργάζεσθαι, τούτου τὸ πᾶν μέλει. ἐμὲ γὰρ ἐκείνη ἡ ἀρχὴ οὐκ ἐξέπληξεν οὕτως ἰσχυρὰ οὖσα, ὥστε ἄδικόν τι ἐργάσασθαι, ἀλλ' ἐπειδὴ ἐκ τῆς θόλου ἐξήλθομεν, οἱ μὲν τέτταρες ᾤχοντο εἰς Σαλαμῖνα καὶ ἤγαγον Λέοντα, ἐγὼ δὲ ᾠχόμην ἀπιὼν οἴκαδε. καὶ ἴσως ἂν διὰ ταῦτ' ἀπέθανον, εἰ μὴ ἡ ἀρχὴ διὰ ταχέων κατελύθη. καὶ τούτων ὑμῖν ἔσονται πολλοὶ μάρτυρες.   *Apology* 32 B.

Plato

311. εἰ οὖν τοιοῦτον ὁ θάνατός ἐστι, κέρδος ἔγωγε λέγω· καὶ γὰρ οὐδὲν πλείων ὁ πᾶς χρόνος φαίνεται οὕτω δὴ εἶναι ἢ μία νύξ. εἰ δ' αὖ οἷον ἀποδημῆσαί ἐστιν ὁ θάνατος ἐνθένδε εἰς ἄλλον τόπον καὶ ἀληθῆ ἐστι τὰ λεγόμενα, ὡς ἄρα ἐκεῖ εἰσὶν ἅπαντες οἱ τεθνεῶτες, τί μεῖζον ἀγαθὸν τούτου εἴη ἄν, ὦ ἄνδρες δικασταί; εἰ γάρ τις ἀφικόμενος εἰς Ἅιδου, ἀπαλλαγεὶς τούτων τῶν φασκόντων δικαστῶν εἶναι, εὑρήσει τοὺς ὡς ἀληθῶς δικαστάς, οἵπερ καὶ λέγονται ἐκεῖ δικάζειν, Μίνως τε καὶ Ῥαδάμανθυς καὶ Αἰακὸς καὶ Τριπτόλεμος, καὶ ἄλλοι ὅσοι τῶν ἡμιθέων δίκαιοι ἐγένοντο ἐν τῷ ἑαυτῶν βίῳ, ἆρα φαύλη ἂν εἴη ἡ ἀποδημία; ἢ αὖ Ὀρφεῖ συγγενέσθαι καὶ Μουσαίῳ καὶ Ἡσιόδῳ καὶ Ὁμήρῳ ἐπὶ πόσῳ ἄν τις δέξαιτ' ἂν ὑμῶν; ἐγὼ μὲν γὰρ πολλάκις ἐθέλω τεθνάναι, εἰ ταῦτ' ἐστὶν ἀληθῆ· ἐπεὶ ἔμοιγε καὶ αὐτῷ θαυμαστὴ ἂν εἴη ἡ διατριβὴ αὐτόθι, ὁπότε ἐντύχοιμι Παλαμήδει καὶ Αἴαντι τῷ Τελαμῶνος καὶ εἴ τις ἄλλος τῶν παλαιῶν διὰ κρίσιν ἄδικον τέθνηκεν· ἀντιπαραβάλλοντι τὰ ἐμαυτοῦ πάθη πρὸς τὰ ἐκείνων, ὡς ἐγὼ οἶμαι, οὐκ ἂν ἀηδὲς εἴη· καὶ δὴ τὸ μέγιστον, τοὺς ἐκεῖ ἐξετάζοντα καὶ ἐρευνῶντα ὥσπερ τοὺς ἐνταῦθα διάγειν, τίς αὐτῶν σοφός ἐστι καὶ τίς οἴεται μέν, ἔστι δ' οὔ. ἐπὶ πόσῳ δ' ἄν τις, ὦ ἄνδρες δικασταί, δέξαιτο ἐξετάσαι τὸν ἐπὶ Τροίαν ἀγαγόντα τὴν πολλὴν στρατιάν, ἢ Ὀδυσσέα, ἢ Σίσυφον, ἢ ἄλλους μυρίους ἄν τις εἴποι καὶ ἄνδρας καὶ γυναῖκας; οἷς ἐκεῖ διαλέγεσθαι καὶ συνεῖναι καὶ ἐξετάζειν ἀμήχανον ἂν εἴη εὐδαιμονίας πάντως. οὐ δήπου τούτου γε ἕνεκα οἱ ἐκεῖ ἀποκτείνουσι· τά τε γὰρ ἄλλα εὐδαιμονέστεροί εἰσιν οἱ ἐκεῖ τῶν ἐνθάδε, καὶ ἤδη τὸν λοιπὸν χρόνον ἀθάνατοί εἰσιν, εἴπερ γε τὰ λεγόμενα ἀληθῆ ἐστιν.   *Apology* 40 E.

200

Plato

Σωκράτηϛ.

312. "σκόπει τοίνυν, ὦ Σώκρατες," φαῖεν ἂν ἴσως οἱ νόμοι, "εἰ ἡμεῖς ταῦτα ἀληθῆ λέγομεν, ὅτι οὐ δίκαια ἡμᾶς ἐπιχειρεῖς δρᾶν ἃ νῦν ἐπιχειρεῖς. ἡμεῖς γάρ σε γεννήσαντες, ἐκθρέψαντες, παιδεύσαντες, μεταδόντες ἁπάντων ὧν οἷοί τ' ἦμεν καλῶν σοὶ καὶ τοῖς ἄλλοις πᾶσι πολίταις, ὅμως προαγορεύομεν Ἀθηναίων τῷ βουλομένῳ, ἐπειδὰν δοκιμασθῇ καὶ ἴδῃ τὰ ἐν τῇ πόλει πράγματα καὶ ἡμᾶς τοὺς νόμους, ᾧ ἂν μὴ ἀρέσκωμεν ἡμεῖς, ἐξεῖναι λαβόντα τὰ αὑτοῦ ἀπιέναι ὅποι ἂν βούληται. καὶ οὐδεὶς ἡμῶν τῶν νόμων ἐμποδών ἐστιν οὐδ' ἀπαγορεύει, ἐάν τέ τις βούληται ὑμῶν εἰς ἀποικίαν ἰέναι, εἰ μὴ ἀρέσκοιμεν ἡμεῖς τε καὶ ἡ πόλις, ἐάν τε μετοικεῖν ἄλλοσέ ποι ἐλθών, ἰέναι ἐκεῖσε, ὅποι ἂν βούληται, ἔχοντα τὰ αὑτοῦ. ὃς δ' ἂν ὑμῶν παραμείνῃ, ὁρῶν ὃν τρόπον ἡμεῖς τάς τε δίκας δικάζομεν καὶ τἄλλα τὴν πόλιν διοικοῦμεν, ἤδη φαμὲν τοῦτον ὡμολογηκέναι ἔργῳ ἡμῖν ἃ ἂν ἡμεῖς κελεύωμεν ποιήσειν ταῦτα, καὶ τὸν μὴ πειθόμενον φαμὲν ἀδικεῖν. ταύταις δή φαμεν καὶ σέ, ὦ Σώκρατες, ταῖς αἰτίαις ἐνέξεσθαι, εἴπερ ποιήσεις ἃ ἐπινοεῖς, καὶ οὐχ ἥκιστα Ἀθηναίων σὲ ἀλλ' ἐν τοῖς μάλιστα." εἰ οὖν ἐγὼ εἴποιμι, "διὰ τί δή;" ἴσως ἄν μου δικαίως καθάπτοιντο, λέγοντες ὅτι ἐν τοῖς μάλιστα Ἀθηναίων ἐγὼ αὐτοῖς ὡμολογηκὼς τυγχάνω ταύτην τὴν ὁμολογίαν. φαῖεν γὰρ ἂν ὅτι "ὦ Σώκρατες, μεγάλα ἡμῖν τούτων τεκμήριά ἐστιν, ὅτι σοι καὶ ἡμεῖς ἠρέσκομεν καὶ ἡ πόλις· οὐ γὰρ ἄν ποτε τῶν ἄλλων Ἀθηναίων ἁπάντων διαφερόντως ἐν αὐτῇ ἐπεδήμεις, εἰ μή σοι διαφερόντως ἤρεσκε, καὶ οὔτ' ἐπὶ θεωρίαν πώποτε ἐκ τῆς πόλεως ἐξῆλθες, οὔτε ἄλλοσε οὐδαμόσε, εἰ μή ποι στρατευσόμενος, οὐδ' ἐπιθυμία σε ἄλλης πόλεως οὐδ' ἄλλων νόμων ἔλαβεν εἰδέναι, ἀλλὰ ἡμεῖς σοι ἱκανοὶ ἦμεν καὶ ἡ ἡμετέρα πόλις."

Crito 51 C.

Plato

Σωκράτης

313. ἔμαθον δὲ ταύτην τὴν ἐπῳδὴν ἐγὼ ἐκεῖ ἐπὶ στρατείας παρά
τινος τῶν Θρᾳκῶν τῶν Ζαμόλξιδος ἰατρῶν, οἳ λέγονται καὶ
ἀπαθανατίζειν. ἔλεγε δὲ ὁ Θρᾷξ οὗτος, ὅτι ταῦτα μὲν ἰατροὶ
οἱ Ἕλληνες, ἃ νῦν δὴ ἐγὼ ἔλεγον, καλῶς λέγοιεν· "ἀλλὰ
Ζάμολξις," ἔφη, "λέγει ὁ ἡμέτερος βασιλεύς, θεὸς ὤν, ὅτι
ὥσπερ ὀφθαλμοὺς ἄνευ κεφαλῆς οὐ δεῖ ἐπιχειρεῖν ἰᾶσθαι
οὐδὲ κεφαλὴν ἄνευ σώματος, οὕτως οὐδὲ σῶμα ἄνευ ψυχῆς,
ἀλλὰ τοῦτο καὶ αἴτιον εἴη τοῦ διαφεύγειν τοὺς παρὰ τοῖς
Ἕλλησιν ἰατροὺς τὰ πολλὰ νοσήματα, ὅτι τὸ ὅλον ἀγνοοῖεν,
οὗ δέοι τὴν ἐπιμέλειαν ποιεῖσθαι, οὗ μὴ καλῶς ἔχοντος
ἀδύνατον εἴη τὸ μέρος εὖ ἔχειν." _Charmides_ 156 D.

Δυσίμαχος.

314. ὅθεν δὲ ἡμῖν ταῦτ' ἔδοξεν, ὦ Νικία τε καὶ Λάχης, χρὴ
ἀκοῦσαι, κἂν ᾖ ὀλίγῳ μακρότερα. συσσιτοῦμεν γὰρ δὴ ἐγώ
τε καὶ Μελησίας ὅδε, καὶ ἡμῖν τὰ μειράκια παρασιτεῖ. ὅπερ
οὖν καὶ ἀρχόμενος εἶπον τοῦ λόγου, παρρησιασόμεθα πρὸς
ὑμᾶς. ἡμῶν γὰρ ἑκάτερος περὶ τοῦ ἑαυτοῦ πατρὸς πολλὰ
καὶ καλὰ ἔργα ἔχει λέγειν πρὸς τοὺς νεανίσκους, καὶ ὅσα ἐν
πολέμῳ εἰργάσαντο καὶ ὅσα ἐν εἰρήνῃ, διοικοῦντες τά τε τῶν
συμμάχων καὶ τὰ τῆσδε τῆς πόλεως· ἡμέτερα δ' αὐτῶν ἔργα
οὐδέτερος ἔχει λέγειν. ταῦτα δὴ ὑπαισχυνόμεθά τε τούσδε
καὶ αἰτιώμεθα τοὺς πατέρας ἡμῶν, ὅτι ἡμᾶς μὲν εἴων τρυφᾶν,
ἐπειδὴ μειράκια ἐγενόμεθα, τὰ δὲ τῶν ἄλλων πράγματα
ἔπραττον· καὶ τοῖσδε τοῖς νεανίσκοις αὐτὰ ταῦτα ἐνδεικνύ-
μεθα, λέγοντες ὅτι, εἰ μὲν ἀμελήσουσιν ἑαυτῶν καὶ μὴ
πείσονται ἡμῖν, ἀκλεεῖς γενήσονται, εἰ δ' ἐπιμελήσονται,
τάχ' ἂν τῶν ὀνομάτων ἄξιοι γένοιντο ἃ ἔχουσιν. οὗτοι μὲν
οὖν φασι πείσεσθαι· ἡμεῖς δὲ δὴ τοῦτο σκοποῦμεν, τί ἂν
οὗτοι μαθόντες ἢ ἐπιτηδεύσαντες ὅ τι ἄριστοι γένοιντο.
Laches 179 B.

Plato

Σωκράτης. Δύσις.

315. ἐγὼ δὲ τὸν Λύσιν ἠρόμην, ἦ που, ἦν δ' ἐγώ, ὦ Λύσι, σφόδρα φιλεῖ σε ὁ πατὴρ καὶ ἡ μήτηρ. πάνυ γε, ἦ δ' ὅς. οὐκοῦν βούλοιντο ἄν σε ὡς εὐδαιμονέστατον εἶναι. πῶς γὰρ οὔ; δοκεῖ δέ σοι εὐδαίμων εἶναι ἄνθρωπος δουλεύων τε καὶ ᾧ μηδὲν ἐξείη ποιεῖν ὧν ἐπιθυμοίη; μὰ Δί' οὐκ ἔμοιγε, ἔφη. οὐκοῦν εἴ σε φιλεῖ ὁ πατὴρ καὶ ἡ μήτηρ καὶ εὐδαίμονά σε ἐπιθυμοῦσι γενέσθαι, τοῦτο παντὶ τρόπῳ δῆλον, ὅτι προθυμοῦνται, ὅπως ἂν εὐδαιμονοίης. πῶς γὰρ οὐχί; ἔφη. ἐῶσιν ἄρα σε ἃ βούλει ποιεῖν, καὶ οὐδὲν ἐπιπλήττουσιν οὐδὲ διακωλύουσι ποιεῖν ὧν ἂν ἐπιθυμῇς; ναὶ μὰ Δί' ἐμέ γε, ὦ Σώκρατες, καὶ μάλα γε πολλὰ κωλύουσι. πῶς λέγεις; ἦν δ' ἐγώ. βουλόμενοί σε μακάριον εἶναι διακωλύουσι τοῦτο ποιεῖν, ὃ ἂν βούλῃ; ὧδε δέ μοι λέγε. ἢν ἐπιθυμήσῃς ἐπί τινος τῶν τοῦ πατρὸς ἁρμάτων ὀχεῖσθαι λαβὼν τὰς ἡνίας, ὅταν ἁμιλλᾶται, οὐκ ἂν ἐῷέν σε, ἀλλὰ διακωλύοιεν; μὰ Δί', οὐ μέντοι ἄν, ἔφη, ἐῷεν. ἀλλὰ τίνα μήν; ἔστι τις ἡνίοχος παρὰ τοῦ πατρὸς μισθὸν φέρων. πῶς λέγεις; μισθωτῷ μᾶλλον ἐπιτρέπουσιν ἢ σοὶ ποιεῖν ὅ τι ἂν βούληται περὶ τοὺς ἵππους, καὶ προσέτι αὐτοῦ τούτου ἀργύριον τελοῦσιν; ἀλλὰ τί μήν; ἔφη. καὶ τοῦτον, ὡς ἔοικεν, ἡγοῦνται περὶ πλέονος ἢ σὲ τὸν υἱόν, καὶ ἐπιτρέπουσι τὰ ἑαυτῶν μᾶλλον ἢ σοί, καὶ ἐῶσι ποιεῖν ὅ τι βούλεται, σὲ δὲ διακωλύουσι. καί μοι ἔτι τόδε εἰπέ. σὲ αὐτὸν ἐῶσιν ἄρχειν σεαυτοῦ, ἢ οὐδὲ τοῦτο ἐπιτρέπουσί σοι; πῶς γάρ, ἔφη, ἐπιτρέπουσιν; ἀλλ' ἄρχει τίς σου; ὅδε παιδαγωγός, ἔφη. μῶν δοῦλος ὤν; ἀλλὰ τί μήν; ἡμέτερός γε, ἔφη. ἦ δεινόν, ἦν δ' ἐγώ, ἐλεύθερον ὄντα ὑπὸ δούλου ἄρχεσθαι. τί δὲ ποιῶν αὖ οὗτος ὁ παιδαγωγός σου ἄρχει; ἄγων δήπου, ἔφη, εἰς διδασκάλου. μῶν μὴ καὶ οὗτοί σου ἄρχουσιν, οἱ διδάσκαλοι; πάντως δήπου.

Lysis 207 D.

316. ἀγαθοὶ δὲ καὶ οἱ βασιλέα ἐλευθερώσαντες καὶ ἐκβαλόντες
ἐκ τῆς θαλάττης Λακεδαιμονίους. ὧν ἐγὼ μὲν ὑμᾶς ἀνα-
μιμνήσκω, ὑμᾶς δὲ πρέπει συνεπαινεῖν τε καὶ κοσμεῖν
τοιούτους ἄνδρας. καὶ τὰ μὲν δὴ ἔργα ταῦτα τῶν ἀνδρῶν
τῶν ἐνθάδε κειμένων καὶ τῶν ἄλλων, ὅσοι ὑπὲρ τῆς πόλεως
τετελευτήκασι, πολλὰ μὲν τὰ εἰρημένα καὶ καλά, πολὺ δ᾽
ἔτι πλείω καὶ καλλίω τὰ ὑπολειπόμενα· πολλαὶ γὰρ ἂν
ἡμέραι καὶ νύκτες οὐχ ἱκαναὶ γένοιντο τῷ τὰ πάντα μέλλοντι
περαίνειν. τούτων οὖν χρὴ μεμνημένους τοῖς τούτων ἐκγό-
νοις πάντ᾽ ἄνδρα παρακελεύεσθαι, ὥσπερ ἐν πολέμῳ, μὴ
λείπειν τὴν τάξιν τὴν τῶν προγόνων μηδ᾽ εἰς τοὐπίσω
ἀναχωρεῖν εἴκοντας κάκῃ. ἐγὼ μὲν οὖν καὶ αὐτός, ὦ παῖδες
ἀνδρῶν ἀγαθῶν, νῦν τε παρακελεύομαι καὶ ἐν τῷ λοιπῷ
χρόνῳ, ὅπου ἄν τῳ ἐντυγχάνω ὑμῶν, καὶ ἀναμνήσω καὶ
διακελεύσομαι προθυμεῖσθαι εἶναι ὡς ἀρίστους· ἐν δὲ τῷ
παρόντι δίκαιός εἰμι εἰπεῖν ἃ οἱ πατέρες ἡμῖν ἐπέσκηπτον
ἀπαγγέλλειν τοῖς λειπομένοις, εἴ τι πάσχοιεν, ἡνίκα
κινδυνεύειν ἔμελλον. φράσω δὲ ὑμῖν ἅ τε αὐτῶν ἤκουσα
ἐκείνων καὶ οἷα νῦν ἡδέως ἂν εἴποιεν ὑμῖν, λαβόντες δύναμιν,
τεκμαιρόμενος ἐξ ὧν τότε ἔλεγον. ἀλλὰ νομίζειν χρὴ αὐτῶν
ἀκούειν ἐκείνων ἃ ἂν ἀπαγγέλλω. ἔλεγον δὲ τάδε· "ὦ παῖδες,
ὅτι μὲν ἐστε πατέρων ἀγαθῶν, αὐτὸ μηνύει τὸ νῦν παρόν· ἡμῖν
δὲ ἐξὸν ζῆν μὴ καλῶς, καλῶς αἱρούμεθα μᾶλλον τελευτᾶν,
πρὶν ὑμᾶς τε καὶ τοὺς ἔπειτα εἰς ὀνείδη καταστῆσαι, καὶ πρὶν
τοὺς ἡμετέρους πατέρας καὶ πᾶν τὸ πρόσθεν γένος αἰσχῦναι,
ἡγούμενοι τῷ τοὺς αὑτοῦ αἰσχύναντι ἀβίωτον εἶναι καὶ τῷ
τοιούτῳ οὔτε τινὰ ἀνθρώπων οὔτε θεῶν φίλον εἶναι οὔτ᾽ ἐπὶ
γῆς οὔθ᾽ ὑπὸ γῆς τελευτήσαντι." *Menexenus* 246 A.

Plato

Σωκράτης.

317. καὶ ὁρῶ, ὦ Ἴων, καὶ ἄρχομαί γέ σοι ἀποφαινόμενος ὅ μοι δοκεῖ τοῦτο εἶναι. ἔστι γὰρ τοῦτο τέχνη μὲν οὔ, θεία δὲ δύναμις, ἥ σε κινεῖ, ὥσπερ ἐν τῇ λίθῳ, ἣν Εὐριπίδης μὲν Μαγνῆτιν ὠνόμασεν, οἱ δὲ πολλοὶ Ἡρακλείαν. καὶ γὰρ αὕτη ἡ λίθος οὐ μόνον αὐτοὺς τοὺς δακτυλίους ἄγει τοὺς σιδηροῦς, ἀλλὰ καὶ δύναμιν ἐντίθησι τοῖς δακτυλίοις, ὥστ᾽ αὖ δύνασθαι ταὐτὸν τοῦτο ποιεῖν ὅπερ ἡ λίθος, ἄλλους ἄγειν δακτυλίους, ὥστ᾽ ἐνίοτε ὁρμαθὸς μακρὸς πάνυ σιδηρίων καὶ δακτυλίων ἐξ ἀλλήλων ἤρτηται· πᾶσι δὲ τούτοις ἐξ ἐκείνης τῆς λίθου ἡ δύναμις ἀνήρτηται. οὕτω δὲ καὶ ἡ Μοῦσα ἐνθέους μὲν ποιεῖ αὐτή, διὰ δὲ τῶν ἐνθέων τούτων ἄλλων ἐνθουσιαζόντων ὁρμαθὸς ἐξαρτᾶται. πάντες γὰρ οἵ τε τῶν ἐπῶν ποιηταὶ οἱ ἀγαθοὶ οὐκ ἐκ τέχνης, ἀλλ᾽ ἔνθεοι ὄντες καὶ κατεχόμενοι, πάντα ταῦτα τὰ καλὰ λέγουσι ποιήματα, καὶ οἱ μελοποιοὶ οἱ ἀγαθοὶ ὡσαύτως, ὥσπερ οἱ κορυβαντιῶντες οὐκ ἔμφρονες ὄντες ὀρχοῦνται, οὕτω καὶ αὐτοὶ οὐκ ἔμφρονες ὄντες τὰ καλὰ μέλη ταῦτα ποιοῦσιν, ἀλλ᾽ ἐπειδὰν ἐμβῶσιν εἰς τὴν ἁρμονίαν καὶ εἰς τὸν ῥυθμόν, καὶ βακχεύουσι καὶ κατέχονται· ὥσπερ δὲ αἱ βάκχαι ἀρύτονται· ἐκ τῶν ποταμῶν μέλι καὶ γάλα κατεχόμεναι ἔμφρονες δὲ οὖσαι οὔ, καὶ τῶν μελοποιῶν ἡ ψυχὴ τοῦτο ἐργάζεται, ὅπερ αὐτοὶ λέγουσι. λέγουσι γὰρ δήπουθεν πρὸς ἡμᾶς οἱ ποιηταί, ὅτι ἀπὸ κρηνῶν μελιρρύτων ἐκ Μουσῶν κήπων τινῶν καὶ ναπῶν δρεπόμενοι τὰ μέλη ἡμῖν φέρουσιν ὥσπερ αἱ μέλιτται, καὶ αὐτοὶ οὕτω πετόμενοι. καὶ ἀληθῆ λέγουσι· κοῦφον γὰρ χρῆμα ποιητής ἐστι καὶ πτηνὸν καὶ ἱερόν, καὶ οὐ πρότερον οἷός τε ποιεῖν, πρὶν ἂν ἔνθεός τε γένηται καὶ ἔκφρων καὶ ὁ νοῦς μηκέτι ἐν αὐτῷ ἐνῇ.

Ion 533 D.

Plato

318. τῆς παρελθούσης νυκτὸς ταυτησί, ἔτι βαθέος ὄρθρου, Ἱπποκράτης, ὁ Ἀπολλοδώρου υἱός, Φάσωνος δὲ ἀδελφός, τὴν θύραν τῇ βακτηρίᾳ πάνυ σφόδρα ἔκρουε· καὶ ἐπειδὴ αὐτῷ ἀνέῳξέ τις, εὐθὺς εἴσω ᾔει ἐπειγόμενος, καὶ τῇ φωνῇ μέγα λέγων, ὦ Σώκρατες, ἔφη, ἐγρήγορας ἢ καθεύδεις; καὶ ἐγὼ τὴν φωνὴν γνοὺς αὐτοῦ, Ἱπποκράτης, ἔφην, οὗτος· μή τι νεώτερον ἀγγέλλεις; οὐδέν γ᾽, ἦ δ᾽ ὅς, εἰ μὴ ἀγαθά γε. εὖ ἂν λέγοις, ἦν δ᾽ ἐγώ. ἔστι δὲ τί, καὶ τοῦ ἕνεκα τηνικάδε ἀφίκου; Πρωταγόρας, ἔφη, ἥκει, στὰς παρ᾽ ἐμοί. πρῴην, ἔφην ἐγώ, σὺ δὲ ἄρτι πέπυσαι; νὴ τοὺς θεούς, ἔφη, ἑσπέρας γε. καὶ ἅμα ἐπιψηλαφήσας τοῦ κλίνης ἐκαθέζετο παρὰ τοὺς πόδας μου, καὶ εἶπεν· ἑσπέρας δῆτα, μάλα γε ὀψὲ ἀφικόμενος ἐξ Οἰνόης. ὁ γάρ τοι παῖς με ὁ Σάτυρος ἀπέδρα· καὶ δῆτα μέλλων σοι φράζειν, ὅτι διωξοίμην αὐτόν, ὑπό τινος ἄλλου ἐπελαθόμην. ἐπειδὴ δὲ ἦλθον καὶ δεδειπνηκότες ἦμεν καὶ ἐμέλλομεν ἀναπαύεσθαι, τότε μοι ὁ ἀδελφὸς λέγει, ὅτι ἥκει Πρωταγόρας· καὶ ἔτι μὲν ἐνεχείρησα εὐθὺς παρὰ σὲ ἰέναι, ἔπειτά μοι λίαν πόρρω ἔδοξε τῶν νυκτῶν εἶναι. ἐπειδὴ δὲ τάχιστά με ἐκ τοῦ κόπου ὁ ὕπνος ἀνῆκεν, εὐθὺς ἀναστὰς οὕτω δεῦρο ἐπορευόμην. καὶ ἐγὼ γιγνώσκων αὐτοῦ τὴν ἀνδρείαν καὶ τὴν πτοίησιν, τί οὖν σοι, ἦν δ᾽ ἐγώ, τοῦτο; μῶν τί σε ἀδικεῖ Πρωταγόρας; καὶ ὃς γελάσας, νὴ τοὺς θεούς, ἔφη, ὦ Σώκρατες, ὅτι γε μόνος ἐστὶ σοφός, ἐμὲ δὲ οὐ ποιεῖ. ἀλλὰ ναὶ μὰ Δία, ἔφην ἐγώ, ἂν αὐτῷ διδῷς ἀργύριον καὶ πείθῃς ἐκεῖνον, ποιήσει καὶ σὲ σοφόν. εἰ γάρ, ἦ δ᾽ ὅς, ὦ Ζεῦ καὶ θεοί, ἐν τούτῳ εἴη. ἀλλ᾽ αὐτὰ ταῦτα καὶ νῦν ἥκω παρὰ σέ, ἵνα ὑπὲρ ἐμοῦ διαλεχθῇς αὐτῷ. *Protagoras* 310 A.

Plato

319. τοὐντεῦθεν τροφὰς ἄλλοις ἄλλας ἐξεπόριζε, τοῖς μὲν ἐκ γῆς βοτάνην, ἄλλοις δὲ δένδρων καρπούς, τοῖς δὲ ῥίζας· ἔστι δ' οἷς ἔδωκεν εἶναι τροφὴν ζώων ἄλλων βοράν. καὶ τοῖς μὲν ὀλιγογονίαν προσῆψε, τοῖς δ' ἀναλισκομένοις ὑπὸ τούτων πολυγονίαν, σωτηρίαν τῷ γένει πορίζων. ἅτε δὴ οὖν οὐ πάνυ τι σοφὸς ὢν ὁ Ἐπιμηθεὺς ἔλαθεν αὑτὸν καταναλώσας τὰς δυνάμεις εἰς τὰ ἄλογα. λοιπὸν δὴ ἀκόσμητον ἔτι αὐτῷ ἦν τὸ ἀνθρώπων γένος, καὶ ἠπόρει ὅ τι χρήσαιτο. ἀποροῦντι δὲ αὐτῷ ἔρχεται Προμηθεὺς ἐπισκεψόμενος τὴν νομήν, καὶ ὁρᾷ τὰ μὲν ἄλλα ζῷα ἐμμελῶς πάντων ἔχοντα, τὸν δὲ ἄνθρωπον γυμνόν τε καὶ ἀνυπόδητον καὶ ἄστρωτον καὶ ἄοπλον. ἤδη δὲ καὶ ἡ εἱμαρμένη ἡμέρα παρῆν, ἐν ᾗ ἔδει καὶ ἄνθρωπον ἐξιέναι ἐκ γῆς εἰς φῶς. ἀπορίᾳ οὖν ἐχόμενος ὁ Προμηθεύς, ἥντινα σωτηρίαν τῷ ἀνθρώπῳ εὕροι, κλέπτει Ἡφαίστου καὶ Ἀθηνᾶς τὴν ἔντεχνον σοφίαν σὺν πυρί—ἀμήχανον γὰρ ἦν ἄνευ πυρὸς αὐτὴν κτητήν τῳ ἢ χρησίμην γενέσθαι—, καὶ οὕτω δὴ δωρεῖται ἀνθρώπῳ. τὴν μὲν οὖν περὶ τὸν βίον σοφίαν ἄνθρωπος ταύτῃ ἔσχε, τὴν δὲ πολιτικὴν οὐκ εἶχεν· ἦν γὰρ παρὰ τῷ Διί· τῷ δὲ Προμηθεῖ εἰς μὲν τὴν ἀκρόπολιν τὴν τοῦ Διὸς οἴκησιν οὐκέτι ἐνεχώρει εἰσελθεῖν· πρὸς δὲ καὶ αἱ Διὸς φυλακαὶ φοβεραὶ ἦσαν· εἰς δὲ τὸ τῆς Ἀθηνᾶς καὶ Ἡφαίστου οἴκημα τὸ κοινόν, ἐν ᾧ ἐφιλοτεχνείτην, λαθὼν εἰσέρχεται, καὶ κλέψας τήν τε ἔμπυρον τέχνην τὴν τοῦ Ἡφαίστου καὶ τὴν ἄλλην τὴν τῆς Ἀθηνᾶς δίδωσιν ἀνθρώπῳ· καὶ ἐκ τούτου εὐπορία μὲν ἀνθρώπῳ τοῦ βίου γίγνεται, Προμηθέα δὲ δι' Ἐπιμηθέα ὕστερον, ᾗπερ λέγεται, κλοπῆς δίκη μετῆλθεν.

Protagoras 321 B.

Plato

Πρωταγόρας

320. οὕτω δὴ παρεσκευασμένοι κατ' ἀρχὰς ἄνθρωποι ᾤκουν
σποράδην, πόλεις δὲ οὐκ ἦσαν. ἀπώλλυντο οὖν ὑπὸ τῶν
θηρίων διὰ τὸ πανταχῇ αὐτῶν ἀσθενέστεροι εἶναι, καὶ ἡ
δημιουργικὴ τέχνη αὐτοῖς πρὸς μὲν τροφὴν ἱκανὴ βοηθὸς
ἦν, πρὸς δὲ τὸν τῶν θηρίων πόλεμον ἐνδεής· πολιτικὴν
γὰρ τέχνην οὔπω εἶχον, ἧς μέρος πολεμική. ἐζήτουν δὴ
ἀθροίζεσθαι καὶ σῴζεσθαι κτίζοντες πόλεις. ὅτ' οὖν
ἀθροισθεῖεν, ἠδίκουν ἀλλήλους, ἅτε οὐκ ἔχοντες τὴν
πολιτικὴν τέχνην, ὥστε πάλιν σκεδαννύμενοι διεφθείροντο.
Ζεὺς οὖν δείσας περὶ τῷ γένει ἡμῶν, μὴ ἀπόλοιτο πᾶν,
Ἑρμῆν πέμπει ἄγοντα εἰς ἀνθρώπους αἰδῶ τε καὶ δίκην, ἵν'
εἶεν πόλεων κόσμοι τε καὶ δεσμοὶ φιλίας συναγωγοί. ἐρωτᾷ
οὖν Ἑρμῆς Δία, τίνα οὖν τρόπον δοίη δίκην καὶ αἰδῶ
ἀνθρώποις. "πότερον ὡς αἱ τέχναι νενέμηνται, οὕτω καὶ
ταύτας νείμω; νενέμηνται δὲ ὧδε· εἷς ἔχων ἰατρικὴν πολ-
λοῖς ἱκανὸς ἰδιώταις, καὶ οἱ ἄλλοι δημιουργοί. καὶ δίκην
δὴ καὶ αἰδῶ οὕτω θῶ ἐν τοῖς ἀνθρώποις ἢ ἐπὶ πάντας
νείμω;" "ἐπὶ πάντας," ἔφη ὁ Ζεύς, "καὶ πάντες μετεχόντων·
οὐ γὰρ ἂν γένοιντο πόλεις, εἰ ὀλίγοι αὐτῶν μετέχοιεν ὥσπερ
ἄλλων τεχνῶν. καὶ νόμον γε θὲς παρ' ἐμοῦ τὸν μὴ δυνά-
μενον αἰδοῦς καὶ δίκης μετέχειν κτείνειν ὡς νόσον πόλεως."
οὕτω δή, ὦ Σώκρατες, καὶ διὰ ταῦτα οἵ τε ἄλλοι καὶ οἱ
Ἀθηναῖοι, ὅταν μὲν περὶ ἀρετῆς τεκτονικῆς ᾖ λόγος ἢ
ἄλλης τινὸς δημιουργικῆς, ὀλίγοις οἴονται μετεῖναι συμ-
βουλῆς, καὶ ἐάν τις ἐκτὸς ὢν τῶν ὀλίγων συμβουλεύῃ,
οὐκ ἀνέχονται, ὡς σὺ φής· εἰκότως, ὡς ἐγώ φημι· ὅταν δὲ
εἰς συμβουλὴν πολιτικῆς ἀρετῆς ἴωσιν, ἣν δεῖ διὰ δικαιο-
σύνης πᾶσαν ἰέναι καὶ σωφροσύνης, εἰκότως ἅπαντος
ἀνδρὸς ἀνέχονται, ὡς παντὶ προσῆκον ταύτης γε μετέχειν
τῆς ἀρετῆς ἢ μὴ εἶναι πόλεις.　　　　　　*Protagoras* 322 A.

Plato

Πῶλος. Σωκράτης.

321. ΠΩΛ. σὺ ἄρα βούλοιο ἂν ἀδικεῖσθαι μᾶλλον ἢ ἀδικεῖν;

ΣΩ. βουλοίμην μὲν ἂν ἔγωγε οὐδέτερα· εἰ δ' ἀναγκαῖον εἴη ἀδικεῖν ἢ ἀδικεῖσθαι, ἑλοίμην ἂν μᾶλλον ἀδικεῖσθαι ἢ ἀδικεῖν.

ΠΩΛ. σὺ ἄρα τυραννεῖν οὐκ ἂν δέξαιο;

ΣΩ. οὔκ, εἰ τὸ τυραννεῖν γε λέγεις ὅπερ ἐγώ.

ΠΩΛ. ἀλλ' ἔγωγε τοῦτο λέγω, ὅπερ ἄρτι, ἐξεῖναι ἐν τῇ πόλει, ὃ ἂν δοκῇ αὐτῷ, ποιεῖν τοῦτο, ἀποκτιννύντι καὶ ἐκβάλλοντι καὶ πάντα πράττοντι κατὰ τὴν αὑτοῦ δόξαν.

ΣΩ. ὦ μακάριε, ἐμοῦ δὴ λέγοντος ἄκουσον. εἰ γὰρ ἐγὼ ἐν ἀγορᾷ πληθούσῃ λαβὼν ὑπὸ μάλης ἐγχειρίδιον λέγοιμι πρὸς σὲ ὅτι, "ὦ Πῶλε, ἐμοὶ δύναμίς τις καὶ τυραννὶς θαυμασία ἄρτι προσγέγονεν· ἐὰν γὰρ ἄρα ἐμοὶ δόξῃ τινὰ τουτωνὶ τῶν ἀνθρώπων ὧν σὺ ὁρᾷς αὐτίκα μάλα δεῖν τεθνάναι, τεθνήξει οὗτος, ὃν ἂν δόξῃ· κἄν τινα δόξῃ μοι τῆς κεφαλῆς αὐτῶν κατεαγέναι δεῖν, κατεαγὼς ἔσται αὐτίκα μάλα, κἂν θοἰμάτιον διεσχίσθαι, διεσχισμένον ἔσται· οὕτω μέγα ἐγὼ δύναμαι ἐν τῇδε τῇ πόλει·" εἰ οὖν ἀπιστοῦντί σοι δείξαιμι τὸ ἐγχειρίδιον, ἴσως ἂν εἴποις ἰδὼν ὅτι, "ὦ Σώκρατες, οὕτω μὲν πάντες ἂν μέγα δύναιντο, ἐπεὶ κἂν ἐμπρησθείη οἰκία τούτῳ τῷ τρόπῳ ἥντιν' ἄν σοι δοκῇ, καὶ τά γε Ἀθηναίων νεώρια καὶ τριήρεις καὶ τὰ πλοῖα πάντα καὶ τὰ δημόσια καὶ τὰ ἴδια. ἀλλ' οὐκ ἄρα τοῦτ' ἔστι τὸ μέγα δύνασθαι, τὸ ποιεῖν ἃ δοκεῖ αὐτῷ." ἢ δοκεῖ σοι;

ΠΩΛ. οὐ δῆτα οὕτω γε.   *Gorgias* 469 B.

O   209

Plato

Σωκράτης. Καλλικλῆς.

322. ΣΩ. τόδε μέντοι εὖ οἶδ' ὅτι, ἐάνπερ εἰσίω εἰς δικαστήριον περὶ τούτων τινὸς κινδυνεύων ὧν σὺ λέγεις, πονηρός τίς με ἔσται ὁ εἰσάγων· οὐδεὶς γὰρ ἂν χρηστὸς μὴ ἀδικοῦντ' ἄνθρωπον εἰσαγάγοι. καὶ οὐδέν γε ἄτοπον, εἰ ἀποθάνοιμι. βούλει σοι εἴπω, διότι ταῦτα προσδοκῶ;

ΚΑΛ. πάνυ γε.

ΣΩ. οἶμαι μετ' ὀλίγων Ἀθηναίων, ἵνα μὴ εἴπω μόνος, ἐπιχειρεῖν τῇ ὡς ἀληθῶς πολιτικῇ τέχνῃ καὶ πράττειν τὰ πολιτικὰ μόνος τῶν νῦν. ἅτε οὖν οὐ πρὸς χάριν λέγων τοὺς λόγους οἷς λέγω ἑκάστοτε, ἀλλὰ πρὸς τὸ βέλτιστον, οὐ πρὸς τὸ ἥδιστον, καὶ οὐκ ἐθέλων ποιεῖν ἃ σὺ παραινεῖς, τὰ κομψὰ ταῦτα, οὐχ ἕξω ὅ τι λέγω ἐν τῷ δικαστηρίῳ. ὁ αὐτὸς δέ μοι ἥκει λόγος, ὅνπερ πρὸς Πῶλον ἔλεγον· κρινοῦμαι γὰρ ὡς ἐν παιδίοις ἰατρὸς ἂν κρίνοιτο, κατηγοροῦντος ὀψοποιοῦ. σκόπει γάρ, τί ἂν ἀπολογοῖτο ὁ τοιοῦτος ἄνθρωπος ἐν τούτοις ληφθείς, εἰ αὐτοῦ κατηγοροίη τις λέγων ὅτι "ὦ παῖδες, πολλὰ ὑμᾶς καὶ κακὰ ὅδε εἴργασται ἀνήρ, καὶ αὐτοὺς καὶ τοὺς νεωτάτους ὑμῶν διαφθείρει, τέμνων τε καὶ κάων καὶ ἰσχναίνων καὶ πνίγων ἀπορεῖν ποιεῖ, πικρότατα πώματα διδοὺς καὶ πεινῆν καὶ διψῆν ἀναγκάζων, οὐχ ὥσπερ ἐγὼ πολλὰ καὶ ἡδέα καὶ παντοδαπὰ εὐώχουν ὑμᾶς." τί ἂν οἴει ἐν τούτῳ τῷ κακῷ ἀποληφθέντα τὸν ἰατρὸν ἔχειν εἰπεῖν; ἢ εἰ εἴποι τὴν ἀλήθειαν, ὅτι "ταῦτα πάντα ἐγὼ ἐποίουν, ὦ παῖδες," ὑγιεινῶς, ὁπόσον οἴει ἂν ἀναβοῆσαι τοὺς τοιούτους δικαστάς; οὐ μέγα;

ΚΑΛ. ἴσως· οἴεσθαί γε χρή.

ΣΩ. οὐκοῦν οἴει ἐν πάσῃ ἀπορίᾳ ἂν αὐτὸν ἔχεσθαι ὅ τι χρὴ εἰπεῖν;

ΚΑΛ. πάνυ γε.

ΣΩ. τοιοῦτον μέντοι καὶ ἐγὼ οἶδ' ὅτι πάθος πάθοιμι ἂν εἰσελθὼν εἰς δικαστήριον. *Gorgias* 521 D.

Plato

Σωκράτης. Ἄνυτος.

323. ΣΩ. πότερον δέ, ὦ Ἄνυτε, ἠδίκηκέ τίς σε τῶν σοφιστῶν, ἢ τί οὕτως αὐτοῖς χαλεπὸς εἶ;

ΑΝ. οὐδὲ μὰ Δία ἔγωγε συγγέγονα πώποτε αὐτῶν οὐδενί, οὐδ' ἂν ἄλλον ἐάσαιμι τῶν ἐμῶν οὐδένα.

ΣΩ. ἄπειρος ἄρ' εἶ παντάπασι τῶν ἀνδρῶν;

ΑΝ. καὶ εἴην γε.

ΣΩ. πῶς οὖν ἄν, ὦ δαιμόνιε, εἰδείης περὶ τούτου τοῦ πράγματος, εἴτε τι ἀγαθὸν ἔχει ἐν ἑαυτῷ εἴτε φλαῦρον, οὗ παντάπασιν ἄπειρος εἴης;

ΑΝ. ῥᾳδίως. τούτους γοῦν οἶδα οἷοί εἰσιν, εἴτ' οὖν ἄπειρος αὐτῶν εἰμὶ εἴτε μή.

ΣΩ. μάντις εἶ ἴσως, ὦ Ἄνυτε, ἐπεὶ ὅπως γε ἄλλως οἶσθα τούτων πέρι, ἐξ ὧν αὐτὸς λέγεις, θαυμάζοιμ' ἄν.

Meno 92 B.

Διοτίμα.

324. εὖ ἴσθι, ἔφη, ὦ Σώκρατες, ὅτι ἀθανασίας χάριν παντὶ αὕτη ἡ σπουδή· ἐπεί γε καὶ τῶν ἀνθρώπων εἰ ἐθέλεις εἰς τὴν φιλοτιμίαν βλέψαι, θαυμάζοις ἂν τῆς ἀλογίας περὶ ἃ ἐγὼ εἴρηκα, εἰ μὴ ἐννοεῖς ἐνθυμηθεὶς ὡς δεινῶς διάκεινται ἔρωτι τοῦ ὀνομαστοὶ γενέσθαι καὶ κλέος εἰς τὸν ἀεὶ χρόνον ἀθάνατον καταθέσθαι, καὶ ὑπὲρ τούτου κινδύνους τε κινδυνεύειν ἕτοιμοί εἰσι πάντας ἔτι μᾶλλον ἢ ὑπὲρ τῶν παίδων, καὶ χρήματα ἀναλίσκειν καὶ πόνους πονεῖν οὑστινασοῦν καὶ ὑπεραποθνῄσκειν· ἐπεὶ οἴει σύ, ἔφη, Ἄλκηστιν ὑπὲρ Ἀδμήτου ἀποθανεῖν ἄν, ἢ Ἀχιλλέα Πατρόκλῳ ἐπαποθανεῖν, ἢ προαποθανεῖν τὸν ὑμέτερον Κόδρον ὑπὲρ τῆς βασιλείας τῶν παίδων, μὴ οἰομένους ἀθάνατον μνήμην ἀρετῆς πέρι ἑαυτῶν ἔσεσθαι, ἣν νῦν ἡμεῖς ἔχομεν; πολλοῦ γε δεῖ, ἔφη, ἀλλ' οἶμαι, ὑπὲρ ἀρετῆς ἀθανάτου καὶ τοιαύτης δόξης εὐκλεοῦς πάντες πάντα ποιοῦσιν, ὅσῳ ἂν ἀμείνους ὦσι, τοσούτῳ μᾶλλον· τοῦ γὰρ ἀθανάτου ἐρῶσιν. *Symposium* 208 C.

Plato

Ἀλκιβιάδης.

325. καί φημι αὖ ἐοικέναι αὐτὸν τῷ Σατύρῳ, τῷ Μαρσύᾳ. ὅτι μὲν οὖν τό γε εἶδος ὅμοιος εἶ τούτοις, ὦ Σώκρατες, οὐδ' ἂν αὐτὸς δήπου ἀμφισβητήσειας· ὡς δὲ καὶ τἆλλα ἔοικας, μετὰ τοῦτο ἄκουε. ὑβριστὴς εἶ· ἢ οὔ; ἐὰν γὰρ μὴ ὁμολογῇς, μάρτυρας παρέξομαι. ἀλλ' οὐκ αὐλητής; πολύ γε θαυμασιώτερος ἐκείνου· ὁ μέν γε δι' ὀργάνων ἐκήλει τοὺς ἀνθρώπους τῇ ἀπὸ τοῦ στόματος δυνάμει· σὺ δ' ἐκείνου τοσοῦτον μόνον διαφέρεις, ὅτι ἄνευ ὀργάνων ψιλοῖς λόγοις ταὐτὸν τοῦτο ποιεῖς. ἡμεῖς γοῦν ὅταν μέν του ἄλλου ἀκούωμεν λέγοντος καὶ πάνυ ἀγαθοῦ ῥήτορος ἄλλους λόγους, οὐδὲν μέλει, ὡς ἔπος εἰπεῖν, οὐδενί· ἐπειδὰν δὲ σοῦ τις ἀκούῃ ἢ τῶν σῶν λόγων, ἄλλου λέγοντος, κἂν πάνυ φαῦλος ᾖ ὁ λέγων, ἐάν τε γυνὴ ἀκούῃ ἐάν τε ἀνὴρ ἐάν τε μειράκιον, ἐκπεπληγμένοι ἐσμὲν καὶ κατεχόμεθα. ἐγὼ γοῦν, ὦ ἄνδρες, εἰ μὴ ἔμελλον κομιδῇ δόξειν μεθύειν, εἶπον ὀμόσας ἂν ὑμῖν οἷα δὴ πέπονθα αὐτὸς ὑπὸ τῶν τούτου λόγων καὶ πάσχω ἔτι καὶ νυνί. ὅταν γὰρ ἀκούω, πολύ μοι μᾶλλον ἢ τῶν κορυβαντιώντων ἥ τε καρδία πηδᾷ καὶ δάκρυα ἐκχεῖται ὑπὸ τῶν λόγων τῶν τούτου. ὁρῶ δὲ καὶ ἄλλους παμπόλλους τὰ αὐτὰ πάσχοντας. Περικλέους δὲ ἀκούων καὶ ἄλλων ἀγαθῶν ῥητόρων εὖ μὲν ἡγούμην λέγειν, τοιοῦτον δ' οὐδὲν ἔπασχον, οὐδὲ τεθορύβητό μου ἡ ψυχὴ οὐδ' ἠγανάκτει, ὡς ἀνδραποδωδῶς διακειμένου. ἀλλ' ὑπὸ τουτουΐ τοῦ Μαρσύου πολλάκις δὴ οὕτω διετέθην, ὥστε μοι δόξαι μὴ βιωτὸν εἶναι ἔχοντι ὡς ἔχω. καὶ ταῦτα, Σώκρατες, οὐκ ἐρεῖς ὡς οὐκ ἀληθῆ.

Symposium 215 B.

Plato

326. ἐὰν δέ γε, οἶμαι, μεμιασμένη καὶ ἀκάθαρτος τοῦ σώματος
ἀπαλλάττηται, ἅτε τῷ σώματι ἀεὶ συνοῦσα καὶ τοῦτο θερα-
πεύουσα καὶ ἐρῶσα καὶ γεγοητευμένη ὑπ' αὐτοῦ, ὑπό τε τῶν
ἐπιθυμιῶν καὶ ἡδονῶν, ὥστε μηδὲν ἄλλο δοκεῖν εἶναι ἀληθὲς
ἀλλ' ἢ τὸ σωματοειδές, οὗ τις ἂν ἅψαιτο καὶ ἴδοι καὶ πίοι καὶ
φάγοι, οὕτω δὴ ἔχουσαν οἴει ψυχὴν αὐτὴν καθ' αὑτὴν εἰλικρινῆ
ἀπαλλάξεσθαι; οὐδ' ὁπωστιοῦν, ἔφη.   ἀλλὰ διειλημμένην
γε οἶμαι ὑπὸ τοῦ σωματοειδοῦς, ὃ αὐτῇ ἡ ὁμιλία τε καὶ
συνουσία τοῦ σώματος διὰ τὸ ἀεὶ συνεῖναι καὶ διὰ τὴν
πολλὴν μελέτην ἐνεποίησε σύμφυτον.   πάνυ γε.   ἐμβριθὲς
δέ γε, ὦ φίλε, τοῦτο οἴεσθαι χρὴ εἶναι καὶ βαρὺ καὶ γεῶδες
καὶ ὁρατόν· ὃ δὴ καὶ ἔχουσα ἡ τοιαύτη ψυχὴ βαρύνεταί τε
καὶ ἕλκεται πάλιν εἰς τὸν ὁρατὸν τόπον, φόβῳ τοῦ ἀειδοῦς
τε καὶ Ἅιδου, ὥσπερ λέγεται, περὶ τὰ μνήματά τε καὶ τοὺς
τάφους κυλινδουμένη, περὶ ἃ δὴ καὶ ὤφθη ἄττα ψυχῶν
σκιοειδῆ φαντάσματα, οἷα παρέχονται αἱ τοιαῦται ψυχαὶ
εἴδωλα, αἱ μὴ καθαρῶς ἀπολυθεῖσαι, ἀλλὰ τοῦ ὁρατοῦ
μετέχουσαι, διὸ καὶ ὁρῶνται.   εἰκός γε, ὦ Σώκρατες.   εἰκὸς
μέντοι, ὦ Κέβης· καὶ οὔ τί γε τὰς τῶν ἀγαθῶν ταύτας εἶναι,
ἀλλὰ τὰς τῶν φαύλων, αἳ περὶ τὰ τοιαῦτα ἀναγκάζονται
πλανᾶσθαι δίκην τίνουσαι τῆς προτέρας τροφῆς, κακῆς
οὔσης.   καὶ μέχρι γε τούτου πλανῶνται, ἕως ἂν τῇ τοῦ
συνεπακολουθοῦντος τοῦ σωματοειδοῦς ἐπιθυμίᾳ πάλιν ἐνδε-
θῶσιν εἰς σῶμα.   ἐνδοῦνται δέ, ὥσπερ εἰκός, εἰς τοιαῦτα ἤθη,
ὁποῖ' ἄττ' ἂν καὶ μεμελετηκυῖαι τύχωσιν ἐν τῷ βίῳ.

Phaedo 81 B.

Plato

327. ὁ οὖν Σωκράτης συχνὸν χρόνον ἐπισχὼν καὶ πρὸς ἑαυτόν
τι σκεψάμενος, οὐ φαῦλον πρᾶγμα, ἔφη, ὦ Κέβης, ζητεῖς·
ὅλως γὰρ δεῖ περὶ γενέσεως καὶ φθορᾶς τὴν αἰτίαν διαπραγ-
ματεύσασθαι. ἐγὼ οὖν σοι δίειμι περὶ αὐτῶν, ἐὰν βούλῃ, τά
γ' ἐμὰ πάθη· ἐγὼ γάρ, ἔφη, ὦ Κέβης, νέος ὢν θαυμαστῶς
ὡς ἐπεθύμησα ταύτης τῆς σοφίας, ἣν δὴ καλοῦσι περὶ φύσεως
ἱστορίαν. ὑπερήφανος γάρ μοι ἐδόκει εἶναι, εἰδέναι τὰς
αἰτίας ἑκάστου, διὰ τί γίγνεται ἕκαστον καὶ διὰ τί ἀπόλλυται
καὶ διὰ τί ἔστι· καὶ πολλάκις ἐμαυτὸν ἄνω κάτω μετέβαλλον
σκοπῶν πρῶτον τὰ τοιάδε, πότερον τὸ αἷμά ἐστιν ᾧ φρονοῦ-
μεν, ἢ ὁ ἀήρ, ἢ τὸ πῦρ, ἢ τούτων μὲν οὐδέν, ὁ δὲ ἐγκέφαλός
ἐστιν ὁ τὰς αἰσθήσεις παρέχων τοῦ ἀκούειν καὶ ὁρᾶν καὶ
ὀσφραίνεσθαι, ἐκ τούτων δὲ γίγνοιτο μνήμη καὶ δόξα, ἐκ δὲ
μνήμης καὶ δόξης ἐπιστήμη. καὶ αὖ τούτων τὰς φθορὰς
σκοπῶν, καὶ τὰ περὶ τὸν οὐρανόν τε καὶ τὴν γῆν πάθη,
τελευτῶν οὕτως ἐμαυτῷ ἔδοξα πρὸς ταύτην τὴν σκέψιν
ἀφυὴς εἶναι ὡς οὐδὲν χρῆμα.   *Phaedo 95 E.*

328. εἰπόντος δ' ἐμοῦ ταῦτα, ὅ τε Γλαύκων καὶ οἱ ἄλλοι
ἐδέοντο αὐτοῦ μὴ ἄλλως ποιεῖν. καὶ ὁ Θρασύμαχος φανερὸς
μὲν ἦν ἐπιθυμῶν εἰπεῖν, ἵν' εὐδοκιμήσειεν, ἡγούμενος ἔχειν
ἀπόκρισιν παγκάλην· προσεποιεῖτο δὲ φιλονεικεῖν πρὸς τὸ
ἐμὲ εἶναι τὸν ἀποκρινόμενον. τελευτῶν δὲ συνεχώρησε,
κἄπειτα, αὕτη δή, ἔφη, ἡ Σωκράτους σοφία, αὐτὸν μὲν μὴ
ἐθέλειν διδάσκειν, παρὰ δὲ τῶν ἄλλων περιιόντα μανθάνειν,
καὶ τούτων μηδὲ χάριν ἀποδιδόναι. ὅτι μέν, ἦν δ' ἐγώ,
μανθάνω παρὰ τῶν ἄλλων, ἀληθῆ εἶπες, ὦ Θρασύμαχε·
ὅτι δὲ οὔ με φῂς χάριν ἐκτίνειν, ψεύδῃ. ἐκτίνω γὰρ ὅσην
δύναμαι. δύναμαι δὲ ἐπαινεῖν μόνον· χρήματα γὰρ οὐκ
ἔχω· ὡς δὲ προθύμως τοῦτο δρῶ, ἐάν τίς μοι δοκῇ εὖ λέγειν,
εὖ εἴσῃ αὐτίκα δὴ μάλα, ἐπειδὰν ἀποκρίνῃ· οἶμαι γάρ σε
εὖ ἐρεῖν.   *Respublica 338 A.*

Plato

Γλαύκων.

329. εἶναι μὲν γὰρ Γύγην φασι ποιμένα θητεύοντα παρὰ τῷ τότε Λυδίας ἄρχοντι, ὄμβρου δὲ πολλοῦ γενομένου καὶ σεισμοῦ ῥαγῆναί τι τῆς γῆς καὶ γενέσθαι χάσμα κατὰ τὸν τόπον ᾗ ἔνεμεν. ἰδόντα δὲ καὶ θαυμάσαντα καταβῆναι καὶ ἰδεῖν ἄλλα τε δὴ μυθολογοῦσι θαυμαστὰ καὶ ἵππον χαλκοῦν κοῖλον, θυρίδας ἔχοντα, καθ᾽ ἃς ἐγκύψαντα ἰδεῖν ἐνόντα νεκρόν, ὡς φαίνεσθαι, μείζω ἢ κατ᾽ ἄνθρωπον· τοῦτον δὲ ἄλλο μὲν οὐδὲν ἔχειν, περὶ δὲ τῇ χειρὶ χρυσοῦν δακτύλιον, ὃν περιελόμενον ἐκβῆναι. συλλόγου δὲ γενομένου τοῖς ποιμέσιν εἰωθότος, ἵν᾽ ἐξαγγέλλοιεν κατὰ μῆνα τῷ βασιλεῖ τὰ περὶ τὰ ποίμνια, ἀφικέσθαι καὶ ἐκεῖνον ἔχοντα τὸν δακτύλιον. καθήμενον οὖν μετὰ τῶν ἄλλων τυχεῖν τὴν σφενδόνην τοῦ δακτυλίου περιαγαγόντα πρὸς ἑαυτὸν εἰς τὸ εἴσω τῆς χειρός· τούτου δὲ γενομένου ἀφανῆ αὐτὸν γενέσθαι τοῖς παρακαθημένοις, καὶ διαλέγεσθαι ὡς περὶ οἰχομένου. καὶ τὸν θαυμάζειν τε καὶ πάλιν ἐπιψηλαφῶντα τὸν δακτύλιον στρέψαι ἔξω τὴν σφενδόνην, καὶ στρέψαντα φανερὸν γενέσθαι. καὶ τοῦτο ἐννοήσαντα ἀποπειρᾶσθαι τοῦ δακτυλίου, εἰ ταύτην ἔχοι τὴν δύναμιν, καὶ αὐτῷ ἀεὶ οὕτω συμβαίνειν, στρέφοντι μὲν εἴσω τὴν σφενδόνην ἀδήλῳ γίγνεσθαι, ἔξω δὲ δήλῳ. αἰσθόμενον δὲ εὐθὺς διαπράξασθαι τῶν ἀγγέλων γενέσθαι τῶν παρὰ τὸν βασιλέα. ἐλθόντα δὲ καὶ τὴν γυναῖκα αὐτοῦ πείσαντα, μετ᾽ ἐκείνης ἐπιθέμενον τῷ βασιλεῖ, ἀποκτεῖναι καὶ τὴν ἀρχὴν κατασχεῖν. εἰ οὖν δύο τοιούτω δακτυλίω γενοίσθην, καὶ τὸν μὲν ὁ δίκαιος περιθεῖτο, τὸν δὲ ὁ ἄδικος, οὐδεὶς ἂν γένοιτο οὕτως ἀδαμάντινος, ὃς ἂν μείνειεν ἐν τῇ δικαιοσύνῃ καὶ τολμήσειεν ἀπέχεσθαι τῶν ἀλλοτρίων καὶ μὴ ἅπτεσθαι, ἐξὸν αὐτῷ καὶ ἐκ τῆς ἀγορᾶς ἀδεῶς ὅ τι βούλοιτο λαμβάνειν, καὶ εἰσιόντι εἰς τὰς οἰκίας συγγίγνεσθαι ὅτῳ βούλοιτο καὶ ἀποκτιννύναι καὶ ἐκ δεσμῶν λύειν οὕστινας βούλοιτο, καὶ τἆλλα πράττειν ἐν τοῖς ἀνθρώποις ἰσόθεον ὄντα.

Plato

Σωκράτης. Ἀδείμαντος.

330. γίγνεται τοίνυν, ἦν δ' ἐγώ, πόλις, ὡς ἐγῷμαι, ἐπειδὴ τυγχάνει ἡμῶν ἕκαστος οὐκ αὐτάρκης ἀλλὰ πολλῶν ἐνδεής. ἢ τίν' οἴει ἀρχὴν ἄλλην πόλιν οἰκίζειν; οὐδεμίαν, ἦ δ' ὅς. οὕτω δὴ ἄρα παραλαμβάνοντες ἄλλος ἄλλον ἐπ' ἄλλου, τὸν δ' ἐπ' ἄλλου χρείᾳ, πολλῶν δεόμενοι, πολλοὺς εἰς μίαν οἴκησιν ἀγείραντες κοινωνούς τε καὶ βοηθούς, ταύτῃ τῇ συνοικίᾳ ἐθέμεθα πόλιν ὄνομα. ἦ γάρ; πάνυ μὲν οὖν. μεταδίδωσι δὴ ἄλλος ἄλλῳ, εἴ τι μεταδίδωσιν, ἢ μεταλαμβάνει, οἰόμενος αὑτῷ ἄμεινον εἶναι. πάνυ γε. ἴθι δή, ἦν δ' ἐγώ, τῷ λόγῳ ἐξ ἀρχῆς ποιῶμεν πόλιν. ποιήσει δὲ αὐτήν, ὡς ἔοικεν, ἡ ἡμετέρα χρεία. πῶς δ' οὔ; ἀλλὰ μὴν πρώτη γε καὶ μεγίστη τῶν χρειῶν ἡ τῆς τροφῆς παρασκευὴ τοῦ εἶναί τε καὶ ζῆν ἕνεκα. παντάπασί γε. δευτέρα δὴ οἰκήσεως, τρίτη δὲ ἐσθῆτος καὶ τῶν τοιούτων. ἔστι ταῦτα. φέρε δή, ἦν δ' ἐγώ, πῶς ἡ πόλις ἀρκέσει ἐπὶ τοσαύτην παρασκευήν; ἄλλο τι γεωργὸς μὲν εἷς, ὁ δὲ οἰκοδόμος, ἄλλος δέ τις ὑφάντης; ἢ καὶ σκυτοτόμον αὐτόσε προσθήσομεν ἤ τιν' ἄλλον τῶν περὶ τὸ σῶμα θεραπευτήν; πάνυ γε. εἴη δ' ἂν ἥ γε ἀναγκαιοτάτη πόλις ἐκ τεττάρων ἢ πέντε ἀνδρῶν. φαίνεται. ἀλλὰ πλεόνων δή, ὦ Ἀδείμαντε, δεῖ πολιτῶν ἢ τεττάρων ἐπὶ τὰς παρασκευὰς ὧν ἐλέγομεν. ὁ γὰρ γεωργός, ὡς ἔοικεν, οὐκ αὐτὸς ποιήσεται ἑαυτῷ τὸ ἄροτρον, εἰ μέλλει καλὸν εἶναι, οὐδὲ σμινύην, οὐδὲ τἆλλα ὄργανα, ὅσα περὶ γεωργίαν. οὐδ' αὖ ὁ οἰκοδόμος· πολλῶν δὲ καὶ τούτῳ δεῖ. ὡσαύτως δ' ὁ ὑφάντης τε καὶ ὁ σκυτοτόμος. ἀληθῆ. ἆρ' οὖν, ὦ Ἀδείμαντε, ἤδη ἡμῖν ηὔξηται ἡ πόλις, ὥστ' εἶναι τελέα; ἴσως. ποῦ οὖν ἄν ποτε ἐν αὐτῇ εἴη ἥ τε δικαιοσύνη καὶ ἡ ἀδικία; καὶ τίνι ἅμα ἐγγενομένη ὧν ἐσκέμμεθα; ἐγὼ μέν, ἔφη, οὐκ ἐννοῶ, ὦ Σώκρατες, εἰ μή που ἐν αὐτῶν τούτων χρείᾳ τινὶ τῇ πρὸς ἀλλήλους. ἀλλ' ἴσως, ἦν δ' ἐγώ, καλῶς λέγεις· καὶ σκεπτέον γε καὶ οὐκ ἀποκνητέον.

Respublica 369 B.

Plato

331. τί; οὖν ἡ παιδεία; ἢ χαλεπὸν εὑρεῖν βελτίω τῆς ὑπὸ τοῦ πολλοῦ χρόνου ηὑρημένης; ἔστι δέ που ἡ μὲν ἐπὶ σώμασι γυμναστική, ἡ δ' ἐπὶ ψυχῇ μουσική. ἔστι γάρ. ἆρ' οὖν οὐ μουσικῇ πρότερον ἀρξόμεθα παιδεύοντες ἢ γυμναστικῇ; πῶς δ' οὔ; μουσικῆς δ', εἶπον, τίθης λόγους, ἢ οὔ; ἔγωγε. λόγων δὲ διττὸν εἶδος, τὸ μὲν ἀληθές, ψεῦδος δ' ἕτερον; ναί. παιδευτέον δ' ἐν ἀμφοτέροις, πρότερον δ' ἐν τοῖς ψευδέσιν; οὐ μανθάνω, ἔφη, πῶς λέγεις. οὐ μανθάνεις, ἦν δ' ἐγώ, ὅτι πρῶτον τοῖς παιδίοις μύθους λέγομεν; τοῦτο δέ που, ὡς τὸ ὅλον εἰπεῖν, ψεῦδος, ἔνι δὲ καὶ ἀληθῆ. πρότερον δὲ μύθοις πρὸς τὰ παιδία ἢ γυμνασίοις χρώμεθα. ἔστι ταῦτα. τοῦτο δὴ ἔλεγον, ὅτι μουσικῆς πρότερον ἁπτέον ἢ γυμναστικῆς. ὀρθῶς, ἔφη. οὐκοῦν οἶσθ' ὅτι ἀρχὴ παντὸς ἔργου μέγιστον, ἄλλως τε καὶ νέῳ καὶ ἁπαλῷ ὁτῳοῦν; μάλιστα γὰρ δὴ τότε πλάττεται καὶ ἐνδύεται τύπος, ὃν ἄν τις βούληται ἐνσημήνασθαι ἑκάστῳ.   *Respublica* 376 E.

332. οὐκ ἄρα, ἦν δ' ἐγώ, ἀποδεκτέον οὔτε Ὁμήρου οὔτ' ἄλλου ποιητοῦ ταύτην τὴν ἁμαρτίαν περὶ τοὺς θεοὺς ἀνοήτως ἁμαρτάνοντος καὶ λέγοντος, ὡς δοιοὶ πίθοι

> κατακείαται ἐν Διὸς οὔδει
> κηρῶν ἔμπλειοι, ὁ μὲν ἐσθλῶν, αὐτὰρ ὁ δειλῶν·

οὐδ' αὖ, ὡς Αἰσχύλος λέγει, ἐατέον ἀκούειν τοὺς νέους, ὅτι

> θεὸς μὲν αἰτίαν φύει βροτοῖς,
> ὅταν κακῶσαι δῶμα παμπήδην θέλῃ.

ἀλλ' ἐάν τις ποιῇ ἐν οἷς ταῦτα τὰ ἰαμβεῖα ἔνεστι, τὰ τῆς Νιόβης πάθη ἢ τὰ Πελοπιδῶν ἢ τὰ Τρωϊκὰ ἤ τι ἄλλο τῶν τοιούτων, ἢ οὐ θεοῦ ἔργα ἐατέον αὐτὰ λέγειν, ἢ εἰ θεοῦ, ἐξευρετέον αὐτοῖς σχεδὸν ὃν νῦν ἡμεῖς λόγον ζητοῦμεν, καὶ λεκτέον, ὡς ὁ μὲν θεὸς δίκαιά τε καὶ ἀγαθὰ εἰργάζετο, οἱ δὲ ὠνίναντο κολαζόμενοι· κακῶν δὲ αἴτιον φάναι θεόν τινι γίγνεσθαι ἀγαθὸν ὄντα, διαμαχητέον παντὶ τρόπῳ μήτε τινὰ λέγειν ταῦτα ἐν τῇ αὑτοῦ πόλει, εἰ μέλλει εὐνομήσεσθαι, μήτε τινὰ ἀκούειν.   *id.* 379 C.

Plato

Σωκράτης. Γλαύκων.

333. ὅρα δή, εἶπον ἐγώ, εἰ τοιόνδε τινὰ τρόπον δεῖ αὐτοὺς ζῆν
τε καὶ οἰκεῖν, εἰ μέλλουσι τοιοῦτοι ἔσεσθαι· πρῶτον μὲν
οὐσίαν κεκτημένον μηδεμίαν μηδένα ἰδίαν, ἂν μὴ πᾶσα
ἀνάγκη· ἔπειτα οἴκησιν καὶ ταμεῖον μηδενὶ εἶναι μηδὲν
τοιοῦτον, εἰς ὃ οὐ πᾶς ὁ βουλόμενος εἴσεισι· τὰ δ' ἐπιτήδεια,
ὅσων δέονται ἄνδρες ἀθληταὶ πολέμου σώφρονές τε καὶ
ἀνδρεῖοι, ταξαμένους παρὰ τῶν ἄλλων πολιτῶν δέχεσθαι
μισθὸν τῆς φυλακῆς τοσοῦτον, ὅσον μήτε περιεῖναι αὐτοῖς
εἰς τὸν ἐνιαυτὸν μήτε ἐνδεῖν· φοιτῶντας δὲ εἰς συσσίτια,
ὥσπερ ἐστρατοπεδευμένους, κοινῇ ζῆν· χρυσίον δὲ καὶ ἀρ-
γύριον εἰπεῖν αὐτοῖς ὅτι θεῖον παρὰ θεῶν ἀεὶ ἐν τῇ ψυχῇ
ἔχουσι καὶ οὐδὲν προσδέονται τοῦ ἀνθρωπείου, οὐδὲ ὅσια
τὴν ἐκείνου κτῆσιν τῇ τοῦ θνητοῦ χρυσοῦ κτήσει συμ-
μιγνύντας μιαίνειν, διότι πολλὰ καὶ ἀνόσια περὶ τὸ τῶν
πολλῶν νόμισμα γέγονε, τὸ παρ' ἐκείνοις δὲ ἀκήρατον·
ἀλλὰ μόνοις αὐτοῖς τῶν ἐν τῇ πόλει μεταχειρίζεσθαι καὶ
ἅπτεσθαι χρυσοῦ καὶ ἀργύρου οὐ θέμις, οὐδ' ὑπὸ τὸν
αὐτὸν ὄροφον ἰέναι οὐδὲ περιάψασθαι οὐδὲ πίνειν ἐξ ἀργύρου
ἢ χρυσοῦ. καὶ οὕτω μὲν σῴζοιντό τ' ἂν καὶ σῴζοιεν τὴν
πόλιν· ὁπότε δ' αὐτοὶ γῆν τε ἰδίαν καὶ οἰκίας καὶ νομίσματα
κτήσονται, οἰκονόμοι μὲν καὶ γεωργοὶ ἀντὶ φυλάκων ἔσονται,
δεσπόται δ' ἐχθροὶ ἀντὶ συμμάχων τῶν ἄλλων πολιτῶν
γενήσονται, μισοῦντες δὲ δὴ καὶ μισούμενοι καὶ ἐπιβου-
λεύοντες καὶ ἐπιβουλευόμενοι διάξουσι πάντα τὸν βίον,
πολὺ πλείω καὶ μᾶλλον δεδιότες τοὺς ἔνδον ἢ τοὺς ἔξωθεν
πολεμίους, θέοντες ἤδη τότε ἐγγύτατα ὀλέθρου αὐτοί τε
καὶ ἡ ἄλλη πόλις. τούτων οὖν πάντων ἕνεκα, ἦν δ' ἐγώ,
φῶμεν οὕτω δεῖν κατεσκευάσθαι τοὺς φύλακας οἰκήσεώς τε
πέρι καὶ τῶν ἄλλων, καὶ ταῦτα νομοθετήσωμεν, ἢ μή; πάνυ
γε, ἦ δ' ὃς ὁ Γλαύκων. *Respublica* 416 D.

Plato

334. τί δὲ δή; ἔφην· ἢν σὺ πόλιν οἰκίζεις, οὐχ Ἑλληνὶς ἔσται; δεῖ γ' αὐτήν, ἔφη. οὐκοῦν καὶ ἀγαθοί τε καὶ ἥμεροι ἔσονται; σφόδρα γε. ἀλλ' οὐ φιλέλληνες; οὐδὲ οἰκείαν τὴν Ἑλλάδα ἡγήσονται, οὐδὲ κοινωνήσουσιν ὧνπερ οἱ ἄλλοι ἱερῶν; καὶ σφόδρα γε. οὐκοῦν τὴν πρὸς τοὺς Ἕλληνας διαφοράν, ὡς οἰκείους, στάσιν ἡγήσονται καὶ οὐδὲ ὀνομάσουσι πόλεμον; οὐ γάρ. καὶ ὡς διαλλαγησόμενοι ἄρα διοίσονται; πάνυ μὲν οὖν. εὐμενῶς δὴ σωφρονιοῦσιν, οὐκ ἐπὶ δουλείᾳ κολάζοντες οὐδ' ἐπ' ὀλέθρῳ, σωφρονισταὶ ὄντες, οὐ πολέμιοι. οὕτως, ἔφη. οὐδ' ἄρα τὴν Ἑλλάδα Ἕλληνες ὄντες κεροῦσιν, οὐδὲ οἰκήσεις ἐμπρήσουσιν οὐδὲ ὁμολογήσουσιν ἐν ἑκάστῃ πόλει πάντας ἐχθροὺς αὐτοῖς εἶναι, καὶ ἄνδρας καὶ γυναῖκας καὶ παῖδας, ἀλλ' ὀλίγους ἀεὶ ἐχθροὺς τοὺς αἰτίους τῆς διαφορᾶς. καὶ διὰ ταῦτα πάντα οὔτε τὴν γῆν ἐθελήσουσι κείρειν αὐτῶν, ὡς φίλων τῶν πολλῶν, οὔτε οἰκίας ἀνατρέπειν· ἀλλὰ μέχρι τούτου ποιήσονται τὴν διαφοράν, μέχρι οὗ ἂν οἱ αἴτιοι ἀναγκασθῶσιν ὑπὸ τῶν ἀναιτίων ἀλγούντων δοῦναι δίκην.

Respublica 471 A.

335. καὶ ὁ Ἀδείμαντος, ὦ Σώκρατες, ἔφη, πρὸς μὲν ταῦτά σοι οὐδεὶς ἂν οἷός τ' εἴη ἀντειπεῖν· ἀλλὰ γὰρ τοιόνδε τι πάσχουσιν οἱ ἀκούοντες ἑκάστοτε ἃ νῦν λέγεις· ἡγοῦνται δι' ἀπειρίαν τοῦ ἐρωτᾶν τε καὶ ἀποκρίνεσθαι ὑπὸ τοῦ λόγου παρ' ἕκαστον τὸ ἐρώτημα σμικρὸν παραγόμενοι, ἀθροισθέντων τῶν σμικρῶν ἐπὶ τελευτῆς τῶν λόγων μέγα τὸ σφάλμα καὶ ἐναντίον τοῖς πρώτοις ἀναφαίνεσθαι, καὶ ὥσπερ ὑπὸ τῶν πεττεύειν δεινῶν οἱ μὴ τελευτῶντες ἀποκλείονται καὶ οὐκ ἔχουσιν ὅ τι φέρωσιν, οὕτω καὶ σφεῖς τελευτῶντες ἀποκλείεσθαι καὶ οὐκ ἔχειν ὅ τι λέγωσιν ὑπὸ πεττείας αὖ ταύτης τινὸς ἑτέρας, οὐκ ἐν ψήφοις ἀλλ' ἐν λόγοις.

id. 487 B.

Plato

336. τίνα δὴ οὖν, ἦν δ' ἐγώ, οὗτοι τρόπον οἰκοῦσι; καὶ ποία
τις ἡ τοιαύτη αὖ πολιτεία; δῆλον γάρ, ὅτι ὁ τοιοῦτος
ἀνὴρ δημοκρατικός τις ἀναφανήσεται. δῆλον, ἔφη. οὐκοῦν
πρῶτον μὲν δὴ ἐλεύθεροι, καὶ ἐλευθερίας ἡ πόλις μεστὴ καὶ
παρρησίας γίγνεται, καὶ ἐξουσία ἐν αὐτῇ ποιεῖν ὅ τι τις
βούλεται; λέγεταί γε δή, ἔφη. ὅπου δέ γε ἐξουσία, δῆλον
ὅτι ἰδίαν ἕκαστος ἂν κατασκευὴν τοῦ αὑτοῦ βίου κατασκευά-
ζοιτο ἐν αὐτῇ, ἥτις ἕκαστον ἀρέσκοι. δῆλον. παντοδαποὶ
δὴ ἂν, οἶμαι, ἐν ταύτῃ τῇ πολιτείᾳ μάλιστ' ἐγγίγνοιντο
ἄνθρωποι. πῶς γὰρ οὔ; κινδυνεύει, ἦν δ' ἐγώ, καλλίστη
αὕτη τῶν πολιτειῶν εἶναι· ὥσπερ ἱμάτιον ποικίλον πᾶσιν
ἄνθεσι πεποικιλμένον, οὕτω καὶ αὕτη πᾶσιν ἤθεσι πεποικιλ-
μένη καλλίστη ἂν φαίνοιτο. καὶ ἴσως μέν, ἦν δ' ἐγώ, καὶ
ταύτην, ὥσπερ οἱ παῖδές τε καὶ αἱ γυναῖκες τὰ ποικίλα
θεώμενοι, καλλίστην ἂν πολλοὶ κρίνειαν.

Respublica 557 B.

337. οὐκοῦν, ἦν δ' ἐγώ, καὶ διαζῇ τὸ καθ' ἡμέραν οὕτω
χαριζόμενος τῇ προσπιπτούσῃ ἐπιθυμίᾳ, τοτὲ μὲν μεθύων
αὖθις δὲ ὑδροποτῶν, τοτὲ δ' αὖ γυμναζόμενος ἔστι δ' ὅτε
ἀργῶν καὶ πάντων ἀμελῶν, τοτὲ δ' ὡς ἐν φιλοσοφίᾳ διατρί-
βων· πολλάκις δὲ πολιτεύεται, καὶ ἀναπηδῶν ὅ τι ἂν τύχῃ
λέγει τε καὶ πράττει. κἂν ποτέ τινας πολεμικοὺς ζηλώσῃ,
ταύτῃ φέρεται, ἢ χρηματιστικούς, ἐπὶ τοῦτ' αὖ. καὶ οὔτε
τις τάξις οὔτε ἀνάγκη ἔνεστιν αὐτοῦ τῷ βίῳ, ἀλλ' ἡδύν τε
δὴ καὶ ἐλευθέριον καὶ μακάριον καλῶν τὸν βίον τοῦτον
χρῆται αὐτῷ διὰ παντός. παντάπασιν, ἦ δ' ὅς, διελήλυθας
βίον ἰσονομικοῦ τινος ἀνδρός. οἶμαι δέ γε, ἦν δ' ἐγώ, καὶ
παντοδαπόν τε καὶ πλείστων ἠθῶν μεστόν, καὶ τὸν καλόν τε
καὶ ποικίλον, ὥσπερ τὴν δημοκρατουμένην πόλιν, τοῦτον
τὸν ἄνδρα εἶναι· ὃν πολλοὶ ἂν καὶ πολλαὶ ζηλώσειαν
τοῦ βίου.

id. 561 C.

Plato

338. οὐκοῦν ὅ γε νοῦν ἔχων πάντα τὰ αὑτοῦ εἰς τοῦτο συντείνας
βιώσεται, πρῶτον μὲν τὰ μαθήματα τιμῶν, ἃ τοιαύτην
αὐτοῦ τὴν ψυχὴν ἀπεργάσεται, τὰ δὲ ἄλλ᾽ ἀτιμάζων;
δῆλον, ἔφη. ἔπειτα δ᾽, εἶπον, τὴν τοῦ σώματος ἕξιν καὶ
τροφὴν οὐχ ὅπως τῇ θηριώδει καὶ ἀλόγῳ ἡδονῇ ἐπιτρέψας
ἐνταῦθα τετραμμένος ζήσει, ἀλλ᾽ οὐδὲ πρὸς ὑγίειαν βλέπων,
οὐδὲ τοῦτο πρεσβεύων ὅπως ἰσχυρὸς ἢ ὑγιὴς ἢ καλὸς ἔσται,
ἐὰν μὴ καὶ σωφρονήσειν μέλλῃ ἀπ᾽ αὐτῶν, ἀλλ᾽ ἀεὶ τὴν ἐν
τῷ σώματι ἁρμονίαν τῆς ἐν τῇ ψυχῇ ἕνεκα συμφωνίας ἁρμοτ-
τόμενος φανεῖται. παντάπασι μὲν οὖν, ἔφη, ἐάνπερ μέλλῃ
τῇ ἀληθείᾳ μουσικὸς εἶναι. οὐκοῦν, εἶπον, καὶ τὴν ἐν τῇ
τῶν χρημάτων κτήσει σύνταξίν τε καὶ συμφωνίαν; καὶ τὸν
ὄγκον τοῦ πλήθους οὐκ ἐκπληττόμενος ὑπὸ τοῦ τῶν πολλῶν
μακαρισμοῦ ἄπειρον αὐξήσει, ἀπέραντα κακὰ ἔχων; οὐκ
οἶμαι, ἔφη. ἀλλ᾽ ἀποβλέπων γε, εἶπον, πρὸς τὴν ἐν αὑτῷ
πολιτείαν, καὶ φυλάττων μή τι παρακινῇ αὐτοῦ τῶν ἐκεῖ
διὰ πλῆθος οὐσίας ἢ δι᾽ ὀλιγότητα, οὕτω κυβερνῶν προσθήσει
καὶ ἀναλώσει τῆς οὐσίας καθ᾽ ὅσον ἂν οἷός τ᾽ ᾖ. κομιδῇ
μὲν οὖν, ἔφη. ἀλλὰ μὴν καὶ τιμάς γε, εἰς ταὐτὸν ἀποβλέ-
πων, τῶν μὲν μεθέξει καὶ γεύσεται ἑκών, ἃς ἂν ἡγῆται
ἀμείνω αὐτὸν ποιήσειν, ἃς δ᾽ ἂν λύσειν τὴν ὑπάρχουσαν ἕξιν,
φεύξεται ἰδίᾳ καὶ δημοσίᾳ. οὐκ ἄρα, ἔφη, τά γε πολιτικὰ
ἐθελήσει πράττειν, ἐάνπερ τούτου κήδηται. νὴ τὸν κύνα,
ἦν δ᾽ ἐγώ, ἔν γε τῇ ἑαυτοῦ πόλει καὶ μάλα, οὐ μέντοι ἴσως
ἔν γε τῇ πατρίδι, ἐὰν μὴ θεία τις συμβῇ τύχη. μανθάνω,
ἔφη· ἐν ᾗ νῦν δὴ διήλθομεν οἰκίζοντες πόλει λέγεις, τῇ ἐν
λόγοις κειμένῃ, ἐπεὶ γῆς γε οὐδαμοῦ οἶμαι αὐτὴν εἶναι.
ἀλλ᾽, ἦν δ᾽ ἐγώ, ἐν οὐρανῷ ἴσως παράδειγμα ἀνάκειται τῷ
βουλομένῳ ὁρᾶν καὶ ὁρῶντι ἑαυτὸν κατοικίζειν. διαφέρει δὲ
οὐδὲν εἴτε που ἔστιν εἴτε ἔσται· τὰ γὰρ ταύτης μόνης ἂν
πράξειεν, ἄλλης δὲ οὐδεμιᾶς. εἰκός γ᾽, ἔφη.

Respublica 591 C.

Plato

Σωκράτης.

339. ὅτι μὲν τοίνυν ἀθάνατον ψυχή, καὶ ὁ ἄρτι λόγος καὶ οἱ ἄλλοι ἀναγκάσειαν ἄν· οἷον δ' ἐστὶ τῇ ἀληθείᾳ, οὐ λελωβημένον δεῖ αὐτὸ θεάσασθαι ὑπό τε τῆς τοῦ σώματος κοινωνίας καὶ ἄλλων κακῶν, ὥσπερ νῦν ἡμεῖς θεώμεθα, ἀλλ' οἷόν ἐστι καθαρὸν γιγνόμενον, τοιοῦτον ἱκανῶς λογισμῷ διαθεατέον· τεθεάμεθα μέντοι διακείμενον αὐτό, ὥσπερ οἱ τὸν θαλάττιον Γλαῦκον ὁρῶντες οὐκ ἂν ἔτι ῥᾳδίως αὐτοῦ ἴδοιεν τὴν ἀρχαίαν φύσιν, ὑπὸ τοῦ τά τε παλαιὰ τοῦ σώματος μέρη τὰ μὲν ἐκκεκλάσθαι, τὰ δὲ συντετρίφθαι καὶ πάντως λελωβῆσθαι ὑπὸ τῶν κυμάτων, ἄλλα δὲ προσπεφυκέναι, ὄστρεά τε καὶ φυκία καὶ πέτρας, ὥστε παντὶ μᾶλλον θηρίῳ ἐοικέναι ἢ οἷος ἦν φύσει· οὕτω καὶ τὴν ψυχὴν ἡμεῖς θεώμεθα διακειμένην ὑπὸ μυρίων κακῶν.

Respublica 611 B.

Σωκράτης. Γλαύκων.

340. οὕτως ἄρα ὑποληπτέον περὶ τοῦ δικαίου ἀνδρός, ἐάν τ' ἐν πενίᾳ γίγνηται ἐάν τ' ἐν νόσοις ἤ τινι ἄλλῳ τῶν δοκούντων κακῶν, ὡς τούτῳ ταῦτα εἰς ἀγαθόν τι τελευτήσει ζῶντι ἢ καὶ ἀποθανόντι. οὐ γὰρ δὴ ὑπό γε θεῶν ποτὲ ἀμελεῖται ὃς ἂν προθυμεῖσθαι ἐθέλῃ δίκαιος γίγνεσθαι καὶ ἐπιτηδεύων ἀρετὴν εἰς ὅσον δυνατὸν ἀνθρώπῳ ὁμοιοῦσθαι θεῷ. εἰκός γ', ἔφη, τὸν τοιοῦτον μὴ ἀμελεῖσθαι ὑπὸ τοῦ ὁμοίου. οὐκοῦν περὶ τοῦ ἀδίκου τἀναντία τούτων δεῖ διανοεῖσθαι; σφόδρα γε. τὰ μὲν δὴ παρὰ θεῶν τοιαῦτ' ἂν εἴη νικητήρια τῷ δικαίῳ. κατὰ γοῦν ἐμὴν δόξαν, ἔφη. τί δέ, ἦν δ' ἐγώ, παρ' ἀνθρώπων; ἆρ' οὐχ ὧδε ἔχει, εἰ δεῖ τὸ ὂν τιθέναι; οὐχ οἱ μὲν δεινοί τε καὶ ἄδικοι δρῶσιν ὅπερ οἱ δρομῆς, ὅσοι ἂν θέωσιν εὖ ἀπὸ τῶν κάτω, ἀπὸ δὲ τῶν ἄνω μή; τὸ μὲν πρῶτον ὀξέως ἀποπηδῶσι, τελευτῶντες δὲ καταγέλαστοι γίγνονται, τὰ ὦτα ἐπὶ τῶν ὤμων ἔχοντες καὶ ἀστεφάνωτοι ἀποτρέχοντες. οἱ δὲ τῇ ἀληθείᾳ δρομικοὶ εἰς τέλος ἐλθόντες τά τε ἆθλα λαμβάνουσι καὶ στεφανοῦνται.

id. 613 A.

Plato

341. ὁ μὲν δὴ μέγας ἡγεμὼν ἐν οὐρανῷ Ζεὺς ἐλαύνων πτηνὸν ἅρμα πρῶτος πορεύεται, διακοσμῶν πάντα καὶ ἐπιμελούμενος· τῷ δ' ἕπεται στρατιὰ θεῶν τε καὶ δαιμόνων κατὰ ἕνδεκα μέρη κεκοσμημένη· μένει γὰρ Ἑστία ἐν θεῶν οἴκῳ μόνη· τῶν δὲ ἄλλων ὅσοι ἐν τῷ τῶν δώδεκα ἀριθμῷ τεταγμένοι θεοὶ ἄρχοντες ἡγοῦνται κατὰ τάξιν ἣν ἕκαστος ἐτάχθη. πολλαὶ μὲν οὖν καὶ μακάριαι θέαι τε καὶ διέξοδοι ἐντὸς οὐρανοῦ, ἃς θεῶν γένος εὐδαιμόνων ἐπιστρέφεται, πράττων ἕκαστος αὐτῶν τὸ αὑτοῦ. ἕπεται δὲ ὁ ἀεὶ ἐθέλων τε καὶ δυνάμενος· φθόνος γὰρ ἔξω θείου χοροῦ ἵσταται. ὅταν δὲ δὴ πρὸς δαῖτα καὶ ἐπὶ θοίνην ἴωσιν, ἄκραν ὑπὸ τὴν ὑπουράνιον ἁψῖδα πορεύονται. τὰ μὲν οὖν θεῶν ὀχήματα ἰσορρόπως εὐήνια ὄντα ῥᾳδίως πορεύεται, τὰ δὲ ἄλλα μόγις· βρίθει γὰρ ὁ τῆς κάκης ἵππος μετέχων, ἐπὶ τὴν γῆν ῥέπων τε καὶ βαρύνων, ᾧ μὴ καλῶς ᾖ τεθραμμένος τῶν ἡνιόχων. ἔνθα δὴ πόνος τε καὶ ἀγὼν ἔσχατος ψυχῇ πρόκειται. αἱ μὲν γὰρ ἀθάνατοι καλούμεναι, ἡνίκ' ἂν πρὸς ἄκρῳ γένωνται, ἔξω πορευθεῖσαι ἔστησαν ἐπὶ τῷ τοῦ οὐρανοῦ νώτῳ, στάσας δὲ αὐτὰς περιάγει ἡ περιφορά, αἱ δὲ θεωροῦσι τὰ ἔξω τοῦ οὐρανοῦ. τὸν δὲ ὑπερουράνιον τόπον οὔτε τις ὕμνησέ πω τῶν τῇδε ποιητὴς οὔτε ποθ' ὑμνήσει κατ' ἀξίαν.　　*Phaedrus* 246 R.

Plato

Σωκράτης.

342. βασιλέως δ' αὖ τότε ὄντος Αἰγύπτου ὅλης Θαμοῦ περὶ τὴν μεγάλην πόλιν τοῦ ἄνω τόπου, ἣν οἱ Ἕλληνες Αἰγυπτίας Θήβας καλοῦσι, παρὰ τοῦτον ἐλθὼν ὁ Θεὺθ τὰς τέχνας ἀπέδειξε, καὶ ἔφη δεῖν διαδοθῆναι τοῖς ἄλλοις Αἰγυπτίοις. ὁ δὲ ἤρετο, ἥντινα ἑκάστη ἔχοι ὠφέλειαν. διεξιόντος δέ, ὅ τι καλῶς ἢ μὴ καλῶς δοκοίη λέγειν, τὸ μὲν ἔψεγε, τὸ δ' ἐπῄνει. πολλὰ μὲν δὴ περὶ ἑκάστης τῆς τέχνης ἐπ' ἀμφότερε Θαμοῦν τῷ Θεὺθ λέγεται ἀποφήνασθαι, ἃ λόγος πολὺς ἂν εἴη διελθεῖν· ἐπειδὴ δὲ ἐπὶ τοῖς γράμμασιν ἦν, "τοῦτο δέ, ὦ βασιλεῦ, τὸ μάθημα," ἔφη ὁ Θεὺθ, "σοφωτέρους Αἰγυπτίους καὶ μνημονικωτέρους παρέξει· μνήμης τε γὰρ καὶ σοφίας φάρμακον ηὑρέθη." ὁ δ' εἶπεν· "ὦ τεχνικώτατε Θεύθ, ἄλλος μὲν τεκεῖν δυνατὸς τὰ τῆς τέχνης, ἄλλος δὲ κρῖναι, τίν' ἔχει μοῖραν βλάβης τε καὶ ὠφελείας τοῖς μέλλουσι χρῆσθαι. καὶ νῦν σύ, πατὴρ ὢν γραμμάτων, δι' εὔνοιαν τοὐναντίον εἶπες ἢ ἔστι. τοῦτο γὰρ τῶν μαθόντων λήθην μὲν ἐν ψυχαῖς παρέξει μνήμης ἀμελετησίᾳ, ἅτε διὰ πίστιν γραφῆς ἔξωθεν ὑπ' ἀλλοτρίων τύπων, οὐκ ἔνδοθεν αὐτοὺς ὑφ' αὑτῶν ἀναμιμνησκομένους. οὔκουν μνήμης ἀλλ' ὑπομνήσεως φάρμακον ηὗρες. σοφίας δὲ τοῖς μαθηταῖς δόξαν, οὐκ ἀλήθειαν πορίζεις· πολυήκοοι γάρ σοι γενόμενοι ἄνευ διδαχῆς, πολυγνώμονες εἶναι δόξουσιν, ἀγνώμονες ὡς ἐπὶ τὸ πλῆθος ὄντες καὶ χαλεποὶ συνεῖναι, δοξόσοφοι γεγονότες ἀντὶ σοφῶν."

Phaedrus 274 D.

Plato

343. ΘΕΟ. πῶς τοῦτο λέγεις, ὦ Σώκρατες;

ΣΩ. ὥσπερ καὶ Θαλῆν ἀστρονομοῦντα, ὦ Θεόδωρε, καὶ ἄνω βλέποντα, πεσόντα εἰς φρέαρ, Θρᾷττά τις ἐμμελὴς καὶ χαρίεσσα θεραπαινὶς ἀποσκῶψαι λέγεται, ὡς τὰ μὲν ἐν οὐρανῷ προθυμοῖτο εἰδέναι, τὰ δ᾽ ἔμπροσθεν αὑτοῦ καὶ παρὰ πόδας λανθάνοι αὐτόν. ταὐτὸν δὲ ἀρκεῖ σκῶμμα ἐπὶ πάντας, ὅσοι ἐν φιλοσοφίᾳ διάγουσι. τῷ γὰρ ὄντι τὸν τοιοῦτον ὁ μὲν πλησίον καὶ ὁ γείτων λέληθεν, οὐ μόνον ὅ τι πράττει, ἀλλ᾽ ὀλίγου καὶ εἰ ἄνθρωπός ἐστιν ἤ τι ἄλλο θρέμμα· τί δέ ποτ᾽ ἐστὶν ἄνθρωπος καὶ τί τῇ τοιαύτῃ φύσει προσήκει διάφορον τῶν ἄλλων ποιεῖν ἢ πάσχειν, ζητεῖ τε καὶ πράγματ᾽ ἔχει διερευνώμενος. μανθάνεις γάρ που, ὦ Θεόδωρε. ἢ οὔ;

ΘΕΟ. ἔγωγε· καὶ ἀληθῆ λέγεις.

ΣΩ. τοιγάρτοι, ὦ φίλε, ἰδίᾳ τε συγγιγνόμενος ὁ τοιοῦτος ἑκάστῳ καὶ δημοσίᾳ, ὅπερ ἀρχόμενος ἔλεγον, ὅταν ἐν δικαστηρίῳ ἤ που ἄλλοθι ἀναγκασθῇ περὶ τῶν παρὰ πόδας καὶ τῶν ἐν ὀφθαλμοῖς διαλέγεσθαι, γέλωτα παρέχει οὐ μόνον Θρᾴτταις ἀλλὰ καὶ τῷ ἄλλῳ ὄχλῳ, εἰς φρέατά τε καὶ πᾶσαν ἀπορίαν ἐμπίπτων ὑπὸ ἀπειρίας, καὶ ἡ ἀσχημοσύνη δεινή, δόξαν ἀβελτερίας παρεχομένη. ἔν τε γὰρ ταῖς λοιδορίαις ἴδιον ἔχει οὐδὲν οὐδένα λοιδορεῖν, ἅτ᾽ οὐκ εἰδὼς κακὸν οὐδὲν οὐδενὸς ἐκ τοῦ μὴ μεμελετηκέναι· ἀπορῶν οὖν γελοῖος φαίνεται· ἔν τε τοῖς ἐπαίνοις καὶ ταῖς τῶν ἄλλων μεγαλαυχίαις, οὐ προσποιήτως ἀλλὰ τῷ ὄντι γελῶν ἔνδηλος γιγνόμενος ληρώδης δοκεῖ εἶναι.

Theaetetus 174 A.

Demosthenes

344. Δημοσθένης γὰρ οὑμὸς πατήρ, ὦ ἄνδρες δικασταί, κατέλιπεν οὐσίαν μὲν σχεδὸν τεττάρων καὶ δέκα ταλάντων, ἐμὲ δ' ἐπ' ἐτῶν ὄντα καὶ τὴν ἀδελφὴν πέντε, ἔτι δὲ τὴν ἡμετέραν μητέρα πεντήκοντα μνᾶς εἰς τὸν οἶκον εἰσενηνεγμένην. βουλευσάμενος δὲ περὶ ἡμῶν, ὅτ' ἔμελλε τελευτᾶν, ἅπαντα ταῦτα ἐνεχείρισεν Ἀφόβῳ τε τούτῳ καὶ Δημοφῶντι τῷ Δήμωνος υἱεῖ, τούτοιν μὲν ἀδελφιδοῖν ὄντοιν, τῷ μὲν ἐξ ἀδελφοῦ, τῷ δ' ἐξ ἀδελφῆς γεγονότοιν, ἔτι δὲ Θηριππίδῃ τῷ Παιανιεῖ, γένει μὲν οὐδὲν προσήκοντι, φίλῳ δ' ἐκ παιδὸς ὑπάρχοντι. κἀκείνῳ μὲν ἔδωκεν ἐκ τῶν ἐμῶν ἑβδομήκοντα μνᾶς καρπώσασθαι τοσοῦτον χρόνον, ἕως ἐγὼ ἀνὴρ εἶναι δοκιμασθείην, ὅπως μὴ δι' ἐπιθυμίαν χρημάτων χεῖρόν τι τῶν ἐμῶν διοικήσειε· Δημοφῶντι δὲ τὴν ἐμὴν ἀδελφὴν καὶ δύο τάλαντα εὐθὺς ἔδωκεν ἔχειν, αὐτῷ δὲ τούτῳ τὴν μητέρα τὴν ἡμετέραν καὶ προῖκα ὀγδοήκοντα μνᾶς, καὶ τῇ οἰκίᾳ καὶ σκεύεσι χρῆσθαι τοῖς ἐμοῖς, ἡγούμενος, καὶ τούτους ἔτι οἰκειοτέρους εἴ μοι ποιήσειεν, οὐκ ἂν χεῖρόν με ἐπιτροπευθῆναι ταύτης τῆς οἰκειότητός μοι προσγενομένης. λαβόντες δ' οὗτοι ταῦτα πρῶτον σφίσιν αὐτοῖς καὶ τὴν ἄλλην οὐσίαν ἅπασαν διαχειρίσαντες καὶ δέκα ἔτη ἡμᾶς ἐπιτροπεύσαντες, τὰ μὲν ἄλλα πάντα ἀπεστερήκασι, τὴν οἰκίαν δὲ καὶ ἀνδράποδα τέτταρα καὶ δέκα καὶ ἀργυρίου μνᾶς τριάκοντα, μάλιστα σύμπαντα ταῦτα εἰς ἑβδομήκοντα μνᾶς παραδεδώκασιν.

c. Aphobum A § 4 (814).

Demosthenes

345. ὑμεῖς τοίνυν καὶ ἰδίᾳ καὶ δημοσίᾳ βάσανον ἀκριβεστάτην πασῶν πίστεων νομίζετε, καὶ ὅπου ἂν δοῦλοι καὶ ἐλεύθεροι παραγένωνται, δέῃ δ' εὑρεθῆναι τὸ ζητούμενον, οὐ χρῆσθε ταῖς τῶν ἐλευθέρων μαρτυρίαις, ἀλλὰ τοὺς δούλους βασανίζοντες οὕτω ζητεῖτε τὴν ἀλήθειαν εὑρεῖν· εἰκότως, ὦ ἄνδρες δικασταί· τῶν μὲν γὰρ μαρτυρησάντων ἤδη τινὲς οὐ τἀληθῆ μαρτυρῆσαι ἔδοξαν· τῶν δὲ βασανισθέντων οὐδένες πώποτ' ἐξηλέγχθησαν, ὡς οὐκ ἀληθῆ τὰ ἐκ τῆς βασάνου εἶπον.

c. Onetorem A. § 37 (874).

346. ἐπειδὴ τοίνυν εἰς Ἑλλήσποντον ἤλθομεν, καὶ ὅ τε χρόνος ἐξεληλύθει μοι τῆς τριηραρχίας καὶ μισθὸς οὐκ ἀπεδόθη τοῖς στρατιώταις ἀλλ' ἢ δυοῖν μηνοῖν, ἕτερός τε στρατηγὸς ἧκε Τιμόμαχος καὶ οὗτος διαδόχους οὐκ ἄγων ἐπὶ τὰς ναῦς, ἀθυμήσαντές μοι πολλοὶ τοῦ πληρώματος ᾤχοντο ἀπολείποντες τὴν ναῦν, οἱ μὲν εἰς τὴν ἤπειρον στρατευσόμενοι, οἱ δ' εἰς τὰς Θασίων καὶ Μαρωνειτῶν ναῦς, μισθῷ μεγάλῳ πεισθέντες καὶ ἀργύριον πολὺ προλαβόντες, καὶ τὰ μὲν παρ' ἐμοῦ ἐξανηλωμένα ἤδη ὁρῶντες, τὰ δὲ τῆς πόλεως ἀμελῆ, τὰ δὲ τῶν συμμάχων ἄπορα, τὰ δὲ τῶν στρατηγῶν ἄπιστα, οὐδὲ διάδοχον ἥκοντα ἐπὶ τὴν ναῦν, παρ' οὗ ἄν τις ἠξίωσεν ὠφεληθῆναι. ὅσῳ γὰρ φιλοτιμούμενος ἄμεινον ἐπληρωσάμην τὴν ναῦν ἐρετῶν ἀγαθῶν, τοσούτῳ μοι πλείστη ἀπόλειψις ἐγένετο τῶν ἄλλων τριηράρχων. τοῖς μὲν γὰρ ἄλλοις, εἰ μή τι ἄλλο, οἵ γ' ἐκ καταλόγου ἐλθόντες ἐπὶ τὴν ναῦν παρέμενον τηροῦντες τὴν οἴκαδε σωτηρίαν, ὁπότε αὐτοὺς ἀφήσει ὁ στρατηγός· οἱ δ' ἐμοὶ ναῦται πιστεύοντες αὐτοῖς ἐπὶ τῷ δύνασθαι ἐλαύνειν, ὅπου ἔμελλον ἀργύριον πάλιν πλεῖστον λήψεσθαι, ἐνταῦθ' ἀπῇσαν, ἡγούμενοι τὴν ἐν τῷ παρόντι εὐπορίαν κρείττω εἶναι αὐτοῖς τοῦ μέλλοντος φόβου, εἴ ποτε ληφθεῖεν ὑπ' ἐμοῦ.

c. Polyclem § 14 (1210).

Demosthenes

347. χρόνῳ δ' ὕστερον οὐ πολλῷ περιπατοῦντος, ὥσπερ εἰώθη, ἑσπέρας ἐν ἀγορᾷ μου μετὰ Φανοστράτου τοῦ Κηφισιέως, τῶν ἡλικιωτῶν τινός, παρέρχεται Κτησίας ὁ υἱὸς ὁ τούτου, μεθύων, κατὰ τὸ Λεωκόριον, ἐγγὺς τῶν Πυθοδώρου. κατιδὼν δ' ἡμᾶς καὶ κραυγάσας καὶ διαλεχθείς τι πρὸς αὑτὸν οὕτως ὡς ἂν μεθύων, ὥστε μὴ μαθεῖν ὅ τι λέγοι, παρῆλθε πρὸς Μελίτην ἄνω· ἔπειτα πολλούς τε καὶ ἄλλους ἐξαναστήσας ὁ Κτησίας ἐπορεύετο εἰς τὴν ἀγοράν. καὶ ἡμῖν συμβαίνει ἀναστρέφουσιν ἀπὸ τοῦ Φερρεφαττίου καὶ περιπατοῦσι πάλιν κατ' αὐτό πως τὸ Λεωκόριον εἶναι, καὶ τούτοις περιτυγχάνομεν. ὡς δ' ἀνεμίχθημεν, εἷς μὲν αὐτῶν, ἀγνώς τις, Φανοστράτῳ προσπίπτει καὶ κατεῖχεν ἐκεῖνον, Κόνων δ' οὑτοσὶ καὶ ὁ υἱὸς αὐτοῦ καὶ ὁ Ἀνδρομένους υἱὸς ἐμοὶ περιπεσόντες τὸ μὲν πρῶτον ἐξέδυσαν, εἶθ' ὑποσκελίσαντες καὶ ῥάξαντες εἰς τὸν βόρβορον οὕτω διέθηκαν ἐναλλόμενοι καὶ ὑβρίζοντες ὥστε τὸ μὲν χεῖλος διακόψαι, τοὺς δ' ὀφθαλμοὺς συγκλεῖσαι· οὕτω δὲ κακῶς ἔχοντα κατέλιπον ὥστε μήτε ἀναστῆναι μήτε φθέγξασθαι δύνασθαι. κείμενος δ' αὐτῶν ἤκουον πολλὰ καὶ δεινὰ λεγόντων. καὶ τὰ μὲν ἄλλα καὶ βλασφημίαν ἔχει τινά, καὶ ὀνομάζειν ὀκνήσαιμ' ἂν ἐν ὑμῖν ἔνια, ὃ δὲ τῆς ὕβρεώς ἐστι τῆς τούτου σημεῖον καὶ τεκμήριον τοῦ πᾶν τὸ πρᾶγμα ὑπὸ τούτου γεγενῆσθαι, τοῦθ' ὑμῖν ἐρῶ· ᾖδε γὰρ τοὺς ἀλεκτρυόνας μιμούμενος τοὺς νενικηκότας, οἱ δὲ κροτεῖν τοῖς ἀγκῶσιν αὐτὸν ἠξίουν ἀντὶ πτερύγων τὰς πλευράς. καὶ μετὰ ταῦτα ἐγὼ μὲν ἀπεκομίσθην ὑπὸ τῶν παρατυχόντων γυμνός, οὗτοι δ' ᾤχοντο θοἰμάτιον λαβόντες μου. ὡς δ' ἐπὶ τὴν θύραν ἦλθον, κραυγὴ καὶ βοὴ τῆς μητρὸς καὶ τῶν θεραπαινίδων ἦν, καὶ μόλις ποτὲ εἰς βαλανεῖον ἐνεγκόντες με καὶ περιπλύναντες ἔδειξαν τοῖς ἰατροῖς.

c. Cononem §7 (1258).

348. ἄξιον τοίνυν, ὦ ἄνδρες Ἀθηναῖοι, κἀκεῖνο ἐξετάσαι, τί δήποτε, ἂν τἄλλα πάντα ἡ βουλὴ καλῶς βουλεύσῃ καὶ μηδεὶς ἔχῃ μηδὲν ἐγκαλέσαι, τὰς δὲ τριήρεις μὴ ποιήσηται, τὴν δωρεὰν οὐκ ἔξεστιν αἰτῆσαι. εὑρήσετε γὰρ τοῦτο τὸ ἰσχυρὸν ὑπὲρ τοῦ δήμου κείμενον. οἶμαι γὰρ ἂν μηδένα ἀντειπεῖν ὡς οὐχ ὅσα πώποτε τῇ πόλει γέγονεν ἢ νῦν ἔστιν ἀγαθὰ ἢ θάτερα, ἵνα μηδὲν εἴπω φλαῦρον, ἐκ τῆς τῶν τριήρων τὰ μὲν κτήσεως, τὰ δ' ἀπουσίας γέγονεν. οἷον πολλὰ μὲν ἄν τις ἔχοι λέγειν καὶ παλαιὰ καὶ καινά· ἃ δ' οὖν πᾶσι μάλιστ' ἀκοῦσαι γνώριμα, τοῦτο μέν, εἰ βούλεσθε, οἱ τὰ προπύλαια καὶ τὸν παρθενῶνα οἰκοδομήσαντες ἐκεῖνοι καὶ τἄλλα ἀπὸ τῶν βαρβάρων ἱερὰ κοσμήσαντες, ἐφ' οἷς φιλοτιμούμεθα πάντες εἰκότως, ἴστε δήπου τοῦτο ἀκοῇ, ὅτι τὴν πόλιν ἐκλιπόντες καὶ κατακλεισθέντες εἰς Σαλαμῖνα, ἐκ τοῦ τριήρεις ἔχειν πάντα μὲν τὰ σφέτερα αὐτῶν καὶ τὴν πόλιν, τῇ ναυμαχίᾳ νικήσαντες, ἔσωσαν, πολλῶν δὲ καὶ μεγάλων ἀγαθῶν τοῖς ἄλλοις Ἕλλησι κατέστησαν αἴτιοι, ὧν οὐδ' ὁ χρόνος τὴν μνήμην ἀφελέσθαι δύναται. εἶεν· ἀλλ' ἐκεῖνα μὲν ἀρχαῖα καὶ παλαιά. ἀλλ' ἃ πάντες ἑωράκατε, ἴσθ' ὅτι πρῴην Εὐβοεῦσιν ἡμερῶν τριῶν ἐβοηθήσατε καὶ Θηβαίους ὑποσπόνδους ἀπεπέμψατε. ἆρ' οὖν ταῦτ' ἐπράξατ' ἂν οὕτως ὀξέως, εἰ μὴ ναῦς εἴχετε καινὰς ἐν αἷς ἐβοηθήσατε; ἀλλ' οὐκ ἂν ἐδύνασθε. ἄλλα πολλὰ ἔχοι τις ἂν εἰπεῖν ἃ τῇ πόλει γέγονεν ἐκ τοῦ ταύτας κατεσκευάσθαι καλῶς ἀγαθά. εἶεν. ἐκ δὲ τοῦ κακῶς πόσα δεινά; τὰ· μὲν πολλὰ ἐάσω· ἀλλ' ἐπὶ τοῦ Δεκελεικοῦ πολέμου (τῶν γὰρ ἀρχαίων ἕν, ὃ πάντες ἐμοῦ μᾶλλον ἐπίστασθε, ὑπομνήσω) πολλῶν καὶ δεινῶν ἀτυχημάτων συμβάντων τῇ πόλει οὐ πρότερον τῷ πολέμῳ παρέστησαν, πρὶν τὸ ναυτικὸν αὐτῶν ἀπώλετο. *c. Androtionem* § 12 (596).

Demosthenes

349. καὶ σκέψασθε πρῶτον μὲν εἴ τις ὑμῶν ἑώρακεν ἢ ἀκήκοε πώποτε παρ' ὁδὸν χαράδραν οὖσαν. οἶμαι γὰρ ἐν πάσῃ τῇ χώρᾳ μηδεμίαν εἶναι· τοῦ γὰρ ἕνεκα, ὃ διὰ τῆς ὁδοῦ τῆς δημοσίας ἔμελλε βαδιεῖσθαι φερόμενον, τούτῳ διὰ τῶν ἰδίων χωρίων χαράδραν ἐποίησέ τις; ἔπειτα τίς ἂν ὑμῶν εἴτ' ἐν ἀγρῷ νὴ Δί' εἴτ' ἐν ἄστει τὸ διὰ τῆς ὁδοῦ ῥέον ὕδωρ εἰς τὸ χωρίον ἢ τὴν οἰκίαν δέξαιτ' ἂν αὑτοῦ; ἀλλ' οὐκ αὐτὸ τοὐναντίον, κἂν βιάσηταί ποτε, ἀποφράττειν ἅπαντες καὶ παροικοδομεῖν εἰώθαμεν; οὗτος τοίνυν ἀξιοῖ με ἐκ τῆς ὁδοῦ τὸ ὕδωρ εἰσδεξάμενον εἰς τὸ ἐμαυτοῦ χωρίον, ὅταν τὸ τούτου παραλλάξῃ χωρίον, πάλιν εἰς τὴν ὁδὸν ἐξαγαγεῖν. οὐκοῦν πάλιν ὁ μετὰ τοῦτόν μοι γεωργῶν τῶν γειτόνων ἐγκαλεῖ· τὸ γὰρ ὑπὲρ τούτου δίκαιον δῆλον ὅτι κἀκείνοις ὑπάρξει πᾶσι λέγειν. ἀλλὰ μὴν εἴ γε εἰς τὴν ὁδὸν ὀκνήσω τὸ ὕδωρ ἐξάγειν, ἦ που σφόδρα θαρρῶν εἰς τὸ τοῦ πλησίον χωρίον ἀφείην ἄν. ὅπου δὲ μήτ' εἰς τὴν ὁδὸν μήτ' εἰς τὰ χωρία ἀφεῖναί μοι τὸ ὕδωρ ἐξέσται δεξαμένῳ, τί λοιπόν, ὦ ἄνδρες δικασταί, πρὸς θεῶν; οὐ γὰρ ἐκπιεῖν γε δήπου με Καλλικλῆς αὐτὸ προσαναγκάσει.   *c. Calliclem* § 16 (1276).

350. ἐγὼ τοίνυν, ὦ ἄνδρες Ἀθηναῖοι, ταῦτά τε καὶ παραπλήσια τούτοις λογιζόμενος, λόγον μὲν οὐδέν' ἐβουλόμην θρασὺν οὐδ' ἔχοντα μάταιον μῆκος εὑρεῖν· τὴν μέντοι παρασκευήν, ὅπως ὡς ἄριστα καὶ τάχιστα γενήσεται, πάνυ πολλὰ πράγματ' ἔσχον σκοπῶν. οἶμαι δὴ δεῖν ἀκούσαντας ὑμᾶς αὐτήν, ἂν ἀρέσκῃ, ψηφίσασθαι. ἔστι δὲ πρῶτον μὲν τῆς παρασκευῆς, ὦ ἄνδρες Ἀθηναῖοι, καὶ μέγιστον, οὕτω διακεῖσθαι τὰς γνώμας ὑμᾶς, ὡς ἕκαστον ἑκόντα προθύμως ὅ τι ἂν δέῃ ποιήσοντα. ὁρᾶτε γὰρ, ὦ ἄνδρες Ἀθηναῖοι, ὅτι, ὅσα μὲν πώποτ' ἐβουλήθητε καὶ μετὰ ταῦτα τὸ πράττειν αὐτὸς ἕκαστος ἑαυτῷ προσήκειν ἡγήσατο, οὐδὲν πώποθ' ὑμᾶς ἐξέφυγεν, ὅσα δ' ἐβουλήθητε μὲν μετὰ ταῦτα δ' ἀπεβλέψατ' εἰς ἀλλήλους, ὡς αὐτὸς μὲν οὐ ποιήσων τὸν δὲ πλησίον πράξοντα, οὐδὲν πώποθ' ὑμῖν ἐγένετο.   *de Symmoriis* § 14 (181).

230

Demosthenes

351. ὅτι τοίνυν οὐδ' ἐστὶν ὅλως, ὦ ἄνδρες Ἀθηναῖοι, τοῦ ἤθους τοῦ ὑμετέρου κύριον ποιῆσαι τοιοῦτον νόμον, καὶ τοῦτο πειράσομαι δεῖξαι διὰ βραχέων, ἕν τι τῶν πρότερον πεπραγμένων τῇ πόλει διεξελθών. λέγονται χρήμαθ' οἱ τριάκοντα δανείσασθαι παρὰ Λακεδαιμονίων ἐπὶ τοὺς ἐν Πειραιεῖ. ἐπειδὴ δ' ἡ πόλις εἰς ἓν ἦλθε καὶ τὰ πράγματ' ἐκεῖνα κατέστη, πρέσβεις πέμψαντες οἱ Λακεδαιμόνιοι τὰ χρήματα ταῦτ' ἀπῄτουν. λόγων δὲ γιγνομένων, καὶ τῶν μὲν τοὺς δανεισαμένους ἀποδοῦναι κελευόντων, τοὺς ἐξ ἄστεως, τῶν δὲ τοῦτο πρῶτον ὑπάρξαι τῆς ὁμονοίας σημεῖον ἀξιούντων, κοινῇ διαλῦσαι τὰ χρήματα, φασὶ τὸν δῆμον ἑλέσθαι συνεισενεγκεῖν αὐτὸν καὶ μετασχεῖν τῆς δαπάνης, ὥστε μὴ λῦσαι τῶν ὡμολογημένων μηδέν. πῶς οὖν οὐ δεινόν, ὦ ἄνδρες Ἀθηναῖοι, εἰ τότε μὲν τοῖς ἠδικηκόσιν ὑμᾶς ὑπὲρ τοῦ μὴ ψεύσασθαι τὰ χρήματα εἰσφέρειν ἠθελήσατε, νῦν δ' ἐξὸν ὑμῖν ἄνευ δαπάνης τὰ δίκαια ποιῆσαι τοῖς εὐεργέταις, λύσασι τὸν νόμον, ψεύδεσθαι μᾶλλον αἱρήσεσθε; ἐγὼ μὲν οὐκ ἀξιῶ. τὸ μὲν τοίνυν τῆς πόλεως ἦθος, ὦ ἄνδρες Ἀθηναῖοι, καὶ ἐπ' ἄλλων πολλῶν καὶ ἐφ' ὧν εἶπον ἴδοι τις ἂν τοιοῦτον, ἀψευδὲς καὶ χρηστόν, οὐ τὸ λυσιτελέστατον πρὸς ἀργύριον σκοποῦν, ἀλλὰ τί καὶ καλὸν πρᾶξαι. φημὶ τοίνυν ἐγὼ κάλλιον εἶναι τοῦτον ὑμῖν ἀκολουθῆσαι περὶ τοῦ λῦσαι τὸν νόμον ἢ ὑμᾶς τούτῳ περὶ τοῦ θέσθαι, καὶ λυσιτελέστερον εἶναι καὶ ὑμῖν καὶ τούτῳ τὴν πόλιν πεπεικέναι Λεπτίνην ὅμοιον αὑτῇ γενέσθαι δοκεῖν ἢ αὐτὴν ὑπὸ τούτου πεπεῖσθαι ὁμοίαν εἶναι τούτῳ· οὐδὲ γὰρ εἰ πάνυ χρηστός ἐσθ', ὡς ἐμοῦ γ' ἕνεκα ἔστω, βελτίων ἐστὶ τῆς πόλεως τὸ ἦθος.

c. Leptinem § 11 (460).

352. βούλομαι τοίνυν ὑμῖν κἀκεῖνο διηγήσασθαι, ὅ φασί ποτ᾽ εἰπεῖν Σόλωνα κατηγοροῦντα νόμον τινὸς οὐκ ἐπιτήδειον θέντος. λέγεται γὰρ τοῖς δικασταῖς αὐτὸν εἰπεῖν, ἐπειδὴ τἄλλα κατηγόρησεν, ὅτι νόμος ἐστὶν ἀπάσαις ὡς ἔπος εἰπεῖν ταῖς πόλεσιν, ἐάν τις τὸ νόμισμα διαφθείρῃ, θάνατον τὴν ζημίαν εἶναι. ἐπερωτήσας δὲ εἰ δίκαιος αὐτοῖς καὶ καλῶς ἔχων ὁ νόμος φαίνεται, ἐπειδὴ φῆσαι τοὺς δικαστάς, εἰπεῖν ὅτι αὐτὸς ἡγεῖται ἀργύριον μὲν νόμισμ᾽ εἶναι τῶν ἰδίων συναλλαγμάτων ἕνεκα τοῖς ἰδιώταις ηὑρημένον, τοὺς δὲ νόμους ἡγοῖτο νόμισμα τῆς πόλεως εἶναι. δεῖν δὴ τοὺς δικαστὰς πολλῷ μᾶλλον, εἴ τις ὃ τῆς πόλεώς ἐστι νόμισμα, τοῦτο διαφθείρει καὶ παράσημον εἰσφέρει, μισεῖν καὶ κολάζειν, ἢ εἴ τις ἐκεῖνο ὃ τῶν ἰδιωτῶν ἐστίν. προσθεῖναι δὲ τεκμήριον τοῦ καὶ μεῖζον εἶναι τἀδίκημα τὸ τοὺς νόμους διαφθείρειν ἢ τὸ ἀργύριον, ὅτι ἀργυρίῳ μὲν πολλαὶ τῶν πόλεων καὶ φανερῶς πρὸς χαλκὸν καὶ μόλυβδον κεκραμένῳ χρώμεναι σῴζονται καὶ οὐδ᾽ ὁτιοῦν παρὰ τοῦτο πάσχουσι, νόμοις δὲ πονηροῖς χρώμενοι καὶ διαφθείρεσθαι τοὺς ὄντας ἐῶντες οὐδένες πώποτ᾽ ἐσώθησαν. ταύτῃ μέντοι τῇ κατηγορίᾳ Τιμοκράτης ἔνοχος καθέστηκε νυνί, καὶ δικαίως ἂν ὑφ᾽ ὑμῶν τοῦ προσήκοντος τύχοι τιμήματος. χρὴ μὲν οὖν πᾶσιν ὀργίλως ἔχειν, ὅσοι τιθέασι νόμους αἰσχροὺς καὶ πονηρούς, μάλιστα δὲ τούτοις οἳ τοὺς τοιούτους τῶν νόμων διαφθείρουσι, δι᾽ ὧν ἔστιν ἢ μικρὰν ἢ μεγάλην εἶναι τὴν πόλιν. εἰσὶ δ᾽ οὗτοι τίνες; οἵ τε τοὺς ἀδικοῦντας τιμωρούμενοι καὶ ὅσοι τοῖς ἐπιεικέσι τιμάς τινας διδόασιν.   c. Timocratem § 212 (765).

Demosthenes

353. οὐκοῦν οὐδ' ἂν εἷς ἀντείποι, ὡς οὐ συμφέρει τῇ πόλει καὶ
Λακεδαιμονίους ἀσθενεῖς εἶναι καὶ Θηβαίους τουτουσί. ἔστι
τοίνυν ἔν τινι τοιούτῳ καιρῷ τὰ πράγματα νῦν, εἴ τι δεῖ
τοῖς εἰρημένοις πολλάκις παρ' ὑμῖν λόγοις τεκμήρασθαι,
ὥστε Θηβαίους μὲν Ὀρχομενοῦ καὶ Θεσπιῶν καὶ Πλαταιῶν
οἰκισθεισῶν ἀσθενεῖς γενέσθαι, Λακεδαιμονίους δ', εἰ ποιή-
σονται τὴν Ἀρκαδίαν ὑφ' ἑαυτοῖς καὶ Μεγάλην πόλιν
αἱρήσουσι, πάλιν ἰσχυροὺς γενήσεσθαι. σκεπτέον τοίνυν,
μὴ πρότερον τούσδε γενέσθαι φοβεροὺς καὶ μεγάλους ἐάσω-
μεν ἢ 'κεῖνοι μικροὶ γεγενήσονται, καὶ λάθωσιν ἡμᾶς πλέονι
μείζους οἱ Λακεδαιμόνιοι γενόμενοι ἢ ὅσῳ τοὺς Θηβαίους
ἐλάττους συμφέρει γενέσθαι. οὐ γὰρ ἐκεῖνό γ' ἂν εἴποιμεν,
ὡς ἀνταλλάξασθαι βουλοίμεθ' ἀντιπάλους Λακεδαιμονίους
ἀντὶ Θηβαίων, οὐδὲ τοῦτ' ἔσθ' ὃ σπουδάζομεν, ἀλλ' ὅπως
μηδέτεροι δυνήσονται μηδὲν ἡμᾶς ἀδικεῖν· οὕτω γὰρ ἂν
ἡμεῖς μετὰ πλείστης ἀδείας εἶμεν.

pro Megalopolitis § 4 (203).

354. θαυμάζω τοίνυν τῶν λεγόντων τοῦτον τὸν λόγον, ὡς εἰ
συμμάχους ποιησόμεθ' Ἀρκάδας καὶ ταῦτα πράξομεν, μετα-
βάλλεσθαι δόξει καὶ οὐδὲν ἔχειν πιστὸν ἡ πόλις. ἐμοὶ
μὲν γὰρ δοκεῖ τοὐναντίον, ὦ ἄνδρες Ἀθηναῖοι. διὰ τί;
ὅτι τῶν πάντων οὐδέν' ἂν ἀντειπεῖν οἴομαι, ὡς οὐ καὶ
Λακεδαιμονίους καὶ πρότερον Θηβαίους καὶ τὸ τελευταῖον
Εὐβοέας ἔσωσεν ἡ πόλις καὶ μετὰ ταῦτα συμμάχους ἐποιή-
σατο, ἕν τι καὶ ταὐτὸ βουλομένη πράττειν. ἔστι δὲ τοῦτο
τί; τοὺς ἀδικουμένους σῴζειν. εἰ τοίνυν ταῦθ' οὕτως ἔχει,
οὐκέτ' ἂν ἡμεῖς εἶμεν οἱ μεταβαλλόμενοι, ἀλλ' οἱ μὴ
ἐθέλοντες τοῖς δικαίοις ἐμμένειν, καὶ φανήσεται τὰ πράγματ'
ἀεὶ διὰ τοὺς πλεονεκτεῖν βουλομένους μεταβαλλόμενα, οὐχ
ἡ πόλις ἡμῶν.

id. § 14 (205).

Demosthenes

355. ἡμεῖς, ὦ ἄνδρες Ἀθηναῖοι, Χαρίδημον ἐποιησάμεθα πολίτην, καὶ διὰ τῆς δωρεᾶς ταύτης μετεδώκαμεν αὐτῷ καὶ ἱερῶν καὶ ὁσίων καὶ νομίμων καὶ πάντων ὅσωνπερ αὐτοῖς μέτεστιν ἡμῖν. πολλὰ μὲν δὴ παρ' ἡμῖν ἐστι τοιαῦτα οἷα οὐχ ἑτέρωθι, ἐν δ' οὖν ἰδιώτατον πάντων καὶ σεμνότατον, τὸ ἐν Ἀρείῳ πάγῳ δικαστήριον, ὑπὲρ οὗ τοσαῦτ' ἐστιν εἰπεῖν καλὰ παραδεδομένα καὶ μυθώδη, καὶ ὧν αὐτοὶ μάρτυρές ἐσμεν, ὅσα περὶ οὐδενὸς ἄλλου δικαστηρίου· ὧν ὡσπερεὶ δείγματος ἕνεκα ἄξιόν ἐστιν ἐν ἢ δύο ἀκοῦσαι. τοῦτο μὲν τοίνυν τὰ παλαιά, ὡς ἡμῖν ἀκούειν παραδέδοται, ἐν μόνῳ τούτῳ τῷ δικαστηρίῳ δίκας φόνου θεοὶ καὶ δοῦναι καὶ λαβεῖν ἠξίωσαν καὶ δικασταὶ γενέσθαι διενεχθεῖσιν ἀλλήλοις· λαβεῖν μὲν γὰρ ἠξίωσεν Ποσειδῶν ὑπὲρ Ἁλιρροθίου τοῦ υἱοῦ παρὰ Ἄρεως, δικάσαι δὲ Εὐμενίσι καὶ Ὀρέστῃ οἱ δώδεκα θεοί. καὶ τὰ μὲν δὴ παλαιὰ ταῦτα, τὰ δ' ὕστερον· τοῦτο μόνον τὸ δικαστήριον οὐχὶ τύραννος, οὐκ ὀλιγαρχία, οὐ δημοκρατία τὰς φονικὰς δίκας ἀφελέσθαι τετόλμηκεν, ἀλλὰ πάντες ἀσθενέστερον ἂν τὸ δίκαιον εὑρεῖν ἡγοῦνται περὶ τούτων αὐτοὶ τοῦ παρὰ τούτοις ᾑρημένου δικαίου. πρὸς δὲ τούτοις τοιούτοις οὖσιν, ἐνταῦθα μόνον οὐδεὶς πώποτε οὔτε φεύγων ἁλοὺς οὔτε διώκων ἡττηθεὶς ἐξήλεγξεν ὡς ἀδίκως ἐδικάσθη τὰ κριθέντα.

c. Aristocratem §65 (641).

234

Demosthenes

356. ἄξιον τοίνυν, ὦ ἄνδρες Ἀθηναῖοι, κἀκεῖνο ἐξετάσαι πῶς ποθ' οἱ πάλαι τὰς τιμὰς ἔνεμον καὶ τὰς δωρεὰς τοῖς ὡς ἀληθῶς εὐεργέταις, καὶ ὅσοι πολῖται τύχοιεν ὄντες καὶ ὅσοι ξένοι. κἂν μὲν ἴδητ' ἐκείνους ἄμεινον ὑμῶν, καλὸν τὸ μιμήσασθαι, ἂν δ' ὑμᾶς αὐτούς, ἐφ' ὑμῖν ἔσται τὸ πράττειν. πρῶτον μὲν τοίνυν ἐκεῖνοι Θεμιστοκλέα τὸν τὴν ἐν Σαλαμῖνι ναυμαχίαν νικήσαντα καὶ Μιλτιάδην τὸν ἡγούμενον Μαραθῶνι καὶ πολλοὺς ἄλλους, οὐκ ἴσα τοῖς νῦν στρατηγοῖς ἀγαθὰ εἰργασμένους, οὐ χαλκοῦς ἵστασαν οὐδ' ὑπερηγάπων. οὐκ ἄρα τοῖς ἑαυτοὺς ἀγαθόν τι ποιοῦσιν χάριν εἶχον; σφόδρα γε, ὦ ἄνδρες Ἀθηναῖοι, καὶ ἀπεδίδοσάν γε καὶ αὐτῶν κἀκείνων ἀξίαν· ὄντες γὰρ πολλοῦ πάντες ἄξιοι προύκρινον ἐκείνους αὐτῶν ἡγεῖσθαι. ἔστι δὲ σώφροσιν ἀνθρώποις καὶ πρὸς ἀλήθειαν βουλομένοις σκοπεῖν πολὺ μείζων τιμὴ τῆς χαλκῆς εἰκόνος τὸ καλῶν κἀγαθῶν ἀνδρῶν κεκρίσθαι πρώτους. καὶ γάρ τοι τῶν ἔργων τῶν τότε, ὦ ἄνδρες Ἀθηναῖοι, οὐδενὸς ἀπεστέρησαν ἑαυτούς, οὐδ' ἔστιν οὐδεὶς ὅστις ἂν εἴποι τὴν ἐν Σαλαμῖνι ναυμαχίαν Θεμιστοκλέους, ἀλλ' Ἀθηναίων, οὐδὲ τὴν Μαραθῶνι μάχην Μιλτιάδου, ἀλλὰ τῆς πόλεως. νῦν δ', ὦ ἄνδρες Ἀθηναῖοι, πολλοὶ τοῦτο λέγουσιν, ὡς Κέρκυραν εἷλε Τιμόθεος καὶ τὴν μόραν κατέκοψεν Ἰφικράτης καὶ τὴν περὶ Νάξον ἐνίκα ναυμαχίαν Χαβρίας· δοκεῖτε γὰρ αὐτοὶ τῶν ἔργων τούτων παραχωρεῖν τῶν τιμῶν ταῖς ὑπερβολαῖς αἷς δεδώκατ' ἐπ' αὐτοῖς ἑκάστῳ τούτων.　　　　*c. Aristocratem* § 196 (686).

235

Demosthenes

357. ... ὧν τις ἴσως, ὦ ἄνδρες Ἀθηναῖοι, δυσπολέμητον οἴεται τὸν Φίλιππον εἶναι, σκοπῶν τό τε πλῆθος τῆς ὑπαρχούσης αὐτῷ δυνάμεως καὶ τὸ τὰ χωρία πάντ' ἀπολωλέναι τῇ πόλει, ὀρθῶς μὲν οἴεται· λογισάσθω μέντοι τοῦθ' ὅτι εἴχομέν ποθ' ἡμεῖς, ὦ ἄνδρες Ἀθηναῖοι, Πύδναν καὶ Ποτείδαιαν καὶ Μεθώνην καὶ πάντα τὸν τόπον τοῦτον οἰκεῖον κύκλῳ, καὶ πολλὰ τῶν μετ' ἐκείνου νῦν ὄντων ἐθνῶν αὐτονομούμενα κἀλεύθερ' ὑπῆρχε, καὶ μᾶλλον ἡμῖν ἐβούλετ' ἔχειν οἰκείως ἢ 'κείνῳ. εἰ τοίνυν ὁ Φίλιππος τότε ταύτην ἔσχε τὴν γνώμην, ὡς χαλεπὸν πολεμεῖν ἐστιν Ἀθηναίοις ἔχουσι τοσαῦτ' ἐπιτειχίσματα τῆς αὑτοῦ χώρας ἔρημον ὄντα συμμάχων, οὐδὲν ἂν ὧν νυνὶ πεποίηκεν ἔπραξεν οὐδὲ τοσαύτην ἐκτήσατ' ἂν δύναμιν. ἀλλ' εἶδεν, ὦ ἄνδρες Ἀθηναῖοι, τοῦτο καλῶς ἐκεῖνος, ὅτι ταῦτα μέν ἐστιν ἅπαντα τὰ χωρί' ἆθλα τοῦ πολέμου κείμεν' ἐν μέσῳ, φύσει δ' ὑπάρχει τοῖς παροῦσι τὰ τῶν ἀπόντων καὶ τοῖς ἐθέλουσι πονεῖν καὶ κινδυνεύειν τὰ τῶν ἀμελούντων.

Phil. I. § 4 (41)

358. πότ' οὖν, ὦ ἄνδρες Ἀθηναῖοι, πόθ' ἃ χρὴ πράξετε; ἐπειδὰν τί γένηται; ἐπειδὰν νὴ Δί' ἀνάγκη. νῦν δὲ τί χρὴ τὰ γιγνόμεν' ἡγεῖσθαι; ἐγὼ μὲν γὰρ οἶμαι τοῖς ἐλευθέροις μεγίστην ἀνάγκην τὴν τῶν πραγμάτων αἰσχύνην εἶναι. ἢ βούλεσθ', εἰπέ μοι, περιιόντες ἀλλήλων πυνθάνεσθαι, "λέγεταί τι καινόν;" γένοιτ' ἂν τι καινότερον, ἢ Μακεδὼν ἀνὴρ Ἀθηναίους καταπολεμῶν καὶ τὰ τῶν Ἑλλήνων διοικῶν; "τέθνηκε Φίλιππος;" "οὐ μὰ Δί', ἀλλ' ἀσθενεῖ." τί δ' ὑμῖν διαφέρει; καὶ γὰρ ἂν οὗτός τι πάθῃ, ταχέως ὑμεῖς ἕτερον Φίλιππον ποιήσετε, ἄνπερ οὕτω προσέχητε τοῖς πράγμασι τὸν νοῦν· οὐδὲ γὰρ οὗτος παρὰ τὴν αὑτοῦ ῥώμην τοσοῦτον ἐπηύξηται, ὅσον παρὰ τὴν ἡμετέραν ἀμέλειαν.

id. § 10 (43).

Demosthenes

359. ὑμεῖς δ' οὔτε ταῦτα δύνασθε κωλύειν οὔτ' εἰς τοὺς χρόνους, οὓς ἂν προθῆσθε, βοηθεῖν. καίτοι τί δήποτ', ὦ ἄνδρες Ἀθηναῖοι, νομίζετε τὴν μὲν τῶν Παναθηναίων ἑορτὴν καὶ τὴν τῶν Διονυσίων ἀεὶ τοῦ καθήκοντος χρόνου γίγνεσθαι, εἰς ἃ τοσαῦτ' ἀναλίσκετε χρήματα, ὅσ' οὐδ' εἰς ἕνα τῶν ἀποστόλων, καὶ τοσοῦτον ὄχλον καὶ παρασκευὴν ὅσην οὐκ οἶδ' εἴ τι τῶν ἁπάντων ἔχει, τοὺς δ' ἀποστόλους πάντας ὑμῖν ὑστερίζειν τῶν καιρῶν, τὸν εἰς Μεθώνην, τὸν εἰς Παγασάς, τὸν εἰς Ποτείδαιαν; ὅτι κεῖνα μὲν πάντα νόμῳ τέτακται, καὶ πρόοιδεν ἕκαστος ὑμῶν ἐκ πολλοῦ, τίς χορηγὸς ἢ γυμνασίαρχος τῆς φυλῆς, πότε καὶ παρὰ τοῦ καὶ τί λαβόντα τί δεῖ ποιεῖν, οὐδὲν ἀνεξέταστον οὐδ' ἀόριστον ἐν τούτοις ἠμέληται, ἐν δὲ τοῖς περὶ τοῦ πολέμου καὶ τῇ τούτου παρασκευῇ, ἄτακτ' ἀδιόρθωτ' ἀόρισθ' ἅπαντα. τοιγαροῦν ἅμ' ἀκηκόαμέν τι καὶ τριηράρχους καθίσταμεν καὶ τούτοις ἀντιδόσεις ποιούμεθα, καὶ περὶ χρημάτων πόρου σκοπούμεν, καὶ μετὰ ταῦτ' ἐμβαίνειν τοὺς μετοίκους ἔδοξε καὶ τοὺς χωρὶς οἰκοῦντας, εἶτ' αὐτοὺς πάλιν ἀντεμβιβάζειν, εἶτ' ἐν ὅσῳ ταῦτα μέλλεται, προαπώλετ' ἐφ' ἃ ἂν ἐκπλέωμεν· τὸν γὰρ τοῦ πράττειν χρόνον εἰς τὸ παρασκευάζεσθαι ἀναλίσκομεν, οἱ δὲ τῶν πραγμάτων οὐ μένουσιν καιροὶ τὴν ἡμετέραν βραδυτῆτα καὶ εἰρωνείαν. ἃς δὲ τὸν μεταξὺ χρόνον δυνάμεις οἰόμεθ' ἡμῖν ὑπάρχειν, οὐδὲν οἷαί τε ποιεῖν ἐπ' αὐτῶν τῶν καιρῶν ἐξελέγχονται.   *Phil.* I. § 34 (50).

Demosthenes

360. ἀκούω δ' ἐγὼ πολλάκις ἐνταυθὶ παρ' ὑμῖν τινῶν λεγόντων, ὡς ὅτ' ἠτύχησεν ὁ δῆμος, συνεβουλήθησάν τινες αὐτὸν σωθῆναι· ὧν ἐγὼ μόνων Ἀργείων ἐν τῷ παρόντι μνησθήσομαι βραχύ τι. οὐ γὰρ ἂν ὑμᾶς βουλοίμην, δόξαν ἔχοντας τοῦ σῴζειν τοὺς ἀτυχήσαντας ἀεί, χείρους Ἀργείων ἐν ταύτῃ τῇ πράξει φανῆναι, οἳ χώραν ὅμορον τῇ Λακεδαιμονίων οἰκοῦντες, ὁρῶντες ἐκείνους γῆς καὶ θαλάττης κρατοῦντας, οὐκ ἀπώκνησαν οὐδ' ἐφοβήθησαν εὐνοϊκῶς ὑμῖν ἔχοντες φανῆναι, ἀλλὰ καὶ πρέσβεις ἐλθόντας ἐκ Λακεδαίμονος, ὥς φασιν, ἐξαιτήσοντάς τινας τῶν φυγάδων τῶν ὑμετέρων, ἐψηφίσαντ', ἂν μὴ πρὸ ἡλίου δύντος ἀπαλλάττωνται, πολεμίους κρινεῖν. εἶτ' οὐκ αἰσχρόν, ὦ ἄνδρες Ἀθηναῖοι, εἰ τὸ μὲν Ἀργείων πλῆθος οὐκ ἐφοβήθη τὴν Λακεδαιμονίων ἀρχὴν ἐν ἐκείνοις τοῖς καιροῖς οὐδὲ τὴν ῥώμην, ὑμεῖς δ' ὄντες Ἀθηναῖοι βάρβαρον ἄνθρωπον, καὶ ταῦτα γυναῖκα, φοβήσεσθε; καὶ μὴν οἱ μὲν ἔχοιεν ἂν εἰπεῖν ὅτι πολλάκις ἥττηνται Λακεδαιμονίων, ὑμεῖς δὲ νενικήκατε μὲν πολλάκις βασιλέα, ἥττησθε δ' οὐδ' ἅπαξ οὔτε τῶν δούλων τῶν βασιλέως οὔτ' αὐτοῦ κείνου· εἰ γάρ τί που κεκράτηκε τῆς πόλεως βασιλεύς, ἢ τοὺς πονηροτάτους τῶν Ἑλλήνων καὶ προδότας αὐτῶν χρήμασι πείσας ἢ οὐδαμῶς ἄλλως κεκράτηκεν. ὁρῶ δ' ὑμῶν ἐνίους Φιλίππου μὲν ὡς ἄρ' οὐδενὸς ἀξίου πολλάκις ὀλιγωροῦντας, βασιλέα δ' ὡς ἰσχυρὸν ἐχθρὸν οἷς ἂν προέληται φοβουμένους. εἰ δὲ τὸν μὲν ὡς φαῦλον οὐκ ἀμυνούμεθα, τῷ δ' ὡς φοβερῷ πάνθ' ὑπείξομεν, πρὸς τίνας, ὦ ἄνδρες Ἀθηναῖοι, παραταξόμεθα;

de Rhod. Lib. § 22 (196).

Demosthenes

361. δῆλον γάρ ἐστι τοῖς Ὀλυνθίοις ὅτι νῦν οὐ περὶ δόξης οὐδ' ὑπὲρ μέρους χώρας κίνδυνος ἀλλ' ἀναστάσεως καὶ ἀνδραποδισμοῦ τῆς πατρίδος, καὶ ἴσασιν ἅ τ' Ἀμφιπολιτῶν ἐποίησε τοὺς παραδόντας αὐτῷ τὴν πόλιν καὶ Πυδναίων τοὺς ὑποδεξαμένους· καὶ ὅλως ἄπιστον, οἶμαι, ταῖς πολιτείαις ἡ τυραννίς, ἄλλως τε κἂν ὅμορον χώραν ἔχωσι. ταῦτ' οὖν ἐγνωκότας ὑμᾶς, ὦ ἄνδρες Ἀθηναῖοι, καὶ τἆλλ' ἃ προσήκει πάντ' ἐνθυμουμένους, φημὶ δεῖν ἐθελῆσαι, καὶ παροξυνθῆναι, καὶ τῷ πολέμῳ προσέχειν εἴπερ ποτὲ καὶ νῦν, χρήματ' εἰσφέροντας προθύμως, καὶ αὐτοὺς ἐξιόντας καὶ μηδὲν ἐλλείποντας. οὐδὲ γὰρ λόγος οὐδὲ σκῆψις ὑμῖν τοῦ μὴ τὰ δέοντα ποιεῖν ἐθέλειν ὑπολείπεται. *Ol.* I. § 5 (10).

362. εἰ δὲ προησόμεθ', ὦ ἄνδρες Ἀθηναῖοι, καὶ τούτους τοὺς ἀνθρώπους, εἶτ' Ὄλυνθον ἐκεῖνος καταστρέψεται, φρασάτω τις ἐμοὶ τί τὸ κωλῦον ἔτ' αὐτὸν ἔσται βαδίζειν ὅποι βούλεται. ἆρα λογίζεταί τις ὑμῶν, ὦ ἄνδρες Ἀθηναῖοι, καὶ θεωρεῖ τὸν τρόπον δι' ὃν μέγας γέγονεν ἀσθενὴς ὢν τὸ κατ' ἀρχὰς Φίλιππος; τὸ πρῶτον Ἀμφίπολιν λαβών, μετὰ ταῦτα Πύδναν, πάλιν Ποτείδαιαν, Μεθώνην αὖθις, εἶτα Θετταλίας ἐπέβη· μετὰ ταῦτα Φερὰς Παγασὰς Μαγνησίαν πανθ' ὃν ἐβούλετ' εὐτρεπίσας τρόπον, ᾤχετ' εἰς Θράκην· εἶτ' ἐκεῖ τοὺς μὲν ἐκβαλὼν τοὺς δὲ καταστήσας τῶν βασιλέων ἠσθένησε πάλιν ῥᾴσας οὐκ ἐπὶ τὸ ῥᾳθυμεῖν ἀπέκλινεν ἀλλ' εὐθὺς Ὀλυνθίοις ἐπεχείρησεν. τὰς δ' ἐπ' Ἰλλυριοὺς καὶ Παίονας αὐτοῦ καὶ πρὸς Ἀρύββαν καὶ ὅποι τις ἂν εἴποι παραλείπω στρατείας. *id.* § 12 (12).

Demosthenes

363. φημὶ δὴ δεῖν ὑμᾶς τοῖς μὲν Ὀλυνθίοις βοηθεῖν—καὶ ὅπως τις λέγει κάλλιστα καὶ τάχιστα, οὕτως ἀρέσκει μοι— πρὸς δὲ Θετταλοὺς πρεσβείαν πέμπειν, ἣ τοὺς μὲν διδάξει ταῦτα, τοὺς δὲ παροξυνεῖ· καὶ γὰρ νῦν εἰσιν ἐψηφισμένοι Παγασὰς ἀπαιτεῖν καὶ περὶ Μαγνησίας λόγους ποιεῖσθαι. σκοπεῖσθε μέντοι τοῦτ' ὦ ἄνδρες Ἀθηναῖοι, ὅπως μὴ λόγους ἐροῦσιν μόνον οἱ παρ' ἡμῶν πρέσβεις ἀλλὰ καὶ ἔργον τι δεικνύειν ἕξουσιν ἐξεληλυθότων ἡμῶν ἀξίως τῆς πόλεως καὶ ὄντων ἐπὶ τοῖς πράγμασιν, ὡς ἅπας μὲν λόγος, ἂν ἀπόντ' ἔργ' ἔχῃ, μάταιόν τι φαίνεται καὶ κενόν, μάλιστα δ' ὁ παρὰ τῆς ἡμετέρας πόλεως· ὅσῳ γὰρ ἑτοιμότατ' αὐτῷ δοκοῦμεν χρῆσθαι, τοσούτῳ μᾶλλον ἀπιστοῦσι πάντες αὐτῷ.

Ol. II. § 11 (21).

364. καίτοι ταῦτα, καὶ εἰ μικρά τις ἡγεῖται, μεγάλ' ὦ ἄνδρες. Ἀθηναῖοι δείγματα τῆς ἐκείνου γνώμης καὶ κακοδαιμονίας ἐστὶν τοῖς εὖ φρονοῦσιν. ἀλλ' οἶμαι νῦν μὲν ἐπισκοτεῖ τούτοις τὸ κατορθοῦν· αἱ γὰρ εὐπραξίαι δειναὶ συγκρύψαι τὰ τοιαῦτ' ὀνείδη· εἰ δέ τι πταίσει, τότ' ἀκριβῶς αὐτοῦ πάντ' ἐξετασθήσεται. δοκεῖ δ' ἔμοιγ', ὦ ἄνδρες Ἀθηναῖοι, δείξειν οὐκ εἰς μακράν, ἂν οἵ τε θεοὶ ἐθέλωσι καὶ ὑμεῖς βούλησθε. ὥσπερ γὰρ ἐν τοῖς σώμασιν, τέως μὲν ἂν ἐρρωμένος ᾖ τις οὐδὲν ἐπαισθάνεται, ἐπὰν δ' ἀρρώστημά τι συμβῇ πάντα κινεῖται, κἂν ῥῆγμα, κἂν στρέμμα, κἂν ἄλλο τι τῶν ὑπαρχόντων σαθρῶν ᾖ, οὕτω καὶ τῶν πόλεων καὶ τῶν τυράννων, ἕως μὲν ἂν ἔξω πολεμῶσ' ἀφανῆ τὰ κακά ἐστιν, ἐπειδὰν δ' ὅμορος πόλεμος συμπλακῇ πάντ' ἐποίησεν ἔκδηλα.

id. § 20 (23).

240

Demosthenes

365. εἰ δέ τις ὑμῶν, ὦ ἄνδρες Ἀθηναῖοι, τὸν Φίλιππον εὐτυχοῦνθ᾽ ὁρῶν, φοβερὸν προσπολεμῆσαι νομίζει, σώφρονος μὲν ἀνθρώπου λογισμῷ χρῆται· μεγάλη γὰρ ῥοπή, μᾶλλον δ᾽ ὅλον ἡ τύχη παρὰ πάντ᾽ ἐστὶ τὰ τῶν ἀνθρώπων πράγματα· οὐ μὴν ἀλλ᾽ ἔγωγ᾽, εἴ τις αἵρεσίν μοι δοίη, τὴν τῆς ἡμετέρας πόλεως τύχην ἂν ἑλοίμην, ἐθελόντων ἃ προσήκει ποιεῖν ὑμῶν καὶ κατὰ μικρόν, ἢ τὴν ἐκείνου· πολὺ γὰρ πλείους ἀφορμὰς εἰς τὸ τὴν παρὰ τῶν θεῶν εὔνοιαν ἔχειν ὁρῶ ὑμῖν οὔσας ἢ ᾽κείνῳ. ἀλλ᾽ οἶμαι καθήμεθ᾽ οὐδὲν ποιοῦντες· οὐκ ἔνι δ᾽ αὐτὸν ἀργοῦντ᾽ οὐδὲ φίλοις ἐπιτάττειν ὑπὲρ αὐτοῦ τι ποιεῖν, μή τί γε δὴ θεοῖς. οὐ δὴ θαυμαστὸν εἰ πονῶν ἐκεῖνος καὶ παρὼν ἐφ᾽ ἅπασι καὶ μήτε καιρὸν μήθ᾽ ὥραν παραλείπων ἡμῶν μελλόντων καὶ ψηφιζομένων καὶ πυνθανομένων περιγίγνεται. οὐδὲ θαυμάζω τοῦτ᾽ ἐγώ· τοὐναντίον γὰρ ἂν ἦν θαυμαστὸν εἰ μηδὲν ποιοῦντες ἡμεῖς τοῦ πάντα ποιοῦντος περιῆμεν. ἀλλ᾽ ἐκεῖνο θαυμάζω εἰ Λακεδαιμονίοις μέν ποτε ὑπὲρ τῶν Ἑλληνικῶν δικαίων ἀντήρατε, καὶ πόλλ᾽ ἰδίᾳ πλεονεκτῆσαι πολλάκις ὑμῖν ἐξὸν οὐκ ἠθελήσατε, ἀλλ᾽ ἵν᾽ οἱ ἄλλοι τύχωσι τῶν δικαίων, τὰ ὑμέτερ᾽ αὐτῶν ἀνηλίσκετ᾽ εἰσφέροντες καὶ προεκινδυνεύετε στρατευόμενοι, νυνὶ δ᾽ ὀκνεῖτ᾽ ἐξιέναι καὶ μέλλετ᾽ εἰσφέρειν ὑπὲρ τῶν ὑμετέρων αὐτῶν κτημάτων, καὶ τοὺς μὲν ἄλλους σεσώκατε πολλάκις πάντας καὶ καθ᾽ ἓν αὐτῶν ἐν μέρει, τὰ δ᾽ ὑμέτερ᾽ αὐτῶν ἀπολωλεκότες κάθησθε. *Ol.* II. § 22 (24).

Demosthenes

366. οὐ μὴν οὐδ' ἐκεῖνό γ' ὑμᾶς ἀγνοεῖν δεῖ ὅτι ψήφισμ'
οὐδενὸς ἄξιόν ἐστιν, ἂν μὴ προσγένηται τὸ ποιεῖν ἐθέλειν
τά γε δόξαντα προθύμως. εἰ γὰρ αὐτάρκη τὰ ψηφίσματ'
ἦν ἢ ὑμᾶς ἀναγκάζειν ἃ προσήκει πράττειν ἢ περὶ ὧν γρα-
φείη διαπράξασθαι, οὔτ' ἂν ὑμεῖς, πολλὰ ψηφιζόμενοι,
μικρὰ μᾶλλον δ' οὐδὲν ἐπράττετε τούτων, οὔτε Φίλιππος
τοσοῦτον ὑβρίκει χρόνον· πάλαι γὰρ ἂν εἵνεκά γε ψηφισ-
μάτων ἐδεδώκει δίκην. ἀλλ' οὐχ οὕτω ταῦτ' ἔχει· τὸ γὰρ
πράττειν τοῦ λέγειν καὶ χειροτονεῖν ὕστερον ὂν τῇ τάξει,
πρότερον τῇ δυνάμει καὶ κρεῖττόν ἐστιν. τοῦτ' οὖν δεῖ
προσεῖναι, τὰ δ' ἄλλ' ὑπάρχει· καὶ γὰρ εἰπεῖν τὰ δέοντα
παρ' ὑμῖν, ὦ ἄνδρες Ἀθηναῖοι, πολλοὶ οἱ δυνάμενοι, καὶ γνῶναι
πάντων ὑμεῖς ὀξύτατοι τὰ ῥηθέντα, καὶ πρᾶξαι δὲ δυνήσεσθε
νῦν, ἐὰν ὀρθῶς ποιῆτε.   *Ol.* III. § 14 (32).

367. καὶ ταῦτ', οὐχ ἵν' ἀπέχθωμαί τισιν ὑμῶν, προῄρημαι
λέγειν· οὐ γὰρ οὕτως ἄφρων οὐδ' ἀτυχής εἰμ' ἐγώ, ὥστ'
ἀπεχθάνεσθαι βούλεσθαι μηδὲν ὠφελεῖν νομίζων· ἀλλὰ
δικαίου πολίτου κρίνω τὴν τῶν πραγμάτων σωτηρίαν ἀντὶ
τῆς ἐν τῷ λέγειν χάριτος αἱρεῖσθαι. καὶ γὰρ τοὺς ἐπὶ
τῶν προγόνων ἡμῶν λέγοντας ἀκούω, ὥσπερ ἴσως καὶ ὑμεῖς,
οὓς ἐπαινοῦσιν μὲν οἱ παριόντες ἅπαντες μιμοῦνται δ' οὐ
πάνυ, τούτῳ τῷ ἔθει καὶ τῷ τρόπῳ τῆς πολιτείας χρῆσθαι,
τὸν Ἀριστείδην ἐκεῖνον, τὸν Νικίαν, τὸν ὁμώνυμον τὸν
ἐμαυτοῦ, τὸν Περικλέα. ἐξ οὗ δ' οἱ διερωτῶντες ὑμᾶς οὗτοι
πεφήνασι ῥήτορες "τί βούλεσθε; τί γράψω; τί ὑμῖν χαρί-
σωμαι;", προπέποται τὰ τῆς πόλεως πράγματα καὶ τοιαυτὶ
συμβαίνει, καὶ τὰ μὲν τούτων πάντα καλῶς ἔχει τὰ δ'
ὑμέτερ' αἰσχρῶς.   *id.* § 21 (34).

Demosthenes

368. ἔστι δ' ὑπερβολὴ τῶν μετὰ ταῦτα ἃ μέλλω λέγειν. τὴν γὰρ ἐσθῆτα τὴν ἱεράν—ἱερὰν γὰρ ἔγωγε νομίζω πᾶσαν ὅσην ἄν τις ἕνεκα τῆς ἑορτῆς παρασκευάζηται, ἕως ἂν χρησθῇ—καὶ τοὺς στεφάνους τοὺς χρυσοῦς, οὓς ἐποιησάμην ἐγὼ κόσμον τῷ χορῷ, ἐπεβούλευσεν, ὦ ἄνδρες Ἀθηναῖοι, διαφθεῖραί μοι νύκτωρ ἐλθὼν ἐπὶ τὴν οἰκίαν τὴν τοῦ χρυσοχόου. καὶ διέφθειρεν, οὐ μέντοι πᾶσάν γε· οὐ γὰρ ἐδυνήθη. καίτοι τοῦτό γ' οὐδεὶς πώποτε οὐδένα φησὶν ἀκηκοέναι τολμήσαντα οὐδὲ ποιήσαντα ἐν τῇ πόλει. οὐκ ἀπέχρησε δ' αὐτῷ τοῦτο, ἀλλὰ καὶ τὸν διδάσκαλον, ὦ ἄνδρες Ἀθηναῖοι, διέφθειρέ μου τοῦ χοροῦ· καὶ εἰ μὴ Τηλεφάνης ὁ αὐλητὴς ἀνδρῶν βέλτιστος περὶ ἐμὲ τότε ἐγένετο, καὶ τὸ πρᾶγμα αἰσθόμενος τὸν ἄνθρωπον ἀπελάσας αὐτὸς διδάσκειν ᾤετο δεῖν τὸν χορόν, οὐδ' ἂν ἠγωνισάμεθα, ὦ ἄνδρες Ἀθηναῖοι, ἀλλ' ἀδίδακτος ἂν εἰσῆλθεν ὁ χορὸς καὶ πράγματ' αἴσχιστ' ἂν ἐπάθομεν. καὶ οὐδ' ἐνταῦθ' ἔστη τῆς ὕβρεως, ἀλλὰ τοσοῦτον αὐτῷ περιῆν ὥστε τὸν ἐστεφανωμένον ἄρχοντα διέφθειρε, τοὺς χορηγοὺς συνῆγεν ἐπ' ἐμέ, βοῶν, ἀπειλῶν, ὀμνύουσι παρεστηκὼς τοῖς κριταῖς, τὰ παρασκήνια φράττων, κακὰ καὶ πράγματα ἀμύθητά μοι παρέχων διετέλεσεν. καὶ τούτων, ὅσα γε ἐν τῷ δήμῳ γέγονεν ἢ πρὸς τοῖς κριταῖς ἐν τῷ θεάτρῳ, ὑμεῖς ἐστέ μοι μάρτυρες πάντες, ὦ ἄνδρες δικασταί. καίτοι τῶν λόγων τούτους χρὴ δικαιοτάτους ἡγεῖσθαι οὓς ἂν οἱ καθήμενοι τῷ λέγοντι μαρτυρῶσιν ἀληθεῖς εἶναι. προδιαφθείρας τοίνυν τοὺς κριτὰς τῷ ἀγῶνι τῶν ἀνδρῶν, δύο ταῦτα ὡσπερεὶ κεφάλαια ἐφ' ἅπασι τοῖς ἑαυτῷ νενεανιευμένοις ἐπέθηκεν, ἐμοῦ μὲν ὕβρισε τὸ σῶμα, τῇ φυλῇ δὲ κρατούσῃ τὸν ἀγῶνα αἰτιώτατος τοῦ μὴ νικῆσαι κατέστη. *c. Meidiam* § 16 (520).

Demosthenes

369. ἀλλὰ νὴ Δία τριήρη ἐπέδωκεν· εἰ μέν, ὦ ἄνδρες Ἀθηναῖοι,
φιλοτιμίας ἕνεκα ταύτην ἐπέδωκεν, ἣν προσήκει τῶν τοιού-
των ἔχειν χάριν, ταύτην ἔχετε αὐτῷ καὶ ἀπόδοτε, ὑβρίζειν
δὲ μὴ δῶτε· οὐδενὸς γὰρ πράγματος οὐδ' ἔργου τοῦτο
συγχωρητέον. εἰ δὲ δὴ καὶ δειλίας καὶ ἀνανδρίας ἕνεκα
δειχθήσεται τοῦτο πεποιηκώς, μὴ παρακρουσθῆτε. πῶς οὖν
εἴσεσθε; ἐγὼ καὶ τοῦτο διδάξω. ἐγένοντο εἰς Εὔβοιαν
ἐπιδόσεις παρ' ὑμῖν πρῶται· τούτων οὐκ ἦν Μειδίας, ἀλλ'
ἐγώ, καὶ συντριήραρχος ἦν μοι Φιλῖνος ὁ Νικοστράτου.
ἕτεραι δεύτεραι μετὰ ταῦτα εἰς Ὄλυνθον· οὐδὲ τούτων ἦν
Μειδίας. καίτοι τόν γε δὴ φιλότιμον πανταχοῦ προσῆκεν
ἐξετάζεσθαι. τρίται νῦν αὗται γεγόνασιν ἐπιδόσεις· ἐνταῦθα
ἐπέδωκε. πῶς; ἐν τῇ βουλῇ γιγνομένων ἐπιδόσεων παρὼν
οὐκ ἐπεδίδου τότε· ἐπειδὴ δὲ πολιορκεῖσθαι τοὺς ἐν Ταμύναις
στρατιώτας ἐξηγγέλλετο, καὶ πάντας ἐξιέναι τοὺς ὑπολοί-
πους ἱππέας, ὧν εἷς οὗτος ἦν, προυβούλευσεν ἡ βουλή,
τηνικαῦτα φοβηθεὶς τὴν στρατείαν ταύτην παρελθὼν ἐπέδω-
κεν. τῷ δῆλον, ὅτι τὴν στρατείαν φεύγων, οὐ φιλοτιμίᾳ,
τοῦτ' ἐποίησεν; τοῖς μετὰ ταῦτα πραχθεῖσιν ὑπ' αὐτοῦ. τὸ
μὲν γὰρ πρῶτον οὐκ ἀνέβαινεν ἐπὶ τὴν ναῦν ἣν ἐπέδωκεν,
ἀλλὰ τὸν μέτοικον ἐξέπεμψε τὸν Αἰγύπτιον, Πάμφιλον,
αὐτὸς δὲ μένων ἐνθάδε τοῖς Διονυσίοις διεπράττετο ταῦτ' ἐφ'
οἷς νυνὶ κρίνεται· ἐπειδὴ δὲ ὁ στρατηγὸς Φωκίων μετε-
πέμπετο τοὺς ἐξ Ἀργούρας ἱππέας ἐπὶ τὴν διαδοχήν, τότε ὁ
δειλὸς καὶ κατάρατος οὑτοσὶ λιπὼν τὴν τάξιν ταύτην ἐπὶ
τὴν ναῦν ᾤχετο, καὶ ὧν ἱππαρχεῖν ἠξίωσε παρ' ὑμῖν ἱππέων,
τούτοις οὐ συνεξῆλθεν. εἰ δ' ἐν τῇ θαλάττῃ κίνδυνός τις ἦν,
εἰς τὴν γῆν δῆλον ὅτι ᾤχετ' ἄν.   *c. Meidiam* § 160 (566).

370. ταῦτα τοίνυν ἅπαντα, ὅσα φαίνομαι βέλτιον τῶν ἄλλων προορῶν, οὐδ' εἰς μίαν, ὦ ἄνδρες Ἀθηναῖοι, οὔτε δεινότητ' οὔτ' ἀλαζονείαν ἐπανοίσω, οὐδὲ προσποιήσομαι δι' οὐδὲν ἄλλο γιγνώσκειν καὶ προαισθάνεσθαι πλὴν δι' ἃν ὑμῖν εἴπω δύο, ἐν μέν, ὦ ἄνδρες Ἀθηναῖοι, δι' εὐτυχίαν, ἣν συμπάσης ἐγὼ τῆς ἐν ἀνθρώποις οὔσης δεινότητος καὶ σοφίας ὁρῶ κρατοῦσαν, ἕτερον δέ, ὅτι προῖκα τὰ πράγματα κρίνω καὶ λογίζομαι, καὶ οὐδεὶς ἂν ἔχοι ἴδιον κέρδος πρὸς οἷς ἐγὼ πεπολίτευμαι καὶ λέγω δεῖξαι προσηρτημένον. ὅταν δ' ἐπὶ θάτερ' ὥσπερ εἰς τρυτάνην ἀργύριον προσενέγκῃς, οἴχεται φέρον καὶ καθείλκυσεν τὸν λογισμὸν ἐφ' αὑτό, καὶ οὐκ ἂν ἔτ' ὀρθῶς οὐδ' ὑγιῶς ὁ τοῦτο ποιήσας περὶ οὐδενὸς λογίσαιτο.

de Pace § 11 (59).

371. καὶ ταῦτ' εἰκότως καὶ περὶ ὑμῶν οὕτως ὑπείληφεν ὁ Φίλιππος καὶ κατ' Ἀργείων καὶ Θηβαίων ἑτέρως, οὐ μόνον εἰς τὰ παρόνθ' ὁρῶν ἀλλὰ καὶ τὰ πρὸ τούτων λογιζόμενος. εὑρίσκει γάρ, οἶμαι, καὶ ἀκούει τοὺς μὲν ὑμετέρους προγόνους, ἐξὸν αὐτοῖς τῶν λοιπῶν ἄρχειν Ἑλλήνων ὥστ' αὐτοὺς ὑπακούειν βασιλεῖ, οὐ μόνον οὐκ ἀνασχομένους τὸν λόγον τοῦτον, ἡνίκ' ἦλθεν Ἀλέξανδρος ὁ τούτων πρόγονος περὶ τούτων κῆρυξ, ἀλλὰ καὶ τὴν χώραν ἐκλιπεῖν προελομένους καὶ παθεῖν ὁτιοῦν ὑπομείναντας καὶ μετὰ ταῦτα πράξαντας ταῦτα, ἃ πάντες ἀεὶ γλίχονται λέγειν, τοὺς δὲ Θηβαίων καὶ Ἀργείων προγόνους τοὺς μὲν συστρατεύσαντας τῷ βαρβάρῳ, τοὺς δ' οὐκ ἐναντιωθέντας. οἶδεν οὖν ἀμφοτέρους ἰδίᾳ τὸ λυσιτελοῦν ἀγαπήσοντας, οὐχ ὅ τι κοινῇ συνοίσει τοῖς Ἕλλησι σκεψομένους. ἡγεῖτ' οὖν, εἰ μὲν ὑμᾶς ἕλοιτο, φίλους ἐπὶ τοῖς δικαίοις αἱρήσεσθαι, εἰ δ' ἐκείνοις προσθεῖτο, συνεργοὺς ἕξειν τῆς αὑτοῦ πλεονεξίας. διὰ ταῦτ' ἐκείνους ἀνθ' ὑμῶν καὶ τότε καὶ νῦν αἱρεῖται.

Phil. II. § 10 (68).

Demosthenes

372. "πῶς γὰρ οἴεσθ᾽" ἔφην, "ὦ ἄνδρες Μεσσήνιοι, δυσχερῶς
ἂν ἀκούειν Ὀλυνθίους, εἴ τίς τι λέγοι κατὰ Φιλίππου κατ᾽
ἐκείνους τοὺς χρόνους, ὅτ᾽ Ἀνθεμοῦντα μὲν αὐτοῖς ἀφίει,
οὗ πάντες οἱ πρότερον Μακεδονίας βασιλεῖς ἀντεποιοῦντο,
Ποτείδαιαν δ᾽ ἐδίδου τοὺς Ἀθηναίων ἀποίκους ἐκβάλλων,
καὶ τὴν μὲν ἔχθραν τὴν πρὸς ἡμᾶς αὐτὸς ἀνειλήφει, τὴν
χώραν δ᾽ ἐκείνοις ἐδεδώκει καρποῦσθαι; ἆρα προσδοκᾶν
αὐτοὺς τοιαῦτα πείσεσθαι, ἢ λέγοντος ἄν τινος πιστεῦσαι
οἴεσθε; ἀλλ᾽ ὅμως" ἔφην ἐγὼ "μικρὸν χρόνον τὴν ἀλλο-
ρίαν καρπωσάμενοι, πολὺν τῆς ἑαυτῶν ὑπ᾽ ἐκείνου στέρονται,
αἰσχρῶς ἐκπεσόντες, οὐ κρατηθέντες μόνον ἀλλὰ καὶ προδο-
θέντες ὑπ᾽ ἀλλήλων καὶ πραθέντες· οὐ γὰρ ἀσφαλεῖς ταῖς
πολιτείαις αἱ πρὸς τοὺς τυράννους αὗται λίαν ὁμιλίαι. τί δ᾽
οἱ Θετταλοί; ἆρ᾽ οἴεσθ᾽" ἔφην, "ὅτ᾽ αὐτοῖς τοὺς τυράννους
ἐξέβαλλε καὶ πάλιν Νίκαιαν καὶ Μαγνησίαν ἐδίδου, προσ-
δοκᾶν τὴν καθεστῶσαν νῦν δεκαδαρχίαν ἔσεσθαι παρ᾽ αὐτοῖς;
οὐκ ἔστι ταῦτα. ἀλλὰ μὴν γέγονεν ταῦτα καὶ πᾶσιν ἔστιν
εἰδέναι. ὑμεῖς δ᾽" ἔφην ἐγὼ "διδόντα μὲν καὶ ὑπισχνούμενον
θεωρεῖτε Φίλιππον, ἐξηπατηκότα δ᾽ ἤδη καὶ παρακεκρουμένον
ἀπεύχεσθ᾽, εἰ σωφρονεῖτ᾽, ἰδεῖν. ἔστι τοίνυν νὴ Δί᾽" ἔφην
ἐγὼ "παντοδαπὰ ηὑρημένα ταῖς πόλεσιν πρὸς φυλακὴν καὶ
σωτηρίαν, οἷον χαρακώματα καὶ τείχη καὶ τάφροι καὶ τἄλλ᾽
ὅσα τοιαῦτα. καὶ τὰ μὲν ἔστιν ἅπαντα χειροποίητα καὶ
δαπάνης προσδεῖται· ἓν δέ τι κοινὸν ἡ φύσις τῶν εὖ
φρονούντων ἐν αὑτῇ κέκτηται φυλακτήριον, ὃ πᾶσι μέν
ἐστ᾽ ἀγαθὸν καὶ σωτήριον μάλιστα δὲ τοῖς πλήθεσιν πρὸς
τοὺς τυράννους. τί οὖν ἐστι τοῦτο; ἀπιστία. ταύτην
φυλάττετε, ταύτης ἀντέχεσθε· ἂν ταύτην σῴζητ᾽, οὐδὲν μὴ
δεινὸν πάθητε.   *Phil.* II. §20 (71).

Demosthenes

373. ὅτι μὲν τοίνυν αἰσχρῶς καὶ κακῶς πάντα ταῦθ᾽ ὑπὸ τούτων ἀπόλωλε καὶ διέφθαρται, οἶμαι πάντας ὑμᾶς εἰδέναι. ἐγὼ δ᾽, ὦ ἄνδρες δικασταί, τοσοῦτ᾽ ἀπέχω τοῦ συκοφαντίαν τινὰ τοῖς πράγμασι τούτοις προσάγειν ἢ ὑμᾶς ἀξιοῦν, ὥστ᾽ εἰ ταῦθ᾽ ὑπ᾽ ἀβελτερίας ἢ δι᾽ εὐήθειαν ἢ δι᾽ ἄλλην ἄγνοιαν ἡντινοῦν οὕτω πέπρακται, αὐτός τ᾽ ἀφίημ᾽ Αἰσχίνην καὶ ὑμῖν συμβουλεύω. καίτοι τῶν σκήψεων τούτων οὐδεμί᾽ ἐστὶ πολιτικὴ οὐδὲ δικαία. οὐδένα γὰρ τὰ κοινὰ πράττειν ὑμεῖς κελεύετε οὐδ᾽ ἀναγκάζετε· ἀλλ᾽ ἐπειδάν τις ἑαυτὸν πείσας δύνασθαι προσέλθῃ, πρᾶγμα ποιοῦντες χρηστῶν καὶ φιλανθρώπων, εὐνοϊκῶς δέχεσθε καὶ οὐ φθονερῶς, ἀλλὰ καὶ χειροτονεῖτε καὶ τὰ ὑμέτερ᾽ αὐτῶν ἐγχειρίζετε. ἐὰν μὲν οὖν κατορθοῖ τις, τιμήσεται καὶ πλέον ἕξει τῶν πολλῶν κατὰ τοῦτο· ἂν δ᾽ ἀποτυγχάνῃ, σκήψεις καὶ προφάσεις ἐρεῖ; ἀλλ᾽ οὐ δίκαιον. οὐ γὰρ ἂν ἐξαρκέσειε τοῖς ἀπολωλόσι συμμάχοις οὐδὲ τοῖς παισὶν αὐτῶν οὐδὲ ταῖς γυναιξὶν οὐδὲ τοῖς ἄλλοις διὰ τὴν ἀβελτερίαν τὴν ἐμήν, ἵνα μὴ τὴν τούτου λέγω, τοιαῦτα πεπονθέναι· πολλοῦ γε καὶ δεῖ.

de Falsa Legatione § 98 (373).

374. εὖ γὰρ εἰδέναι χρὴ τοῦθ᾽ ὅτι οὐ καταφρονεῖ Φίλιππος, ὦ ἄνδρες Ἀθηναῖοι, τῆς πόλεως τῆς ὑμετέρας, οὐδ᾽ ἀχρηστοτέρους νομίσας Θηβαίων, ἐκείνους εἵλετ᾽ ἀνθ᾽ ὑμῶν, ἀλλ᾽ ὑπὸ τούτων ἐδιδάχθη καὶ ταῦτ᾽ ἤκουσεν, ἃ καὶ πρότερόν ποτ᾽ εἶπον ἐγὼ πρὸς ὑμᾶς ἐν τῷ δήμῳ καὶ τούτων οὐδεὶς ἀντεῖπεν, ὡς ὁ μὲν δῆμός ἐστιν ἀσταθμητότατον πρᾶγμα τῶν πάντων καὶ ἀσυνθετώτατον, ὥσπερ θάλαττ᾽ ἀκατάστατον, ὡς ἂν τύχῃ κινούμενον. ὁ μὲν ἦλθεν, ὁ δ᾽ ἀπῆλθεν· μέλει δ᾽ οὐδενί, οὐδὲ μέμνηται. δεῖ δέ τινας φίλους ὑπάρχειν τοὺς ἕκαστα πράξοντας ἐν ὑμῖν αὐτῷ καὶ διοικήσοντας, οἷον αὐτὸς δή· κἄνπερ αὐτῷ τοῦτο κατασκευασθῇ, πᾶν ὅ τι ἂν βούληται παρ᾽ ὑμῖν ῥᾳδίως διαπράξεται.

id. § 135 (383).

375. φέρε δὴ καὶ ὅσους αὐτὸς ἐλυσάμην τῶν αἰχμαλώτων εἴπω πρὸς ὑμᾶς. ἐν ὅσῳ γὰρ οὐχὶ παρόντος πω Φιλίππου διετρίβομεν ἐν Πέλλῃ, ἔνιοι τῶν ἡλωκότων, ὅσοιπερ ἦσαν ἐξηγγυημένοι, ἀπιστοῦντες, ὡς ἐμοὶ δοκεῖ, μὴ δυνήσεσθαί με ταῦτα πεῖσαι τὸν Φίλιππον, ἑαυτοὺς ἔφασαν βούλεσθαι λύσασθαι καὶ μηδεμίαν τούτου χάριν ἔχειν τῷ Φιλίππῳ, κἀδανείζοντο, ὁ μὲν τρεῖς μνᾶς, ὁ δὲ πέντε, οἱ δ' ὅπως συνέβαινεν ἑκάστῳ τὰ λύτρα. ἐπειδὴ τοίνυν ὡμολόγησ' ὁ Φίλιππος τοὺς λοιποὺς λύσεσθαι, συγκαλέσας ἐγὼ τούτους οἷς αὐτὸς ἔχρησα τἀργύριον καὶ τὰ πεπραγμέν' ὑπομνήσας, ἵνα μὴ δοκοῖεν ἔλαττον ἔχειν μηδ' ἐκ τῶν ἰδίων λελιτρῶσθαι πένητες ἄνθρωποι, τῶν ἄλλων ὑπὸ τοῦ Φιλίππου προσδοκωμένων ἀφεθήσεσθαι, ἔδωκα δωρεὰν τὰ λύτρα.

de Falsa Legatione § 169 (394).

376. συλλογίσασθαι δὴ βούλομαι τὰ κατηγορημένα, ἵν' ὅσ' ὑμῖν ὑπεσχόμην ἀρχόμενος τοῦ λόγου, δείξω πεποιηκώς. ἐπέδειξ' οὐδὲν ἀληθὲς ἀπηγγελκότα ἀλλὰ φενακίσανθ' ὑμᾶς, μάρτυσι τοῖς γεγενημένοις αὐτοῖς οὐ· λόγοις χρώμενος. ἐπέδειξ' αἴτιον γεγενημένον τοῦ μὴ ἐθέλειν ὑμᾶς ἀκούειν ἐμοῦ τἀληθῆ, ταῖς ὑποσχέσεσιν καὶ τοῖς ἐπαγγέλμασι τοῖς τούτου καταληφθέντας, πάντα τἀναντία συμβουλεύσαντ' ἢ ἔδει, καὶ τῇ μὲν τῶν συμμάχων ἀντειπόντ' εἰρήνῃ, τῇ δὲ Φιλοκράτους συνηγορήσαντα, τοὺς χρόνους κατατρίψαντα, ἵνα μηδ' εἰ βούλοισθε δύναισθ' ἐξελθεῖν εἰς Φωκέας, καὶ ἄλλ' ἐπὶ τῆς ἀποδημίας πολλὰ καὶ δείν' εἰργασμένον, προδεδωκότα πάντα, πεπρακότα, δῶρ' ἔχοντα, οὐδὲν ἐλλελοιπότα μοχθηρίας. οὐκοῦν ταῦθ' ὑπεσχόμην ἐν ἀρχῇ, ταῦτ' ἐπέδειξα.

id. § 177 (397).

377. νομίζω τοίνυν ὑμᾶς, ὦ ἄνδρες Ἀθηναῖοι, οὐ καθ' ἕν τι μόνον τοὺς προγόνους μιμουμένους ὀρθῶς ἂν ποιεῖν ἀλλὰ καὶ κατὰ πάνθ' ὅσ' ἔπραττον ἐφεξῆς. ἐκεῖνοι τοίνυν, ὡς ἅπαντες εὖ οἶδ' ὅτι τὸν λόγον τοῦτον ἀκηκόατε, Καλλίαν τὸν Ἱππονίκου ταύτην τὴν ὑπὸ πάντων θρυλουμένην εἰρήνην πρεσβεύσαντα, ἵππου μὲν δρόμον ἡμέρας μὴ καταβαίνειν ἐπὶ τὴν θάλατταν βασιλέα, ἐντὸς δὲ Χελιδονίων καὶ Κυανέων πλοίῳ μακρῷ μὴ πλεῖν, ὅτι δῶρα λαβεῖν ἔδοξε πρεσβεύσας, μικροῦ μὲν ἀπέκτειναν, ἐν δὲ ταῖς εὐθύναις πεντήκοντ' ἐπράξαντο τάλαντα. καίτοι καλλίω ταύτης εἰρήνην οὔτε πρότερον οὔθ' ὕστερον οὐδεὶς ἂν εἰπεῖν ἔχοι πεποιημένην τὴν πόλιν. ἀλλ' οὐ τοῦτ' ἐσκόπουν. τούτου μὲν γὰρ ἡγοῦντο τὴν αὐτῶν ἀρετὴν καὶ τὴν τῆς πόλεως δόξαν αἰτίαν εἶναι, τοῦ δὲ προῖκ' ἢ μὴ τὸν τρόπον τοῦ πρεσβευτοῦ· τοῦτον οὖν δίκαιον ἠξίουν παρέχεσθαι καὶ ἀδωροδόκητον τὸν προσιόντα τοῖς κοινοῖς. ἐκεῖνοι μὲν τοίνυν οὕτως ἐχθρὸν ἡγοῦντο τὸ δωροδοκεῖν καὶ ἀλυσιτελὲς τῇ πόλει, ὥστε μήτ' ἐπὶ πράξεως μηδεμιᾶς μήτ' ἐπ' ἀνδρὸς ἐᾶν γίγνεσθαι· ὑμεῖς δ', ὦ ἄνδρες Ἀθηναῖοι, τὴν αὐτὴν εἰρήνην ἑωρακότες τὰ μὲν τῶν συμμάχων τῶν ὑμετέρων τείχη καθῃρηκυῖαν τὰς δὲ τῶν πρέσβεων οἰκίας οἰκοδομοῦσαν, καὶ τὰ μὲν τῆς πόλεως κτήματ' ἀφῃρημένην τούτοις δ' ἃ μηδ' ὄναρ ἤλπισαν πώποτε κτησαμένην, οὐκ αὐτοὶ τούτους ἀπεκτείνατε ἀλλὰ κατηγόρου προσδεῖσθε, καὶ λόγῳ κρίνετε ὧν ἔργῳ τἀδικήματα πάντες ὁρῶσιν.

de Falsa Legatione § 237 (428).

Demosthenes

378. ὃ δὲ πάντων μάλιστ' ἀγανακτῆσαι ἔφη—συντυχεῖν ἀπιὼν Ἀτρεστίδᾳ παρὰ Φιλίππου πορευομένῳ, καὶ μετ' αὐτοῦ γύναια καὶ παιδάρι' ὡς τριάκοντα βαδίζειν, αὐτὸς δὲ θαυμάσας ἐρέσθαι τινὰ τῶν ὁδοιπόρων, τίς ἄνθρωπός ἐστι καὶ τίς ὄχλος μετ' αὐτοῦ, ἐπειδὴ δ' ἀκοῦσαι ὅτι Ἀτρεστίδας παρὰ Φιλίππου τῶν Ὀλυνθίων αἰχμάλωτα δωρεὰν ταῦτ' ἔχων ἀπέρχεται, δεινὸν αὐτῷ τι δόξαι καὶ δακρῦσαι καὶ ὀδύρασθαι τὴν Ἑλλάδ', ὡς κακῶς διάκειται, εἰ τοιαῦτα πάθη περιορᾷ γιγνόμενα. καὶ συνεβούλευεν ὑμῖν πέμπειν τινὰς εἰς Ἀρκαδίαν, οἵτινες κατηγορήσουσι τῶν τὰ Φιλίππου πραττόντων. ταῦτα μὲν τοίνυν τότε καὶ μάλ', ὦ ἄνδρες Ἀθηναῖοι, καλὰ καὶ τῆς πόλεως ἄξι' ἐδημηγόρει. ἐπειδὴ δ' ἀφίκετ' εἰς Μακεδονίαν καὶ τὸν ἐχθρὸν εἶδε τὸν αὑτοῦ καὶ τῶν Ἑλλήνων, ἆρά γ' ὅμοι' ἢ παραπλήσια τούτοις; πολλοῦ γε καὶ δεῖ, ἀλλὰ εἶναι τὸν Φίλιππον αὐτόν, Ἡράκλεις, Ἑλληνικώτατον ἀνθρώπων, δεινότατον λέγειν, φιλαθηναιότατον· οὕτω δ' ἀτόπους τινὰς ἐν τῇ πόλει καὶ δυσχερεῖς ἀνθρώπους εἶναι, ὥστ' οὐκ αἰσχύνεσθαι λοιδορουμένους αὐτῷ καὶ βάρβαρον αὐτὸν ἀποκαλοῦντας.

de Falsa Legatione § 305 (439).

379. νόσημα γάρ, ὦ ἄνδρες Ἀθηναῖοι, δεινὸν ἐμπέπτωκεν εἰς τὴν Ἑλλάδα, καὶ χαλεπὸν καὶ πολλῆς τινος εὐτυχίας καὶ παρ' ὑμῶν ἐπιμελείας δεόμενον. οἱ γὰρ ἐν ταῖς πόλεσι γνωριμώτατοι καὶ προεστάναι τῶν κοινῶν ἀξιούμενοι, τὴν αὑτῶν προδιδόντες ἐλευθερίαν οἱ δυστυχεῖς, αὐθαίρετον αὑτοῖς ἐπάγονται δουλείαν, Φιλίππῳ ξενίαν καὶ ἑταιρίαν καὶ τὰ τοιαῦθ' ὑποκοριζόμενοι· οἱ δὲ λοιποὶ καὶ τὰ κύρι' ἄττα ποτ' ἔστ' ἐν ἑκάστῃ τῶν πόλεων, οὓς ἔδει τούτους κολάζειν καὶ παραχρῆμ' ἀποκτιννύναι, τοσοῦτ' ἀπέχουσι τοῦ τοιοῦτόν τι ποιεῖν, ὥστε θαυμάζουσι καὶ ζηλοῦσι καὶ βούλοιντ' ἂν αὐτὸς ἕκαστος τοιοῦτος εἶναι.

id. § 259 (424).

Demosthenes

380. εἶτα φησὶν ὃς ἂν τύχῃ παρελθών "οὐ γὰρ ἐθέλεις γράφειν, οὐδὲ κινδυνεύειν, ἀλλ' ἄτολμος εἶ καὶ μαλακός." ἐγὼ δὲ θρασὺς μὲν καὶ βδελυρὸς καὶ ἀναιδὴς οὔτ' εἰμὶ μήτε γενοίμην, ἀνδρειότερον μέντοι πολλῶν πάνυ τῶν ἰταμῶς πολιτευομένων παρ' ὑμῖν ἐμαυτὸν ἡγοῦμαι. ὅστις μὲν γάρ, ὦ ἄνδρες Ἀθηναῖοι, παριδὼν ἃ συνοίσει τῇ πόλει, κρίνει δημεύει δίδωσι κατηγορεῖ, οὐδεμιᾷ ταῦτ' ἀνδρείᾳ ποιεῖ, ἀλλ' ἔχων ἐνέχυρον τῆς σωτηρίας τὸ πρὸς χάριν ὑμῖν λέγειν καὶ πολιτεύεσθαι, ἀσφαλῶς θρασύς ἐστιν· ὅστις δ' ὑπὲρ τοῦ βελτίστου πολλὰ τοῖς ὑμετέροις ἐναντιοῦται βουλήμασι, καὶ μηδὲν λέγει πρὸς χάριν ἀλλὰ τὸ βέλτιστον ἀεί, καὶ τὴν τοιαύτην πολιτείαν προαιρεῖται, ἐν ᾗ πλεόνων ἡ τύχη κυρία γίγνεται ἢ οἱ λογισμοί, τούτων δ' ἀμφοτέρων ἑαυτὸν ὑπεύθυνον ὑμῖν παρέχει, οὗτός ἐστ' ἀνδρεῖος καὶ χρήσιμός γε πολίτης ὁ τοιοῦτός ἐστιν, οὐχ οἱ τῆς παρ' ἡμέραν χάριτος ἕνεκα τὰ μέγιστα τῆς πόλεως ἀπολωλεκότες, οὓς ἐγὼ τοσούτου δέω ζηλοῦν ἢ νομίζειν ἀξίους πολίτας τῆς πόλεως εἶναι, ὥστ' εἰ τις ἔροιτό μ' "εἰπέ μοι, σὺ δὲ δὴ τί τὴν πόλιν ἡμῖν ἀγαθὸν πεποίηκας;" ἔχων, ὦ ἄνδρες Ἀθηναῖοι, καὶ τριηραρχίας εἰπεῖν καὶ χορηγίας καὶ χρημάτων εἰσφορὰς καὶ λύσεις αἰχμαλώτων καὶ τοιαύτας ἄλλας φιλανθρωπίας, οὐδὲν ἂν τούτων εἴποιμι ἀλλ' ὅτι δυνάμενος ἂν ἴσως, ὥσπερ καὶ ἕτεροι, καὶ κατηγορεῖν καὶ χαρίζεσθαι καὶ δημεύειν καὶ τἄλλ' ἃ ποιοῦσιν οὗτοι ποιεῖν, οὐδ' ἐφ' ἓν τούτων πώποτ' ἐμαυτὸν ἔταξα οὐδὲ προήχθην οὔθ' ὑπὸ κέρδους οὔθ' ὑπὸ φιλοτιμίας, ἀλλὰ διαμένω λέγων ἐξ ὧν ἐγὼ μὲν πολλῶν ἐλάττων εἰμὶ παρ' ὑμῖν, ὑμεῖς δ', εἰ πείθοισθέ μοι, μείζους ἂν εἶτε.

de Chers. § 68 (106).

Demosthenes

381. εἰ μὲν οὖν ἔξεστιν εἰρήνην ἄγειν τῇ πόλει καὶ ἐφ' ἡμῖν ἐστι τοῦτο, ἵν' ἐντεῦθεν ἄρξωμαι, φήμ' ἔγωγ' ἄγειν ἡμᾶς δεῖν, καὶ τὸν ταῦτα λέγοντα γράφειν καὶ πράττειν καὶ μὴ φενακίζειν ἀξιῶ· εἰ δ' ἕτερος τὰ ὅπλ' ἐν ταῖς χερσὶν ἔχων καὶ δύναμιν πολλὴν περὶ αὑτόν, τοὔνομα μὲν τὸ τῆς εἰρήνης ὑμῖν προβάλλει, τοῖς δ' ἔργοις αὐτὸς τοῖς τοῦ πολέμου χρῆται, τί λοιπὸν ἄλλο πλὴν ἀμύνεσθαι; φάσκειν δ' εἰρήνην ἄγειν εἰ βούλεσθ', ὥσπερ ἐκεῖνος, οὐ διαφέρομαι. εἰ δέ τις ταύτην εἰρήνην ὑπολαμβάνει, ἐξ ἧς ἐκεῖνος πάντα τἄλλα λαβὼν ἐφ' ἡμᾶς ἥξει, πρῶτον μὲν μαίνεται, ἔπειτ' ἐκείνῳ παρ' ὑμῶν, οὐχ ὑμῖν παρ' ἐκείνου τὴν εἰρήνην λέγει· τοῦτο δ' ἐστὶν ὁ τῶν ἀναλισκομένων χρημάτων πάντων Φίλιππος ὠνεῖται, αὐτὸς μὲν πολεμεῖν ὑμῖν, ὑφ' ὑμῶν δὲ μὴ πολεμεῖσθαι.   *Phil.* III. §8 (112.)

382. ὅτι μὲν δὴ μέγας ἐκ μικροῦ καὶ ταπεινοῦ τοῦ κατ' ἀρχὰς Φίλιππος ηὔξηται, καὶ ἀπίστως καὶ στασιαστικῶς ἔχουσι πρὸς αὑτοὺς οἱ Ἕλληνες, καὶ ὅτι πολλῷ παραδοξότερον ἦν τοσοῦτον αὐτὸν ἐξ ἐκείνου γενέσθαι ἢ νῦν, ὅθ' οὕτω πολλὰ προείληφε, καὶ τὰ λοιπὰ ὑφ' αὑτῷ ποιήσασθαι, καὶ πάνθ' ὅσα τοιαῦτ' ἂν ἔχοιμι διεξελθεῖν, παραλείψω. ἀλλ' ὁρῶ συγκεχωρηκότας πάντας ἀνθρώπους, ἀφ' ὑμῶν ἀρξαμένους, αὐτῷ, ὑπὲρ οὗ τὸν ἄλλον ἅπαντα χρόνον πάντες οἱ πόλεμοι γεγόνασιν οἱ Ἑλληνικοί. τί οὖν ἐστι τοῦτο; τὸ ποιεῖν ὅ τι βούλεται, καὶ καθ' ἓν οὑτωσὶ περικόπτειν καὶ λωποδυτεῖν τῶν Ἑλλήνων καὶ καταδουλοῦσθαι τὰς πόλεις ἐπιόντα. καίτοι προστάται μὲν ὑμεῖς ἑβδομήκοντ' ἔτη καὶ τρία τῶν Ἑλλήνων ἐγένεσθε, προστάται δὲ τριάκονθ' ἑνὸς δέοντα Λακεδαιμόνιοι· ἴσχυσαν δέ τι καὶ Θηβαῖοι τουτουσὶ τοὺς τελευταίους χρόνους μετὰ τὴν ἐν Λεύκτροις μάχην.   *id.* §21 (116).

252

Demosthenes

383. ἀλλ' ἐκεῖσ' ἐπανέρχομαι. τί τὴν πόλιν, Αἰσχίνη, προσῆκε
ποιεῖν, ἀρχὴν καὶ τυραννίδ' ὁρῶσαν τῶν Ἑλλήνων ἑαυτῷ
κατασκευαζόμενον Φίλιππον; ἢ τί τὸν σύμβουλον ἔδει
λέγειν ἢ γράφειν τὸν Ἀθήνησιν (καὶ γὰρ τοῦτο πλεῖστον
διαφέρει), ὃς συνῄδη μὲν ἐκ παντὸς τοῦ χρόνου μέχρι τῆς
ἡμέρας ἀφ' ἧς αὐτὸς ἐπὶ τὸ βῆμ' ἀνέβην, ἀεὶ περὶ πρωτείων
καὶ τιμῆς καὶ δόξης ἀγωνιζομένην τὴν πατρίδα, καὶ πλείω
καὶ χρήματα καὶ σώματ' ἀνηλωκυῖαν ὑπὲρ φιλοτιμίας καὶ
τῶν πᾶσι συμφερόντων ἢ τῶν ἄλλων Ἑλλήνων ὑπὲρ αὐτῶν
ἀνηλώκασιν ἕκαστοι, ἑώρων δ' αὐτὸν τὸν Φίλιππον, πρὸς
ὃν ἦν ἡμῖν ἀγών, ὑπὲρ ἀρχῆς καὶ δυναστείας τὸν ὀφθαλμὸν
ἐκκεκομμένον, τὴν κλεῖν κατεαγότα, τὴν χεῖρα, τὸ σκέλος
πεπηρωμένον, πᾶν ὅ τι βουληθείη μέρος ἡ τύχη τοῦ σώματος
προϊέμενον, ὥστε τῷ λοιπῷ μετὰ τιμῆς καὶ δόξης ζῆν. καὶ
μὴν οὐδὲ τοῦτό γ' οὐδεὶς ἂν εἰπεῖν τολμήσαι, ὡς τῷ μὲν
ἐν Πέλλῃ τραφέντι, χωρίῳ ἀδόξῳ τότε γ' ὄντι καὶ μικρῷ,
τοσαύτην μεγαλοψυχίαν προσῆκεν ἐγγενέσθαι, ὥστε τῆς
τῶν Ἑλλήνων ἀρχῆς ἐπιθυμῆσαι καὶ τοῦτ' εἰς τὸν νοῦν
ἐμβαλέσθαι, ὑμῖν δ' οὖσιν Ἀθηναίοις, καὶ κατὰ τὴν ἡμέραν
ἑκάστην ἐν πᾶσι καὶ λόγοις καὶ θεωρήμασι τῆς τῶν προγόνων
ἀρετῆς ὑπομνήμαθ' ὁρῶσι, τοσαύτην κακίαν ὑπάρξαι, ὥστε
τῆς ἐλευθερίας αὐτεπαγγέλτους ἐθελοντὰς παραχωρῆσαι
Φιλίππῳ.   *de Corona* § 66 (247).

Demosthenes

384. ἑσπέρα μὲν γὰρ ἦν, ἧκε δ' ἀγγέλλων τις ὡς τοὺς πρυτάνεις ὡς Ἐλάτεια κατείληπται. καὶ μετὰ ταῦθ' οἱ μὲν εὐθὺς ἐξαναστάντες μεταξὺ δειπνοῦντες, τούς τ' ἐκ τῶν σκηνῶν τῶν κατὰ τὴν ἀγορὰν ἐξεῖργον καὶ τὰ γέρρ' ἐνεπίμπρασαν, οἱ δὲ τοὺς στρατηγοὺς μετεπέμποντο καὶ τὸν σαλπικτὴν ἐκάλουν· καὶ θορύβου πλήρης ἦν ἡ πόλις. τῇ δ' ὑστεραίᾳ, ἅμα τῇ ἡμέρᾳ, οἱ μὲν πρυτάνεις τὴν βουλὴν ἐκάλουν ὑμεῖς δ' εἰς τὴν ἐκκλησίαν ἐπορεύεσθε, καὶ πρὶν ἐκείνην χρηματίσαι καὶ προβουλεῦσαι, πᾶς ὁ δῆμος ἄνω καθῆτο. καὶ μετὰ ταῦθ' ὡς ἦλθεν ἡ βουλὴ καὶ ἀπήγγειλαν οἱ πρυτάνεις τὰ προσηγγελμέν' ἑαυτοῖς καὶ τὸν ἥκοντα παρήγαγον κἀκεῖνος εἶπεν, ἠρώτα μὲν ὁ κῆρυξ "τίς ἀγορεύειν βούλεται ;" παρῄει δ' οὐδείς. πολλάκις δὲ τοῦ κήρυκος ἐρωτῶντος, οὐδὲν μᾶλλον ἀνίστατ' οὐδείς, ἁπάντων μὲν τῶν στρατηγῶν παρόντων, ἁπάντων δὲ τῶν ῥητόρων, καλούσης δὲ τῆς πατρίδος τὸν ἐροῦνθ' ὑπὲρ σωτηρίας· καίτοι εἰ μὲν τοὺς σωθῆναι τὴν πόλιν βουλομένους παρελθεῖν ἔδει, πάντες ἂν ὑμεῖς ἀναστάντες ἐπὶ τὸ βῆμ' ἐβαδίζετε· πάντες γὰρ οἶδ' ὅτι σωθῆναι αὐτὴν ἐβούλεσθε· εἰ δὲ τοὺς πλουσιωτάτους, οἱ τριακόσιοι· εἰ δὲ τοὺς ἀμφότερα ταῦτα καὶ εὔνους τῇ πόλει καὶ πλουσίους, οἱ μετὰ ταῦτα τὰς μεγάλας ἐπιδόσεις ἐπιδόντες· καὶ γὰρ εὐνοίᾳ καὶ πλούτῳ τοῦτ' ἐποίησαν. ἀλλ' ὡς ἔοικεν ἐκεῖνος ὁ καιρὸς οὐ μόνον εὔνουν καὶ πλούσιον ἄνδρ' ἐκάλει, ἀλλὰ καὶ παρηκολουθηκότα τοῖς πράγμασιν ἐξ ἀρχῆς καὶ συλλελογισμένον ὀρθῶς, τίνος εἵνεκα ταῦτ' ἔπραττεν ὁ Φίλιππος καὶ τί βουλόμενος· ὁ γὰρ μὴ ταῦτ' εἰδὼς μηδ' ἐξητακὼς πόρρωθεν, οὔτ' εἰ εὔνους ἦν οὔτ' εἰ πλούσιος, οὐδὲν μᾶλλον ἔμελλ' ὅ τι χρὴ ποιεῖν εἴσεσθαι, οὐδ' ὑμῖν ἕξειν συμβουλεύειν.

de Corona § 169 (284).

385. δύναμιν τοίνυν εἶχεν ἡ πόλις τοὺς νησιώτας, οὐχ ἅπαντας ἀλλὰ τοὺς ἀσθενεστάτους· οὔτε γὰρ Χίος οὔτε Ῥόδος οὔτε Κέρκυρα μεθ' ὑμῶν ἦν· χρημάτων δὲ σύνταξιν εἰς πέντε καὶ τετταράκοντα τάλαντα, καὶ ταῦτ' προεξειλεγμένα· ὁπλίτην δ' ἢ ἱππέα πλὴν τῶν οἰκείων οὐδένα. ὃ δὲ πάντων καὶ φοβερώτατον καὶ μάλισθ' ὑπὲρ τῶν ἐχθρῶν, οὗτοι παρεσκευάκεσαν τοὺς περιχώρους ἅπαντας ἔχθρας ἢ φιλίας ἐγγυτέρω, Μεγαρέας Θηβαίους Εὐβοέας. τὰ μὲν τῆς πόλεως οὕτως ὑπῆρχεν ἔχοντα, καὶ οὐδεὶς ἂν ἔχοι παρὰ ταῦτ' εἰπεῖν ἀλλ' οὐδέν· τὰ δὲ τοῦ Φιλίππου, πρὸς ὃν ἦν ἡμῖν ἀγών, σκέψασθε πῶς. πρῶτον μὲν ἦρχε τῶν ἀκολουθούντων αὐτὸς αὐτοκράτωρ, ὃ τῶν εἰς τὸν πόλεμον μέγιστόν ἐστιν ἁπάντων· εἶθ' οὗτοι τὰ ὅπλ' εἶχον ἐν ταῖς χερσὶν ἀεί· ἔπειτα χρημάτων ηὐπόρει, καὶ ἔπραττεν ἃ δόξειεν αὐτῷ, οὐ προλέγων ἐν τοῖς ψηφίσμασιν, οὐδ' ἐν τῷ φανερῷ βουλευόμενος, οὐδ' ὑπὸ τῶν συκοφαντούντων κρινόμενος, οὐδὲ γραφὰς φεύγων παρανόμων, οὐδ' ὑπεύθυνος ὢν οὐδενί, ἀλλ' ἁπλῶς αὐτὸς δεσπότης ἡγεμὼν κύριος πάντων. *de Corona* § 234 (305).

386. ἐγὼ δέ σοι λέγω, ὅτι τῶν πολιτευομένων παρὰ τοῖς Ἕλλησι διαφθαρέντων ἁπάντων, ἀρξαμένων ἀπὸ σοῦ, ἔμ' οὔτε καιρὸς οὔτε φιλανθρωπία λόγων οὔτ' ἐπαγγελιῶν μέγεθος οὔτ' ἐλπὶς οὔτε φόβος οὔτ' ἄλλ' οὐδὲν ἐπῆρεν οὐδὲ προηγάγετο ὧν ἔκρινα δικαίων καὶ συμφερόντων τῇ πατρίδι οὐδὲν προδοῦναι, οὐδ', ὅσα συμβεβούλευκα πώποτε τουτοισί, ὁμοίως ὑμῖν ὥσπερ τρυτάνη ῥέπων ἐπὶ τὸ ἴδιον κέρδος, ἀλλ' ἀπ' ὀρθῆς καὶ δικαίας κἀδιαφθόρου τῆς ψυχῆς, καὶ μεγίστων δὴ πραγμάτων τῶν κατ' ἐμαυτὸν ἀνθρώπων προστάς, πάνθ' ὑγιῶς καὶ δικαίως πεπολίτευμαι. διὰ ταῦτ' ἀξιῶ τιμᾶσθαι. *id.* § 297 (325).

Aeschines

387. οἱ μὲν καιροὶ τῆς πόλεως τοιοῦτοι ἦσαν, ἐν οἷς οἱ περὶ
τῆς εἰρήνης ἐγένοντο λόγοι· ἀνιστάμενοι δὲ οἱ συντεταγμένοι
ῥήτορες περὶ μὲν τῆς σωτηρίας τῆς πόλεως οὐδὲν ἐνεχείρουν
λέγειν, ἀποβλέπειν δὲ εἰς τὰ προπύλαια τῆς ἀκροπόλεως
ἐκέλευον ἡμᾶς καὶ τῆς ἐν Σαλαμῖνι πρὸς τὸν Πέρσην
ναυμαχίας μεμνῆσθαι καὶ τῶν τάφων τῶν προγόνων καὶ τῶν
τροπαίων. ἐγὼ δὲ ἁπάντων μὲν τούτων ἔφην δεῖν μεμνῆσθαι,
μιμεῖσθαι μέντοι τὰς τῶν προγόνων εὐβουλίας, τὰ δὲ ἁμαρ-
τήματα αὐτῶν καὶ τὴν ἄκαιρον φιλονεικίαν φυλάττεσθαι,
τὴν μὲν ἐν Πλαταιαῖς πρὸς τοὺς Πέρσας πεζομαχίαν καὶ
τοὺς ἀγῶνας τοὺς περὶ Σαλαμῖνα καὶ τὴν ἐν Μαραθῶνι
μάχην καὶ τὴν ἐπ' Ἀρτεμισίῳ ναυμαχίαν καὶ τὴν Τολμίδου
ζηλοῦν στρατηγίαν κελεύων, ὃς χιλίους ἐπιλέκτους ἔχων
Ἀθηναίων διὰ μέσης Πελοποννήσου πολεμίας οὔσης ἀδεῶς
διεξῄει, τὴν δ' εἰς Σικελίαν στρατείαν φυλάττεσθαι, ἣν
ἐξέπεμψαν Λεοντίνοις βοηθήσοντες τῶν πολεμίων ἐμβεβλη-
κότων εἰς τὴν χώραν ἡμῶν καὶ Δεκελείας ἐπιτετειχισμένης,
καὶ τὴν τελευταίαν ἀβουλίαν φυλάξασθαι, ὅθ' ἡττημένοι
τῷ πολέμῳ προκαλουμένων αὐτοὺς Λακεδαιμονίων εἰρήνην
ἄγειν, τοῦτο μὲν οὐκ ἤθελον ποιεῖν, πολεμεῖν δὲ προῃροῦντο
οὐ δυνάμενοι, Κλεοφῶν δὲ ὁ λυροποιὸς ἀποκόψειν ἠπείλει
μαχαίρᾳ τὸν τράχηλον εἴ τις τῆς εἰρήνης μνησθήσεται·
τελευτῶντες δὲ εἰς τοῦτο τὴν πόλιν προήγαγον, ὥστε ἀγαπη-
τῶς τὴν εἰρήνην ποιήσασθαι ἀποστάντας πάντων καὶ τὰ
τείχη καθελόντας καὶ παραδεξαμένους φρουρὰν καὶ Λακε-
δαιμονίων ἁρμοστὴν καὶ τῆς δημοκρατίας τοῖς τριάκοντα
ἀφεμένους, οἳ χιλίους καὶ πεντακοσίους ἀκρίτους τῶν πολι-
τῶν ἀπέκτειναν. τὴν μὲν τοιαύτην ἀβουλίαν ὁμολογῶ
παραγγέλλειν φυλάττεσθαι, τὰ δ' ὀλίγῳ πρότερον εἰρημένα
μιμεῖσθαι. *de Falsa Legatione* § 74 (252).

256.

388. τοιγάρτοι τί τῶν ἀνελπίστων καὶ ἀπροσδοκήτων ἐφ'
ἡμῶν οὐ γέγονεν; οὐ γὰρ βίον γε ἡμεῖς ἀνθρώπινον
βεβιώκαμεν, ἀλλ' εἰς παραδοξολογίαν τοῖς ἐσομένοις μεθ'
ἡμᾶς ἔφυμεν. οὐχ ὁ μὲν τῶν Περσῶν βασιλεύς, ὁ τὸν
Ἄθω διορύξας, ὁ τὸν Ἑλλήσποντον ζεύξας, ὁ γῆν καὶ
ὕδωρ τοὺς Ἕλληνας αἰτῶν, ὁ τολμῶν ἐν ταῖς ἐπιστολαῖς
γράφειν ὅτι δεσπότης ἐστὶν ἀπάντων ἀνθρώπων ἀφ'
ἡλίου ἀνιόντος μέχρι δυομένου, νῦν οὐ περὶ τοῦ κύριος
ἑτέρων εἶναι διαγωνίζεται ἀλλ' ἤδη περὶ τῆς τοῦ σώματος
σωτηρίας; καὶ τοὺς αὐτοὺς ὁρῶμεν τῆς τε δόξης ταύτης καὶ
τῆς ἐπὶ τὸν Πέρσην ἡγεμονίας ἠξιωμένους, οἳ καὶ τὸ ἐν
Δελφοῖς ἱερὸν ἠλευθέρωσαν; Θῆβαι δέ, Θῆβαι, πόλις
ἀστυγείτων, μεθ' ἡμέραν μίαν ἐκ μέσης τῆς Ἑλλάδος ἀνήρ-
πασται, εἰ καὶ δικαίως περὶ τῶν ὅλων οὐκ ὀρθῶς βουλευσά-
μενοι, ἀλλὰ τήν γε θεοβλάβειαν καὶ τὴν ἀφροσύνην οὐκ
ἀνθρωπίνως ἀλλὰ δαιμονίως κτησάμενοι. Λακεδαιμόνιοι
δ' οἱ ταλαίπωροι, προσαψάμενοι μόνον τούτων τῶν πραγ-
μάτων ἐξ ἀρχῆς περὶ τὴν τοῦ ἱεροῦ κατάληψιν, οἱ τῶν
Ἑλλήνων ποτὲ ἀξιοῦντες ἡγεμόνες εἶναι, νῦν ὁμηρεύσοντες
καὶ τῆς συμφορᾶς ἐπίδειξιν ποιησόμενοι μέλλουσιν ὡς
Ἀλέξανδρον ἀναπέμπεσθαι, τοῦτο πεισόμενοι καὶ αὐτοὶ καὶ
ἡ πατρὶς ὅ τι ἂν ἐκείνῳ δόξῃ, καὶ ἐν τῇ τοῦ κρατοῦντος
καὶ προηδικημένου μετριότητι κριθήσονται. ἡ δ' ἡμετέρα
πόλις, ἡ κοινὴ καταφυγὴ τῶν Ἑλλήνων, πρὸς ἣν ἀφικνοῦντο
πρότερον ἐκ τῆς Ἑλλάδος αἱ πρεσβεῖαι, κατὰ πόλεις ἕκαστοι
παρ' ἡμῶν τὴν σωτηρίαν εὑρησόμενοι, νῦν οὐκέτι περὶ τῆς
τῶν Ἑλλήνων ἡγεμονίας ἀγωνίζεται ἀλλ' ἤδη περὶ τοῦ
τῆς πατρίδος ἐδάφους. καὶ ταῦθ' ἡμῖν συμβέβηκεν ἐξ
ὅτου Δημοσθένης πρὸς τὴν πολιτείαν προσελήλυθεν.

c. Ctesiphontem § 132 (522).

Aeschines

389. ἀλλ' ἐπειδὴ τοῖς σώμασιν οὐ παρεγένεσθε, ἀλλὰ ταῖς γε διανοίαις ἀποβλέψατ' αὐτῶν εἰς τὰς συμφοράς, καὶ νομίσαθ' ὁρᾶν ἁλισκομένην τὴν πόλιν, τειχῶν κατασκαφάς, ἐμπρήσεις οἰκιῶν, ἀγομένας γυναῖκας καὶ παῖδας εἰς δουλείαν, πρεσβύτας ἀνθρώπους πρεσβύτιδας γυναῖκας ὀψὲ μεταμανθάνοντας τὴν ἐλευθερίαν, κλαίοντας, ἱκετεύοντας ὑμᾶς, ὀργιζομένους οὐ τοῖς τιμωρουμένοις ἀλλὰ τοῖς τούτων αἰτίοις, ἐπισκήπτοντας μηδενὶ τρόπῳ τὸν τῆς Ἑλλάδος ἀλιτήριον στεφανοῦν, ἀλλὰ καὶ τὸν δαίμονα καὶ τὴν τύχην τὴν συμπαρακολουθοῦσαν τῷ ἀνθρώπῳ φυλάξασθαι. οὔτε πόλις γὰρ οὔτ' ἰδιώτης ἀνὴρ οὐδεὶς πώποτε καλῶς ἀπήλλαξε Δημοσθένει συμβούλῳ χρησάμενος.

c. Ctesiphontem § 157 (544).

390. οἶμαι τοίνυν ἅπαντας ὁμολογήσειν ὑμᾶς τάδε δεῖν ὑπάρξαι τῷ δημοτικῷ, πρῶτον μὲν ἐλεύθερον αὐτὸν εἶναι καὶ πρὸς πατρὸς καὶ πρὸς μητρός, ἵνα μὴ διὰ τὴν περὶ τὸ γένος ἀτυχίαν δυσμενὴς ᾖ τοῖς νόμοις, οἳ σῴζουσι τὴν δημοκρατίαν, δεύτερον δ' ἀπὸ τῶν προγόνων εὐεργεσίαν τινὰ αὐτῷ πρὸς τὸν δῆμον ὑπάρχειν ἢ τό γ' ἀναγκαιότατον μηδεμίαν ἔχθραν, ἵνα μὴ βοηθῶν τοῖς τῶν προγόνων ἀτυχήμασι κακῶς ἐπιχειρῇ ποιεῖν τὴν πόλιν· τρίτον σώφρονα καὶ μέτριον χρὴ πεφυκέναι αὐτὸν πρὸς τὴν καθ' ἡμέραν δίαιταν, ὅπως μὴ διὰ τὴν ἀσέλγειαν τῆς δαπάνης δωροδοκῇ κατὰ τοῦ δήμου, τέταρτον εὐγνώμονα καὶ δυνατὸν εἰπεῖν· καλὸν γὰρ τὴν μὲν διάνοιαν προαιρεῖσθαι τὰ βέλτιστα, τὴν δὲ παιδείαν τὴν τοῦ ῥήτορος καὶ τὸν λόγον πείθειν τοὺς ἀκούοντας· εἰ δὲ μή, τήν γ' εὐγνωμοσύνην ἀεὶ προτακτέον τοῦ λόγου· πέμπτον ἀνδρεῖον εἶναι τὴν ψυχήν, ἵνα μὴ παρὰ τὰ δεινὰ καὶ τοὺς πολέμους ἐγκαταλείπῃ τὸν δῆμον. τὸν δ' ὀλιγαρχικὸν πάντα δεῖ τἀναντία τούτων ἔχειν· τί γὰρ δεῖ πάλιν διεξιέναι; σκέψασθε δή· τί τούτων ὑπάρχει Δημοσθένει;

id. § 169 (559).

Aeschines

391. ὥσπερ γὰρ ἐν τῇ τεκτονικῇ, ὅταν εἰδέναι βουλώμεθα τὸ ὀρθὸν καὶ τὸ μή, τὸν κανόνα προσφέρομεν ᾧ διαγιγνώσκεται, οὕτω καὶ ἐν ταῖς γραφαῖς τῶν παρανόμων παράκειται κανὼν τοῦ δικαίου τουτὶ τὸ σανίδιον καὶ τὸ ψήφισμα καὶ οἱ παραγεγραμμένοι νόμοι. ταῦτα συμφωνοῦντα ἀλλήλοις ἐπιδείξας κατάβαινε· καὶ τί δεῖ σε Δημοσθένη παρακαλεῖν; ὅταν δ' ὑπερπηδήσας τὴν δικαίαν ἀπολογίαν παρακαλῇς κακοῦργον ἄνθρωπον καὶ τεχνίτην λόγων, κλέπτεις τὴν ἀκρόασιν, βλάπτεις τὴν πόλιν, καταλύεις τὴν δημοκρατίαν.

c. Ctesiphontem § 199 (589).

392. τὸ δὲ μέγιστον, ἐὰν ἐπερωτῶσιν ὑμᾶς οἱ νεώτεροι πρὸς ποῖον χρὴ παράδειγμα αὐτοὺς τὸν βίον ποιεῖσθαι, τί κρινεῖτε; εὖ γὰρ ἴστε, ὅτι οὐχ αἱ παλαῖστραι οὐδὲ τὰ διδασκαλεῖα οὐδ' ἡ μουσικὴ μόνον παιδεύει τοὺς νεωτέρους ἀλλὰ πολὺ μᾶλλον τὰ δημόσια κηρύγματα. κηρύττεταί τις ἐν τῷ θεάτρῳ ὅτι στεφανοῦται ἀρετῆς ἕνεκα καὶ ἀνδραγαθίας καὶ εὐνοίας, ἄνθρωπος ἀσχημονῶν τῷ βίῳ καὶ βδελυρός· ὁ δέ γε νεώτερος ταῦτ' ἰδὼν διεφθάρη. δίκην τις δέδωκε πονηρός, ὥσπερ Κτησιφῶν· οἱ δέ γε ἄλλοι πεπαίδευνται. τἀναντία τις ψηφισάμενος τῶν καλῶν καὶ δικαίων ἐπανελθὼν οἴκαδε παιδεύει τὸν υἱόν· ὁ δέ γε εἰκότως οὐ πείθεται, ἀλλὰ τὸ νουθετεῖν ἐνταῦθα ἐνοχλεῖν ἤδη καὶ δικαίως ὀνομάζεται. ὡς οὖν μὴ μόνον κρίνοντες ἀλλὰ καὶ θεωρούμενοι, οὕτω τὴν ψῆφον φέρετε, εἰς ἀπολογισμὸν τοῖς νῦν μὲν οὐ παροῦσι τῶν πολιτῶν, ἐπερησομένοις δὲ ὑμᾶς, τί ἐδικάζετε. εὖ γὰρ ἴστε, ὦ Ἀθηναῖοι, ὅτι τοιαύτη δόξει ἡ πόλις εἶναι, ὁποῖός τις ἂν ᾖ ὁ κηρυττόμενος· ἔστι δὲ ὄνειδος μὴ τοῖς προγόνοις ἡμᾶς ἀλλὰ τῇ Δημοσθένους ἀνανδρίᾳ προσεικασθῆναι.

id. § 245 (637).

Lucian

393. ἄρτι μὲν ἐπεπαύμην εἰς τὰ διδασκαλεῖα φοιτῶν ἤδη τὴν
ἡλικίαν πρόσηβος ὤν, ὁ δὲ πατὴρ ἐσκοπεῖτο μετὰ τῶν φίλων,
ὅ τι καὶ διδάξαιτό με. τοῖς πλείστοις οὖν ἔδοξε παιδεία μὲν
καὶ πόνου πολλοῦ καὶ χρόνου μακροῦ καὶ δαπάνης οὐ μικρᾶς
καὶ τύχης δεῖσθαι λαμπρᾶς, τὰ δ' ἡμέτερα μικρά τε εἶναι καὶ
ταχεῖάν τινα τὴν ἐπικουρίαν ἀπαιτεῖν· εἰ δέ τινα τέχνην τῶν
βαναύσων ἐκμάθοιμι τούτων, τὸ μὲν πρῶτον εὐθὺς ἂν αὐτὸς
ἔχειν τὰ ἀρκοῦντα παρὰ τῆς τέχνης καὶ μηκέτ' οἰκόσιτος
εἶναι τηλικοῦτος ὤν, οὐκ εἰς μακρὰν δὲ καὶ τὸν πατέρα
εὐφρανεῖν ἀποφέρων ἀεὶ τὸ γιγνόμενον. δευτέρας οὖν
σκέψεως ἀρχὴ προυτέθη, τίς ἀρίστη τῶν τεχνῶν καὶ ῥᾴστη
ἐκμαθεῖν καὶ ἀνδρὶ ἐλευθέρῳ πρέπουσα καὶ πρόχειρον
ἔχουσα τὴν χορηγίαν καὶ διαρκῆ τὸν πόρον. ἄλλου τοίνυν
ἄλλην ἐπαινοῦντος, ὡς ἕκαστος γνώμης ἢ ἐμπειρίας εἶχεν, ὁ
πατὴρ εἰς τὸν θεῖον ἀπιδών,—παρῆν γὰρ ὁ πρὸς μητρὸς
θεῖος, ἄριστος ἑρμογλύφος εἶναι δοκῶν καὶ λιθοξόος ἐν τοῖς
μάλιστα εὐδοκίμοις—"οὐ θέμις," ἔφη, "ἄλλην τέχνην ἐπι-
κρατεῖν σοῦ παρόντος, ἀλλὰ τοῦτον ἄγε"—δείξας ἐμέ—"καὶ
δίδασκε παραλαβὼν λίθων ἐργάτην ἀγαθὸν εἶναι καὶ συναρ-
μοστὴν καὶ ἑρμογλυφέα· δύναται γὰρ καὶ τοῦτο φύσεώς γε,
ὡς οἶσθα, τυχὼν δεξιᾶς." ἐτεκμαίρετο δὲ ταῖς ἐκ τοῦ κηροῦ
παιδιαῖς· ὁπότε γὰρ ἀφεθείην ὑπὸ τῶν διδασκάλων, ἀποξέων
ἂν τὸν κηρὸν ἢ βόας ἢ ἵππους ἢ καὶ νὴ Δι' ἀνθρώπους
ἀνέπλαττον, εἰκότως, ὡς ἐδόκουν τῷ πατρί· ἐφ' οἷς παρὰ μὲν
τῶν διδασκάλων πληγὰς ἐλάμβανον, τότε δὲ ἔπαινος εἰς τὴν
εὐφυΐαν καὶ ταῦτα ἦν, καὶ χρηστὰς εἶχον ἐπ' ἐμοὶ τὰς
ἐλπίδας ὡς ἐν βραχεῖ μαθήσομαι τὴν τέχνην, ἀπ' ἐκείνης γε
τῆς πλαστικῆς.   *Somnium* I (I).

260

Lucian

394. τοιγάρτοι ἐκεῖνα ὁρῶντι ἐδόκει μοι ὁ τῶν ἀνθρώπων βίος πομπῇ τινι μακρᾷ προσεικέναι, χορηγεῖν δὲ καὶ διατάττειν ἕκαστα ἡ Τύχη διάφορα καὶ ποικίλα τοῖς πομπευταῖς τὰ σχήματα προσάπτουσα· τὸν μὲν γὰρ λαβοῦσα, εἰ τύχοι, βασιλικῶς διεσκεύασε τιάραν τε ἐπιθεῖσα καὶ δορυφόρους παραδοῦσα καὶ τὴν κεφαλὴν στέψασα τῷ διαδήματι, τῷ δὲ οἰκέτου σχῆμα περιέθηκε, τὸν δέ τινα καλὸν εἶναι ἐκόσμησε, τὸν δὲ ἄμορφον καὶ γελοῖον παρεσκεύασε· παντοδαπὴν γάρ, οἶμαι, δεῖ γενέσθαι τὴν θέαν. πολλάκις δὲ καὶ διὰ μέσης τῆς πομπῆς μετέβαλε τὰ ἐνίων σχήματα οὐκ ἐῶσα εἰς τέλος διαπομπεῦσαι ὡς ἐτάχθησαν, ἀλλὰ μεταμφιέσασα τὸν μὲν Κροῖσον ἠνάγκασε τὴν οἰκέτου καὶ αἰχμαλώτου σκευὴν ἀναλαβεῖν, τὸν δὲ Μαιάνδριον τέως ἐν τοῖς οἰκέταις πομπεύοντα τὴν τοῦ Πολυκράτους τυραννίδα μετενέδυσε καὶ μέχρι μέν τινος εἴασε χρῆσθαι τῷ σχήματι· ἐπειδὰν δὲ ὁ τῆς πομπῆς καιρὸς παρέλθῃ, τηνικαῦτα ἕκαστος ἀποδοὺς τὴν σκευὴν καὶ ἀποδυσάμενος τὸ σχῆμα μετὰ τοῦ σώματος ὥσπερ ἦν πρὸ τοῦ γίγνεται, οὐδὲν τοῦ πλησίον διαφέρων. ἔνιοι δὲ ὑπ' ἀγνωμοσύνης, ἐπειδὰν ἀπαιτῇ τὸν κόσμον ἐπιστᾶσα ἡ Τύχη, ἄχθονταί τε καὶ ἀγανακτοῦσιν ὥσπερ οἰκείων τινῶν στερισκόμενοι καὶ οὐχ ἃ πρὸς ὀλίγον ἐχρήσαντο ἀποδιδόντες. οἶμαι δέ σε καὶ τῶν ἐπὶ τῆς σκηνῆς πολλάκις ἑωρακέναι τοὺς τραγικοὺς ὑποκριτὰς τούτους πρὸς τὰς χρείας τῶν δραμάτων ἄρτι μὲν Κρέοντας, ἐνίοτε δὲ Πριάμους γιγνομένους ἢ Ἀγαμέμνονας· καὶ ὁ αὐτός, εἰ τύχοι, μικρὸν ἔμπροσθεν μάλα σεμνῶς τὸ τοῦ Κέκροπος ἢ Ἐρεχθέως σχῆμα μιμησάμενος μετ' ὀλίγον οἰκέτης προῆλθεν ὑπὸ τοῦ ποιητοῦ κεκελευσμένος.   *Menippus* 16 (477).

Lucian

395. σὺ δὲ ἐσθῆτα καθαρὰν προχειρισάμενος καὶ σεαυτὸν
ὡς κοσμιώτατα σχηματίσας λουσάμενος ἥκεις δεδιὼς μὴ
πρὸ τῶν ἄλλων ἀφίκοιο· ἀπειρόκαλον γάρ, ὥσπερ καὶ τὸ
ὕστατον ἥκειν φορτικόν. αὐτὸ οὖν τηρήσας τὸ μέσον τοῦ
καιροῦ εἰσελήλυθας, καί σε πάνυ ἐντίμως ἐδέξαντο, καὶ
παραλαβών τις κατέκλινε μικρὸν ὑπὲρ τοῦ πλουσίου μετὰ
δύο που σχεδὸν τῶν παλαιῶν φίλων. σὺ δ' ὥσπερ εἰς τοῦ
Διὸς τὸν οἶκον παρελθὼν πάντα τεθαύμακας καὶ ἐφ' ἑκάστῳ
τῶν πραττομένων μετέωρος εἶ· ξένα γάρ σοι καὶ ἄγνωστα
πάντα· καὶ οἵ τε οἰκέται εἰς σὲ ἀποβλέπουσι καὶ τῶν παρόν-
των ἕκαστος ὅ τι πράξεις ἐπιτηροῦσιν, οὐδὲ αὐτῷ ἀμελὲς
τῷ πλουσίῳ τοῦτο, ἀλλὰ καὶ προεῖπέ τισι τῶν οἰκετῶν
ἐπισκοπεῖν, εἰ πολλάκις εἰς τοὺς παῖδας ἢ εἰς τὴν γυναῖκα
ἐκ περιωπῆς ἀποβλέψεις· οἱ μὲν γὰρ τῶν συνδείπνων
ἀκόλουθοι ὁρῶντές σε ἐκπεπληγμένον εἰς τὴν ἀπειρίαν τῶν
δρωμένων ἀποσκώπτουσι, τεκμήριον ποιούμενοι τοῦ μὴ παρ'
ἄλλῳ πρότερόν σε δεδειπνηκέναι καὶ τὸ καινὸν εἶναί σοι
τὸ χειρόμακτρον τιθέμενον· ὥσπερ οὖν εἰκός, ἱδροῦν τε
ἀνάγκη ὑπ' ἀπορίας καὶ μήτε διψῶντα πιεῖν αἰτεῖν τολμᾶν,
μὴ δόξῃς οἰνόφλυξ τις εἶναι, μήτε τῶν ὄψων παρατεθέντων
ποικίλων καὶ πρός τινα τάξιν ἐσκευασμένων εἰδέναι ἐφ' ὃ
τι πρῶτον ἢ δεύτερον τὴν χεῖρα ἐνέγκῃς· ὑποβλέπειν οὖν
εἰς τὸν πλησίον δεήσει κἀκεῖνον ζηλοῦν καὶ μανθάνειν τοῦ
δείπνου τὴν ἀκολουθίαν.   de Merced. Conduct. 141 (670).

Lucian

396. ἔστιν ἡ εἰκὼν ἐν Ἰταλίᾳ, κἀγὼ εἶδον, ὥστε καὶ σοὶ ἂν εἰπεῖν ἔχοιμι. θάλαμός ἐστι περικαλλὴς καὶ κλίνη νυμφική, καὶ ἡ Ῥωξάνη κάθηται, πάγκαλόν τι χρῆμα παρθένου, εἰς γῆν ὁρῶσα, αἰδουμένη ἑστῶτα τὸν Ἀλέξανδρον· Ἔρωτες δέ τινες μειδιῶντες ὁ μὲν κατόπιν ἐφεστὼς ἀπάγει τῆς κεφαλῆς τὴν καλύπτραν καὶ δείκνυσι τῷ νυμφίῳ τὴν Ῥωξάνην, ὁ δέ τις μάλα δουλικῶς ἀφαιρεῖ τὸ σανδάλιον ἐκ τοῦ ποδός· ἄλλος τῆς χλανίδος τοῦ Ἀλεξάνδρου ἐπειλημμένος, Ἔρως καὶ οὗτος, ἕλκει αὐτὸν πρὸς τὴν Ῥωξάνην πάνυ βιαίως ἐπισπώμενος, ὁ βασιλεὺς δὲ αὐτὸς μὲν στέφανόν τινα ὀρέγει τῇ παιδί, ἑταῖρος δὲ καὶ νυμφαγωγὸς Ἡφαιστίων συμπάρεστι δᾷδα καιομένην ἔχων, μειρακίῳ πάνυ ὡραίῳ ἐπερειδόμενος· Ὑμέναιος δ', οἶμαι, οὗτός ἐστιν· οὐ γὰρ ἐπεγέγραπτο τοὔνομα. ἑτέρωθι δὲ τῆς εἰκόνος ἄλλοι Ἔρωτες παίζουσιν ἐν τοῖς ὅπλοις τοῦ Ἀλεξάνδρου, δύο μὲν τὴν λόγχην αὐτοῦ φέροντες, μιμούμενοι τοὺς ἀχθοφόρους· ἄλλοι δὲ δύο ἕνα τινὰ ἐπὶ τῆς ἀσπίδος κατακείμενον, βασιλέα δῆθεν καὶ αὐτόν, σύρουσι τῶν ὀχάνων τῆς ἀσπίδος ἐπειλημμένοι· εἷς δὲ δὴ εἰς τὸν θώρακα εἰσελθὼν ὕπτιον κείμενον λοχῶντι ἔοικεν, ὡς φοβήσειεν αὐτούς, ὁπότε κατ' αὐτὸν γένοιντο σύροντες. οὐ παιδιὰ δὲ ἄλλως ταῦτά ἐστιν οὐδὲ περιείργασται ἐν αὐτοῖς ὁ Ἀετίων, ἀλλὰ δηλοῖ τοῦ Ἀλεξάνδρου καὶ τὸν εἰς τὰ πολεμικὰ ἔρωτα, καὶ ὅτι ἅμα καὶ Ῥωξάνης ἦρα καὶ τῶν ὅπλων οὐκ ἐπελέληστο.

Herodotus vel Aëtion 5 (835).

Lucian

397. ὁρᾷς τὸν Κνίδιον ἐκεῖνον ἀρχιτέκτονα, οἷον ἐποίησεν; οἰκοδομήσας γὰρ τὸν ἐπὶ τῇ Φάρῳ πύργον, μέγιστον καὶ κάλλιστον ἔργων ἁπάντων, ὡς πυρσεύοιτο ἀπ' αὐτοῦ τοῖς ναυτιλλομένοις ἐπὶ πολὺ τῆς θαλάττης καὶ μὴ καταφέροιντο εἰς τὴν Παραιτονίαν, παγχάλεπον, ὥς φασιν, οὖσαν καὶ ἄφυκτον, εἴ τις ἐμπέσοι εἰς τὰ ἕρματα· οἰκοδομήσας οὖν αὐτὸ τὸ ἔργον ἔνδοθεν μὲν κατὰ τῶν λίθων τὸ αὐτοῦ ὄνομα ἔγραψεν, ἐπιχρίσας δὲ τιτάνῳ καὶ ἐπικαλύψας ἐπέγραψε τοὔνομα τοῦ τότε βασιλεύοντος, εἰδώς, ὅπερ καὶ ἐγένετο, πάνυ ὀλίγου χρόνου συνεκπεσούμενα μὲν τῷ χρίσματι τὰ γράμματα, ἐκφανησόμενον δέ, "Σώστρατος Δεξιφάνους Κνίδιος θεοῖς σωτῆρσιν ὑπὲρ τῶν πλωϊζομένων." οὕτως οὐδ' ἐκεῖνος εἰς τὸν τότε καιρὸν οὐδὲ τὸν αὐτοῦ βίον τὸν ὀλίγον ἑώρα ἀλλ' εἰς τὸν νῦν καὶ τὸν ἀεί, ἄχρι ἂν ἑστήκῃ ὁ πύργος καὶ μένῃ αὐτοῦ ἡ τέχνη. χρὴ τοίνυν καὶ τὴν ἱστορίαν οὕτω γράφεσθαι σὺν τῷ ἀληθεῖ μᾶλλον πρὸς τὴν μέλλουσαν ἐλπίδα ἤπερ σὺν κολακείᾳ πρὸς τὸ ἡδὺ τοῖς νῦν ἐπαινουμένοις. οὗτός σοι κανὼν καὶ στάθμη ἱστορίας δικαίας. *Quom. hist. conscrib.* 62. (68).

398. συμμείξαντες δὲ ἐπειδὴ τὰ σημεῖα ἤρθη καὶ ὠγκήσαντο ἑκατέρων οἱ ὄνοι—τούτοις γὰρ ἀντὶ σαλπιγκτῶν χρῶνται— ἐμάχοντο. καὶ τὸ μὲν εὐώνυμον τῶν Ἡλιωτῶν αὐτίκα ἔφυγον οὐδ' εἰς χεῖρας δεξάμενοι τοὺς Ἱππογύπους, καὶ ἡμεῖς εἱπόμεθα κτείνοντες· τὸ δεξιὸν δὲ αὐτῶν ἐκράτει τοῦ ἐπὶ τῷ ἡμετέρῳ εὐωνύμῳ, καὶ ἐπεξῆλθον οἱ Ἀεροκώνωπες διώκοντες ἄχρι πρὸς τοὺς πεζούς. ἐνταῦθα δὲ κἀκείνων ἐπιβοηθούντων ἔφυγον ἐγκλίναντες, καὶ μάλιστα ἐπεὶ ᾔσθοντο τοὺς ἐπὶ τῷ εὐωνύμῳ σφῶν νενικημένους. τῆς δὲ τροπῆς λαμπρᾶς γεγενημένης πολλοὶ μὲν ζῶντες ἡλίσκοντο, πολλοὶ δὲ καὶ ἀνῃροῦντο, καὶ τὸ αἷμα ἔρρει πολὺ ἐπὶ τῶν νεφῶν, ὥστε αὐτὰ βάπτεσθαι καὶ ἐρυθρὰ φαίνεσθαι. *Vera Hist.* A 17 (84).

Lucian

399. μετ᾽ οὐ πολὺ δὲ εἰς πέλαγος ἐνεβαίνομεν, οὐχ ὕδατος ἀλλὰ γάλακτος· καὶ νῆσος ἐν αὐτῷ ἐφαίνετο λευκὴ πλήρης ἀμπέλων. ἦν δὲ ἡ νῆσος τυρὸς μέγιστος, πάνυ συμπεπηγώς, ὡς ὕστερον ἐμφαγόντες ἐμάθομεν, πέντε καὶ εἴκοσι σταδίων τὸ περίμετρον· αἱ δὲ ἄμπελοι βοτρύων πλήρεις, οὐ μέντοι οἶνον ἀλλὰ γάλα ἐξ αὐτῶν ἀποθλίβοντες ἐπίνομεν. ἱερὸν δὲ ἐν μέσῃ τῇ νήσῳ ἀνῳκοδόμητο Γαλατείας τῆς Νηρηίδος, ὡς ἐδήλου τὸ ἐπίγραμμα. ὅσον δ᾽ οὖν χρόνον ἐκεῖ ἐμείναμεν, ὄψον μὲν ἡ γῆ καὶ σιτίον ὑπῆρχε, ποτὸν δὲ τὸ γάλα τὸ ἐκ τῶν βοτρύων.   *Vera Hist.* B 3 (106).

400. τριταῖοι δ᾽ ἐκεῖθεν τῇ Ὠγυγίᾳ νήσῳ προσσχόντες ἐπεβαίνομεν. πρότερον δ᾽ ἐγὼ λύσας τὴν ἐπιστολὴν ἀνεγίνωσκον τὰ γεγραμμένα. ἦν δὲ τοιάδε· "Ὀδυσσεὺς Καλυψοῖ χαίρειν. Ἴσθι με, ὡς τὰ πρῶτα ἐξέπλευσα παρὰ σοῦ τὴν σχεδίαν κατασκευασάμενος, ναυαγίᾳ χρησάμενον μόλις ὑπὸ Λευκοθέας διασωθῆναι εἰς τὴν τῶν Φαιάκων χώραν, ὑφ᾽ ὧν εἰς τὴν οἰκείαν ἀποπεμφθεὶς κατέλαβον πολλοὺς τῆς γυναικὸς μνηστῆρας ἐν τοῖς ἡμετέροις τρυφῶντας· ἀποκτείνας δὲ ἅπαντας ὑπὸ Τηλεγόνου ὕστερον τοῦ ἐκ Κίρκης μοι γενομένου ἀνῃρέθην, καὶ νῦν εἰμι ἐν τῇ Μακάρων νήσῳ πάνυ μετανοῶν ἐπὶ τῷ καταλιπεῖν τὴν παρὰ σοὶ δίαιταν καὶ τὴν ὑπὸ σοῦ προτεινομένην ἀθανασίαν. ἢν οὖν καιροῦ λάβωμαι, ἀποδρὰς ἀφίξομαι πρὸς σέ." ταῦτα μὲν ἐδήλου ἡ ἐπιστολή, καὶ περὶ ἡμῶν, ὅπως ξενισθῶμεν. ἐγὼ δὲ προελθὼν ὀλίγον ἀπὸ τῆς θαλάττης ηὗρον τὸ σπήλαιον τοιοῦτον οἷον Ὅμηρος εἶπε καὶ αὐτὴν ταλασιουργοῦσαν. ὡς δὲ τὴν ἐπιστολὴν ἔλαβε καὶ ἀνέγνω, πρῶτα μὲν ἐπὶ πολὺ ἐδάκρυεν, ἔπειτα δὲ παρεκάλει ἡμᾶς ἐπὶ ξενίᾳ καὶ εἱστία λαμπρῶς καὶ περὶ τοῦ Ὀδυσσέως ἐπυνθάνετο καὶ περὶ τῆς Πηνελόπης, ὁποία τε εἴη τὴν ὄψιν καὶ εἰ σώφρων, καθάπερ Ὀδυσσεὺς πάλαι περὶ αὐτῆς ἐκόμπαζε.   *id.* B 35 (130).

Lucian

401. πρότερον δέ σοι εἰπεῖν βούλομαι ὃν τρόπον ποιούμεθα τοὺς
φίλους, οὐκ ἐκ τῶν πότων, ὥσπερ ὑμεῖς, οὐδ' εἰ συνέφηβός
τις ἢ γείτων τυγχάνει ὤν, ἀλλ' ἐπειδάν τινα ἴδωμεν ἀγαθὸν
ἄνδρα καὶ μεγάλα ἐργάσασθαι δυνάμενον, ἐπὶ τοῦτον ἅπαντες
σπεύδομεν, καὶ ὅπερ ὑμεῖς ἐν τοῖς γάμοις, τοῦτο ἡμεῖς ἐπὶ
τῶν φίλων ποιεῖν ἀξιοῦμεν, ἐπὶ πολὺ μνηστευόμενοι καὶ
πάντα ὁμοῦ πράττοντες, ὡς μὴ διαμαρτάνωμεν τῆς φιλίας
μηδὲ ἀπόβλητοι δόξωμεν εἶναι. κἀπειδὰν προκριθείς τις
ἤδη φίλος ᾖ, συνθῆκαι τὸ ἀπὸ τούτου καὶ ὅρκος ὁ μέγιστος,
ἦ μὴν καὶ βιώσεσθαι μετ' ἀλλήλων καὶ ἀποθανεῖσθαι, ἢν
δέῃ, ὑπὲρ τοῦ ἑτέρου τὸν ἕτερον· καὶ οὕτω ποιοῦμεν. ἀφ'
οὗ γὰρ ἂν ἐντεμόντες ἅπαξ τοὺς δακτύλους ἐνσταλάξωμεν
τὸ αἷμα εἰς κύλικα καὶ τὰ ξίφη ἄκρα βάψαντες ἅμα ἀμφό-
τεροι ἐπισχόμενοι πίωμεν, οὐκ ἔστιν ὅ τι τὸ μετὰ τοῦτο
ἡμᾶς διαλύσειεν ἄν. ἐφεῖται δὲ τὸ μέγιστον ἄχρι τριῶν εἰς
τὰς συνθήκας εἰσιέναι· ὡς ὅστις ἂν πολύφιλος ᾖ, ὅμοιος
ἡμῖν δοκεῖ αἰσχραῖς τισὶ γυναιξί.

Toxaris 37 (545).

402. καὶ Ἀρίστιππος μέντοι κατὰ τὸν αὐτὸν χρόνον διέτριβεν
ἐν Συρακούσαις παρασιτῶν Διονυσίῳ. πάντων γοῦν τῶν
παρασίτων οὗτος μάλιστα ηὐδοκίμει παρ' αὐτῷ· καὶ γὰρ ἦν
πλέον τι τῶν ἄλλων εἰς τὴν τέχνην εὐφυής, ὥστε τοὺς
ὀψοποιοὺς ὁσημέραι ἔπεμπε παρὰ τοῦτον ὁ Διονύσιος ὥς τι
παρ' αὐτοῦ μαθησομένους. οὗτος μέντοι δοκεῖ καὶ κοσμῆσαι
τὴν τέχνην ἀξίως. ὁ δὲ Πλάτων ὑμῶν ὁ γενναιότατος καὶ
αὐτὸς μὲν ἦκεν εἰς Σικελίαν ἐπὶ τούτῳ, καὶ ὀλίγας παρασιτή-
σας ἡμέρας τῷ τυράννῳ ὡς εἰς τὸ παρασιτεῖν ἀφυὴς ὢν
ἐξέπεσεν· ὥστε αὕτη ἡ συμφορὰ Πλάτωνι περὶ Σικελίαν
ὁμοία δοκεῖ γενέσθαι τῇ Νικίου.

Parasit. 33 (861).

Lucian

403. τοιαῦτ' ἄττα διεξιόντες ἀφικνούμεθα εἰς τὸ χωρίον ἔνθα
ἔδει αὐτὸν καθεζόμενον διακοῦσαι τῶν εὐχῶν. θυρίδες δὲ
ἦσαν ἑξῆς τοῖς στομίοις τῶν φρεάτων εἰκυῖαι πώματα
ἔχουσαι καὶ παρ' ἑκάστῃ θρόνος ἔκειτο χρυσοῦς. καθίσας
οὖν ἑαυτὸν ἐπὶ τῆς πρώτης ὁ Ζεὺς καὶ ἀφελὼν τὸ πῶμα
παρεῖχε τοῖς εὐχομένοις ἑαυτόν· ηὔχοντο δὲ πανταχόθεν
τῆς γῆς διάφορα καὶ ποικίλα. συμπαρακύψας γὰρ καὶ
αὐτὸς ἐπήκουον ἅμα τῶν εὐχῶν. ἦσαν δὲ τοιαίδε, ὦ Ζεῦ,
βασιλεῦσαί μοι γένοιτο· ὦ Ζεῦ, τὰ κρόμμυά μοι φῦναι καὶ
τὰ σκόροδα· ὦ θεοί, τὸν πατέρα μοι ταχέως ἀποθανεῖν·
ὁ δέ τις ἔφη, εἴθε κληρονόμος γενοίμην τῆς γυναικός, εἴθε
λάθοιμι ἐπιβουλεύσας τῷ ἀδελφῷ, γένοιτό μοι νικῆσαι τὴν
δίκην, στεφθῆναι τὰ Ὀλύμπια. τῶν πλεόντων δὲ ὁ μὲν
βορέαν ηὔχετο ἐπιπνεῦσαι, ὁ δὲ νότον, ὁ δὲ γεωργὸς ᾔτει
ὑετόν, ὁ δὲ κναφεὺς ἥλιον. ἐπακούων δὲ ὁ Ζεὺς καὶ τὴν
εὐχὴν ἑκάστην ἀκριβῶς ἐξετάζων οὐ πάντα ὑπισχνεῖτο,

ἀλλ' ἕτερον μὲν ἔδωκε πατήρ, ἕτερον δ' ἀνένευσε·

τὰς μὲν γὰρ δικαίας τῶν εὐχῶν προσίετο ἄνω διὰ τοῦ
στομίου καὶ ἐπὶ τὰ δεξιὰ κατετίθει φέρων, τὰς δὲ ἀνοσίους
ἀπράκτους αὖθις ἀπέπεμπεν ἀποφυσῶν κάτω, ἵνα μηδὲ
πλησίον γένοιντο τοῦ οὐρανοῦ. *Icaromen.* 25 (781).

404. Δευκαλίων δὲ μοῦνος ἀνθρώπων ἐλίπετο ἐς γενεὴν δευτέρην
εὐβουλίης τε καὶ τοῦ εὐσεβέος εἵνεκα. ἡ δέ οἱ σωτηρίη
ἥδε ἐγένετο· λάρνακα μεγάλην, τὴν αὐτὸς εἶχεν, ἐς ταύτην
ἐσβιβάσας παῖδάς τε καὶ γυναῖκας ἑωυτοῦ ἐσέβη· ἐσβαίνοντι
δέ οἱ ἀπίκοντο σύες καὶ ἵπποι καὶ λεόντων γένεα καὶ ὄφιες
καὶ ἄλλα ὁκόσα ἐν γῇ νέμονται, πάντα ἐς ζεύγεα. ὁ δὲ
πάντα ἐδέκετο, καί μιν οὐκ ἐσίνοντο, ἀλλὰ σφίσι μεγάλη
διόθεν φιλίη ἐγένετο. καὶ ἐν μιῇ λάρνακι πάντες ἔπλευσαν,
ἔστε τὸ ὕδωρ ἐπεκράτεε. τὰ μὲν Δευκαλίωνος πέρι Ἕλληνες
ἱστορέουσι. *de Syr. Dea* 12 (458).

267

Lucian

405. ΑΝΑΧ. ταυτὶ μέν, ὦ Σόλων, οὐ πάνυ συνίημι· λεπτότερα γὰρ ἢ κατ' ἐμὲ εἴρηκας, ἀκριβοῦς τινος φροντίδος καὶ διανοίας ὀξὺ δεδορκυίας δεόμενα. ἐκεῖνο δέ μοι πάντως εἰπέ, τίνος ἕνεκα οὐχὶ καὶ ἐν τοῖς ἀγῶσι τοῖς Ὀλυμπίασι καὶ Ἰσθμοῖ καὶ Πυθοῖ καὶ τοῖς ἄλλοις, ὁπότε πολλοί, ὡς φής, συνίασιν ὀψόμενοι τοὺς νέους ἀγωνιζομένους, οὐδέποτε ἐν ὅπλοις ποιεῖσθε τὴν ἅμιλλαν, ἀλλὰ γυμνοὺς εἰς τὸ μέσον παραγαγόντες λακτιζομένους καὶ παιομένους ἐπιδείκνυτε καὶ νικήσασι μῆλα καὶ κότινον δίδοτε; ἄξιον γὰρ εἰδέναι τοῦτό γε, ὅτου ἕνεκα οὕτω ποιεῖτε.

ΣΟΛ. ἡγούμεθα γάρ, ὦ Ἀνάχαρσι, τὴν εἰς τὰ γυμνάσια προθυμίαν οὕτως ἂν πλείω ἐγγενέσθαι αὐτοῖς, εἰ τοὺς ἀριστεύοντας ἐν τούτοις ἴδοιεν τιμωμένους καὶ ἀνακηρυττομένους ἐν μέσοις τοῖς Ἕλλησι. καὶ διὰ τοῦτο ὡς εἰς τοσούτους ἀποδυσόμενοι εὐεξίας τε ἐπιμελοῦνται, ὡς μὴ αἰσχύνοιντο γυμνωθέντες, καὶ ἀξιονικότατον ἕκαστος αὑτὸν ἀπεργάζεται. καὶ τὰ ἆθλα, ὥσπερ ἔμπροσθεν εἶπον, οὐ μικρά, ὁ ἔπαινος ὁ παρὰ τῶν θεατῶν καὶ τὸ ἐπισημότατον γενέσθαι καὶ δείκνυσθαι τῷ δακτύλῳ ἄριστον εἶναι τῶν καθ' αὑτὸν δοκοῦντα. τοιγάρτοι πολλοὶ τῶν θεατῶν, οἷς καθ' ἡλικίαν ἔτι ἡ ἄσκησις, ἀπίασιν οὐ μετρίως ἐκ τῶν τοιούτων ἀρετῆς καὶ πόνων ἐρασθέντες· ὡς εἴ γέ τις, ὦ Ἀνάχαρσι, τὸν τῆς εὐκλείας ἔρωτα ἐκβάλοι ἐκ τοῦ βίου, τί ἂν ἔτι ἀγαθὸν ἡμῖν γένοιτο; ἢ τίς ἄν τι λαμπρὸν ἐργάσασθαι ἐπιθυμήσειε;   *Anacharsis* 36 (916).

Lucian

406. ὁ μὲν οὖν Πτολεμαῖος οὕτω λέγεται αἰσχυνθῆναι ἐπὶ τοῖς γεγονόσιν, ὥστε τὸν μὲν Ἀπελλῆν ἑκατὸν ταλάντοις ἐδωρήσατο, τὸν δὲ Ἀντίφιλον δουλεύειν αὐτῷ παρέδωκεν. ὁ δὲ Ἀπελλῆς ὧν παρεκινδύνευσε μεμνημένος τοιᾷδέ τινι εἰκόνι ἠμύνατο τὴν διαβολήν. ἐν δεξιᾷ τις ἀνὴρ κάθηται τὰ ὦτα παμμεγέθη ἔχων μικροῦ δεῖν τοῖς τοῦ Μίδου προσεοικότα, τὴν χεῖρα προτείνων πόρρωθεν ἔτι προσιούσῃ τῇ Διαβολῇ. περὶ δὲ αὐτὸν ἑστᾶσι δύο γυναῖκες, Ἄγνοια, ὡς ἐμοὶ δοκεῖ, καὶ Ὑπόληψις· ἑτέρωθεν δὲ προσέρχεται ἡ Διαβολή, γύναιον ἐς ὑπερβολὴν πάγκαλον, ὑπόθερμον δὲ καὶ παρακεκινημένον, οἷον δὴ τὴν λύτταν καὶ τὴν ὀργὴν δεικνύουσα, τῇ μὲν ἀριστερᾷ δᾷδα καιομένην ἔχουσα, τῇ ἑτέρᾳ δὲ νεανίαν τινὰ τῶν τριχῶν σύρουσα τὰς χεῖρας ὀρέγοντα εἰς τὸν οὐρανὸν καὶ μαρτυρόμενον τοὺς θεούς. ἡγεῖται δὲ ἀνὴρ ὠχρὸς καὶ ἄμορφος, ὀξὺ δεδορκὼς καὶ εἰκὼς τοῖς ἐκ νόσου μακρᾶς κατεσκληκόσι. τοῦτον οὖν εἶναι τὸν Φθόνον ἄν τις εἰκάσειε. καὶ μὴν καὶ ἄλλαι τινὲς δύο παρομαρτοῦσι προτρέπουσαι καὶ περιστέλλουσαι καὶ κατακοσμοῦσαι τὴν Διαβολήν. ὡς δέ μοι καὶ ταύτας ἐμήνυσεν ὁ περιηγητὴς τῆς εἰκόνος, ἡ μέν τις Ἐπιβουλὴ ἦν, ἡ δὲ Ἀπάτη. κατόπιν δὲ ἠκολούθει πάνυ πενθικῶς τις ἐσκευασμένη, μελανείμων καὶ κατεσπαραγμένη· Μετάνοια, οἶμαι, αὕτη ἐλέγετο· ἐπεστρέφετο γοῦν εἰς τοὐπίσω δακρύουσα καὶ μετ' αἰδοῦς πάνυ τὴν Ἀλήθειαν προσιοῦσαν ὑπέβλεπεν. οὕτως μὲν Ἀπελλῆς τὸν ἑαυτοῦ κίνδυνον ἐπὶ τῆς γραφῆς ἐμιμήσατο.   *de calumnia* 4 (130).

Lucian

ΦΙλιππος.

407. εἰ δὲ μὴ Δημοσθένης εἷς ἐν Ἀθηναίοις ἐγένετο, ῥᾷον ἂν
εἴχομεν τὴν πόλιν ἢ Θηβαίους καὶ Θετταλοὺς ἀπατῶντες,
βιαζόμενοι, φθάνοντες, ὠνούμενοι· νῦν δὲ εἷς ἐκεῖνος ἐγρή-
γορε καὶ πᾶσι τοῖς καιροῖς ἐφέστηκε καὶ ταῖς ἡμετέραις
ὁρμαῖς ἐπακολουθεῖ καὶ τοῖς στρατηγήμασιν ἀντιπαρατάτ-
τεται. λανθάνομεν δὲ αὐτὸν οὐ τεχνάζοντες, οὐκ ἐπιχει-
ροῦντες, οὐ βουλευόμενοι. τό γέ τοι κατ' αὐτὸν οὐκ
Ἀμφίπολιν εἴλομεν, οὐκ Ὄλυνθον, οὐ Φωκέας καὶ Πύλας
ἔσχομεν, οὐ Χερρονήσου καὶ τῶν περὶ τὸν Ἑλλήσποντον
κεκρατήκαμεν. ἀλλ' ἀνίστησι μὲν ἄκοντας οἷον ἐκ μαν-
δραγόρου καθεύδοντας τοὺς αὑτοῦ πολίτας, ὥσπερ τομῇ
τινι καὶ καύσει τῆς ῥᾳθυμίας τῇ παρρησίᾳ χρώμενος,
ὀλίγον τοῦ πρὸς ἡδονὴν φροντίσας. μετατίθησι δὲ τῶν
χρημάτων τοὺς πόρους ἀπὸ τῶν θεάτρων ἐπὶ τὰ στρατόπεδα,
συντίθησι δὲ τὸ ναυτικὸν νόμοις τριηραρχικοῖς ὑπὸ τῆς
ἀταξίας μόνον οὐ τελέως διεφθαρμένον, ἐγείρει δ' ἐρριμμένον
ἤδη πρὸς τὴν δραχμὴν καὶ τὸ τριώβολον τὸ τῆς
πόλεως ἀξίωμα, πάλαι τούτους κατακεκλιμένους εἰς τοὺς
προγόνους ἐπανάγων καὶ τὸν ζῆλον τῶν Μαραθῶνι καὶ
Σαλαμῖνι κατειργασμένων, συνίστησι δ' ἐπὶ συμμαχίας καὶ
συντάξεις Ἑλληνικάς. τοῦτον οὐ λαθεῖν ἐστιν, οὐ φενα-
κίσαι, οὐ πρίασθαι οὐ μᾶλλον ἢ τὸν Ἀριστείδην ἐκεῖνον
ὁ Περσῶν βασιλεὺς ἐπρίατο. τοῦτον οὖν, ὦ Ἀντίπατρε,
χρὴ δεδιέναι μᾶλλον ἢ πάσας τριήρεις καὶ πάντας ἀπο-
στόλους· ὃ γὰρ Ἀθηναίοις τοῖς πάλαι Θεμιστοκλῆς καὶ
Περικλῆς ἐγένετο, τοῦτο τοῖς νῦν ὁ Δημοσθένης, ἐφάμιλλος
Θεμιστοκλεῖ μὲν τὴν σύνεσιν, Περικλεῖ δὲ τὸ φρόνημα.

Demosth. 35. (517).

270

Lucian

408. προελθὼν δὲ τῆς σκηνῆς ὕμνον μὲν Ἀμφιτρίτης τε καὶ Ποσειδῶνος ᾖσε καὶ ᾆσμα οὐ μέγα Μελικέρτῃ τε καὶ Λευκοθέᾳ. ὀρέξαντος δ' αὐτῷ χρυσῆν δίκελλαν τοῦ τὴν Ἑλλάδα ἐπιτροπεύσαντος ἐπὶ τὴν ὀρυχὴν ᾖξε κιθαρίζων τε καὶ ᾄδων, καὶ πατάξας τὴν γῆν τρίς, οἶμαι, τοῖς τε τὴν ἀρχὴν πεπιστευμένοις παρακελευσάμενος συντόνως ἅπτεσθαι τοῦ ἔργου ἀνῄει εἰς τὴν Κόρινθον τὰ Ἡρακλέους δοκῶν ὑπερβεβλῆσθαι πάντα. οἱ μὲν δὴ ἐκ τοῦ δεσμωτηρίου τὰ πετρώδη τε καὶ δύσεργα ἐξεπόνουν, ἡ στρατιὰ δὲ τὰ γεώδη τε καὶ ἐπίπεδα. ἑβδόμην δέ που καὶ πέμπτην ἡμέραν προσεζευγμένων ἡμῶν τῷ Ἰσθμῷ κατέβη τις ἐκ Κορίνθου λόγος οὔπω σαφὴς ὡς δὴ τοῦ Νέρωνος μετεγνωκότος τὴν τομήν. ἔφασαν δὲ τοὺς Αἰγυπτίους γεωμετροῦντας τῆς ἑκατέρας θαλάττης τὰς φύσεις οὐκ ἰσοπέδοις αὐταῖς συντυχεῖν, ἀλλ' ὑψηλοτέραν ἡγουμένους τὴν ἐκ τοῦ Λεχαίου περὶ τῇ Αἰγίνῃ δεδοικέναι· πελάγους γὰρ τοσούτου νήσῳ ἐπιχυθέντος κἂν ἀπενεχθῆναι τὴν Αἴγιναν. Νέρωνα δὲ τῆς μὲν τοῦ Ἰσθμοῦ τομῆς οὐδ' ἂν Θαλῆς μετέστησεν ὁ σοφώτατός τε καὶ φυσικώτατος· τοῦ γὰρ τεμεῖν αὐτὸν ἦρα μᾶλλον ἢ τοῦ δημοσίᾳ ᾄδειν. ἡ δὲ τῶν ἑσπερίων ἐθνῶν κίνησις καὶ Βίνδαξ τις ἀποστὰς ἀπήγαγεν Ἑλλάδος τε καὶ Ἰσθμοῦ Νέρωνα ψυχρῶς γεωμετρήσαντα· τὰς γὰρ θαλάσσας ἰσογαίους τε καὶ ἰσοπέδους οἶδα.

Nero 3. (638).

WORKS ON
GREEK GRAMMAR AND COMPOSITION.

MACMILLAN'S GREEK COURSE.—*Continued.*

A Second Greek Exercise Book. By Rev. W. A. Heard, M.A., Headmaster of Fettes College, Edinburgh. 2s. 6d. Key, for Teachers only, by Rev. W. G. Rutherford, M.A. 5s. net.

Easy Exercises in Greek Syntax. By Rev. G. H. Nall, M.A., Assistant Master at Westminster School. 2s. 6d.

Greek Prose Composition. By S. O. Andrew, M.A. 3s. 6d. Key, for Teachers only. 5s. net.

Macmillan's Greek Reader.—Stories and Legends. A First Greek Reader, with Notes, Vocabulary, and Exercises. By F. H. Colson, M.A., Headmaster of Plymouth College. Globe 8vo. 3s.

A Table of Irregular Greek Verbs, classified according to the arrangement of Curtius's Greek Grammar. By J. M. Marshall, M.A., formerly Headmaster of the Grammar School, Durham. 8vo. 1s.

Greek for Beginners. By Rev. J. B. Mayor, M.A., late Professor of Classical Literature in King's College, London. Part I., with Vocabulary, 1s. 6d.

An Introduction to Greek Prose Composition. For use in Preparatory Schools and the lower forms of Public Schools. By H. Pitman, M.A., late Scholar of Oriel College, Oxford; Assistant Master at Eastbourne College; formerly First Classical Assistant Master at Cheam School, Surrey, and at Hampstead Preparatory School. Globe 8vo. 2s. 6d. Key, Globe 8vo. 5s. net.

The New Phrynichus; being a Revised Text of the Ecloga of the Grammarian Phrynichus. With Introduction and Commentary. By the Rev. W. G. Rutherford, M.A., LL.D. 8vo. 18s.

First Lessons in Greek, adapted to Goodwin's Greek Grammar, and designed as an introduction to the Anabasis of Xenophon. By John Williams White, Assistant Professor of Greek in Harvard University, U.S.A. Cr. 8vo. 3s. 6d.

Attic Primer, arranged for the Use of Beginners. By J. Wright, M.A. Ex. fcap. 8vo. 2s. 6d.

Lightning Source UK Ltd.
Milton Keynes UK

172563UK00005B/41/P